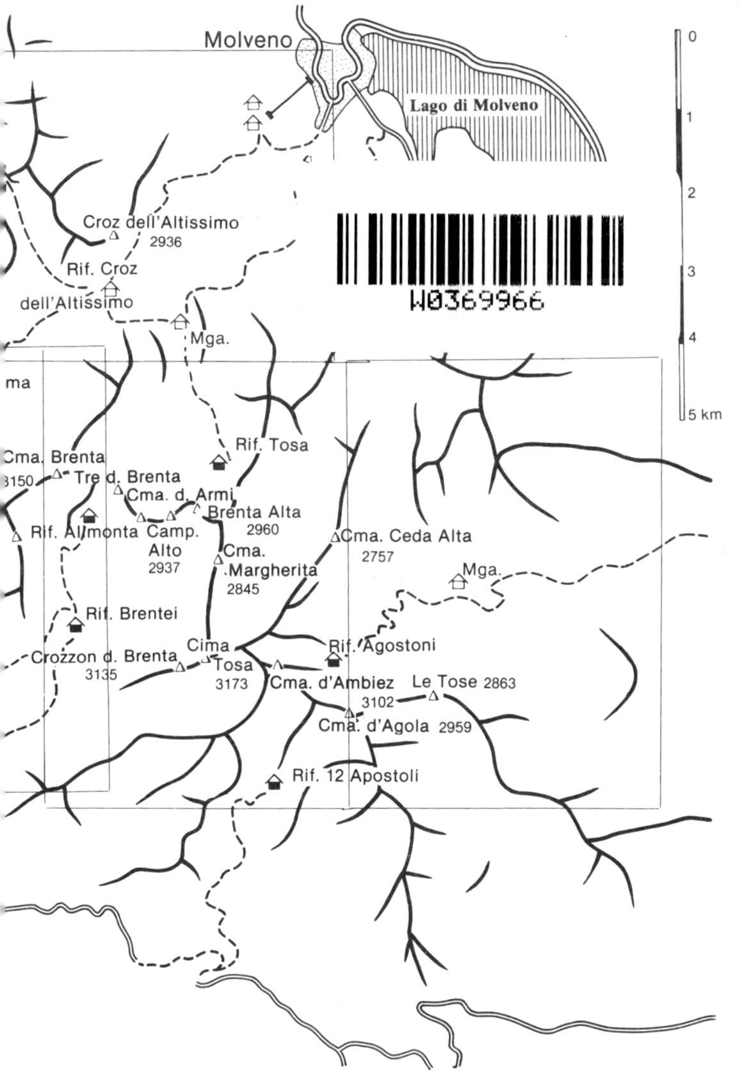
Molveno
Lago di Molveno
Croz dell'Altissimo
2936
Rif. Croz
dell'Altissimo
Mga.
ma
Rif. Tosa
Cma. Brenta
3150
Tre d. Brenta
Cma. d. Armi
Brenta Alta
2960
Rif. Almonta
Camp.
Alto
2937
Cma.
Margherita
2845
Cma. Ceda Alta
2757
Mga.
Rif. Brentei
Cima
Tosa
3173
Crozzon d. Brenta
3135
Rif. Agostoni
Cma. d'Ambiez
3102
Le Tose 2863
Cma. d'Agola 2959
Rif. 12 Apostoli
0
1
2
3
4
5 km

BRENTAGRUPPE

Alpenvereinsführer

Ein Taschenbuch in Einzelbänden
für Hochalpenwanderer und Bergsteiger
zu den Gebirgsgruppen der

Ostalpen

Herausgegeben vom
Deutschen Alpenverein, vom Österreichischen Alpenverein
und vom Alpenverein Südtirol

Band

Brentagruppe

Reihe: Südliche Kalkalpen

HEINZ STEINKÖTTER

Brentagruppe

Ein Führer für Täler, Hütten und Berge
mit 93 Bildern, 14 Anstiegsskizzen,
5 Kartenskizzen, 1 Zufahrtsskizze und einer Übersichtskartenskizze

Verfaßt nach den Richtlinien der UIAA

BERGVERLAG RUDOLF ROTHER GMBH · MÜNCHEN

Umschlagbild:
Von der Bocca di Tuckett nach Osten: Cima del Val Perse, Cima Roma, im Vordergrund Val Perse und Sentiero Orsi.
Foto: Willi End

Bildnachweis (Seitenzahlen):
Sämtliche Fotos sowie alle Vorlagen zu den Anstiegsskizzen: H. Steinkötter, außer S. 319 und S. 325 von G. Stanchina, Skizze S. 69 H. Pitsch.
Zeichnung der Skizzen: S. Schrank

Die Ausarbeitung aller in diesem Führer beschriebenen Anstiege und Routen erfolgte nach bestem Wissen und Gewissen des Autors. Die Benützung dieses Führers gescchieht auf eigenes Risiko. — Soweit gesetzlich zulässig, wird eine Haftung für etwaige Unfälle und Schäden jeder Art aus keinem Rechtsgrund übernommen.

Die Vorschriften der UIAA zur Erstellung von Kletterführern beziehen sich nur auf die Gliederung der Routenbeschreibungen und auf die Erstellung der sogenannten Beschreibungsköpfe, die die wichtigsten Angaben zu den Kletterführen, der Routenbeschreibung vorangestellt, beinhalten.

Bergverlag Rudolf Rother GmbH, München

1. Auflage 1988
ISBN 3-7633-1311-7
Gesamtherstellung Rother Druck GmbH
(2204 / 5172)

Geleitwort zum Alpenvereinsführer Brentagruppe

In der Reihe der „Alpenvereinsführer“ konnte das Dolomiten-Kletterführerwerk um einen wichtigen Baustein ergänzt werden. Die vollständige Neufassung des Brentaführers (früher Dolomiten-Kletterführer Band 3, bearbeitet von Horst Wels) liegt nunmehr vor. Der Autor, Heinz Steinkötter, Wahltrientiner und namhafter Alpinist, dürfte der beste deutschsprachige Kenner der Brentagruppe sein. Damit war er wie kaum ein anderer berufen, diesen AV-Führer – nach den Richtlinien der UIAA – zu schreiben. Die Alpenvereine danken dem Verfasser für seine hervorragende Arbeit.

Die Reihe der „Alpenvereinsführer“ ist zwischenzeitlich auf 50 Bände angewachsen. Auch diese Neuerscheinung trägt dem steigenden Bedürfnis und der großen Nachfrage nach abgeschlossenen Werken für jede einzelne Gebirgsgruppe der Ostalpen Rechnung. Mit der weiteren Vervollständigung der Reihe der „Alpenvereinsführer“ entsteht ein Werk, das ähnlich wie der frühere Hochtourist, jedoch als Spezialführer, zuverlässiger Ratgeber für alle Bergsteiger und Bergwanderer in den Ostalpen ist.

Herbst 1987

Für den Deutschen Alpenverein
Gerhard Friedl
Vorsitzender des Verwaltungsausschusses

Für den Österreichischen Alpenverein
Prof. Dr. Christian Smekal
Vorsitzender des Verwaltungsausschusses

Für den Alpenverein Südtirol
Dr. Gert Mayer
Erster Vorsitzender

Alpine Auskunft

Mündliche und schriftliche Auskunft in alpinen Angelegenheiten für Wanderer, Bergsteiger und Skitouristen

→ **Deutscher Alpenverein**
Montag bis Donnerstag von 9 bis 12 Uhr
und 13 bis 16 Uhr,
Freitag von 9 bis 12 Uhr
und 13 bis 15 Uhr
D-8000 München 22, Praterinsel 5
Telefon (089) 29 49 40
[aus Österreich 06/089/29 49 40]
[aus Südtirol 00 49/89/29 49 40]

→ **Österreichischer Alpenverein**
Montag bis Freitag von 8.30 bis 12.00 Uhr
und von 14 bis 18 Uhr
Alpenvereinshaus
A-6020 Innsbruck, Wilhelm-Greil-Str. 15
Telefon (0 52 22) 2 41 07
[aus der BR Deutschland 00 43/52 22/2 41 07]
[aus Südtirol 00 43/52 22/2 41 07]

→ **Alpenverein Südtirol**
Sektion Bozen
Montag bis Freitag von 9 bis 12 Uhr
und von 15 bis 18 Uhr
im Landesverkehrsamt für Südtirol -
Auskunftsbüro
I-39 100 Bozen, Pfarrplatz 11
Telefon (04 71) 99 38 09
[aus der BR Deutschland 00 39/471/99 38 09]
[aus Österreich 04/471/99 38 09]

Das UIAA-Gütezeichen

Die UIAA (Union Internationale des Associations d'Alpinisme) hat Richtlinien für Schwierigkeitsbewertung und Routenbeschreibung herausgegeben. Ist ein Kletterführer nach diesen Richtlinien verfaßt, erhalten Autor und Verlag das Recht, dies durch Abdruck des UIAA-Gütezeichens kundzutun.

Was beinhalten die Richtlinien?

- Alle besonderen Routenmerkmale wie Schwierigkeitsgrad, Zeit, Länge und/oder Höhe des Anstiegs, Art der Kletterei, besondere Gefahren usw. sind im Beschreibungskopf, der Routenbeschreibung vorangestellt, anzuführen.
- Zugang und Anstieg sind voneinander zu trennen und separat zu beschreiben.
- Die Beschreibung des Routenverlaufs ist kurz und eindeutig (wenn möglich, in Seillängen gegliedert) abzufassen.
- Normalwege sind auch in Abstiegsrichtung zu beschreiben.
- Die Bildgestaltung muß unmißverständlich sein.
- Routenskizzen müssen die internationalen Symbole aufweisen.
- Werden Routenbeschreibungen durch Skizzen ergänzt, müssen beide miteinander übereinstimmen.
- Und weitere Forderungen.

Die Überprüfung von Text, Bildern und Skizzen gemäß UIAA-Richtlinien erfolgt durch den DAV (Sicherheitskreis), der die Belange der UIAA in der Bundesrepublik vertritt.

Die Richtlinien verlangen **keine** Überprüfung der Richtigkeit aller Angaben und Routenbeschreibungen. Dies wäre bei der Fülle der Führer und bei der Vielzahl der Routenbeschreibungen jedes einzelnen Führers auch gar nicht möglich. So können sich auch bei UIAA-geprüften Führern nach wie vor noch unrichtige Beschreibungsdetails einschleichen. Autor und Verlag sind angehalten, möglichst gewissenhaft zu arbeiten.

Pit Schubert
Sicherheitskreis im DAV

Vorwort

Als mich der Bergverlag Rother in den siebziger Jahren ersuchte, einen Alpenvereinsführer über die Brentagruppe zu schreiben, willigte ich sogleich ein. Ich war mir damals allerdings auch der überwältigenden und verantwortungsvollen Arbeit bewußt, denn bedeutendes Material war bis zu diesem Zeitpunkt kaum vorhanden.
Nach zwanzig Jahren „Brenta-Aktivität“ konnte ich mir aber ein klares Bild machen. Ohne an einen AV-Führer zu denken, machte ich mir von Anfang an zur Gewohnheit, in keine Führe ohne Notizblock und Bleistift einzusteigen, um möglichst genaue Beschreibungen erstellen zu können. Dabei gelangen mir an die 100 Kletterführen, darunter auch zahlreiche Erst- und Winterbegehungen. Die Hüttenbücher, in denen Brenta-Erschließer freundlicherweise Beschreibungen und Skizzen hinterließen und die schon vorhandene Literatur ergänzten das, was meine Kletter-Mitarbeiter und ich nicht selbst abklettern konnten.
Vielleicht werden in diesem Führer Skizzen vermißt – es sind auch tatsächlich wenige davon da –, dafür habe ich aber (der Bergverlag möge mir verzeihen) großen Wert darauf gelegt, fast alle Routen fotografisch festzuhalten. So konnte ich auch als Wanderer die Brenta mit ihren immer wieder faszinierenden Ausblicken kennenlernen. Der Brentanebel, Nachmittagswolken und Gewitter ließen aus den geplanten 250 Wanderkilometern 400 werden.
Jedem Kletterer, aber auch Wanderern, wünsche ich schöne und erbauliche Brentatage. Und wer diese Gruppe lieben lernt, weiß auch, wo er stille und einsame Wege findet, abseits vom Bocchette-Wochenend-Betrieb.
Allen Mitarbeitern mein herzlichster Dank, meinem im belgischen Klettergarten tödlich verunglückten Freund und Seilgefährten auf so mancher Brentatour, Claudio Barbier, dem ich diesen Führer widme, gilt – wenn auch nachträglich – mein besonderer Dank.

Trient, Herbst 1987 Heinz Steinkötter

Inhaltsverzeichnis

Verzeichnis der Abbildungen

Verzeichnis der Skizzen

Bergwelt

Format 22 × 28 cm
Einzelheft DM 7,–
Abonnement DM 68,40

Sie sollten sich die **BERGWELT** ansehen – fordern Sie mit DM 1,– in Briefmarken (für Rückporto) ein kostenloses Probeheft an beim
Bergverlag,
Rudolf Rother GmbH
Postfach 190162,
8000 München 19.

Sie **wandern** oder **klettern,** Sie haben Spaß an **Skitouren,** am **Skilanglauf.** Oder Sie wollen mehr wissen über **Alpenpflanzen,** über die **Tierwelt** in den Bergen. Vielleicht auch über Aktuelles auf dem **Ausrüstungsmarkt,** über das **Fotografieren.** Dabei verschließen Sie Ihre Augen nicht vor der **Zerstörung der Umwelt,** die auch unsere Alpen bedroht. Und Sie bewahren sich Ihren **Humor** und können sich über eine gelungene Satire freuen.

Die **BERGWELT** wird Ihnen gefallen! Sie gehen selbst ins Gebirge. Deshalb freuen Sie sich über lohnende **Tourenvorschläge,** informieren sich durch ein ausführliches **Gebietsthema** jeden Monat über neue Ziele, begutachten mit Kennerblick das superbreite **Panoramafoto,** wollen auch hin und wieder über **nicht alltägliche Fragen** nachdenken, denen Fachleute in unterhaltsamen Beiträgen nachgespürt haben. Und natürlich wollen Sie etwas sehen: Ihre **Berge im Bild** – farbig, ganzseitig, doppelseitig. Vielseitig.

A. Einführender Teil

1. Geographischer Überblick

1.1 Lage:
Die Brentagruppe liegt westl. des Etschtals (Adige) und von Trient (Trento) und im N des Gardasees. Sie ist durch das Etschtal von den östl. gelegenen Dolomiten getrennt, gehört also nicht mehr zu den Dolomiten (nach der Alpenvereinseinteilung der Ostalpen). Allerdings wird diese Einteilung nicht allgemein anerkannt, wie z.B. aus dem Titel des vom Club Alpino Italiano und dem Touring Club Italiano herausgegebenen Kletterführer von Buscaini / Castiglioni, Dolomiti di Brenta, ersichtlich ist.

Felskämme: Das räumlich ausgedehnte Brentagebirge wird durch einen in N-S-Richtung verlaufenden Felskamm mit geringen Verästelungen gebildet, der in eine nördl., zentrale (mittlere) und südl. Gebirgskette aufgeteilt werden kann. Die nördl. Kette wird mangels Hütten wenig begangen, ist aber sehenswert und gut erschlossen. Parallel zu ihr liegt östl. ein zweiter, wenig begangener Kamm. Dazwischen ist der schöne Tovelsee gelegen. Die zentrale Kette wird von der nördl. Kette durch den breiten Grostèpaß getrennt, zu dem aus der Nähe des Hauptortes Madonna di Campiglio eine Seilbahn führt. Wegen des Bocchettewegs, einer ununterbrochenen Kette von Klettersteigen, wird der zentrale Teil von Touristen viel besucht (Hütten oft überfüllt, besonders an Wochenenden). Der südl. Teil des Felskamms von der Pedrottihütte ab ist in zwei Zweige aufgespalten, die das Ambièztal umschließen und im allgemeinen nur in ihrem nördl. Gebiet um die Agostinihütte zur Überquerung begangen werden.

Der zentrale Felskamm, der touristische Kernraum der Brentagruppe, gliedert sich folgendermaßen:

1. Vallesinellastock; vom Grostèpaß, 2443 m, bis zum Tuckettpaß, 2656 m.
2. Cima-Brenta-Stock mit der Cima Brenta, 3150 m: vom Tuckettpaß, 2556 m, bis zur Armischarte, 2749 m.
3. Sfulministock mit dem Sfulmini, 2910 m: von der Armischarte, 2749 m, bis zur Brentascharte, 2552 m, mit dem berühmten Felsturm Guglia (italienisch: Campanile Basso), 2877 m.
4. Cima-Tosa-Massiv mit der Cima Tosa, 3173 m, dem höchsten Berg der Brentagruppe.

Gletscher: In der Brentagruppe gibt es mehrere kleine Gletscher, die fast nur auf der W-Seite des zentralen Felskamms liegen. Die stärkste Vergletscherung besteht um die Cima d'Ambièz: Vedretta dei Camosci,

Vedretta d'Agola, Vedretta Pratofiorito und Vedretta dei Dodici Apostoli. Erwähnenswert ist noch die Vedretta dei Sfulmini im Sfulministock. Die Gletscher sind harmlos, zeigen aber trotzdem noch Spalten. Zur Zeit des eiszeitlichen Höchststandes reichte die geschlossene Eisdecke bis auf 2400 m. Aus diesem Eismeer ragte der Brentakamm als mächtiges Riff heraus und sandte mächtige Hängegletscher auf die Eisfläche hinunter, die damals als gewaltiger Sarca- und Etschtalgletscher abfloß.

Umgrenzung durch Täler: Die Brentagruppe wird von tiefen Tälern umgrenzt. Es sind, beginnend am Stausee bei Cles im NO in Richtung W, die folgenden:

Im N das Val di Sole mit dem Nocefluß von Cles bis Dimaro.

Im W das Val Meledrio von Dimaro zum Paß Campo Carlo Magno und das Valle di Campiglio von diesem Paß aus bis Pinzòlo und anschließend das Valle Rendena mit dem Sarcafluß bis Tione.

Im S wieder das Sarcatal von Tione bis zur Einmündung des von N kommenden, südl. des Molvenosees gelegenen Val Bondai (tiefe Schlucht).

Im O die Talfurche des Val Bondai, Molvenosee, Paß von Andalo in das Val di Non mit dem Nocefluß bis Cles.

Umgrenzung durch Straßen: Der modernen Verkehrsentwicklung entsprechend ist heute die Brentagruppe im Verlauf ihrer natürlichen, geographischen Grenzlinien auch von Autostraßen umrandet, so daß auch straßenmäßig eine klare Umgrenzung der Gruppe gezogen ist. Die Straßen sind:

Im N die Tonale-Paßstraße im Abschnitt Stausee bei Cles bis Dimaro.

Im W die Straße von Dimaro über den Paß Campo Carlo Magno nach Madonna di Campiglio und Pinzòlo nach Tione.

Im S die Straße Tione — Trento (Trient) bis zur Ortschaft Ponte Arche.

Im O die Straße von Ponte Arche über Molveno und Andalo nach Cles und weiter zur Tonale-Paßstraße.

1.2 Verkehrsverbindungen

1.2.1 Anreise zur Brentagruppe mit Auto: Die wichtigsten Eintrittsorte der Brentagruppe sind Madonna di Campiglio oder Pinzòlo im W, Molveno im O und Malè oder Tovelsee im N. Andere Eintrittsorte (Talorte) s. R 4—R 14. (S. Skizze S. 17.)

Madonna di Campiglio, 1522 m (R 1) erreicht man mit dem Auto von N her von Bozen und von S her von Trento (Trient). Von Bozen, 262 m, führt die kurvenreiche SS 42 über den Mendelpaß (Passo di Mendola, 1363 m), Fondo, Stausee bei Cles, Malè, 738 m. Abzweigung

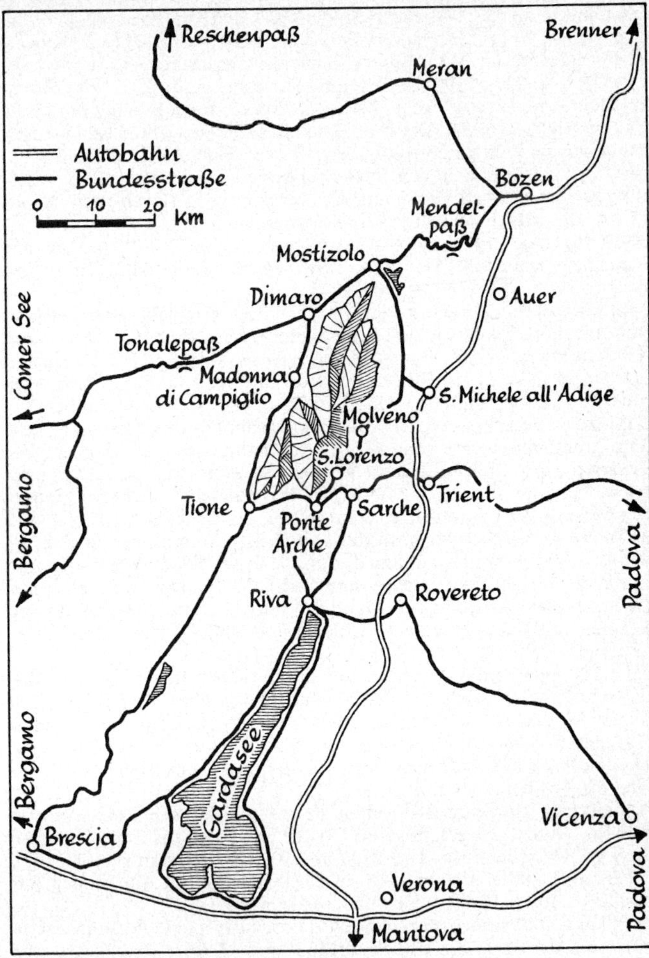
Reschenpaß
Brenner
Meran
Autobahn
Bundesstraße
0 10 20 km
Bozen
Mendel-paß
Mostizolo
Auer
Dimaro
Comer See
Tonalepaß
Madonna di Campiglio
S. Michele all'Adige
Molveno
S. Lorenzo
Bergamo
Tione
Ponte Arche
Sarche
Trient
Padova
Riva
Rovereto
Gardasee
Bergamo
Vicenza
Brescia
Padova
Verona
Mantova

bei Dimaro zur SS 239, Carlo-Magno-Paß, 1681 m, nach Madonna di Campiglio; 94 km. Der durch die beiden Pässe verursachte Höhenverlust beträgt 893 m. Von Trento führt die ebenfalls kurvenreiche Straße (SS 45 bis, 237, 239) am Toblinosee vorbei und durch die Sarcaschlucht, über Ponte Arche, Tione di Trento, Pinzòlo nach Madonna di Campiglio, 76 km. Diese Strecke ist besonders abwechslungsreich und eindrucksvoll und bietet im letzten Teil schöne Blicke auf die Brentagruppe. Sie hat auch den Vorteil, daß sie keinen Paß enthält. Allerdings kommen noch 55 km auf der Autobahn von Bozen nach Trento hinzu, die jedoch schnell durchfahren sind.
Nach Pinzòlo, 770 m, (R 2) fährt man am besten von Trento aus auf derselben Straße (SS 45 bis, 237, 239) wie nach Madonna di Campiglio; 61 km.
Molveno, 864 m, (R 3) ist der am schnellsten erreichbare Ort, jedoch von dort langer Anstieg zum Brentakamm. Man verläßt die Autobahn etwa 40 km südl. von Bozen bei der zweiten Abfahrt (San Michele), fährt nach NW durch Mezzolombardo und kurz dahinter nach links aufwärts auf Serpentinen nach Fai della Paganella und dann über Andalo nach Molveno, etwa 30 km ab Autobahn, etwa 70 km ab Bozen. Von Trento aus kommt man auf der Autobahn nach etwa 17 km zu der genannten Abfahrt, so daß die gesamte Strecke dann etwa 47 km beträgt. Man kann Molveno von Trento aus auch auf einer etwas längeren Strecke, 60 km, erreichen, die jedoch landschaftlich schöner und abwechslungsreicher ist. Man fährt zunächst auf derselben Straße (SS 45 bis, 237) wie nach Madonna di Campiglio am Toblinosee vorbei und durch die Sarcaschlucht nach Ponte Arche, 33 km, wo man nach rechts (N) nach Molveno abzweigt. Man fährt aufwärts über Stenico und San Lorenzo in Banale, durch eine Schlucht und schließlich am Molvenosee entlang.
Zum Tovelsee: Autofahrer verlassen die Autobahn Bozen — Trento bei der Abfahrt San Michele all'Adige und fahren über Mezzolombardo, hinter der nächsten Brücke nach links, Denno, Tuenno zum Tovelsee (12 km ab Tuenno); Parkplatz kurz vor dem See. Weiterfahrt zum zweiten Gasthaus „Albergo Lago Rosso" und 2 km weiter (außer 18 Uhr bis 9 Uhr).
Anmerkung: Im Jahre 1978 waren die letzten 3 km der Straße bis zum See für Autos gesperrt und ein Pendelbus fuhr auf der gesperrten Strecke. Da jedoch die Touristen ausblieben, hob man die Sperrung wieder auf und ließ sie nur noch für die am See entlang führende Straße bestehen (außer 18 bis 9 Uhr und für Linienbusse).
Man kann auch hinter Mezzolombardo nach der nächsten Brücke geradeaus auf der SS 43 d bleiben (statt links nach Denno abzubiegen) und

nach Cles und von dort nach Tuenno fahren, jedoch ist diese Strecke auf der rechten statt linken Talseite (in Fahrtrichtung) 6 km länger. Von Bozen aus ist die Fahrt über den Mendelpaß (Passo di Mendola) nach Cles entfernungsmäßig kürzer, jedoch zeitlich kaum.
Ins Gebirge weiter aufwärts kann man mit dem Auto zur Brentelorsalm, 1836 m, oder Movlina-Alm, 1746 m, fahren, Ausgangspunkte zur Zwölf-Apostel-Hütte. Die Pellerhütte, 2060 m, ist von Cles aus mit dem Auto erreichbar.

1.2.2 Mit Eisenbahn und Autobus: Die günstigste Eisenbahnstation für den von N oder S kommenden Reisenden ist Trento (Trient), weil von dort aus mehrmals am Tag ein Autobus nach Madonna di Campiglio (über Pinzòlo) oder nach Molveno fährt. Der Autobusbahnhof in Trento liegt 2 Min. südl. des Bahnhofs. Wenn man z.B. von Hamburg oder Hannover aus einen Nachtzug benutzt, so erreicht man Trento so früh, daß man mit dem Autobus Madonna di Campiglio noch zu einer günstigen Tageszeit erreicht.
Bozen als Eisenbahnstation ist dagegen nicht günstig, weil von dort aus täglich nur eine einzige Autobusverbindung nach Madonna di Campiglio besteht (Anfang Juli bis Anfang September).Zum Autobusbahnhof in Bozen kommt man vom Bahnhof in 2 Min. durch die Grünanlagen.
Nach Malè am einsamen, nördl. Teil der Brentagruppe kommt man mit der Eisenbahn, wenn man in Mezzocorona (zwischen Bozen und Trento), wo manche Fernzüge halten, in die Lokalbahn Trento — Malè umsteigt.
Zum Tovelsee: Eisenbahnfahrer steigen in Mezzocorona oder Trento in die Lokalbahn Trento — Malè um, und fahren in 38 Min. nach Cles (R 6), wo nur im August vom Bahnhof aus ein Autobus zweimal täglich zum Tovelsee fährt (10.30 und 16.40 Uhr ab Tovelsee).

1.2.3 Autobuslinien: Die Autobuslinien in Italien werden in jeder Provinz von mindestens einer Gesellschaft („Società Automobilistica") betrieben. Für das Brentagebiet in der Provinz Trento sind hauptsächlich die folgenden beiden Gesellschaften tätig:
a. Die Autobusgesellschaft Atesina mit Sitz in Trento. Von Interesse sind die Autobuslinien: Trento — Ponte Arche — Pinzòlo — Madonna di Campiglio — Campo Carlo Magno sowie: Trento — Ponte Arche — Molveno.
b. Die Eisenbahngesellschaft FETM (Ferrovia Elettrica Trento — Malè) mit Sitz in Trento, die außer der Eisenbahn auch Autobuslinien betreibt. Von Interesse sind folgende Autobuslinien:
Bozen — Malè — Madonna di Campiglio, s. R 1.

Malè — Madonna di Campiglio, s. R 1.
Trento — Fai della Paganella — Andalo — Molveno.
Cles — Tovelsee, s. R 12.
Außer den beiden genannten Gesellschaften gibt es noch solche, die die Fernlinien betreiben.

1.2.4 Fahrpläne: Führen durch eine Ortschaft Autobuslinien verschiedener Gesellschaften, so sind deren getrennte Fahrpläne zu beachten. Auch an den Autobushaltestellen hängt jede Gesellschaft nur ihren eigenen Fahrplan aus. Man muß aber damit rechnen, daß an den Haltestellen nicht alle Fahrpläne zu finden sind. Sie sind aber in den Verkehrsbüros und Fahrscheinverkaufsstellen und manchmal auch bei den Autobusfahrern erhältlich oder einsehbar. Im Autobusbahnhof in Trento haben die Atesina und die FETM je einen eigenen Schalter. Die beiden Gesellschaften geben seit 1983 ein gemeinsames Fahrplanheft heraus, einen „Provinzfahrplan" (Orario Provinciale).
Anmerkung:
werktags = feriale (FER.)
sonntags/feiertags = festivo (FEST.)
Anschluß = coincidenza
umsteigen = cambiare
Abzweigung = bivio
täglich = giornale.

1.3 Mit Autobus und Lokalbahn um die Brentagruppe

Man kann durch Benutzung von zwei Autobuslinien und einer Lokalbahnlinie um die Brentagruppe herumfahren. Von Madonna di Campiglio fährt man mit Atesina 2½ Std. nach Trento. Dort geht man vom Autobusbahnhof nach N am Hauptbahnhof vorbei in etwa ¼ Std.zum Lokalbahnhof der FETM (Achtung: der Eingang zum Bahnhof liegt wenig auffallend in einer Häuserreihe). Die Bahn fährt im O der Brentagruppe durch das Nonstal mit dem Nocefluß in 2½ Std. über Mezzolombardo und Cles zur Endstation Malè im N der Brentagruppe. Von dort fährt eine Autobuslinie der FETM in ¾ Std. nach Madonna di Campiglio.

1.4 Trento (Trient) als Zwischenstation

Eine Besichtigung von Trient ist lohnend und in wenigen Stunden durchführbar. Das Zentrum liegt halbrechts (SO) vom Bahnhof. Man geht nach rechts am Park entlang, dann nach links ebenfalls am Park weiter und trifft bald auf das Touristenbüro, wo man einen Stadtplan erhalten kann. Geht man nun nach rechts in die Straße Corso Alfieri und behält die Richtung bei, so gelangt man zum Domplatz. Dort be-

finden sich der Dom, der Prätorenpalast mit Stadtturm und der Neptunbrunnen. Das Castello del Buon Consiglio (Kastell des Guten Rates), der ehemalige Sitz der Fürstbischöfe mit Museum, liegt im NO der Stadt (vom Ende des erwähnten Corso Alfieri durch die Via Manci). Westl. der Etsch (Adige) liegt auf dem Berg Dos Trento das tempelartige Mausoleum des Vorkämpfers des Anschlusses des Trentino an Italien („Irredenta"), Cesare Battisti. Ebenfalls sehenswert ist das „Museo degli Alpini", nicht weit vom Mausoleum entfernt.
Ein moderner Platz mit Stadt-Café, auch im Freien, ist der Battistiplatz (neuer Name) in der Nähe der erwähnten Via Manci.

1.5 Seilbahnen

a. Seilbahnen zur Brentagruppe: Von Madonna di Campiglio, s. R 1. Von Pinzolo, s. R 2. Von Molveno, s. R 3.

b. Seilbahnen zur Presanellagruppe: Von Madonna di Campiglio, s. R 1.

c. Seilbahnen zur Paganella: Von Andalo, s. R 11.

Helmut Pitsch

2. Geologie der Brentagruppe

Die Brentagruppe ist ein Teil der Südlichen Kalkalpen. Das Gestein ist am Anfang des Erdmittelalters (Mesozoikum, vor 225 bis 70 Millionen Jahren) durch Ablagerungen („Sedimentgestein") und Riffbildung (Korallenriffe) im Tethys-Meer entstanden, von dem das heutige Mittelmeer einen Rest darstellt, und gegen Ende des Erdmittelalters hochgedrückt worden. Dabei ist die horizontale Lage der Schichten meistens erhalten geblieben. Das Erdmittelalter wird in drei Zeitabschnitte unterteilt: Trias, Jura und Kreide. In der mittleren Trias entstand der Dolomit, ein magnesiumhaltiger Kalkstein (Calcium-Magnesium-Carbonat), benannt nach dem französischen Mineralogen Dolomieu, der 1791 das Dolomitgestein entdeckte.
Der zentrale Teil der Brentagruppe besteht aus einer etwa 1000 m mächtigen Schicht Hauptdolomit. Die schroffen Formen des Gebirges sind dadurch verursacht, daß beim Hochdrücken des Gebirges der Hauptdolomit nicht wie Kalkstein, Schiefer u.a. gewölbt wurde, sondern infolge seiner Härte gebrochen ist, wodurch Klüfte entstanden sind. Durch ein unterschiedliches Maß des Hochdrückens von Gebirgsteilen wurden dann die klotzigen Berge mit senkrechten Wänden und

die Felstürme gebildet. Die Wände sind also ehemalige Bruchflächen. Das Gebirge wurde später in der Eiszeit und durch Verwitterung weiter verformt. Die helle, gelbe Farbe ist durch Verwitterung des sehr geringen Eisengehaltes entstanden, während die tiefschwarzen, senkrechten Streifen an den Stellen, wo Wasser herunterrinnt, auf Algen zurückzuführen sind.
Eine Eigenart des zentralen Teils der Brentagruppe ist der Aufbau aus 40 bis 50 m hohen Stockwerken aus unterschiedlichem Dolomitgestein, wodurch infolge entsprechend unterschiedlichen Verwitterns die sogenannten Bänder (absatzartige, waagerechte oder schräge, begehbare Streifen) und Terrassen gebildet wurden (Terrassen an Castelletto Inferiore und Brenta Alta). Der stockwerkartige Aufbau ist auch bei der Guglia zu sehen. Die Bänder werden von Kletterern dazu benutzt, zu einer günstigen Aufstiegsroute im folgenden „Stockwerk" zu kommen.
Im N-Teil der Brentagruppe liegen über dem Hauptdolomit die etwa 800 m mächtigen Dolomite des Rät (im Zentralgebiet bereits durch Verwitterung abgetragen), der jüngsten und damit obersten Stufe der Trias. Das Dolomitgestein des unteren Rät, 100 m mächtig, hat eine dunkle Farbe und fällt durch die ausgeprägte Schichtung auf, die durch den verschiedenen Gehalt an Dolomit, Kalkstein, Sandstein, Mergel u.a. verursacht wird. Die Schichten enthalten auch Fossilien (Muscheln, Korallen). Die Schichten sind oberhalb der Grafferhütte am Fuß der Pietra Grande zu sehen. Darüber liegen die Schichten des mittleren Rät, etwa 200 m mächtig, die aus hellem Dolomit mit größerem Kalkgehalt bestehen und deshalb brüchig sind. Sie enthalten große, herzförmige Fossilien. Es folgt die oberste, etwa 500 m mächtige Rät-Schicht aus reinem, hellem, gelblichgrauem, brüchigem Kalkstein mit kaum erkennbarer Schichtung.
Auch im S-Teil gibt es Rät-Dolomit. Es bestehen daraus der Croz dell'Altissimo bei der Pedrottihütte und die Berge im O der Zwölf-Apostel-Hütte.
Über den Rät-Schichten folgen noch die Schichten der anfangs erwähnten Jura-Formation aus hellgrauem Kalk und rotem Ammoniten-Kalk (Sasso Rosso und Pallon im N, Ammoniten als Fossilien). Aus der anfangs genannten Kreideformation hat sich noch der ziegelrote Mergel (Scaglia) erhalten, den man von der Pedrotti-Hütte aus im SSO am Gipfel des Rossati sieht, wo auch die jüngsten Gesteine der Brentagruppe aus dem auf das Erdmittelalter folgenden Tertiär vorkommen.
Anhebung und Verschiebung. Die unterschiedliche, gebirgsbildende Anhebung in den Teilen der Brentagruppe hat auch zur Folge, daß jüngeres und älteres Gestein in gleicher Höhe liegen, z.B. auf der W-Seite des Camoscigletschers der jüngere Rät-Kalk und auf der O-Seite der äl-

tere Hauptdolomit des Crozzon. Es liegt sogar umgekehrt die gesamte Brentagruppe um bis zu 1000 m tiefer als die im W des Tals von Madonna di Campiglio liegende Adamello- und Presanellagruppe, so daß die alten, kristallinen Tiefengesteine dieser beiden Gruppen in gleicher Höhe wie die relativ jüngeren Sedimentgesteine der Brentagruppe einander gegenüber liegen. Die im Tal verlaufende Grenzlinie (geologische Störungslinie) wird „Judikarien-Linie" genannt (auf Grund der Landschaft Judikarien bis zum Idrosee mit dem Hauptort Tione). Sie verläuft bei Pinzòlo abweichend von der Tallinie um den Dos del Sabion herum, der aus Diorit, einem kristallinen Tiefengestein, besteht.
Es kann auch vorkommen, daß ältere Schichten über jüngere Schichten geschoben sind. So sieht man beim Aufstieg im Ambièztal die Schichtfolge: Hauptdolomit, Rät-Kalk und wieder Hauptdolomit. Im SW der Pozza Tramontana bei der Pedrottihütte nahe bei den Serpentinen des Weges zur Agostinihütte hat sich der Hauptdolomit der Cima di Ceda auf den jüngeren Rät-Kalk aufgeschoben und dabei dessen angrenzende Partie umgebogen und ein Stück mitgeschleift.

Johannes Führer

3. Allgemeines über die Brentagruppe

3.1 Kleine Erschließungsgeschichte

Die erste Besteigung des höchsten Brentagipfels, der Cima Tosa, im Jahre 1865 durch den Italiener Giuseppe Loss aus Primiero zusammen mit sechs Gefährten, eröffnet wohl die eigentliche Erschließung der Brentagruppe. Nach und nach werden die meisten Gipfel auf Wegen der unteren Schwierigkeitsgrade, die heute allgemein als Normalwege gelten, bestiegen. Sowohl einheimische Führer, Engländer, Deutsche und Österreicher sind an dieser Erschließung beteiligt.
Doch keineswegs bei allen Besteigungen dieser Zeit kann das Recht, als Erster oben gewesen zu sein, in Anspruch genommen werden, besonders bei Gipfeln der ‚Randgebiete', die immer schon Jägern zugänglicher waren.
Als eine der wichtigsten Besteigungen in der Brenta gilt die erste Erkletterung des Campanile Basso (oder Guglia di Brenta) durch die Österreicher Otto Ampferer und Karl Berger, die den Schlüssel für die letzten beiden Seillängen an dieser unvergleichlich schönen Dolomitennadel fanden.

Zu Beginn des 20. Jahrhunderts eröffneten vor allem Deutsche und Österreicher interessante Routen: es fielen die Kanten und Grate und auch die großen Wände wurden in Angriff genommen. Diese „Invasion“ hatte eine Reaktion bei den damals besten Trentinern zur Folge, denen noch sehr viel Spielraum blieb. Als blühende Erschließungszeit darf die Periode vor 1925 bis zum Zweiten Weltkrieg angesprochen werden. Die Zeit war reif für den VI. Grad! Folgende Alpinisten taten sich hervor, darunter auch Bergführer: Videsott, Castiglioni, Agostini, Friederichsen, Graffer, Detassis, Fox, Stenico, Gasperini, Pisoni, Armani und andere, deren Routen sich bis heute mit Respekt größter Beliebtheit erfreuen.
In den fünfziger Jahren tauchten neue Sterne am Brentahimmel auf: Vor allem Armando Aste und Cesare Maestri müssen erwähnt werden. Während der Roveretaner Aste noch genügend Neuland in großen Wänden fand (Cima d'Ambiez, Crozzon, Cima Tosa, Campanile Basso), erregte der Trentiner Bergführer Maestri großes Aufsehen durch die Eröffnung von Routen vorwiegend mit hakentechnischen Mitteln (Punta Campiglio, Cima Grostè, Cima Farfalla, Castelletto dei Massodi). Ihm gelangen aber auch erstaunlich viele Erstbegehungen in freier Kletterei.
In den sechziger und siebziger Jahren taten sich sowohl einheimische Kletterer als auch Ausländer hervor; besonders zu erwähnen sind die Gebrüder Alimonta, Livanos, Gadotti, Pilati, Stanchina, Andreolli, Casiraghi, Loss, Steinkötter, Orlandi, Salvaterra, Giudicati u.a. Mit dieser Zeit wurde die Erschließung keineswegs abgeschlossen. Besonders die siebziger Jahre veranlassen die Kletterer auch mit der Weiterentwicklung der Klettertechnik und des Materials dort Anstiege zu finden, wo man es früher für unmöglich gehalten hätte. Besonders eine neue Einstellung, ein gewissenhaftes „Wegstudium“ und der Trend zum „Sportklettern“ durch gezieltes, konsequentes Training führen bei den Kletterern zu neuen Horizonten. — Eine „Letzte Erstbegehung“ wird es wohl nie geben.

3.1.1 Felseigenschaft

Der Brentafels ist allgemein bekannt durch sein steiles, rauhgriffiges, festes Gestein, das manchmal mit dem Dolomit der Palagruppe verglichen werden kann. Besonders charakteristisch sind auch die zahlreichen Bänder, die meist willkommene Standplätze darstellen, ganze Wandfluchten durchziehen und manchmal Ausweichmöglichkeiten sind, aber auch dem Kletterer immer wieder die Möglichkeit geben, den Weg dort zu eröffnen, wo naturgegeben der beste bzw. leichteste Durchstieg war. Ein Beispiel für viele: die Preußroute am Crozzon di Brenta!

Was die Felsqualität anbelangt, sollte man sich aber bei einigen Routen, das gilt besonders für die Randgebiete, mit den Bergen Croz dell'Altissimo, Dos Dalun, Cima di Ghez, Le Tose, Cima Pratofiorito, Fracingligruppe und Berge nördl. des Grostèpasses, nicht blind auf den Fels verlassen. Besonders in den unteren Lagen ist der Fels oft grasdurchsetzt, teilweise plattig und brüchig, aber auch wieder stellenweise erstaunlich fest und kompakt: Armaniroute am Croz dell'Altissimo oder Steinkötterroute an der Cima di Ghez.
Der Kletterer möge sich eins merken: Wer im Wilden Kaiser und in der Civetta schwierigste Führen schafft, findet in der Brenta keine unlösbaren Probleme; umgekehrt gilt das aber keineswegs!

3.1.2 Wintererstbegehungen in der Brentagruppe
Die wichtigsten Winterbegehungen wurden in den letzten drei Jahrzehnten durchgeführt. Als beste, allerdings härteste Winterbegehungszeit gilt die Periode vom 15. Dezember bis Ende Januar. Die Anmarschwege zu den Winterräumen werden im allgemeinen zu Fuß zurückgelegt; Lawinengefahr besteht in den Tälern nur nach einigen Schlechtwettertagen.

Eine Reihe der wichtigsten Winterbegehungen:

1956	Crozzon di Brenta, Nordkante, O. Pianta, allein	23. 1. 1956
1964	Campanile Basso, Grafferkante, T. Mastellaro, G. Mazzenga, G. Ribaldone	5.—6. 2. 1964
1966	Campanile Alto, Westkante, Pietro Vidi, allein	
1967	Croz dell'Altissimo, Dibona, R. Comper, H. Steinkötter	28.—31. 12. 1967
1969	Croz dell'Altissimo, Detassis, R. Comper, H. Steinkötter	26.—28. 12. 1969
1970	Campanile Basso, Fehrmannverschneidung und Preußwand A. Andreotti, P. Franceschini, T. Pedrotti	21. 12. 1970
	Crozzon di Brenta, Via delle Guide R. Chiappa, G. Lanfranchi, A. u. G. Rusconi	7.—12. 3. 1970
1971	Crozzon di Brenta, Asteverschneidung S. Martini, D. Ferrari, M. Frizzera	13.—17. 2. 1971

1972	Crozzon di Brenta, Franzosenpfeiler, A. Andreotti, H. Steinkötter	21.—24. 12. 1972
1972	Brenta Alta, Detassisroute R. Nicolini, R. Pellegrini, M. Pilati, E. Pizzocolo	21.—24. 12. 1972
1973	Croz dell'Altissimo, Armaniverschneidung, S. Martini, M. Tranquillini, D. Ferrari, I. Seia	18.—20. 3. 1973
1979	Castel alto dei Massodi, Comper/Steinkötter-Weg, F. Marchesoni, F. Nicolini, R. Beber, F. Spellini	13.—15. 1. 1979
1981	Cima Brenta, Via Verona, M. Furlani, V. Chini, C. Paris	19.—25. 1. 1981
1981	Cima-Tosa-NO-Wand, Detassis/Castiglioni-Route, F. Nicolini, F. Spellini, C. Merlo	12. 1. 1984

3.2. Beste Jahreszeit für Bergtouren

Die beste Jahreszeit für Bergtouren ist hauptsächlich durch die Öffnungszeit der Hütten des CAI gegeben, nämlich 20. 6. bis 20. 9. Bei zu hohem Schnee öffnen aber manche Hütten erst später, etwa Anfang Juli. Der Bocchetteweg wäre ohnehin vorher nicht mit normaler Wanderausrüstung begehbar. Die Tuckettütte öffnet bei gutem Wetter und genügend Wasser schon Ende Mai und schließt erst Ende Oktober. Die Berggasthäuser richten sich meist nach der Öffnungszeit der Hütten, jedoch ist z.B. das Berggasthaus Rif. Casinei vom 15. 6. bis 10. 10. geöffnet.

Die Seilbahn, die am höchsten hinaufführt, 2438 m, die Grostè-Seilbahn, ist von etwa 13. 7. bis 23. 9. in Betrieb. Die anderen Seilbahnen haben abweichende Betriebszeiten.

Zu beachten ist, daß in Italien der August der Ferienmonat ist. Erst Ende August läßt der Zustrom der Italiener nach. In Madonna di Campiglio dauert die Hauptsaison von etwa 28. 7. bis 20. 8.

3.2.1 Wege

Die Brentagruppe ist ein seit Jahren stark besuchtes Wandergebiet; alle Wege sind im allgemeinen in gutem Zustand und bis zu den Hütten über die Talwege (mit Ausnahmen) in Turnschuhen begehbar. Die Verbindungswege von Hütte zu Hütte oder der berühmte Bocchetteweg werden ebenso sehr häufig begangen; hier sollte der verantwortungsbewußte Bergsteiger auf hohe Schuhe („Trekkingschuhe“) nicht verzichten, auch weil nicht selten gefährliche Schneerinnen gequert werden müssen. In fortgeschrittener Jahreszeit empfiehlt es sich, ein Paar Grödel mitzuführen, besonders bei glattsohligen Kletterschuhen. Alle Wege sind gut bezeichnet und ein Verirren ist kaum möglich. Man hüte sich aber vor „Abkürzern“; sie verschandeln die Landschaft (s. Hüttenweg zwischen Malga Vallesinella und Casineihütte) und schonen keineswegs die Kniegelenke. Im Frühsommer sind die Drahtseile am Bocchetteweg verschneit, deshalb sollte man besonders in dieser Jahreszeit großen Wert auf gutes Schuhwerk legen. Jedes Jahr rutschen nicht nur „Touristen“ Schneefelder und Rinnen hinab und fahren nicht mehr nach Hause. Mit schwerem Rucksack sollte man als Übergangsweg von Hütte zu Hütte die leichtesten Wege wählen.

3.2.2 Hütten und Unterkünfte

In allen Talorten gibt es genügend Pensionen und Hotels. In der Hauptsaison findet man allerdings kaum freie Plätze; man erkundige sich vorsichtshalber in Bozen bzw. Trient bei den entsprechenden Fremdenverkehrsbüros. Das Zelt kann (auch im Tal) weiterhelfen. Alle Hütten sind in den letzten Jahren ausgebaut worden, halten aber nicht immer dem Wochenendbetrieb stand. Wer nicht auf dem Fußboden schlafen will, tut gut daran, wenigstens eine Schlafmatte mitzuführen. Die Hütten verfügen im allgemeinen alle über Telefon. Zelten ist in der Brentagruppe verboten, wird aber meist geduldet. Besonders in der Nähe der Brentei-Hütte ist ein ausgezeichneter Zeltplatz. Man erkundige sich in Madonna di Campiglio bei Pensione Detassis (hinter der Kirche) wegen Materialtransport (gegen Gebühr).
Biwakschachteln gibt es in der ganzen Gruppe nur zwei: Centenario oder Bonvecchio im N-Kamm und die Biwakschachtel auf dem Crozzon di Brenta, letztere ist sehr klein (4 Personen) und sollte nur im extremsten Notfall benutzt werden. Über das Pro und Contra von Biwakschachteln soll hier nicht diskutiert werden, fest steht jedoch, daß die Biwakschachtel auf dem Crozzon di Brenta schon vielen das Leben gerettet hat, und deshalb soll sie auch nur deshalb benutzt werden und nicht, um Übernachtungsgelder zu sparen, indem man erst mittags in eine Route einsteigt.

3.2.3 Wintersport

Besonders auf den Hängen westl. des Grostè-Passes, also östl. des Passo Carlo Magno, sind einige der schönsten Abfahrten der Dolomiten

überhaupt. Vom Passo Carlo Magno führen Seilbahnen auf den Grostè-Paß und von Campiglio auf den Monte Spinale (herrlicher Ausblick auf die zentrale Brentagruppe). Von Pinzolo aus führt eine Kleinkabinenbahn auf den Dos del Sabion, 2101 m, während an der O-Seite der Brentagruppe die Ortschaften Molveno und besonders Andalo reizende Wintersportorte sind.
Für Tourenskiläufer ist eine Abfahrt vom Grostè-Paß mit vorausgegangenem Aufstieg auf die Cima Roma und Abfahrt hinab zum Tovelsee ebenso interessant wie der Aufstieg durch das Val d'Ambiez zur Agostinihütte mit anschließender Abfahrt. Alle Hütten verfügen über einen Winterraum. Der sicherste Aufstieg zur Brenteihütte ist der Weg von San Antonio di Mavignola, 1122 m, aus durch das Val Brenta. Auskünfte erteilen die Bergführer und Skilehrer in Campiglio, San Lorenzo, Molveno und Andalo.

3.2.4 Bergführerbüros

Besonders in den obengenannten Ortschaften gibt es Bergführer- und Skilehrerbüros, die Auskünfte über Tarife, Wetter und Schneeverhältnisse erteilen.

3.3 Tier- und Pflanzenwelt

Die Flora und Fauna ist die gleiche wie in den Dolomiten. Besonders erwähnenswert ist außerdem, daß im Brentagebirge auch heute noch die kleinen Brenta-Bären auftauchen und auf Nahrungssuche sogar bis in die fruchtbaren Regionen des Val di Non im NO vorstoßen, wo sie den Bergbauern die Honigstöcke ausräumen, aber auch weidende Tiere reißen.
Die Hochregionen sind kahles, karrendurchsetztes Ödland. Immer aber gibt es Zonen, wo inmitten der wildesten Felsöde die schönste Alpenflora blüht. Vor allem in den mittleren Regionen wird in der Regel die kümmerliche Schafweide genutzt. Almweide für Kühe gibt es dagegen nur in den tieferen Lagen. Waldbestände reichen nicht weit aufwärts über 1700 m, sind aber oft reich und schön, so z.B. im Meledriotal im N von Madonna di Campiglio, im S der Brentagruppe im unteren Algonetal, sowie rund um den Tovelsee.
Das Pflücken von bestimmten Pflanzen, Moosen und Flechten ist verboten und durch Anschläge in den Schutzhütten allgemein bekannt gemacht (Landesgesetz vom 25. 7. 1973, Nr. 17).
Auch das Sammeln von Pilzen ist zur Vermeidung ihrer Ausrottung gesetzlich geregelt (Landesgesetz vom 26. 7. 1973, Nr. 18). Es ist auf 2 kg je Person und Tag beschränkt und darf nicht nachts geschehen.

3.4 Führer, Schrifttum, Karten

Führer

H. Pitsch, Gebietsführer Brentagruppe. Bergverlag Rother, München 1987.

G. Strobele, Der Bocchette-Weg (ohne Sentiero delle Bocchette Alte). Verlag Manfrini, Calliano (Trento), 1975.

G. Buscaini / E. Castiglioni, Dolomiti di Brenta. Milano. ^{2}1977.

A. Gadler, Führer der Bergtouren und Wanderungen im Trentino. Trento 1979.

G. Armani, Guida alla Val d'Ambièz. Trento 1978.

G. Armani, Die Höhenwege der Brenta-Gruppe, der berühmte Bocchette-Weg. Trento 1980.

R. Messner, Klettersteige Dolomiten. Verlag Athesia, Bozen. ^{3}1977.

H. Höfler, P. Werner, Klettersteigführer Dolomiten mit Brenta, Mendelkamm und Gardaseebergen. Bergverlag Rother, München 1983.

S. Schnürer, Klettersteige Dolomiten, Mendelkamm, Gardaseeberge, Brenta (mit Begleitheft). BLV-Verlag München 1984.

Anna Stenico, Le Vie Attrezzate del Trentino. ^{2}1984. Verlag Manfrini, Calliano (Trento).

E. E. Hüsler, Brenta, Mendel bis Gardasee, Adamello bis M. Grappa. Klettersteige-Führer. Denzel-Verlag, Innsbruck. 1985.

Literatur

Compton, Aus der Brenta. Z.d.DÖAV 1884.
Pemsel, Aus der Brenta. Z.d.DÖAV 1892.
Prof. Karl Schulz, Die Erschließung der Ostalpen. Leipzig 1894.
H. Barth, A. v. Radio-Radiis, Die Brenta-Gruppe. Z.d.DÖAV 1906 bis 1908.
R. Pedrotti, Die Brenta-Gruppe. Mit Aufnahmen von H. Frass. Verlag Manfrini, Rovereto (Trento) 1964.
W. Schreiber de Concini, C. Maestri, Brenta, Zauber der Höhenwege. Bergverlag Rother, München 1967.
C. Christel, Campiglio, attraverso i secoli (Geschichte von Mad. di Camp.). Trento. 2. Aufl. 1981.

Zur Geologie:

J. Blaas, Geologischer Führer durch die Tiroler und Vorarlberger Alpen. Band 5. Wagnersche Universitätsbuchh., Innsbruck.

R. Schwinner, Der Monte Spinale bei Campiglio und andere Bergstürze in den Südalpen. Mit geologischer Karte. Mitt. d. Geolog. Gesellsch. Wien 1912.
M. Vacek, Österreichische geologische Spezialkarte 1 : 75 000, Blätter Trient und Cles. Herausg. v. d. Geolog. Reichsanstalt Wien 1903.
R. v. Klebelsberg, Geologischer Führer durch die Südtiroler Dolomiten. Berlin 1928.

Karten

Kompaß-Wanderkarte Nr. 73, Dolomiti di Brenta, 1 : 30 000.
Kompaß-Wanderkarte Nr. 073, Gruppo di Brenta, 1 : 50 000. Diese Karte umfaßt ein größeres Gebiet, ist aber entsprechend ungenauer als Karte Nr. 73.
Touring Club Italiano, Wanderkarte D 64, Gruppo di Brenta, 1 : 50 000.
Freytag & Berndt-Wanderkarte, Blatt WKS 11, Madonna di Campiglio, Presanella, 1 : 50 000.
Freytag & Berndt-Wanderkarte, Blatt 50, (Brenta-Adamello-Presanella-Gruppe), 1 : 100 000. Als Übersichtskarte geeignet.
Istituto Geografico Militare (IGM): sechs Karten des Brentagebietes, Stand 1931 bzw. 1960. Sie enthalten noch nicht alle Wege und Hütten, sind aber für die Höhenangaben und Namen von Interesse. Erhältlich bei den Buchhandlungen Libreria, G.B. Monauni, Via Manci, I-38100 Trento, und Libreria Disertori, Via A. Diaz 11, I-38100 Trento.

4. Bergrettung

4.1 Meldestellen für alpine Unfälle

Als Bergrettungsstationen gelten alle Talorte um die Brenta sowohl die Carabinieribüros, außerdem alle Brenta-Hütten, die miteinander durch Telefon (auch mit dem allgemeinen Telefonnetz) verbunden sind. Ebenso ist in Hüttennähe immer ein Hubschrauberlandeplatz.

4.2 Das „Alpine Notsignal"

Dieses Notsignal sollte jeder Bergsteiger im Kopf haben:

- Innerhalb einer Minute wird **sechsmal** in regelmäßigen Abständen, mit jeweils einer Minute Unterbrechung, ein hörbares (akusti-

INTERNATIONALE ALARMSIGNALE IM GEBIRGE
SEGNALI INTERNAZIONALI D'ALLARME IN MONTAGNA
SIGNAUX INTERNATIONAUX D'ALARME EN MONTAGNE
SENALES INTERNACIONALES DE ALARMA EN MONTANA

JA
OUI
SI

Rote Rakete oder Feuer
Razzo rosso o luce rossa
Fusée ou feu rouge
Cohete de luz roja

Rotes quadratisches Tuch
Quadrato di tessuto rosso
Carré de tissu rouge
Cuadro de tejido rojo

WIR BITTEN UM HILFE
OCCORRE SOCCORSO
NOUS DEMANDONS DE L'AIDE
PEDIMOS AYUDA

NEIN
NON
NO

WIR BRAUCHEN NICHTS
NON ABBIAMO BISOGNO DI NIENTE
NOUS N'AVONS BESOIN DE RIEN
NO NECESITAMOS NADA

Diese Zeichen dienen der Verständigung mit der Hubschrauberbesatzung. Sie ersetzen nicht das Alpine Notsignal.

sches) Zeichen (Rufen, Pfeifen) oder ein sichtbares (optisches) Signal (Blinken mit Taschenlampe) abgegeben.
Dies wird solange wiederholt, bis eine Antwort erfolgt.

- Die Rettungsmannschaft antwortet mit **dreimaliger** Zeichengebung in der Minute.

Die abgebildeten Alarmsignale (siehe S. 31) im Gebirge wurden international eingeführt.

Um einen schnellen Rettungseinsatz zu ermöglichen, müssen die Angaben kurz und genau sein.
Man präge sich das „5-W-Schema" ein:

- **WAS** ist geschehen? (Art des Unfalles, Anzahl der Verletzten)
- **WANN** war das Unglück?
- **WO** passierte der Unfall, wo ist der Verletzte? (Karte, Führer)
- **WER** ist verletzt, wer macht die Meldung? (Personalien)
- **WETTER** im Unfallgebiet? (Sichtweite)

4.3 Hubschrauberbergung

Der Einsatz von Rettungshubschaubern ist von den Sichtverhältnissen abhängig.

Für eine Landung ist zu beachten:

- Hindernisse im Radius von 100 m dürfen nicht vorhanden sein.
- Es ist eine horizontale Fläche von etwa 30 × 30 m erforderlich. Mulden sind für eine Landung ungeeignet.
- Gegenstände, die durch den Luftwirbel des anfliegenden Hubschraubers umherfliegen können, sind vom Landeplatz zu entfernen.
- Der anfliegende Hubschrauber wird mit dem Rücken zum Wind von einer Person in „Yes-Stellung" eingewiesen.
- Dem gelandeten Hubschauber darf man sich nur von vorne und erst auf Zeichen des Piloten nähern.

5. Zum Gebrauch des Führers

5.1 Allgemeines zu den Routenbeschreibungen

UIAA-Richtlinien

In diesem Führer werden die Richtlinien der UIAA für Schwierigkeitsbewertung und Routenbeschreibung für **Kletterrouten** angewendet, und sie kommen überall dort voll zum Tragen, wo genügend Informationen über eine Tour bei Erstellung des Führers vorlagen.

Randzahlen

Alle in sich abgeschlossenen Angaben wie Beschreibungen eines Berges, Wanderweges oder einer Kletterführe, aber auch die Bemerkungen zu Talorten, Hütten und Gipfeln sind jeweils mit Randzahlen (R) gekennzeichnet. Querverweise beziehen sich auf diese Randzahlen. Um bei einer späteren Auflage genügend Raum für Neutouren und Ergänzungen zu haben, werden im Anschluß an die Beschreibungen zu Talorten, Hütten, Scharten und Gipfeln jeweils einige Randzahlen für **Ergänzungen** freigehalten. Sie werden aus Platzgründen nicht ausdrücklich erwähnt.

Routenbezeichnungen

Wie allgemein üblich tragen die Führen geographische Bezeichnungen, also etwa „Südkante"; ziehen durch eine Wand mehrere Führen, dann werden sie durch geeignete Zusätze unterscheidbar gemacht, wie zum Beispiel NO-Wand „via delle guide".

Abstiegsbeschreibung

Alle komplizierten Normalwege, auf denen auch bevorzugt abgestiegen wird, sind zusätzlich als Abstieg beschrieben und tragen dieselbe Randzahl wie die Aufstiegsbeschreibung, gekennzeichnet allerdings mit dem Zusatz **A**; beispielsweise für den Abstieg auf dem Normalweg des Torre di Brenta:

● **326 Normalweg**

● **326 A Abstieg auf den Normalweg**

Varianten

Varianten sind durch dieselbe Randzahl wie der Originalweg gekennzeichnet, jedoch gekennzeichnet mit dem Zusatz a, b; beispielsweise für die NO-Wand des Croz del Rifugio

● **914 Nordostwand, „Piazkamin"**

● **914 a Direktvariante**

Zeitangaben

Diese beziehen sich auf die Distanz Ausgangspunkt — Zielpunkt. Für die kletterfreie Fortbewegung einschließlich Bocchetteweg wird ein Durchschnittswert zugrunde gelegt, und zwar in der Ebene mit 5 km / Std., für wandernden Aufstieg 400 Höhenmeter / Std. und 600 Höhenmeter / Std. im Abstieg.

Richtungsangaben

Angaben wie „rechts“ und „links“ beziehen sich immer auf die Hauptfortbewegungsrichtung; um Unklarheiten zu vermeiden, treten Bezeichnungen wie „nördl.“ oder „orogr.“ hinzu.

5.2 Aufbau einer ausführlichen Routenbeschreibung

Eine **UIAA-gemäße Routenbeschreibung,** die überall in diesem Führer (also auch bei leichten Normalwegen und Steiganlagen) angestrebt wurde, hat folgendes Aussehen:
Am Anfang befindet sich der sogenannte Beschreibungskopf, der alle Charakteristika der Route (sofern bekannt) enthält. Weiter folgen in wenigen Sätzen der etwaige Verlauf der Route und nach der Erläuterung des Zuganges (mit Zeitangaben) schließlich die Beschreibung der eigentlichen Route, gegebenenfalls aufgeschlüsselt nach einzelnen Seillängen. Im einzelnen:

Beschreibungskopf

Der Beschreibungskopf enthält der Reihe nach folgende Angaben, sofern sie bei Erstellung des Textes bekannt waren:
Erstbegeher in alphabetischer Reihenfolge oder beginnend mit jenem, der das meiste geführt hat, das Datum der Erstbegehung, soweit bekannt.
Die nun folgende **Schwierigkeitsangabe** in Fettdruck richtet sich nach der schwierigsten Stelle der Route, so daß meistens noch weitere Daten zur Bewertung anschließen.
Die **Wandhöhen** stellen Näherungswerte dar. Sie wurden teilweise durch Aneroidmessung ermittelt. Die Seil- und in deren Folge die Klettermeter wurden geschätzt. Meterangaben im Verlaufe einer Führenbeschreibung sind stets Klettermeter; Höhenmeter sind als solche eigens hervorgehoben.
Die **Zeitangabe** bezieht sich nur auf die eigentliche Route und muß als ein Mittelwert aufgefaßt werden, der bedeutend überschritten (Verhältnisse, Verhauer, . . .), doch auch unterboten werden kann.
Danach folgen eine **Charakterisierung der Kletterei** in technischer als auch ästhetischer Hinsicht, sowie Angaben über die Felsbeschaffenheit und landschaftlichen Eindrücke. Es folgt die Angabe, ob sich alle not-

wendigen **Haken** in der Wand befinden, möglichst sogar zahlenmäßig aufgegliedert nach Zwischenhaken (ZH) und Standhaken (SH). Für diese Angaben gibt es jedoch keine Gewähr. Unabhängig davon sollte im übrigen jede Seilschaft ein ausgewogenes Haken-, Klemmkeil- und Schlingensortiment bei sich führen, das vor allem bei einer Verbesserung der Standplatzsicherung und in Notfällen Verwendung finden kann.

Gegebenenfalls erscheinen sodann einige kurze Empfehlungen für die **günstigste Jahreszeit** einer Begehung der Route, oder ob sie zum Beispiel nach Regenfällen gemieden werden sollte. Besteht die Möglichkeit, einen Anstieg durch **Ausqueren** abzubrechen, wird diese nur erwähnt.

Hinweise auf den **Bild-** und **Skizzenteil** des Führers beschließen gegebenenfalls den Beschreibungskopf.

Übersicht, Zugang

Es folgt eine kurze Darstellung des etwaigen Verlaufs der Route, wenn dies notwendig erscheint (was zumeist erst ab dem III. Grad erforderlich ist) und ihres Zuganges von den jeweiligen Stützpunkten.

Routenbeschreibung

Bei der Beschreibung der Route wurde auf größte Genauigkeit Wert gelegt und diese teilweise nach einzelnen Seillängen aufgeschlüsselt. Oft genügt aber ein gesundes Orientierungsvermögen, besonders bei den Routen der unteren Schwierigkeitsgrade.

5.3 Abkürzungen

a) Allgemeine Abkürzungen

Abb.	= Abbildung
AVF	= Alpenvereinsführer
B.	= Betten
Beschr.	= Beschreibung
bew.	= bewirtschaftet
bez., Bez.	= bezeichnet (markiert), Bezeichnung
CAI	= Club Alpino Italiano
E	= Einstieg (z. B. „30 m über E“ = 30 m über Einstieg)
Erstbeg.	= Erstbegeher
Forc.	= Forcella (Scharte)
L	= Lager
Lt. Erstbeg.	= laut Erstbegeher (noch kein Wiederholerurteil über die Schwierigkeitsbewertung)
m	= Meter

Min.	= Minuten
orogr.	= orographisch (in Richtung fließenden Wassers)
Rif.	= Rifugio (Hütte)
S.	= Seite
s.	= siehe
SL	= Seillänge(n)
Std.	= Stunde(n)
⚷	= Schlüsselstelle, schwierigste Stelle
⚷SL	= Schlüsselseillänge
UIAA	= Union International des Associations d'Alpinisme

b) Abkürzungen für Haken u. ä.

H	= Haken
AH	= Abseilhaken
BH	= Bohrhaken
RH	= Ringhaken
SH	= Standhaken
ZH	= Zwischenhaken
HK	= Holzkeil
KK	= Klemmkeil

c) Abkürzungen von Himmelsrichtungen

N, O, S, W	= Norden, Osten, Süden, Westen
NO, NW	= Nordosten, Nordwesten (usw.)
SO, SW	= Südosten, Südwesten (usw.)
nördl.	= nördlich (usw.)
nordw.	= nordwärts (usw.)

5.4 Symbole für Routenskizzen

Siehe nebenstehende Skizze.

5.5 Die Schwierigkeitsbewertung nach UIAA

Soweit über eine Route genügend Unterlagen zur Verfügung standen, wurden die UIAA-Richtlinien für Schwierigkeitsbewertung angewendet.

Es wird (soweit bei einer Route bekannt) scharf zwischen freier und künstlicher Kletterei getrennt in dem Sinne, daß es sich hierbei um zwei völlig verschiedene und hinsichtlich der Schwierigkeiten kaum vergleichbare Fortbewegungsarten im Fels handelt. Insbesondere besagt zum Beispiel „VI / A 1" nicht nur, daß effektiv Stellen des VIten Grades (in definitionsgemäß freier Kletterei) zu bewältigen sind, sondern daß sogar mehr im VIten Grad als im ebenfalls vorkommenden Grad

Symbole für Routenskizzen (nach UIAA/DAV)

Der natürlichen Form angepaßt:

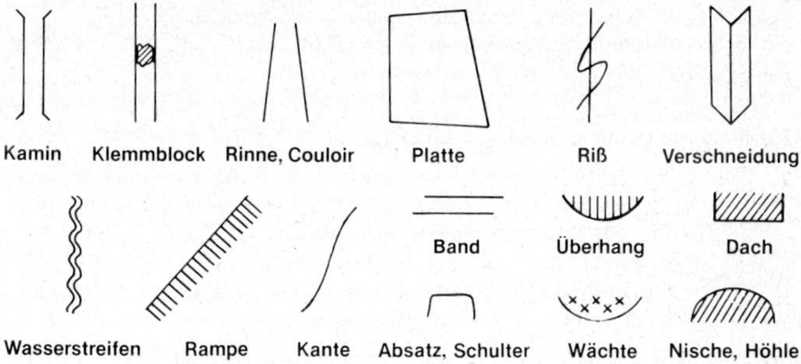

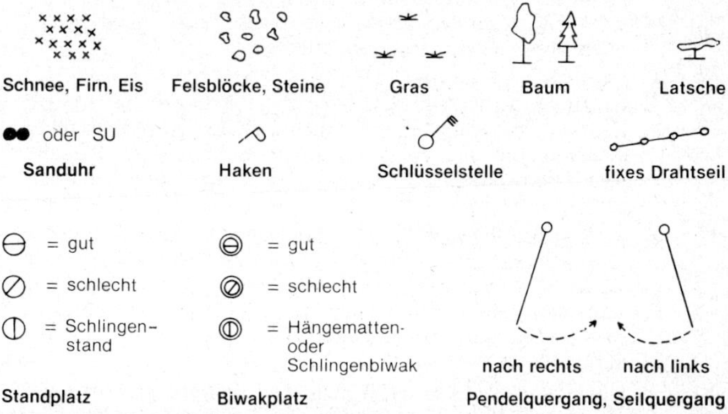

Strichstärke der Route deutlich stärker als Symbole:

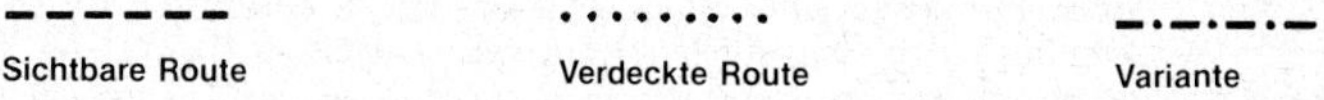

Zusammenstellung: Bergverlag Rother

A 1 geklettert wird. Andererseits überwiegt bei „A 1 / VI“ die künstliche Kletterei der Schwierigkeit A 1 gegenüber den VIer Stellen. Das früher bei schweren Hakentouren oft verwendete „VI + / A 3“ (oder ähnliches) — manchmal brauchte in solch einer Tour kein Meter frei geklettert zu werden — erscheint in diesem Führer nicht.
Ebenso wurden Zeiterscheinungen wie „Rotpunkt-Klettern“ in diesem Führer nicht berücksichtigt.

Im einzelnen sind die Schwierigkeitsgrade wie folgt definiert:

I = Geringe Schwierigkeiten. Einfachste Form der Felskletterei (kein leichtes Geh-Gelände!). Die Hände sind zur Unterstützung des Gleichgewichts erforderlich. Anfänger müssen am Seil gesichert werden. Schwindelfreiheit bereits erforderlich.

II = Mäßige Schwierigkeiten. Hier beginnt die Kletterei, die Drei-Punkte-Haltung erforderlich macht.

III = Mittlere Schwierigkeiten. Zwischensicherungen an exponierten Stellen empfehlenswert. Senkrechte Stellen oder gutgriffige Überhänge verlangen bereits Kraftaufwand. Geübte und erfahrene Kletterer können Passagen dieser Schwierigkeit noch ohne Seilsicherung erklettern.

IV = Große Schwierigkeiten. Hier beginnt die Kletterei schärferer Richtung. Erhebliche Klettererfahrung notwendig. Längere Kletterstellen bedürfen meist mehrerer Zwischensicherungen. Auch geübte und erfahrene Kletterer bewältigen Passagen dieser Schwierigkeit gewöhnlich nicht mehr ohne Seilsicherung.

V = Sehr große Schwierigkeiten. Zunehmende Anzahl der Zwischensicherungen ist die Regel. Erhöhte Anforderungen an körperliche Voraussetzungen, Klettertechnik und Erfahrung. Lange hochalpine Routen im Schwierigkeitsgrad V zählen bereits zu den ganz großen Unternehmungen in den Alpen und außeralpinen Regionen.

VI = Überaus große Schwierigkeiten. Die Kletterei erfordert weit überdurchschnittliches Können und hervorragenden Trainingsstand. Große Ausgesetztheit, oft verbunden mit kleinen Standplätzen. Passagen dieser Schwierigkeit können in der Regel nur bei guten Bedingungen bezwungen werden. (Häufig kombiniert mit künstlicher Kletterei: A 0 bis A 4).

VII = Außergewöhnliche Schwierigkeiten. Ein durch gesteigertes Training und verbesserte Ausrüstung erreichter Schwierigkeitsgrad. Auch die besten Kletterer benötigen ein an die Gesteinsart angepaßtes Training, um Passagen dieser Schwierigkeit nahe der Sturzgrenze zu meistern. Neben akrobatischem Klettervermögen ist das Beherrschen ausgefeilter Sicherungstechnik unerläßlich.

Ab dem Schwierigkeitsgrad III gelten die Zwischenstufen „—“ und „+“ für dessen untere und obere Grenze.

Die Bewertung der Schwierigkeit künstlicher Kletterei erfolgt nach der fünfstufigen Skala A 0 bis A 4 (A = artificiel).

A 0

Die einfachste Form künstlicher Kletterei. Haken oder andere Zwischensicherungen (Holz- oder Klemmkeile, Sanduhr- oder Zackenschlingen) in vorwiegend freien Routen müssen als Griff oder Tritt benutzt werden, Trittleitern jedoch sind nicht erforderlich. Auch die Benutzung von Selbstzug, die Anwendung von Pendeltechnik und die des Seilzugquerganges zur Fortbewegung fällt unter künstliches Klettern A 0.

A 1

Haken und andere technische Hilfsmittel sind relativ leicht anzubringen und die Passage verlangt relativ wenig Kraft, Ausdauer und Mut. Die Verwendung einer Trittleiter pro Seilpartner, die mehrfach eingehängt wird, ist ausreichend, eine zweite ist nicht erforderlich.

A 2—A 4

Größere Schwierigkeiten beim Hakensetzen und Anbringen anderer technischer Hilfsmittel (kompakter Fels, geschlossene Risse, brüchiger und kleinsplittriger Fels) und / oder größere körperliche Leistungen beim Überwinden der Kletterstelle (Überhang, Dach, großer Hakenabstand) und / oder große Ausgesetztheit, die vom Kletterer immer größere Fähigkeiten verlangen, Zwei Trittleitern notwendig. Der Schwierigkeitsgrad des überwiegenden Teiles einer Route — freie oder künstliche Kletterei — wird an erster Stelle genannt, also V / A 0 bzw. V und A 0 oder A 3 / VI bzw. A 3 und VI. Ae bedeutet künstliche Kletterei mit Bohrhaken.

Routen-Vergleichstabelle für die Schwierigkeitsgrade I bis VI (freie und vorwiegend freie Kletterei!)

	Südliche Kalkalpen Brentagruppe	Nördliche Kalkalpen Wilder Kaiser
I	Cima Brenta Bassa, Normalweg	Hintere Goinger Halt vom Ellmauer Tor
II	Torre di Brenta, Normalweg	Scheffauer, Nordwand (Leuchsführe)
III	Cima d'Ambiez Nordostverschneidung	Ellmauer Halt Kopftörlgrat
IV—	Cima Margherita Südwand	Ellmauer Halt, Südwandschlucht
IV	Crozzon di Brenta, Nordkante	Predigtstuhl, Nordkante
IV +	Castelletto Inferiore, Südwand, Kieneführe	Predigtstuhl, Westwand (Dülferführe)
V—	Campanile Basso, Fehrmannführe	Christaturm, Südostkante (A0)
V	Cima Tosa, Nordostwand, Barbierführe	Fleischbank, Ostwand (Dülferführe) (A0)
V +	Crozzon di Brenta, Nordostwand, Via delle guide	Fleischbank, Südostwand (Wießner / Rossi-Führe) (A0)
VI—	Croz dell'Altissimo, Südwestverschneidung, Armani-Verschneidung	Bauernpredigtstuhl, Lucke / Strobel-Riß (A0)
VI	Cima d'Ambiez, Südostwand, Via della Soddisfazione	Fleischbank, Ostwand (Schmuck-Kamin)
VII—		Fleischbank, Pumprisse

Nördliche Kalkalpen

	Wetterstein	Karwendel
I	Hochblasen, Normalweg	Speckkarspitze, Normalweg
II	Musterstein, Westgrat	Risser Falk, Normalweg
III	Dreitorspitze, Ostwand	Lamsenspitze, Südwand (Barthkamin)
IV—	Musterstein, Südwand (Hannenmannführe)	Kleiner Solstein, Nordostwand
IV	Waxenstein, Zwölferkante	Nördliche Großkarspitze, Nordwestwand
IV+	Oberreintalturm, Südwestkante	Lalidererspitze, Nordkante (Herzogkante)
V—	Scharnitzspitze, Südwand (Hannenmannführe) (A0)	Lamsenspitze, Gerade Nordwand (A0)
V	Scharnitzspitze, Südwestkante (A0)	Laliderer, Nordwand (Dibonaführe) (A0)
V+	Schlüsselkarspitze, Südwand (Herzog / Fiechtl-Führe) (A0)	Grubenkarspitze, Nordpfeiler (Rebitschführe) (A0)
VI—	Scharnitzspitze, Dir. Südwand (Spitzenstätter / Baldauf-Führe) (A0)	Lalidererspitze, Nordwand (Auckenthalerführe) (A0)
VI	Hochblassen, Nordpfeiler (A1)	Lalidererspitze, Nordwand (Rebitsch / Spiegl-Führe) (A1)
VII—	Schüsselkarspitze, Morgenlandfahrt	

Routen-Vergleichstabelle für die Schwierigkeitsgrade A0 bis A2 (teilweise und vorwiegend künstliche Kletterei)

	Südliche Kalkalpen Brentagruppe	Nördliche Kalkalpen Wilder Kaiser
A0	Crozzon di Brenta, Franzosenpfeiler (kurze Stellen)	Fleischbank, Südostwand (Wießner / Rossi-Führe) (V +)
A1 u. Ae	Cima della Farfalla, Maestriroute	Predigtstuhl, Direttissima (VI—)
A2	Campanile Basso, Südwand, Stenico / Navasa-Route	Fleischbank, Ostwand (Scheffler / Siegertführe (VI—)

	Nördliche Kalkalpen Wetterstein	Nördliche Kalkalpen Karwendel
A0	Schüsselkarspitze, Südwand (Herzog / Fiechtl-Führe (V +)	Lalidererwand, Nordwand (Auckenthalerführe) (VI—)
A1	Schüsselkarspitze, Südwand (Wersinführe) (V +)	Martinswand, Spitzenstätter / Troier-Führe (VI—)
A2	Schwarze Wand, Golikowführe (VI)	Grubenkarspitze, Dir. Nordostwand (Baumann / Wimmer-Führe) (VI—)

Anmerkung zu den Vergleichstabellen:

Der Schwierigkeitsvergleich berücksichtigt nicht die Länge, die Höhenlage und die Wetterexponiertheit der Routen, sondern nur die klettertechnischen Schwierigkeiten.

In Anlehnung an E. Stiebritz

6. Auswahl der allgemein schönsten oder interessantesten Brenta-Kletterrouten

Bemerkung: Es soll darauf hingewiesen werden, daß diese Aufstellung nicht für jeden Geschmack zutrifft. Auf die beiden unteren Schwierigkeitsgrade wurde verzichtet (Normalwege), da bei diesen Anstiegen oft Schuttbänder die Schönheit einer Kletterei stark beeinträchtigen.

Bereich III bis IV +

1. Campanile Alto, S-Wand, Paulckeroute
2. Cima Brenta Bassa, W-Kante
3. Campanile Basso, Normalweg
4. Cima Margherita, S-Wand, Videsottroute
5. Cima Molveno, W-Wand, Agostiniroute
6. Castello Inferiore, S-Wand, Kieneroute
7. Punta Massari, NW-Kante, Alimontaführe mit Serafiniausstieg
8. Castello di Mezzo, S-Wand, „Via Sibylla“
9. Punte di Campiglio, S-Wand, Stegerroute
10. Crozzon di Brenta, NO-Wand, Preußführe mit Castiglionieinstieg

Bereich V— bis VI

1. Campanile Basso, Fehrmannverschneidung mit Preußwand
2. Cima Tosa, NO-Wand, Barbierroute
3. Cima Tosa, S-Wand, Asteroute
4. Campanile Caigo, SO-Wand, Steinkötterroute
5. Croz dell'Altissimo, SW-Verschneidung, Armaniroute
6. Cima d'Ambiez, SO-Wand, „Via della Soddisfazione“.
7. Crozzon di Brenta, „Via delle Guide“
8. Cima Brenta, Furlaniroute
9. Crozzon di Brenta, NO-Pfeiler, „Franzosenpfeiler“
10. Cima Brenta Alta, NO-Wand, Detassisroute

B. Täler und Talorte

Obwohl die Täler in der Brentagruppe und in ihrer Umgebung von Bedeutung sind, werden sie in diesem Führer kaum beschrieben oder nur so weit es für das Verständnis der Anstiegsbeschreibungen notwendig ist; das gilt auch für Wanderungen im Talbereich. Die Talorte werden hier vom Gebietsführer Brentagruppe von H. Pitsch übernommen. Der Autor dieses Kletterführers weist besonders auf diesen Wanderführer hin, als wertvolles Büchlein zur nützlichen Ergänzung dieses Kletterführers.
Die wichtigsten Talorte der Brentagruppe sind Madonna di Campiglio, 1522 m, und Pinzòlo, 770 m, im W und Molveno, 864 m, im O.

● 1 **Madonna di Campiglio,** 1522 m

Berühmtes, internationales Hoteldorf großen Ausmaßes im W der Brentagruppe, herrliche Lage im oberen Teil des Campigliotals (Valle di Campiglio), von Nadelwäldern umschlossen. Stark besuchte, hochalpine Sommerfrische und Zentrum des Bergsteigerverkehrs in die Brentagruppe, im Winter noch viel stärker besucht als im Sommer. Schneereich, ständig klares Wetter, Skisportzentrum ersten Ranges, Skischule, Bergführerstandort, Arzt, Apotheke, Hallenschwimmbad (geöffnet vom Juli bis Anfang September und im Winter), Hotel mit Hallenschwimmbad: Hotel „Posta".
Madonna di Campiglio ist für den Bergwanderer der günstigste Talort der Brentagruppe, weil man mit der Grostèseilbahn bis zu einer Höhe von 2437 m (wenige Meter unterhalb des Grostèpasses (Passo del Grostè) fahren kann, wo der viel begangene „Bocchetteweg" beginnt. Auch für den Bergwanderer, der zu Fuß aufsteigen will, ist Madonna di Campiglio wegen seiner Höhenlage, 1522 m, günstiger als die wesentlich tiefer liegenden Talorte Pinzòlo (R 2), 770 m, und Molveno (R 3), 864 m.
Verkehrsbüro (Azienda di Soggiorno): In der Via Pradalago (parallel zum ansteigenden Teil der SS) im Centro Rainalter (die österreichische Familie Rainalter baute eins der ersten Hotels des Ortes), erreichbar von der Autobushaltestelle über die Fußgängerzone (Piazza Righi Gio Batta) in 2 Min., geöffnet Mo. bis Sa. 9 bis 12, 15 bis 18.30 Uhr (Mo. geschlossen im Oktober, November, April bis Juni). Telefon 04 65/4 10 26. Postleitzahl: I-38084.
Auskünfte über Zimmer erhält man auch bei der Associazione Albergatori (Hotelierverband) in dem Holzhäuschen auf dem großen Parkplatz oberhalb des Verkehrsbüros. Geöffnet 1. 7. bis 15. 9. von 13.30 bis 19.30 Uhr.

Bergführer: Ufficio Guide Alpine, am großen Parkplatz, Telefon 04 65/4 26 34; geöffnet 9.30 bis 12.30, 15.30 bis 19.30 Uhr, im September nur von 17.30 bis 19.30 Uhr.

Seilbahnen: 1. Grostè-Kabinenseilbahn (Funivia Grostè) in zwei Teilstrecken zum Grostèpaß, 2437 m, erbaut 1962. Sie ermöglicht es, schnell und mühelos zum Gebirgskamm und zum Bocchetteweg zu kommen. Im Sommer vom 13. 7. bis 22. 9. Betriebszeit 8.30 bis 13.00 und 14.00 bis 17.30 Uhr (vom 11. 8. bis 18. 8. ohne Pause). Ermäßigung (ridotta = ermäßigt) für Mitglieder der Alpenvereine (auch bei den anderen Seilbahnen).
Die Talstation liegt direkt an der Staatsstraße (SS), etwa 2 km oberhalb (nördl.) von Madonna di Campiglio. Wer nicht mit dem Auto oder dem Atesina-Linienbus Trento — Madonna di Campiglio — Campo Carlo Magno zur Talstation fährt, muß nicht auf der SS gehen (1/2 Std.), sondern kann folgenden, nicht ausgeschilderten Fußweg benutzen (20 Min.): Auf der Fahrstraße Via Campanile Basso an der Rückseite des „Grand Hotel des Alpes“ (unterhalb des Verkehrsbüros) aufwärts in den Wald zu einer Kreuzung, von der geradeaus ein Fußweg („Grotteweg“) zur Rückseite der Talstation führt. In der Bergstation der Grostè-Seilbahn (Rif. Stoppani, Restaurant) kann man im Notfall übernachten.
2. Monte-Spinale-Kabinenseilbahn und Sessellift, Talstationen nebeneinander an der O-Seite des Teiches. Betriebszeit im Sommer 25. 6. bis 18. 9., 8.30 bis 13.00 und 14.00 bis 18.00 Uhr (vom 6. 8. bis 21. 8. ohne Pause).
3. 5-Laghi-Kabinenseilbahn zu fünf Seen in der Presanellagruppe. Talstation wenig oberhalb der SS. Betriebszeit wie Monte-Spinale-Seilbahn vom 9. 7. bis 11. 9.
4. Pradalago-Seilbahn in die Presanellagruppe. Talstation oberhalb des Verkehrsbüros gegenüber dem Albergo Bellavista. Betriebszeit wie Monte-Spinale-Seilbahn vom 30. 7. bis 28. 8.
Camping: Nächster Campingplatz „Faë della Rendena“ zwischen San Antonio di Mavignola und Pinzòlo, im Sommer und Winter geöffnet. Telefon: 04 65/5 13 92.
Autobuslinien: 1. Atesina: Nach Trento (Trient) mehrmals täglich. Nach Molveno, Richtung Trento, umsteigen in Ponte Arche, einmal täglich, über Trento mehrmals täglich, aber weiter.
2. FETM: Nach Malè dreimal täglich vom 1. 7. bis 31. 8., einmal täglich vom 1. 9. bis etwa 8. 9., sonst nur sonn- und feiertags und täglich in der Skisaison. Nach Bozen (Bolzano) über Malè einmal täglich vom etwa 7. 7. bis 8. 9.
3. Verbindungen nach Riva am Gardasee, Venedig und Mailand.

● 2 **Pinzòlo,** 770 m

Städtchen im Rendenatal am Sarcafluß im W der Brentagruppe südl. von Madonna di Campiglio. Es liegt am Ausgang des östl. gelegenen, wildromantischen Gènovatals.
Alpines Zentrum einerseits für die Adamello- und Presanellagruppe und andererseits für die Brentagruppe, in der benachbart die Zwölf-Apostel-Hütte (R 65) liegt. Mehrere Gasthöfe, Arzt, Apotheke, Bergführerstandort.
Verkehrsbüro (Azienda di Soggiorno): Geöffnet 9.00 bis 12.00 und 15.00 bis 18.30 Uhr. Telefon: 04 65 / 5 10 07. Postleitzahl: I-38086.
Seilbahn: Kabinenseilbahn und anschließender Sessellift auf den Dos del Sabion, 2101 m, mit Gastwirtschaft. Abflugstelle für Drachenflieger. Von dort zur Zwölf-Apostel-Hütte s. R 66.
Camping: 3 km nördl., s. R 1.
Autobuslinien: Nach Trento und Madonna di Campiglio mehrmals täglich. Nach Molveno Richtung Trento, umsteigen in Ponte Arche, einmal täglich, über Trento mehrmals täglich, aber weiter. Zum Nardis-Wasserfall 10. 7. bis 18. 8. Verbindungen nach Riva am Gardasee, Venedig, Mailand.

● 3 **Molveno,** 864 m

Ort im O der Brentagruppe am N-Ende des Molvenosees, eines im ersten Jahrtausend vor Chr. durch einen Bergsturz entstandenen Sees, der zur Gewinnung von elektrischem Strom genutzt wird. Sommerfrische und Skibetrieb, mehrere Hotels, Gasthöfe und Pensionen, Arzt, Apotheke, Bergführerstandort.
Aufstiegsort in die Brentagruppe. Der Aufstieg zur Pedrottihütte (R 53) erfordert selbst bei Benutzung des Gondellifts (erste Teilstrecke) noch die Bewältigung eines Höhenunterschiedes von 1150 m, s. R 55.
Verkehrsbüro (Azienda di Soggiorno): Mo. bis Sa. 9.00 bis 12.00 und 15.00 bis 18.30 Uhr. Telefon 04 61 / 5 89 24. Postleitzahl: I-38018.
Seilbahn in zwei Teilstrecken: Gondellift und anschließend Sessellift. An der Mittelstation die beiden Berggasthäuser Rif. Pradel (R 76) und Rif. del Brenta (R 76), 1346 m, an der Endstation das Berggasthaus Rif. Montanara (R 77), 1525 m. Zum Aufstieg auf die Pedrottihütte benutzt man nur die erste Teilstrecke , weil die zweite zu hoch führt.
Autobuslinien: Nach Trento (Trient) mehrmals täglich. Nach Madonna di Campiglio s. R 1. Diese Anlagen sind zeitweise außer Betrieb; zuerst anfragen! Aufstieg siehe sonst R 74!
Auch die nachfolgend genannten Talorte kommen gelegentlich als Aufstiegs- oder Abstiegsorte in Betracht, z. B. Malè (R 4) oder Tovelsee (R 12), zum Teil nur für Autofahrer.

● 4 **Malè,** 738 m

Städtchen im N des einsamen, nördl. Teils der Brentagruppe an der Tonale-Paßstraße 42 (von Bozen nach Mailand) im Val di Sole (Sonnental), der nächste Ausgangsort für die Pellerhütte (R 20)
Mehrere Gasthöfe, z. B. Hotel alle Alpi gegenüber dem Bahnhof (Endstation der Lokalbahn Trento — Malè) und der Autobusstation. Der Ort ist preisgünstiger als die großen Ferienorte.
Verkehrsbüro (Ufficio Turistico): Via Marconi, geöffnet Mo. bis Sa. 9.00 bis 12.00 und 16.00 bis 19.00 Uhr. Telefon 04 63/9 11 51. Nebenstelle im Rathaus, geöffnet 1. 7. bis 15. 9. zu derselben Tageszeit. Postleitzahl: I-38027.
Verkehrslinien: Lokalbahn Malè — Trento. Autobuslinie nach Madonna di Campiglio über Dimaro (betrieben von der FETM, Fahrscheine im Bahnhof erhältlich): dreimal täglich 1. 7. bis 31. 8., sonst nur sonn- und feiertags (täglich in der Skisaison). Dieser Autobus kommt etwa vom 7. 7. bis 8. 9. einmal täglich aus Bozen bzw. fährt dorthin.

● 5 **Dimaro,** 767 m

Ort im N des einsamen, nördl. Teils der Brentagruppe und im SO der Ortleralpen an der Tonale-Paßstraße 42 (von Bozen nach Mailand / Milano) im Val di Sole mit dem Nocefluß, ein Ausgangsort für die Pellerhütte (R 20). Er liegt an der Abzweigung der Straße nach Madonna di Campiglio durch das Meledriotal und über den Paß Campo Carlo Magno, 1682 m, (Strada Dolomiti di Brenta, ein Teil der Straße von Bozen nach Madonna di Campiglio). Gasthöfe.
Autobuslinie: S. R 4 (Malè) bei „Verkehrslinien".
Im Gemeindebereich von Dimaro liegt an der Straße nach Madonna di Campiglio der Fremdenverkehrsort Folgarida, 1302 m, mit Hotels und Seilbahnen, der vor allem im Winter besucht ist.

● 6 **Cles,** 658 m

Städtchen im NO des einsamen, nördl. Teils der Brentagruppe im Tal der Noce („Val di Non") an der Lokalbahnlinie Trento — Malè. Endpunkt der Autobuslinie Trento — Cles und Ausgangspunkt der Autobuslinie zum Tovelsee (nur im August, R 12, 13). Cles ist als Ausgangsort zur Pellerhütte nur für Autofahrer günstig (R 23).
Verkehrsbüro (Pro Loco, Ufficio Turistico): Corso Dante. Telefon: 04 63/2 13 76. Postleitzahl: I-38023.

● 7 **Campo Carlo Magno,** 1681 m

Paßübergang im W der Brentagruppe vom Meledriotal in das Campigliotal mit Blick auf das Brentamassiv (Pietra Grande, Passo del Grostè, Cima Brenta). Mehrere Hotels. Skibetrieb. Ein Ausgangsort zum Malghettesee.

• 8 **San Antonio di Mavignola,** 1122 m

Ort im W der Brentagruppe an der SS 239 Tione — Pinzòlo — Madonna di Campiglio — Dimaro. Ausgangspunkt für die Zwölf-Apostel-Hütte (R 65) durch das Agolatal, seit 1978 nicht mehr für Autofahrer bis zum Agolasee. Postleitzahl: I-38080.
Autobuslinie: An der Linie Trento — Madonna di Campiglio.

• 9 **San Lorenzo in Banale,** 792 m

Bergort im S der Brentagruppe nahe am Ausgang des Ambièztals und südl. des Molvenosees, erreichbar mit Auto von Ponte Arche (an der von Trento nach Tione führenden SS 237), Sommerfrische. Zugang zur Agostinihütte s. R 61.
Verkehrsbüro (Pro Loco): Tel. 04 65 / 7 40 40. Postleitzahl: I-38078.
Autobuslinie: An der Linie Trento — Ponte Arche — Molveno.

• 10 **Stenico,** 668 m

Bergort im S der Brentagruppe, erreichbar mit dem Auto von Ponte Arche (an der von Trento nach Tione führenden SS 237). Von Stenico aus Zugang oder Autozufahrt durch das Algonetal zum Berggasthof „Rif. Ghedina“ (R 70) und weiter auf einer Forststraße zur Movlina-Alm (Malga Movlina, 1746 m, als Ausgangspunkt für einen Aufstieg zur Zwölf-Apostel-Hütte (R 69).
Autobuslinien: An der Linie Trento — Ponte Arche — Molveno. Unterhalb von Stenico ist die Haltestelle „Ponte Pià“ (Fußweg 20 Min.) der Autobuslinie Trento — Madonna di Campiglio.

• 11 **Andalo,** 1041 m

Ort im O der Brentagruppe, 8 km nordöstl. von Molveno (R 3) gelegen. Sommerfrische. Andalo bildet den Endpunkt des Abstiegswegs 301 vom Grostèpaß über die Spora-Alm, und ist deshalb für diejenigen Bergwanderer von Interesse, die mit dem Auto nach Molveno gefahren sind und nach einer Begehung des S-N-Teils des Bocchettewegs nach Molveno zurückkommen wollen. Seilbahnen: Gondelbahn auf die Paganella mit Blick auf die Brentagruppe (empfehlenswert). Auf die Paganella führen noch zwei weitere Seilbahnen: von Zambana und von Fai, beide Orte nördl. von Trento.
Autobuslinien: Nach Trento und Molveno mehrmals täglich. Postleitzahl: I-38010.
Bemerkung: Seit ein paar Jahren Betrieb eingestellt, Seilbahn westl. von Lavis.

● 12 **Tovelsee,** 1178 m

Im NO der Brentagruppe, zwei Gasthäuser (kein Ort). Der See wird von Bergwanderern, die nicht mit der Grostè-Seilbahn fahren wollen, als Ausgangspunkt zum Grostèpaß und damit zum Bocchetteweg (Abschnitt Beniniweg benutzt).
Ein schön gelegener, von Wald umgebener See, der im Jahre 1330 durch einen Bergsturz entstanden und bis zu 39 m tief ist. Man kann am Ufer entlang um den See herumgehen.
Der See war ein berühmtes Naturwunder. Im Hochsommer hatte sein Wasserspiegel entlang des Ufers im SO ein breites Band roter Färbung. Die Ursache der eigenartigen Rotfärbung, die sich seit etwa 1963 nicht mehr gezeigt hat, war eine seltene Algenart. Die Wissenschaftler vermuten, daß die Umweltverschmutzung die Algen zerstört hat. Man hat deshalb eine Abwasserleitung gelegt und den Autoverkehr eingeschränkt. Die Rotfärbung ist jedoch nicht wieder aufgetreten (1985).

● 13 **Tuenno,** 645 m

Ort im NO der Brentagruppe im Tal der Noce („Val di Non“) an der Autobuslinie Trento — Cles. Ausgangspunkt der zum Tovelsee (R 12) führenden, 12 km langen Straße.

● 14 **Denno,** 429 m

Ort im NO der Brentagruppe im Tal der Noce (Val di Non) an der Autobuslinie Trento — Cles. Von Denno aus führt eine gut befahrbare Straße über Cunèva zur Malga d’Arza, 1514 m. Von dort kann man zum Grostèpaß (Anfang des Bocchettewegs) wandern. H. Pitsch

C. Schutzhütten und Hüttenwege

Vorbemerkung: Im allgemeinen sind die Schutzhütten in der Brentagruppe mit aufeinandergestellten Betten ausgestattet (also meist kein Matratzenlager). Gegen Mehrpreis Bettwäsche. Sehr praktisch ist die Mitnahme von „Jugendherbergsschlafsäcken“. An Wochenenden sind die Hütten meistens überfüllt, deshalb ist für diese Sturmzeiten eine Liegematte zu empfehlen.

● 19 **Vallesinellahütte,** 1522 m

Im SO von Madonna di Campiglio, 4,5 km ohne Steigung, auf kleiner Straße mit eigenem Auto oder Taxi erreichbar (Rückfahrt von Gruppen auch mit Kleinbus des Besitzers), zu Fuß in 1 Std., privat, 30 B. und L., geöffnet 20. Juni — 20. September., bew. Von dort kürzester Aufstieg zur Tucketthütte (R 40, s. auch R 41) und Brenteihütte (R 45) (außerdem Agolasee und Malga Movlina). Kurz vorher rechts am mittleren Wasserfall die Cascate-di-Mezzo-Hütte, 1480 m.

● 20 **Pellerhütte (Rifugio Peller),** 2060 m

CAI-SAT, Sektion Cles, erbaut 1966, bei Malga (Alm) di Cles, bew. von 20. Juni bis 20. September, bew. Tel. 04 63/221.
Allgemein als Hütte bei Bergwanderern bekannt, wichtig jedoch für die „Alpine Wanderung“ als Ausgangspunkt oder Endpunkt der Überschreitung des nördlichen Hauptkamms: Grafferhütte — Bivacco Centenario (Bonvecchio) — Pellerhütte. Siehe R 50.

● 21 **Von Malè über die Mezzòlhütte**

3¹/₄ Std. Kürzester Anstieg, fast nur durch Wald. Weg 374, 1985/86 markiert.

In Malè geht man an der Stirnseite des Bahnhofs vorbei, nach rechts und dann scharf links dem Wegweiser „Regazzini“ folgend. Es wird eine sehr hohe Fußgänger-Betonbrücke über den Nocefluß überschritten, dann geht man auf der Straße wenige Schritte nach links zum Aufstieg nach rechts zum Waldgasthaus (Tavernetta del bosco) Regazzini (¹/₄ Std.), auf einer Steintreppe zum Parkplatz und aufwärts unter dem Drahtseil eines stillgelegten Sesselliftes hindurch zu einem Karrenweg, der aufwärts an dem Madonnenaltar „La Madonnina“ vorbei nach 25 Min. zu einer von Terzolàs kommenden Forststraße führt (nur mit Genehmigung im Rathaus für Autos zugelassen). Deren Serpentinen werden vom Karrenweg 374 insgesamt sechsmal gekreuzt, ¹/₂ Std., 1¹/₄ Std. von Malè.

Dann führt der Karrenweg weiter steil aufwärts am Hang des Petturinatals, dessen Bach überschritten wird, zu einer Forststraße (Mezzòlstraße); ³/₄ Std. Auf ihr kommt man rechts in 5 Min. zur Mezzòlhütte (R 73). 2 Std. ab Malè.
Oberhalb der Hütte führt der Weg 374 aufwärts, quert wieder den Petturinabach und mündet in eine Forststraße an einer Kehre. Die Forststraße trifft nach zwei Kurven auf eine alte, schmale, eben verlaufende Forststraße, auf der man nur wenige Schritte nach rechts geht und nach links auf einem Fußweg abzweigt; ½ Std.
Nach ½ Std. kreuzt man eine neuere Forststraße (die rechts von der Malga di Cles kommt) und steigt auf einem Fußweg steil aufwärts in ¼ Std. zur Pellerhütte.

● 22 Von Dimaro durch das Valle dei Cavalli

5 Std. Weg 335 bis zum oberen Talende markiert 1978, dann ohne Markierung. Abwechslungsreiche Wanderung.

Von Dimaro führt der Weg über das Dorf Carciato, wo die Markierung beginnt, in das Cavallital. Dort zunächst Fahrweg, dann immer steiler ansteigender Fußweg. Am oberen Talende bei der zweiten verfallenen Almhütte zweigt man vom markierten Weg, der als Weg 351 aufwärts zum Nanapaß führt, nach links (N) ohne Markierung ab auf eine breite Geländeterrasse unterhalb des roten Pallon. Man steigt um diesen Berg herum, dabei links (N) den kleinen Salaresee unten liegen lassend, auf den Forcolapaß, 2104 m, und dann abwärts. Kurz unterhalb des Passes trifft man auf den von rechts vom Grostèpaß bzw. von der Grafferhütte kommenden Weg, auf dem man nach links zur Tassulloalm 2090 m, kommt (Biwak). Den schmalen Fahrweg verfolgt man, links haltend, etwa 1 Std. bis zur Pellerhütte.

● 23 Von Cles

5 Std. Fahrweg mit abkürzbaren Serpentinen, für Kfz zugelassen, jedoch schlechte Straße, oben schmal und kurze Strecken steil, an Wochenenden wegen geringer Ausweichmöglichkeiten meiden! Nicht markiert.

Zu Fuß geht man vom Bahnhof in Cles durch einen Tunnel zur Stadt, dort in derselben Richtung weiter und einmal linkks und einmal rechts. Nach etwa 25 Min. verläßt man die Straße beim Wegweiser „Malga Boiara“ auf einem Abkürzungsweg steil aufwärts, der die Straße zweimal kreuzt und sie dann bei 1712 m erreicht. Sie verläuft 3½ km fast eben zum flachen Passo le Fraine, 1705 m. Nach 1½ km zweigt man beim Durigalsee nach rechts ab und nach 500 m links aufwärts zur Pellerhütte.

Biwakhütte Bonveccio (Centenario) mit Cima della Pozza und Frate.

Mit dem Auto fährt man aus der Stadt nach W auf der erwähnten Straße in Richtung Pellerhütte. Nach 1½ km erreicht man die langen Serpentinen mit drei Kehren und fährt dann ab P. 1712 fast eben zum Paß, s. oben.

● 25 Biwakhütte Centenario (Bonvecchio), 2745 m

CAI-SAT, Dimaro, 6 B., genügend Platz auf dem Fußboden. Geräumige, ideal gelegene Biwakschachtel; wichtiger Stützpunkt für die Überschreitung des N-Kamms in N-S-Richtung oder umgekehrt. Wasserstelle in der Nähe. Günstig auch für die Besteigung des Frate (R 670). Die Hütte liegt auf einem Felsgrat zwischen Cima Sassara, 2892 m, und Cima Paradiso, 2833 m. 3—4 Std. von der Grafferhütte und 6—7 Std. von der Pellerhütte. Abb. S. 253.
Übergänge: Rif. Peller — Rif. Graffer s. R 80, R 81.

• 30 **Grafferhütte**
(Rifugio Giorgio Graffer al Grostè), 2261 m

CAI-SAT, Sektion Trient, bew. von 20. Juni bis 20. September sowie im Winter. $^1/_4$ Std. unterhalb der Gipfelstation der Grostè-Seilbahn. Großartige Lage, leider (besonders im Sommer durch Lift und Seilbahnanlagen) teilweise verschmutzte Umgebung. Zahlreiche B., im Untergeschoß schlechte Lüftung und kein Tageslicht. Für Kletterer wegen der Seilbahnnähe von untergeordneter Bedeutung, außer für Klettereien an der Corna Rossa (R 650). Idealer Stützpunkt für den Tourenskilauf und für die Überschreitung zur Pellerhütte. Tel. 04 65 / 4 13 58. Abb. S. 55.
Zugänge:

• 31 **Von Madonna di Campiglio über den Monte Spinale**
3 Std. Wegen der Seilbahnen vom Tal aus nur selten begangen.

Auf der Fahrstraße Via Campanile Basso an der Rückseite des Grandhotel Des Alpes (unterhalb des Verkehrsbüros) aufwärts in den Wald und dort nach Queren einer Forststraße und Umgehen einer Schranke auf Weg 384 über die Fevrialm auf die Höhe des Monte Spinale, 2104 m, $1^1/_2$ Std. Nun weiter auf Weg 331 in $1^1/_2$ Std. über weite Almböden am Spinalesee vorbei zunächst abwärts, dann aufwärts, zur Grafferhütte.

• 32 **Von Madonna di Campiglio mit der Spinale-Seilbahn**
$1^1/_2$ Std. Von der Bergstation der Seilbahn wie in R 31 zur Grafferhütte.

• 33 **Von Madonna di Campiglio mit der Grostè-Seilbahn**
$^1/_4$ Std.

Mit der Grostè-Seilbahn bis zur Endstation. Nun an der N-Seite auf steilem Fahrweg zur Grafferhütte.

• 34 **Von Madonna di Campiglio über die Vallesinellahütte**
$3^1/_2$ Std., ab Vallesinellahütte $2^1/_2$ Std. Von geringer Bedeutung.

Von der Vallesinellahütte, R 19, über die Malga Vallesinella (Obere Vallesinella-Alm), 1678 m, zur Grafferhütte.

• 35 **Vom Campo Carlo Magno**
Fahrweg, seit 1978 für den Allgemeinverkehr gesperrt.

Grafferhütte

● 40 Tuckettthütte (Rifugio Tuckett e Quintino Sella), 2268 m

CAI-SAT, Sektion Trient, Tel. 04 65 / 4 12 26, bew. von 20. Juni bis 20. September, Winterraum; Zeltmöglichkeit etwas unterhalb der Hütte. Möglichkeit des Materialtransportes, an Hotel „Touring“ in Madonna di Campiglio oder Malga Vallesinella wenden. Idealer Stützpunkt auch für Kletterschulen (Fels, Firn und Eis!). Abb. S. 56.

● 41 Von Madonna di Campiglio über Vallesinella- und Casineihütte

3 Std., ab Vallesinellahütte 2 Std.

Von der Vallesinellahütte, R 19, auf Weg 317 in vielen Kehren durch Wald zur Casineihütte, 1825 m, und weiter auf Weg 317 zunächst ansteigend durch Wald, bald über freies Gelände mit Einblick in das Vallesinellatal zur Tuckettthütte. 1¼ Std. von der Casineihütte.

Tucketthütte mit Bocca dei Tuckett

● 42 Von Molveno über Croz-dell'Altissimo-Hütte und Bocca di Tuckett

5—6 Std. Selten benützter Übergang. Kurz vor dem Paß kann Schnee liegen; dort sehr steiler Anstieg. Mitnahme von Grödel zu empfehlen.

Von Molveno auf Fahrweg 319 durch das Seghetal in 2 Std. zur Croz-dell'Altissimo-Hütte. Nun auf Weg 322 nach rechts (nordw.) durch das Lazzatal und auf einer hohen, schluchtartigen Stufe (Leitern) in den Kessel Busa dell'Acqua. Von dort nach links (W) in Serpentinen hinauf über zwei dicht aufeinander folgende Scharten in das Persetal. Zwischen Felsblöcken hindurch erreicht man schließlich einen steilen Anstieg auf Schutt rechts am Fels entlang zur Bocca di Tuckett; 3 Std. von der Croz-dell'Altissimo-Hütte. Von der Scharte auf dem Gletscher in ¾ Std. zur Tucketthütte.

Brenteihütte mit Cima della Farfalla

● 45 Brenteihütte (Rifugio Maria e Alberto ai Brentei), 2120 m

CAI-Monza, vergrößert, schöner Winterraum, einzige (1984) Hütte der Brenta mit Selbstkocher-Vorraum. Tel.: 04 65 / 4 12 44 oder Pensione „Detassis“ in Madonna di Campiglio. Materialseilbahn mit Transportmöglichkeit. In der Nähe der Hütte idealer Zeltplatz. Beste Lage für die größten Brenta-Routen! An Wochenenden überfüllt. Schöne Bergkapelle, idealer Stützpunkt für Kletterschulen (Fels, Firn, Eis!). Abb. S. 57.

● 46 Von Madonna di Campiglio über Vallesinella- und Casineihütte

3¹/₄ Std., ab Vallesinellahütte 2¹/₄ Std. Für Autofahrer der günstigste Zugang.

Von der Vallesinellahütte, R 19, wie in R 41 zur Casineihütte. Hier bei einer Gabelung halbrechts abzweigen und auf dem Boganiweg (Nr. 318) zunächst steil durch Wald ansteigend, dann bei freiem Blick mit geringerer Steigung weiter und dann in Auf und Ab, zuletzt durch einen kurzen Tunnel hindurch, zur Brenteihütte.

● 47 **Von der Grostè-Seilbahn über die Tucketthütte**
2½ Std. Einfacher Bergweg, meist fallend. Er vermeidet einen Aufstieg aus dem Tal.

● 48 **Von Madonna di Campiglio über die Brentaalm**
4 Std. Wegen der längeren Anstiegsdauer selten begangener, aber landschaftlich schöner Weg.

Auf dem Weg zur Vallesinellahütte zweigt man nach etwa 50 Min. bei einem Ww. rechts zur Cascata-di-Mezzo-Hütte und zum Wasserfall ab. Nun über eine Brücke und durch Wald hinab zur Unteren Brenta-Alm, 1265 m, und wieder aufwärts auf Forststraße (Weg 323) zur Talstation der Materialseilbahn zur Brenteihütte. Von dort auf Fußweg zur Oberen Brenta-Alm, 1687 m, und dann über felsiges Gelände in Serpentinen durch das Brentatal zur Brenteihütte.

● 50

Alimontahütte
(Rifugio Angelo Alimonta), 2600 m

Privat, bew. von 20. Juni bis 20. September, Tel. in Madonna di Campiglio: 04 65 / 4 11 78. Am Fuß der Gemellitürme (R 360) und auf einer Karrenfläche unterhalb der stark im Rückgang begriffenen Vedretta degli Sfulmini. Wenn auch nur 1 Std. von der Brenteihütte entfernt, idealer Stützpunkt für Torre di Brenta, Cima Molveno, Gemelli, Torre Prati, Torre Nardelli usw. Südl. der Hütte versteckte Zeltmöglichkeiten. Abb. S. 59.

● 51 **Von Madonna di Campiglio über die Brenteihütte**
4¼ Std.

Wie in R 46 zur Brenteihütte. Dort an der Winterhütte vorbei und im Brenteital (Vallone dei Brentei) nach O aufwärts auf Weg 393. Nach etwa ½ Std. an einer Abzweigung halbrechts aufwärts und in einer weiteren halben Std. zur Alimontahütte hinauf.

● 53

Pedrottihütte
(Rifugio Tomaso Pedrotti), 2496 m

CAI-SAT, Sektion Trient, auch Tosahütte genannt (kleine Hütte 50 m unterhalb!), bew. von 20. Juni bis 20. September, erweitert. Idealer

Alimontahütte

Stützpunkt für Brenta Alta, Campanile Basso, Cima Tosa, Croz del Rifugio, Cima Brenta Bassa.

● 54 Von Madonna di Campiglio über die Brenteihütte

4³/₄ Std., von der Vallesinellahütte 3³/₄ Std. Der einfache Weg 317/318 steigt an der NW-Seite des Brentakammes im Brentatal an der Brenteihütte vorbei zur Bocca di Brenta, 2552 m, und fällt dann wenig abwärts zur Pedrottihütte.

Wie in R 46 zur Brenteihütte. Von hier an der Kapelle vorbei auf Weg 318 fast eben in einer Höhe von 2200 m am Hang des Oberen Brentatals entlang in Richtung Bocca di Brenta, die schon von weitem links von der dreieckigen Cima Brenta Bassa sichtbar ist. Nach etwa ³/₄ Std. von der Hütte überschreitet man ein kurzes Schneefeld und erreicht eine Felsstufe, die über eine kurze Kletterstelle (I) und dann über

Serpentinen überwunden wird. Zuletzt über ein Schneefeld zur Bocca di Brenta. Von der Scharte in $^1/_4$ Std. abwärts zu der bereits sichtbaren Pedrottihütte.

● 55 Von Molveno über die Selvatahütte

5 Std. (zu Fuß) bzw. 4 Std. (bei Seilbahnbenützung)

a) Zu Fuß: Unterhalb der Talstation der Pradèl-Seilbahn zweigt der Fahrweg 319 in das Seghetal ab. Nach $1^1/_2$ Std., bei etwa 1400 m, steigt man nach links auf dem Fußweg 319 in vielen Serpentinen zur Selvatahütte, 1630 m, auf. Von hier kommt man über eine Geländestufe im Massodital zu einem flachen, begrünten Boden, 1994 m, wo man die Reste der 1976 durch eine Lawine zerstörten „Baito Massodi" erkennt. Man erreicht von hier ein Felsental, das Massodital, wo der Weg nach links in Serpentinen hinaufzieht. Zuerst erreicht man die kleine Tosahütte, 2439 m, danach die etwas höher gelegene Pedrottihütte.
b) Mit der Pradèl-Seilbahn: Ab der Mittelstation der Seilbahn auf dem fast ebenen Wanderweg 340 in das Seghetal zur Croz-dell'Altissimo-Hütte, 1430 m. Von hier in $^1/_2$ Std. nach links hinauf zur Selvatahütte und wie unter a) beschrieben weiter zur Pedrottihütte.

● 60

Agostinihütte
(Rifugio Silvio Agostini), 2410 m

CAI-SAT, Sektion Trient, bew. von 20. Juni bis 20. September, Tel.: 04 65/7 41 38, mehrfach vergrößert und renoviert. Ausgesprochen schöne Lage im oberen Val d'Ambiez; idealer Stützpunkt für Routen an der Cima d'Ambiez, Cima Ceda, Punta dell'Ideale, Campanile Steck usw. In Hüttennähe Zeltmöglichkeiten. Abb. S. 61

● 61 Von San Lorenzo in Banale durch das Val Ambièz

5 Std. bzw. (für Autofahrer) $4^1/_2$ Std. Der schattenlose, wegen des großen Höhenunterschieds mühsame Aufstieg erfolgt teils auf einem schmalen Fahrweg und teils auf einem Fußweg. Gepäck- und auch Personenbeförderung möglich; Auskunft in San Lorenzo bzw. in der Hütte.

Von San Lorenzo führt eine für Kfz befahrbare Straße 2,5 km in das Ambièztal bis zum Restaurant „Dolomiti". Von hier folgt man dem Weg 325. Hinter der zweiten Brücke (Ponte di Broca), 1309 m, durchschreitet man eine Klamm und kurz nach der dritten Brücke überwindet man mit einer Serpentine eine Geländestufe zum Gh. Al Cacciatore, 1819 m; 3 Std. ab Restaurant. Beim Gh. zweigt der bez. Fußweg 325 (A.-Dallago-Weg) nach links vom Fahrweg ab aufwärts, führt durch Latschenwald und endet erst kurz vor der Agostinihütte.

Agostinihütte mit Cima d'Ambiez und Casteitürmen

● 65 12-Apostel-Hütte
(Rifugio Carlo e Giuseppe Garbari ai XII Apostoli), 2489 m

CAI-SAT, Sektion Pinzolo, bew. von 20. Juni bis 20. September, Tel.: 04 65 / 5 13 09, vergrößerungsbedürftige Hütte, meist nur von Wanderern für den Übergang Agostinihütte — Brenteihütte benützt. Abb. S. 63.

● 66 Von Pinzolo über den Dos del Sabion
2¾ Std. ab Dos del Sabion. Günstigster Anstieg, wenn die Seilbahn in Betrieb ist.

Von Pinzolo mit Seilbahn und Sessellift auf den Dos del Sabion, 2101 m, Restaurant. Von hier zunächst südostw., jedoch vor dem steilen Abfall nach Art einer Serpentine zuerst nach links (N) und dann rechts (S), (Weg 357). Nach 1/2 Std. trifft man am Ende des Abstiegs bei einer Kapelle auf den von Pinzolo kommenden Weg 307. Auf diesem erreicht man rasch den Brentelorspaß. Noch auf dem Paß Abzweigung nach S, die ohne Bez. in das Algonetal zum Gh. Ghedina führt. Zur 12-Apostel-Hütte führt von dieser Abzweigung geradeaus ein Weg (Nr. 307) durch Wald leicht fallend in einen ebenen, grünen Boden, das Pian di Nardis, 1822 m. Von hier ist die Hütte zu sehen. Nun auf gutem Weg an der linken Talseite (in Aufstiegsrichtung) durch eine Schotterzone, über viele Serpentinen über eine Steilstufe (Seilsicherung), abermals eine Schotterzone querend zu festem Fels und zuletzt zur Felskuppe, auf der die Hütte steht; 1 3/4 Std. ab Pian di Nardis.

● 67 Von Pinzolo über Giustino und den Brentelorspaß

5 1/2 Std. Bis Pian di Nardis Straße bzw. Karrenweg. Der Weg kommt wegen des sehr großen Höhenunterschieds von über 1700 m weniger in Betracht als der Anstieg R 66.

Von Pinzolo auf der Straße 1/4 Std. nach Giustino und von dort im Flanginechtal auf Weg 307 aufwärts zum Brentelorspaß. Von hier weiter wie in R 66.

● 68 Von Sant'Antonio di Mavignola durch das Val d'Agola

4 3/4 Std., 3 1/2 Std. ab Schranke. Bis zum Lago d'Agola geringe Steigung, aber langer Weg (2 1/4 Std.). Mit Kfz darf man seit 1978 nicht mehr bis zum See fahren, sondern nur noch bis kurz oberhalb der Baita Val Brenta.

Auf der SS 239 von Madonna di Campiglio 6 km bis zur Abzweigung nach Sant'Antonio und ostw. 3,5 km bis zu einer Schranke. Auf der Forststraße weiter in etwa 1 Std. zum See, die Serpentinen der Straße auf Fußweg abkürzend. Vom Agolasee auf Fußweg 324 ins Nardistal und zum Pian di Nardis. Von hier weiter wie in R 66.

● 69 Von Stenico über die Ghedinahütte und die Malga Movlina

3 Std. ab Malga Movlina. Geeignet für Autofahrer von S. 12 km ab Stenico.

Mit Kfz bis zur Malga Movlina. Dann zu Fuß mit geringer Steigung über den flachen Grotopaß und nach 3/4 Std. nahe des Brentelorspasses auf den von Pinzolo kommenden Weg 307. Weiter wie R 66.

● 70

Ghedinahütte
(Rifugio Ghedina), 1116 m

In der südl. Brentagruppe im Val d'Algone; Talort Stenico, keine Bedeutung für Kletterer.

12-Apostel-Hütte

● 71

Dossonhütte
(Rifugio Dosson), 2093 m

Auf dem Monte Spinale, geöffnet von 25. Juni bis 15. September, Tel. 04 65 / 4 15 07. Für den Kletterer keine Bedeutung, auch im Winter als Skihütte geöffnet.

● 72

Casineihütte
(Rifugio Casinei), 1825 m

Privat, geöffnet, 3/4 Std. oberhalb der Malga Vallesinella. Falls Brenteihütte bzw. Tucketthütte überfüllt sind, am besten hier übernachten. Tel. 04 65 / 4 27 08.

Cacciatorihütte im mittleren Ambieztal

● 73 Croz-dell'Altissimo-Hütte, (Rifugio Croz dell'Altissimo), 1500 m

Privat., 6 B., Tel. Molveno, Fam. Spellini, 04 61 / 58 60 17. Ideal für die Wände des Croz dell'Altissimo.

● 74 Von Molveno

Auf Jeepstraße (teilweise mit Privat-Fahrzeug befahrbar) in 2 Std. (Sessellift nach Pradèl, 1986 eingestellt.)

● 75 Selvatahütte (Rifugio Selvata), 1630 m

Privat, 20—25 B. bzw. L., geöffnet von 20. Juni bis 20. September, angenehme Rasthütte, für Kletterer höchstens als Stützpunkt für Routen am Castel Alto dei Massodi oder Cima Fontane Fredde geeignet. 3/4 Std. oberhalb der Croz-dell'Altissimo-Hütte.

● 76 Brenta- und Pradèlhütte
(Rifugio Brenta / Rifugio Pradèl), 1346 m

Privat, geöffnet von 1. Juni bis 30. September; auch im Winter offen, da Skipiste nach Molveno. Keine Bedeutung für Kletterer.

● 77 La-Montanara-Hütte
(Rifugio La Montanara), 1525 m

An der Bergstation der Liftanlage Molveno — Pradel — Rif. la Montanara. Nur im Winter von Bedeutung.

● 78 Cacciatorihütte
(Rifugio al Cacciatore), 1819 m

Privat, geöffnet vom 20. Juni bis 20. September; in angenehmer Almlandschaft. Idealer Stützpunkt für Routen an der Cima di Ghez. Tel.: 04 65 / 7 41 41. Zugang durch das Val d'Ambiez auf Jeepstraße, Personen- und Materialtransport möglich. 3 Std. ab San Lorenzo. Abb. S. 64.

D. Übergänge von Hütte zu Hütte

● 80 Grafferhütte — Bivacco Centenario SAT — Pellerhütte

Da diese Überschreitung eine der interessantesten in der Brentagruppe überhaupt ist und in ein einsames wild- und blumenreiches Gebiet führt, wird sie hier ausführlich beschrieben. Das Bivacco Centenario, auch Bivacco Bonvecchio genannt, ist ein willkommener ruhiger Stützpunkt und bei der Überschreitung fast absolut nötig.
Interessant ist auch die Teilstrecke Grafferhütte — Biwakschachtel — Passo di Pra Castron (am S-Fuß des Sasso Rosso), von wo man nach W zur Malga Scale absteigt, die als Stützpunkt zur Besteigung der Cima del Tovo u. a. gilt.

● 81 Grafferhütte — Sasso Alto, 2897 m — **Pellerhütte**

Großartiger, hochalpiner Übergang, bis zum Bivacco Centenario SAT (R 25) auf dem gesicherten Steig **„Claudio Costanzi“**, bei dem die gesamte nördl. Kette der Brenta über einen größeren Teil ihrer Hochgipfel überschritten wird und der einen herrlichen Einblick in den eigenartigen, wilden und einsamen N-Teil der Brentagruppe bietet. Dieser Höhenweg kann nur ab August (vorher meist noch zu viel Schnee) und nur bei ganz sicherem Wetter begangen werden. Große Ausdauer, Bergerfahrung, Trittsicherheit und Schwindelfreiheit sind unbedingt erforderlich. Für die gesicherten, wenn auch kurzen Strecken empfiehlt sich die Mitnahme einer Reepschnur mit Karabiner. Die Mitnahme eines Seiles erscheint nicht notwendig. Der Weg ist ausgezeichnet markiert (Weg 336). Man achte unbedingt auf die Markierung in dem oft sehr verwickelten Gelände. Man ist immer wieder überrascht, mit welcher Mühelosigkeit sie durch scheinbar schwieriges Felsgelände auf breiten Felsbändern, durch verborgene kleine Kare und harmlose Schrofen mit völliger Sicherheit durchleitet. Dadurch wird der Weg sehr interessant und spannend. 10—11 Std. Gesamtgehzeit (Biwakhütte nach 3—4 Std., s. R 25).

Route: Von der Grafferhütte zunächst auf der W-Seite des Pietra-Grande-Massivs auf gutem Steig 336 dahin (sehr schöner Blick auf die W-Wände der Pietra Grande und auf die S-Wand des Torre Schober (R 660) zu einem weiten Kar direkt unter den W-Wänden. Man quert dieses Kar, ebenso ein breites Geröllfeld, und erreicht eine Felsrippe, die von der Cima Vagliana herabstreicht. Von hier unmittelbar über einem Wandabbruch fast eben dahin, scharf ansteigend, zur Einmündung in das felsenumschlossene Val Gelada, das man in seinem hintersten Karwinkel erreicht. Aus diesem steil ansteigend in die Bocca di Tre Sassi, 2613 m (benannt nach den drei Felszapfen, die diese Felsscharte krönen), mit Blick auf die O-Seite des Brentakamms und in das wilde Val delle Giare.

Der Steig führt ansteigend über Schotter unter den Felsen immer auf der W-Seite dahin in den Passo di Val Gelada, 2687 m. Aus diesem Paß, immer noch auf der W-Seite, über eine steile Schuttreiße auf eine Felsrippe, 2730 m, hinauf. Von hier herrlicher Tiefblick in das wilde Val Gelada di Tuenno und die gewaltigen Felswände, die es umschließen. Eisenleitern und feste Metallseile erleichtern die Begehung der Grate des Sasso Alto, 2890 m, und der Cima Sassara, 2892 m, deren Gipfel den höchsten Punkt dieser Überschreitung darstellt. An der Biwakschachtel Centenario SAT (R 25) vorbei; Wasserstelle! Nun auf nicht mehr gesichertem, aber bestens markiertem Steig zur Cima Paradiso, 2830 m, und weiter längs oder knapp unterhalb des Gratkamms auf der O-Seite über breite Bänder zur Cima Rocca, 2830 m, unmittelbar über dem steilen Val del Vento. Nun über den steil abfallenden Gratrücken (einmal durch kurzen Kamin) zur Cima delle Livezze, 2774 m. Von hier erreicht man über den Gratkamm die Cima del Vento, 2755 m. Es folgt ein längerer Abstieg über steiles, aber leichtes Schrofengelände. Nach einer Scharte Aufstieg auf die Cima di Tuenno, 2685 m, und den Monte Beon, 2683 m. Von hier aus führt die Markierung über Karrenfelder in den Passo di Pra Castron, 2503 m, am Fuß der roten Felsen des Sasso Rosso, 2645 m. Hier ist der ausgesprochen alpine Abschnitt dieses Höhenweges beendet. Aus dem Passo di Pra Castron gut markierte Abstiegsmöglichkeit nach W in das Val Meledrio zur Malga Scale, 1562 m, s. auch R 676 A und zum Passo Carlo Magno. Im Passo di Pra Castron beginnt wieder ein durchgehender Steig unter den Felsen des Sasso Rosso durch mit längerem Aufstieg in eine kleine Scharte (aus der der Gipfel des Sasso Rosso über den Gratrücken leicht erstiegen werden kann, wobei man am besten wieder zur Scharte und damit auf den markierten Steig zurückkehrt).

Von dieser Scharte aus nur noch ständiger Abstieg, zuerst durch Schotter, sehr bald aber schon durch die grünen Weideböden von Pian della Nana. An den roten Felsen des links liegenden Pallon vorbei zum Passo della Forcola, 2104 m. Dort führt seit dem Neubau der Pellerhütte der Weg nach rechts (ostw.) abwärts zur Malga Tassullo, 2090 m, von wo aus man den schmalen Fahrweg, linkshaltend, bis zur Pellerhütte etwa 1 Std. lang verfolgt.

● 82 Grafferhütte — Tucketthütte
Weg 316. 2—2½ Std.

Von der Grafferhütte (R 30) bzw. der Seilbahnstation Grostè zur Tucketthütte über Weg 316, gut ausgetreten, angenehm zu gehen. Gute Zeltmöglichkeiten auf halbem Weg unterhalb der N-Wand des Castello di Vallesinella (R 595).

● 83 Grafferhütte bzw. Seilbahn über den Grostèpaß — Benini-Bocchette-Weg — Cima Sella — Bocca di Tuckett — Tucketthütte.
3 Std. Skizze S. 69.

Nur mit leichtem Rucksack ein Genuß; als Zugang für Klettereien am Campanile und Campaniletto dei Camosci (R 620).

● 84 Tucketthütte — Brenteihütte
Weg 328. 1½ Std.

Auf Weg 328 westl. der Bergsturzzone unterhalb der Punte di Campiglio zum Tuckettpaß mit schönem Rückblick auf Castelletto Inferiore, dann Weg 318 hinauf zur Brenteihütte.

● 85 Auf dem Sentiero SOSAT zur Brenteihütte, Weg 305
Gesicherte Klettersteige, Weg 305. Nur mit leichtem Rucksack empfehlenswert. 2½ Std.

Von der Tucketthütte zunächst Richtung Tuckettpaß, dann Abzweigung nach rechts über Geröll zum Beginn des Weges (Leiter). Immer den Markierungen folgen, direkt unter der Punta di Campiglio entlang Rinnen querend, an Leitern hinab und hinauf, auf Bändern um die SW-Kante herum, mit einmaligem Blick auf den Crozzon und Cima Tosa, dann durch die S-Wand der Punte di Campiglio, hinab ins Tal zur Brenteihütte; vorher scharf links Abzweigung zur Alimontahütte (R 50).

● 86 Sentiero Orsi: Tucketthütte — Pedrottihütte
Weg 303. Dieser Übergang gibt dem Kletterer einen besonderen Einblick in die großen O-Wände der Brentagruppe. Einer der lohnendsten Übergänge in der Brentagruppe. 4 Std.

Von der Hütte zunächst in die Bocca di Tuckett, 2648 m, dann durch eine Geröllrinne hinab ins oberste Val Perse (Abstieg nach Molveno), und rechts unterhalb der gewaltigen, gelben O-Wand der Cima Brenta entlang. Aufsteigend über einen Paß, 2527 m, mit einmaligem Ausblick und weiter durch das obere Massodikar unterhalb der Wände von Spallone dei Massodi, Cima Baratieri, Punta Iolanda (R 370, R 380,

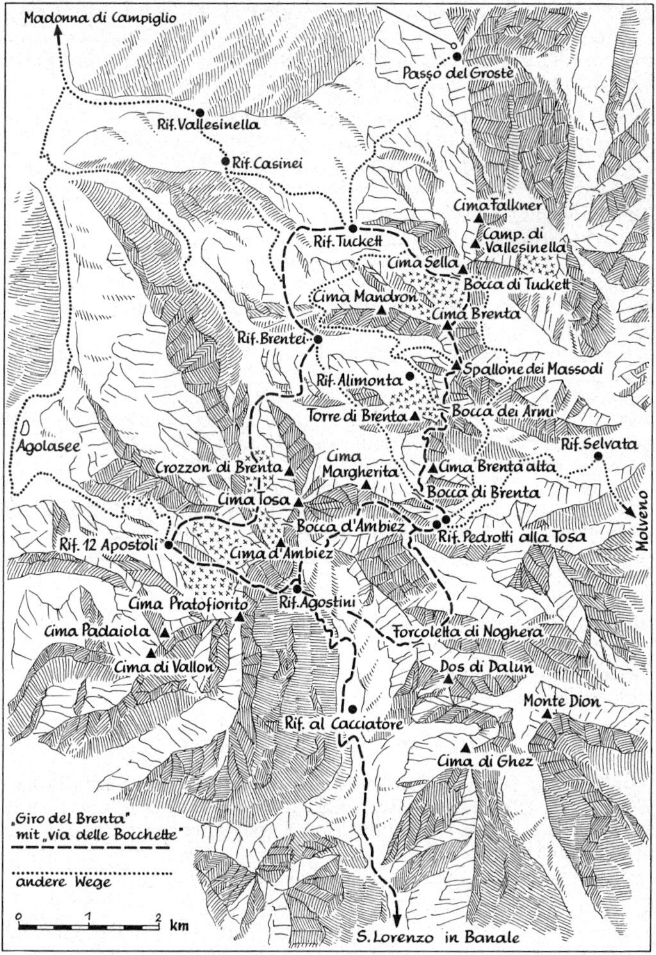
Madonna di Campiglio
Passo del Grostè
Rif. Vallesinella
Rif. Casinei
Cima Falkner
Camp. di Vallesinella
Rif. Tuckett
Cima Sella
Bocca di Tuckett
Cima Mandron
Cima Brenta
Rif. Brentei
Spallone dei Massodi
Rif. Alimonta
Torre di Brenta
Bocca dei Armi
Agolasee
Rif. Selvata
Crozzon di Brenta
Cima Margherita
Cima Brenta alta
Bocca di Brenta
Cima Tosa
Bocca d'Ambiez
Rif. Pedrotti alla Tosa
Molveno
Rif. 12 Apostoli
Cima d'Ambiez
Rif. Agostini
Cima Pratofiorito
Cima Padaiola
Forcoletta di Noghera
Cima di Vallon
Dos di Dalun
Monte Dion
Rif. al Cacciatore
Cima di Ghez
„Giro del Brenta" mit „via delle Bocchette"
andere Wege
0 1 2 km
S. Lorenzo in Banale

R 390). (Gute Zeltmöglichkeiten als Stützpunkt der genannten Berge.) Weiter in das obere Massodikar, unterhalb der NO-Wand der Cima Brenta Alta und des Campanile Basso (R 200, R 230) entlang, schließlich steil ansteigend zur Pedrottihütte.

● 87 Sentiero delle Bocchette Alte: Tucketthütte — Bocca di Tuckett — Brenteihütte

Klettersteig, der hohe Anforderungen an den Begeher stellt. Die Route verläuft fast immer in 2900 m Höhe. 4 – 5 Std.

Von der Hütte zunächst in die Bocca di Tuckett. Dann schräg rechts (südw.) abzweigen, den Markierungen folgend, an Leitern und Seilen auf das Garbariband (ausgesetzt) in der O-Seite empor, das in einer Höhe von fast 3000 m die O-Wand der Cima Brenta durchzieht. Fast am Ende des Bandes Aufstiegsmöglichkeit (I, ½ Std.) auf die Cima Brenta (R 475).
Im Verlauf der Route überquert man eine markante Eis-Schnee-Rinne und gelangt an den Fuß des letzten Aufschwungs der Cima-Brenta-S-Kante, Spalla di Brenta. Weiter hinab in die obere Massodischarte, 2950 m, und auf einer langen Leiter empor auf den Spallone dei Massodi (herrlicher Rundblick!). Hinab in die untere Massodischarte. hier scharf rechts auf einem Band und an insgesamt 300 Sprossen über Leitern hinab auf die Vedretta di Brentei und zur Brenteihütte.
Man kann aber auch aus der unteren Massodischarte gerade hinauf auf die Schulter der Cima Molveno steigen, dann leicht absteigend auf die Vedretta di Sfulmini zur Alimontahütte („Sentiero U. Quintavalle"), weiter hinab zur Brenteihütte.

● 88 Brenteihütte — Pedrottihütte

Weg 318. 1½ Std.

Bester Übergang durch die Bocca di Brenta, 2552 m. Von dort hinab auf den Sattel zwischen Croz del Rifugio und Brenta Bassa.

● 89 Brenteihütte — Alimontahütte

Weg 393. 1 Std.

Zunächst das Hochtal Richtung Cima Brenta hinauf (s. auch Sentiero SOSAT, R 85), nach ½ Std. rechts abzweigen, über eine Steilstufe empor und unter den Gemellitürmen (R 360) entlang zur Hütte, die in wilder Karrenlandschaft liegt.

● 90 Brenteihütte — 12-Apostel-Hütte

Weg 327 und 304. Mühsam. 4 Std.

Gleich unterhalb der Brenteihütte am Zeltplatz vorbei, dann hinab ins Val Brenta, Richtung N-Kante des Crozzon di Brenta, weiter immer auf dem Martinazzisteig, Weg 327, unter der W-Wand des Crozzon di Brenta entlang, bis der Weg, unterhalb der SW-Wände der Cima Tosa wieder auf die Vedretta dei Camosci stößt. Hier wird der Gletscher überquert (Möglichkeit des Aufstieges in die Bocca d'Ambiez; nicht zu empfehlen!) und man gelangt in die Bocca dei Camosci, 2770 m. Einmaliger Blick auf die Cima-Tosa-Wand. Aus der Bocca dei Camosci auf Weg 304 in 40 Min. zur 12-Apostel-Hütte.

● 91 **Pedrottihütte — Agostinihütte**
Weg 304 und 358. Bester Übergang auch von der Brenteihütte aus. 2½ Std.

Von der Pedrottihütte auf der S-Seite der Cima Brenta Bassa auf Weg 304, dann unter die S-Wand der Cima Margherita (hier Wasserstelle). Weiter hinauf in der Firnkessel unterhalb des Normalweges auf die Cima Tosa. Hier Abzweigung nach links (südw.) und ansteigend etwas mühsam auf die Sella di Tosa, 2860 m. Überwältigender Blick auf Cima Brenta Alta und Campanile Basso. Weiter auf dem Sentiero Brentari, Weg 358 (gesicherter Steig) in die Bocca della Tosa, unmittelbar nördl. der Punta dell'Ideale, einem eleganten Felsturm (R 775). Einmalige Einsicht in fast alle Cima-d'Ambiez-Routen. Man überquert die harmlose Vedretta d'Ambiez und gelangt bald zur Agostinihütte.

● 92 **Via delle Bocchette Centrale: Pedrottihütte — Alimontahütte**
Wichtiger Zugang für Campanile Basso (R 230), Cima Brenta Alta (R 200), Campanile Alto (R 270), Sfulmini (R 285), Torre di Brenta (R 325). 3 Std.

Von der Pedrottihütte (R 53) zunächst in die Bocca di Brenta hinauf, dann im oberen Val Brenta 100 m absteigen (bei Eis hält man sich rechts an der Wand); man gelangt zum Einstiegsband links eines großen Überhangs. Auf dem Band (Wasserstelle) stets ausgesetzt, mit gutem Einblick in die Grafferkante, Fehrmannverschneidung, S-Wand des Campanile Basso (R 239 – R 243), eine Eisrinne querend und in die Bocca del Campanile Basso. Hier Einstieg des Normalwegs auf den Campanile Basso (R 231). An der NO-Seite unterhalb des Campanile Basso empor zu einem Sattel nördl. der Sentinella (R 260) mit Blick in die Südwand des Campanile Alto (R 274). Dem Weg folgend, auf- und absteigend unter Rinnen der Sfulminitürme entlang und durch die O-Wand des Torre di Brenta auf ein schmales, gut gesichertes, aber sehr ausgesetztes Band. Schließlich gelangt man ebenfalls auf schmalem Band und Grat über Leitern hinab in die Bocca degli Armi, 2749 m und auf die Vedretta degli Sfulmini. Über Gletscher dahin zur Alimontahütte.

● 93 Sentiero Palmieri: Pedrottihütte — Agostinihütte

Weg 320. Zu empfehlen als Schlechtwetterübergang. 3 Std.

Der Weg leitet zunächst um die Cima Brenta Bassa herum an den oberen Rand der Doline Pozza di Tramontana, dann zweigt er links ab (Wegtafel, 320), durch den obersten Teil der Doline, dann hinauf zur Forcolotta di Noghera, dem zweiten Paß, 2443 m, zwischen Cima Ceda Orientale (R 840) und Dos di Dalun (R 930). Von hier unterhalb der Östlichen und Westlichen Cima Ceda ins Val d'Ambiez und zur Agostinihütte.

● 94 Via ferrata Ettore Castiglioni: Agostinihütte — 12-Apostel-Hütte

Weg 321, 2 Std.

Von der Agostinihütte ein Stück das Ambieztal empor, dann zweigt der Weg nach links ab und führt durch Blöcke, nördl. der Cima SUSAT, auf Leitern (R 745) hinauf in die Bocca dei Due Denti. Aus der Scharte zunächst über Geröll, später über Schneefelder und Felsplatten zur 12-Apostel-Hütte.

E. Gipfel und Gipfelwege

Da sich die gesamte Brentagruppe in mehrere, manchmal selbständige Kämme von mehr oder weniger gleicher Wichtigkeit gliedert, kann man eigentlich nicht von Haupt- und Nebenkamm sprechen. Sinnvoller erscheint daher eine Aufteilung in:

1. Zentraler Teil, südl. Gipfel,
2. Zentraler Teil, zentrale Gipfel,
3. Zentraler Teil, nördl. Gipfel.

Hinzu kommen im N, nördl. des Grostèpasses der Nördliche Hauptkamm sowie im S alle Gipfel, die sich südl. der Cima Tosa befinden und westl. bzw. östl. an das Val d'Ambiez grenzen. Zum Schluß werden noch die Randgebiete: Croz dell'Altissimo, Cima Fontane Fredde, Monte Daino, Croz del Rifugio, Dos di Dalun sowie die Cima di Ghez beschrieben, sowie im W die Fracingligruppe.

I. Zentraler Teil

1. Zentraler Teil — Südliche Gipfel

Dazu gehören die Gipfel: Crozzon di Brenta (R 100), Cima Tosa (R 120), Cima Margherita (R 160) und Cima Brenta Bassa (R 180). Abb. S. 75.

2. Zentraler Teil — Zentrale Gipfel

Hier werden folgende Gipfel beschrieben: Cima Brenta Alta (R 200), Campanile Basso (R 230), Torrione Comici (R 250), La Sentinella (R 260), Campanile Alto (R 270), Gli Sfulmini (R 285) Münchner Kindl (R 291), Torre Prati (R 300), Torre Bianchi (R 310), Torre Nardelli (R 315), Torre Rosanna (R 320) und Torre di Brenta (R 325).

2a. Zentraler Teil — Zentrale Gipfel im Norden

Die Berge von der Bocca degli Armi (nördl. des Torre di Brenta) bis zur Bocca di Tuckett werden hier beschrieben: Cima degli Armi (R 340), Cima Molveno (R 350), I Gemelli (R 360) Spallone dei Massodi (R 370), Cima Baratieri (R 380), Punta Iolanda (R 390), Naso dei Massodi (R 400), Castel Alto dei Massodi (R 405), Punte di Campiglio (R 420), Cima Mandron (R 440), Campanile Caigo (R 447), Torre Mandron (R 453), Cima Brenta Occidentale (R 460), Pilastro Sud della Cima Brenta Occidentale (R 468), Campanile dei Brentei (R 462), Cima Brenta (R 475), Kienetürme (R 490) und Punta Massari (R 500).

3. Zentraler Teil — Nördliche Gipfel

Es handelt sich um die Gipfel nördl. der Bocca di Tuckett bis zum Grostèpaß und der westl. gelegenen Corna Rossa:
Castelletto Inferiore (R 510), Castelletto di Mezzo (R 530), Castelletto Superiore (R 540), Cima Sella (R 545), Torre delle Val Perse (R 550), Campanile di Vallesinella (R 555), Rocca delle Val Perse (R 560), Cima delle Val Perse (R 565), Cima Roma (R 570), Cima della Vallazza (R 575), Cima Falkner (R 605), Torrione di Vallesinella (R 580), Castello di Vallesinella (R 590), Campanile dei Camosci (R 610), Cima del Grostè (R 630) und Corna Rossa (R 650). Abb. S. 76.

II. Nördlicher Hauptkamm

Die wichtigsten Klettergipfel nördl. des Grostèpasses: Torre Schober (R 660), Cimon della Pozza (R 665), Il Frate (R 670), Cima del Tov (R 675), Cima Maria Luisa (R 685), Pilastro Caterina (R 688). S. Abb. S. 77.

III. Südlicher Teil

Alle Gipfel, die westl., südl. und östl. durch das Val d'Ambiez begrenzt werden: Cima d'Ambiez (R 690), Denti d'Ambiez (R 710), Cima d'Ambiez Bassa (R 720), Cima d'Agola (R 730), Cima SUSAT (R 745), Cima Pratofiorito (R 750), Le Tose (R 760), Cimon di Cresole (R 770), Punta dell'Ideale (R 775), Campanile Steck (R 790), Casteitürme (R 810), Westliche Ceda (R 820) und Östliche Ceda (R 840). Abb. S. 78.

IV. Östliche Randgebiete

Croz dell'Altissimo (R 860), Cima Fontane Fredde (R 880), Monte Daino (R 900), Croz del Rifugio (R 910). Abb. S. 79.

V. Südöstliche Randgebiete

Piccolo Dos di Dalun (R 933), Torrione Dallago (R 938), Dos di Dalun (R 930) und Cima di Ghez (R 950).

VI. Westliches Randgebiet (nur Fracingligruppe)

Terza Cima di Fracingli (R 961), Cima di Valstretta (R 965), Cima della Vedretta (R 970), Cima della Farfalla (R 975), Campanili di Fracingli (R 980) und Crozzon di Val d'Agola (R 985).

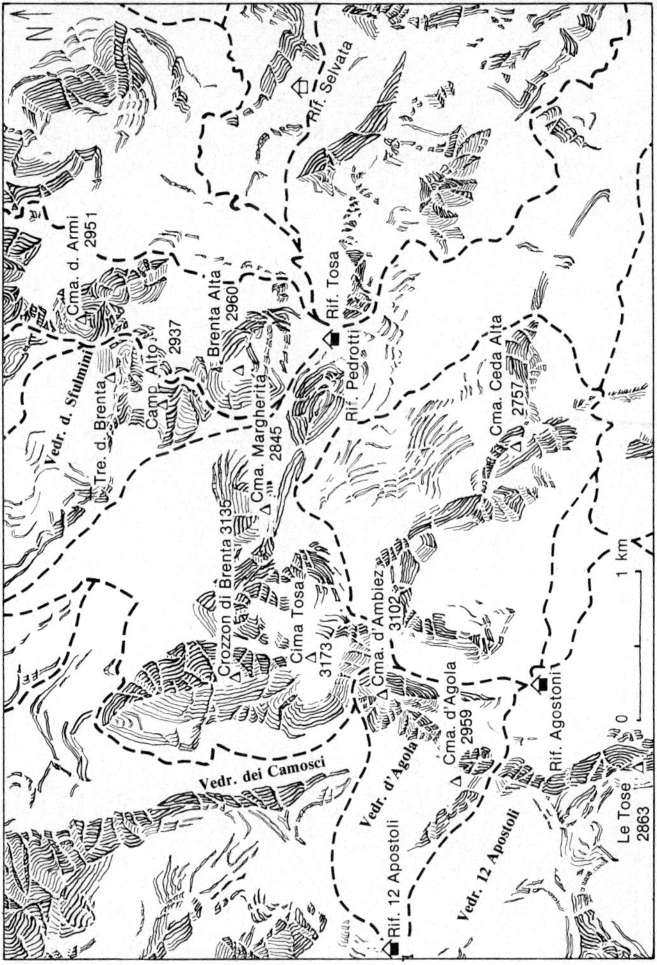
N
Rif. Selvata
Cma. d. Armi
2951
Vedr. d. Sfulmini
Tre. d. Brenta
Camp. Alto
2937
Brenta Alta
2960
Rif. Tosa
Rif. Pedrotti
Cma. Margherita
2845
Crozzon di Brenta 3135
Cima Tosa
3173
Cma. d'Ambiez
3102
Cma. Ceda Alta
2757
Cma. d'Agola
2959
Rif. Agostoni
Vedr. dei Camosci
Vedr. d'Agola
Rif. 12 Apostoli
Vedr. 12 Apostoli
Le Tose
2863
0
1 km

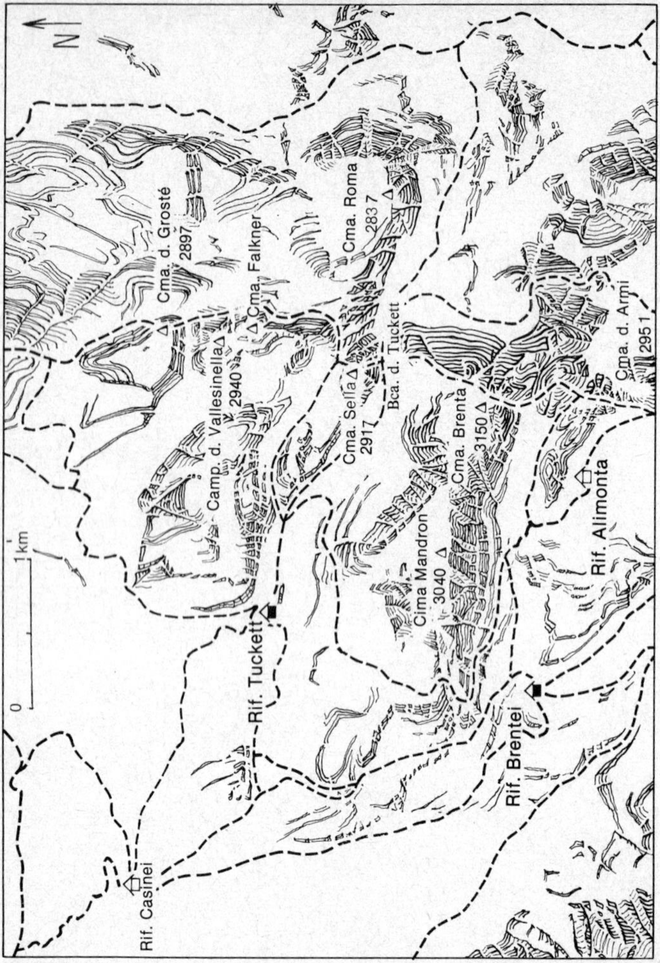
N
0
1km
Rif. Casinei
Rif. Tuckett
Rif. Brentei
Rif. Alimonta
Cma. d. Grosté
2897
Camp. d. Vallesinella
2940
Cma. Falkner
Cma. Roma
2837
Cma. Sella
2917
Bca. d. Tuckett
Cima Mandron
3040
Cma. Brenta
3150
Cma. d. Armi
2951

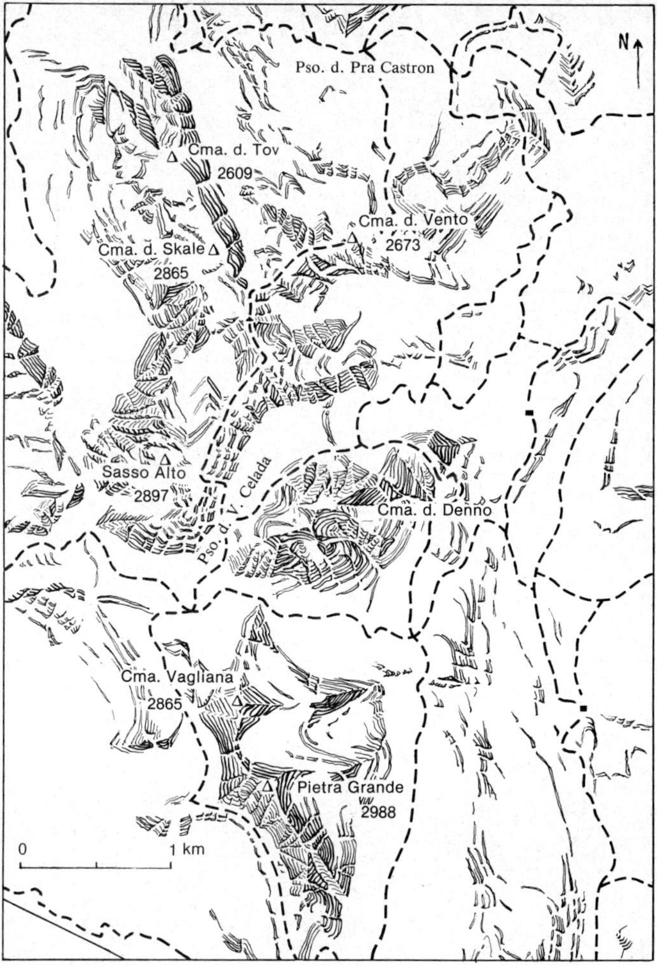
N
Pso. d. Pra Castron
Cma. d. Tov
2609
Cma. d. Vento
2673
Cma. d. Skale
2865
Sasso Alto
2897
Pso. d. V. Celada
Cma. d. Denno
Cma. Vagliana
2865
Pietra Grande
2988
0
1 km

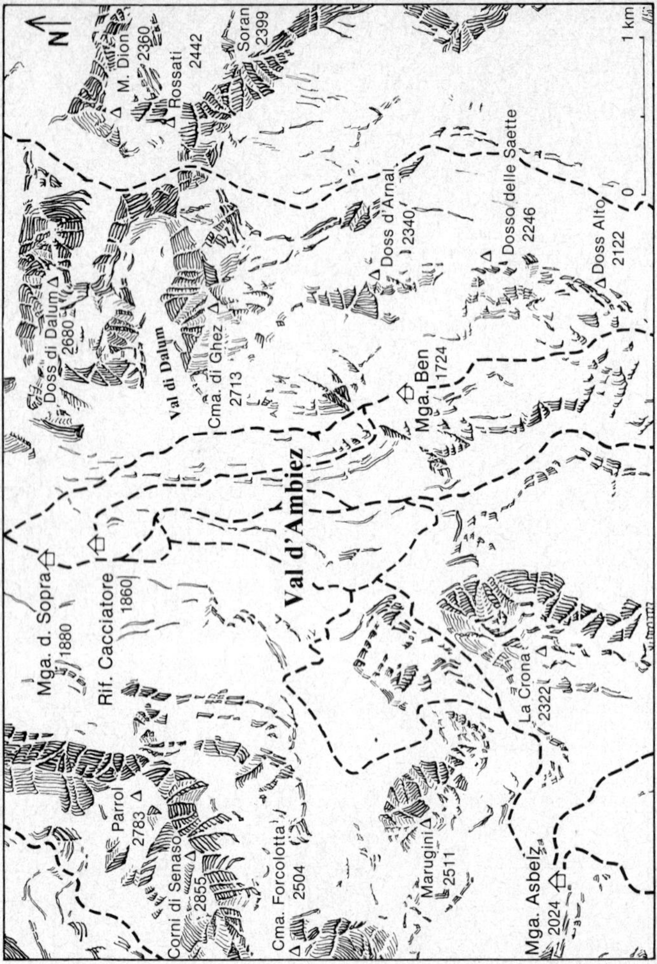
N
Doss di Dalum
2680
M. Dion
2360
Rossati
2442
Soran
2399
Val di Dalum
Cma. di Ghez
2713
Doss d'Arnal
2340
Dosso delle Saette
2246
Doss Alto
2122
Mga. Ben
1724
Val d'Ambiez
Mga. d. Sopra
1880
Rif. Cacciatore
1860
Parrol
2783
Corni di Senaso
2855
Cma. Forcolotta
2504
Marugini
2511
La Crona
2322
Mga. Asbelz
2024
0
1 km

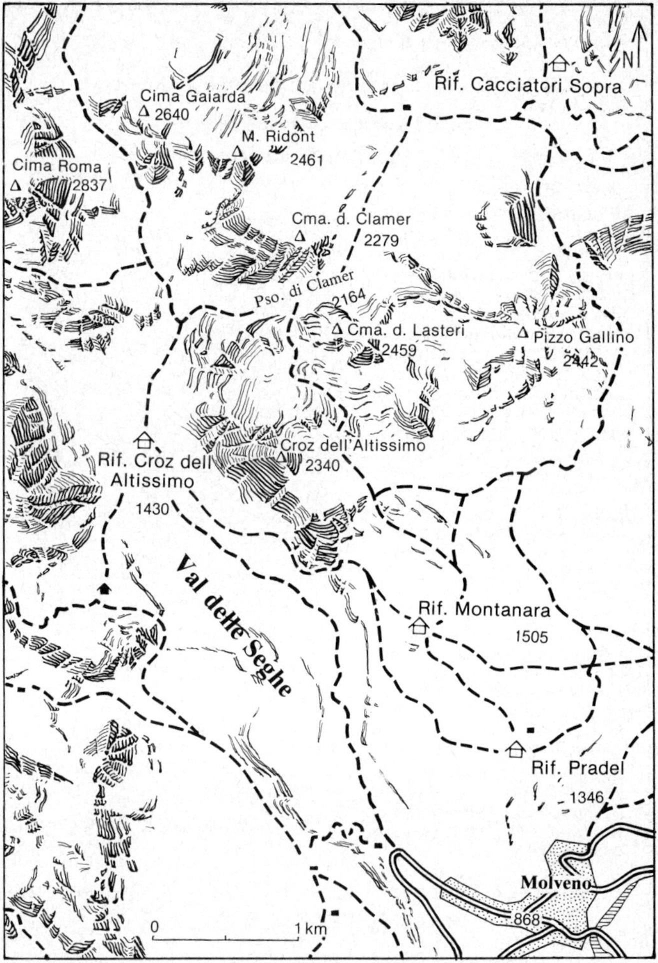
N
Rif. Cacciatori Sopra
Cima Gaiarda
2640
M. Ridont
2461
Cima Roma
2837
Cma. d. Clamer
2279
Pso. di Clamer
2164
Cma. d. Lasteri
2459
Pizzo Gallino
2442
Croz dell'Altissimo
2340
Rif. Croz dell Altissimo
1430
Val delle Seghe
Rif. Montanara
1505
Rif. Pradel
1346
Molveno
868
0
1 km

I. Zentraler Teil

1. Zentraler Teil — Südliche Gipfel

● 100 Crozzon di Brenta, 3135 m

Mächtiger, trotz seiner Masse jedoch eleganter Felsriese, der durch einen zerrissenen Grat mit der Cima Tosa verbunden ist und mit einer 800—900 m hohen, fast senkrechten Wand ins mittlere Val Brenta abbricht. Die wichtigsten Anstiege führen durch die NO-Wand von der einmaligen Eisrinne — auch Tosarinne genannt — bis zur berühmten Himmelsleiter, der N-Kante. Aber auch auf seiner W- und SW-Seite gibt es lohnende Wege, die teils erst sehr spät ihre Erschließer fanden. Der Crozzon di Brenta dürfte als der „alpinste Berg" der ganzen Gruppe gelten, da auch der Normalweg über die Cima Tosa hohes alpines Orientierungsvermögen erfordert. Die erste Ersteigung von der Cima Tosa aus erfolgte nach vielen fehlgeschlagenen Versuchen am 8. 8. 1884 durch K. Schulz mit dem Bergführer M. Nicolussi. Seit einigen Jahrzehnten befindet sich auf dem Gipfel die kleine Biwakschachtel „Bivacco Ettore Castiglioni" (für 4 Personen).

● 101 Normalweg, Südgrat (Übergang von der Cima Tosa)

II, I. Zahlreiche Steinmänner. Nicht immer leicht zu finden. Von der Cima Tosa 1—2 Std. Abb. S. 93.

Der Zugang vom Gipfel der Cima Tosa auf den Crozzon di Brenta sollte nur von Alpinisten unternommen werden, die einen ausgeprägten Orientierungssinn haben und in der Lage sind, im sogenannten „leichten" Gelände auf ein Seil zu verzichten. Die Cima Tosa allerdings ist als Aussichtsberg dieses Massivs unübertrefflich; darum ist nur Gebietskennern oder Alpinisten, die ohne Beschreibung zum Crozzon di Brenta finden können, der Normalweg zu empfehlen. Zu beachten ist folgende Faustregel für den Übergang: Wenn nicht direkt über den Grat abgestiegen wird, hält man sich fast immer auf der SW-Seite des Grates auf Bändern und folgt den zahlreichen Steinmännern.

● 101 A Übergang zur Cima Tosa

II, I. 1 bis 2 Std. auf die Cima Tosa; bis zur Pedrottihütte 2—3 Std.

Von der Biwakschachtel nach S zu Abseilhaken, in die Scharte, (auch Abklettern möglich, II) und am gegenüberliegenden Gipfel Steigspuren und Bändern folgen nach rechts (westw.) und über Grat auf den Mittelgipfel (Cima di Mezzo). Weiter absteigen in den Einschnitt zwischen Mittelgipfel und S-Gipfel, leicht rechtshaltend, direkt empor auf den S-Gipfel. Man gelangt in einen anderen Einschnitt und steigt rechts (westw.) etwa 50 m ab, bis man über eine anscheinend schwierige, etwa 4 m hohe Wandstelle wieder auf den Grat gelangt. Nun meist auf der W-Seite auf Bändern queren (keinesfalls absteigen!), bis man zum Einschnitt nördl. der Cima Tosa gelangt. Über einen kurzen Firngrat auf deren Gipfel. Im Herbst empfiehlt es sich, Grödel mitzuführen, falls mit Kletterpatschen gegangen wird. Ein Ausrutschen die Tosarinne hinab ist tödlich.

Sollte man erst 2 Std. vor Eintritt der Dunkelheit den Gipfel erreichen, ist es besser, in der Biwakschachtel zu übernachten.

● 102 Ostwand

G. und R. Graffer, A. Miotto, 1933. **IV.** Der Anstieg läuft durch die O-Wand unmittelbar über der Tosa-Eisrinne. Im Frühsommer naß. Wandhöhe 550 m. 5 Std. E.

Zugang: Von der Brenteihütte über den Martinazziweg ins Val Brenta, dann wie bei R 90 und R 103 zum Beginn der Tosa-Eisrinne. Nach der ersten Querspalte gelangt man rechts auf die Felsen zum E. 2 Std.

Route: Durch einen Kamin, so weit es möglich ist; danach linkshaltend zu gelbem Dach. Weiter links und durch eine Verschneidung. In der Folge rechtshaltend bis unter gelbe Felsen, unter denen man gut 1 SL nach rechts quert. Über leichte Felsen auf ein Band. Weiter in Richtung eines Wasserfalls bis 10 m unterhalb des Punktes, wo das Wasser in eine kleine Mulde schlägt. Rechtshaltend bis in Nische und gerade hoch bis auf die Höhe des Wasserfalls (schwierigste SL). Rechtsquerend gelangt man in die Ausstiegsrinne, durch die man den 1. Gipfel des Crozzon erreicht.

● 103 Ostwand, Livanosroute

R. Lepage, G. Livanos, R. Romanetti, 6.—7. 8. 1965. **VI—** (eine Stelle), sonst V und IV. Elegante, lohnende Freikletterei. Im oberen Teil manchmal schwierige Orientierung. Wenige Wiederholungen. Im allgemeinen guter Fels. Mitnahme von einigen H und KK empfehlenswert. Wandhöhe 750 m. 7 Std. Abb. S. 85.

Übersicht: Die Livanosroute verläuft durch die senkrechte graue Wand links der beiden markanten Wasserstreifen, die die NO-Wand begrenzen. Im unteren Teil ist eine weniger steile Verschneidung richtungsgebend.

Zugang: Wie bei R 90 bis dort, wo man den Weg zur N-Kante verläßt,

über Steig und Steigspuren; weiter die Tosa-Eisrinne hinauf bis in Falllinie der markanten Verschneidung. 1 Std. E.
Route: Zunächst etwa 120 m gerade hoch (III, IV—). Nach weiteren 2 SL (IV, V) gelangt man zu der nunmehr überhängenden Verschneidung Quergang nach links auf die Kante, der man folgt (IV+). Weiter bis an den Fuß der grauen kompakten Wand, 3—4 SL rechtshaltend bis an den Fuß einer nach rechts geöffneten Verschneidung, die erklettert wird (IV+). Weiter linkshaltend und über steile Platten im Zickzack, bis man auf ein breites Band gelangt (V, V+, VI—). Links durch eine Verschneidung bis auf ein 30 m höher gelegenes Band (III), unter der überhängenden Schlußwand. Auf dem Band etwa 120 m nach rechts bis unter eine breite schwarze Rinne. Links am Überhang vorbei (IV und V), um in die Rinne zu gelangen. Weiter durch einen Kamin (III, IV), bis man auf die leichten, gestuften Gipfelfelsen stößt.

● 104 Nordostwand, „Via delle Guide"
B. Detassis, E. Giordani, 2. 8. 1935. **V+**, V und IV und leichter. Sehr oft begangen, guter Fels, elegante Kletterei an immer steilem Fels mit idealer Linienführung. Nach Regentag einen Schönwettertag abwarten; im schwierigen Teil Varianten möglich. H vorhanden. Wandhöhe 800 m. 6—8 Std. Abb. S. 85.

Übersicht: Die NO-Wand wird durch zwei, schon von der Brenteihütte gut sichtbare Wasserstreifen durchzogen. Der rechte ist richtungsweisend. Im unteren Teil wird in der Fallinie des Streifens geklettert. Die Hauptschwierigkeiten konzentrieren sich auf den mittleren Wandteil.
Zugang: Von der Brenteihütte wie bei R 90 weiter bis zum Fuß der Tosa-Eisrinne auf Steig und Spuren. Die Rinne empor, nach 100 m gelangt man zu einer Markierung, die den E, 30 m links der Preußführe, kennzeichnet. 1¼ Std. E.
Route: Durch einen Riß (V) und über die anschließende Platte. Weiter etwa 200 m durch ein Verschneidungssystem (II und IV). Links wird die Verschneidung verlassen, und nach 1 SL gelangt man auf das erste große Band, das die ganze Wand durchzieht. 1 SL auf Pfeilerkopf (V—). In der Folge durchsteigt man einen Kamin und gelangt auf das zweite Band (2 SL, IV). Bei einer Art Felsschuppe wird ein Riß linkshaltend erklettert. 2 SL über kompakten, festen Fels bis auf ein Geröllband, etwa 15 m unterhalb eines großen Daches (Achtung: rechts sind Verhauerhaken!). Es folgt die Schlüsselstelle: 5 m gerade hoch, 4 m auf Leiste nach rechts und linkshaltend über schwarze Wand bis unmittelbar unter das Dach am Beginn der Verschneidung (V+). 40 m gerade hoch durch die Verschneidung, dann leicht linkshaltend, bis man zu

einer Terrasse gelangt. Hier nehmen die Schwierigkeiten erheblich ab. Nach gut 1 SL gelangt man zu einer Nische aus rötlichem Gestein. Es folgt ein oft nasser, senkrechter Aufschwung, der links an der schwächsten Stelle (IV) überwunden wird; dann gerade weiter, bis man zu den leichten Gipfelfelsen und nach 160 m zum Gipfel gelangt.

● 105 Nordostwand, Preußroute

P. Preuß, P. Relly, 1. 8. 1911. **IV+** und IV, oft leichter. Großartige Kletterei an allgemein gutem Fels, die die schwächsten Stellen der ganzen NO-Wand ausnutzt und direkt zum Gipfel aussteigt. Wandhöhe 800 m. Wenige H notwendig. 5—6 Std. Abb. S. 85.

Übersicht: Die breite NO-Wand wird im mittleren und oberen Teil durch zwei markante Bänder durchzogen. Die Route verläuft im unteren Teil rechts der Detassisroute, hält sich nach 350 m rechts auf Bändern und Wandstufen. Man gelangt unter eine schwarze Wand, der rechts ausgewichen wird. So erreicht man das obere Band, auf dem 3—4 SL nach links gequert wird.
Hinweis: Falls die Ausstiegsschlucht vereist ist, kann man weiter nach links queren, um über die Steinkötter- oder Detassisroute auszusteigen (Ausstieg IV).

Zugang: Wie bei der „Via delle Guide“, R 104, zum Wandfuß. 1 SL rechts davon E durch den rechten Kamin. 1¼ Std.

Route: Im Kamin (IV) empor und weiter in den linken Kamin. Linkshaltend durch Riß- und Kaminspuren bis zu Geröllplatz. Durch einen weiteren Kamin (der zweite von links) und linkshaltend zu feinem Riß; 3 m an ihm hinauf, dann nach rechts queren. Weiter durch Kamin und Rampe bis auf eine Terrasse. Unter eine steile Wand quert man nach rechts auf einen Geröllplatz (meist Schneereste). Etwa 50 m weiter rechts queren und gerade hoch bis unter die schwarze, glatte Wand (hier stößt die Castiglioni-Einstiegsvariante auf die Originalroute).

Crozzon di Brenta von Nordosten

R 103 Ostwand, Livanosroute
R 104 Nordostwand, Via delle Guide
R 105 Nordostwand, Preußroute
R 105 a Nordostwand, Castiglionivariante
R 105 b Ausstiegsvariante zur Preußroute
R 106 Nordostwand, Andreotti / Dorigatti / Steinkötter-Route
R 107 Nordostwandpfeiler, New Line
R 108 Nordostwandpfeiler, Franzosenpfeiler
R 110 Nordkante

110
105 b
105
104
106
103
107
105 a
108
105
106
104
103
108
105
106
105 a

Rechtshaltend, bis es möglich ist, über kompakten Fels mit kleinen Überhängen anzusteigen. Man klettert in Richtung eines schwach zu erkennenden Kamins, der ganz durchstiegen wird), (2 H, IV+) bis man auf die leichten Felsen des oberen Bandes gelangt. Darauf gute 100 m nach links bis zu Wasserrinne. Weiter 15 m nach links queren; rechtshaltend gelangt man nun in eine tiefeingeschnittene Rinne, die sich nach oben verbreitert. Wo die Rinne sich wieder zu einem Kamin verengt, quert man links auf einem Band an die Schluchtkante und um diese herum. Leicht linkshaltend gelangt man auf gestuftem, leichtem Fels zum Gipfel.

● **105 a Nordostwand, Castiglionivariante**

E. Castiglioni, S. Conci, 30. 7. 1929. **IV+**, sonst IV und leichter. Die Castiglionivariante stößt bei idealer Linienführung in der Wandmitte auf die Preußführe. Ein dunkler, aber in schöner Kletterei zu überwindender Kamin ermöglicht den Durchstieg. Nach Regentag zu meiden! Mitnahme von H und KK wird empfohlen. Abb. 85 und 89.

Zugang: Von der Brenteihütte wie bei R 104 unter die Wand des Crozzon. Bei einem auffallenden Schneekegel E.

Route: Vom höchsten Punkt des Kegels zunächst an glattem, festem Fels 4 SL gerade empor. Weiter nach rechts eine steile hellgraue Rampe bis an den Beginn des Kamins hinauf, der in seiner ganzen Länge (gute Standplätze) durchstiegen wird. Man gelangt so auf die Felsterrassen, ab denen man auf der Preußführe, R 105, weitersteigt.

● **105 b Ausstiegsvariante zur Preußroute**

IV und III.

Anstatt auf dem oberen Band nach links zu queren, ist es möglich, über plattigen Fels und Kaminreihe nach rechts auf den N-Grat zu gelangen. (Bei Wettersturz zu empfehlen.)

● **106 Nordostwand, Andreotti / Dorigatti / Steinkötter-Route**

A. Andreotti, A. Dorigatti, H. Steinkötter, 10. 8. 1972. **V+** (eine Stelle), V und V—, sonst leichter. Zusammen mit der Via delle Guide und dem Franzosenpfeiler wohl eine der schönsten Freikletterrouten der ganzen Gruppe. Der obere Wandgürtel ist oft naß, aber trotzdem gut kletterbar. Mitnahme von Schlingen und Klemmkeilen wird empfohlen. Erstbegeher 4 H. Wandhöhe 850 m. 6—7 Std. Abb. S. 85.

Übersicht: Beim Anblick der NO-Wand fällt ein gewaltiger Pfeilervorbau zwischen dem Preußeinstieg und der Castiglionivariante auf. In seiner Fortsetzung erkennt man eine gut 150 m hohe Verschneidung, die bei der großen Links-Rechts-Querung der Preußführe beginnt. Über den Pfeiler und die linke Verschneidungswand verläuft der Anstieg. Im oberen Teil immer gerade hoch, teils über nassen Fels beim letzten Aufschwung.

Zugang: Wie bei der Castiglionivariante zum Schneekegel; dann einige Meter links des tiefsten Pfeilerpunktes zum E.

Route: Quergang auf Leiste nach links (IV—) auf eine steile Rampe bis zu Felsloch, schon vom E aus sichtbar. Rechts wird eine steilere Rampe zu Stand unter Wandl erklettert. Nach dessen Überwindung (IV), links in einer Verschneidung bis zu kleiner Terrasse. An etwas brüchigem Fels ein paar Meter nach links in einem kleinen Kamin hoch zu Stand an Köpfl. Rechts weiter über Wand mit guten Griffen (IV—) zu gutem Stand auf Grasplatz. Nach 35 m gelangt man auf einen großen Felskopf, über dem die Wand wieder steiler wird. Durch einen Riß, weiter etwas rechtshaltend und wieder nach links auf Band (IV). Rechtshaltend einen Kamin hinauf, 20 m in eine Nische (H). Gerade hoch und durch feinen Riß links des Kamins (IV+). Weiter über Wandstufen mit Stand unter Überhang. Rechts davon durch Rinne ohne Schwierigkeit bis auf ein großes Band (Steinmann) am Fuß einer senkrechten Rißverschneidung. Die Verschneidung wird vollkommen frei erklettert; weiter gerade hoch zu Stand unter einem Dach (V). Einige Meter nach links, weiter über Überhang (IV—) bis in eine durch Aufschwünge unterbrochene Verschneidung. 2 SL die Verschneidung hoch bis an den Fuß der großen Verschneidung. Hier wird bei dem Schneefleck die Preußführe gekreuzt. Links der Verschneidung wird zunächst ein grauer Vorbau erklettert. Wo dieser an die Verschneidungskante anlehnt, steigt man an einer Sanduhr hoch, über der nach rechts gequert wird (V—), um in eine Nische zu gelangen. Linkshaltend wird eine 6-m-Verschneidung erklettert. Weiter gerade hoch zu gutem Stand (IV+) 10 m unterhalb eines Überhanges. Der Überhang wird frei erklettert (V—). Von einem Band aus quert man nach rechts und steigt dann wieder nach links an. So wird der letzte Teil der Verschneidungskante überwunden. (Nicht von H rechts im Verschneidungsgrund ablenken lassen, Verhauer!) Gerade hoch zum ersten ZH der Führe (V+), links queren und wieder gerade hoch, sehr ausgesetzt, zu kleinem Stand (20 m, ↗SL). 20 m einen Riß hoch (IV+), dann fallender Quergang nach rechts, um wieder gerade anzusteigen (SH unter Überhang). Rechts über graue Platte und Wasserstreifen empor (IV). Leicht rechtshaltend gelangt man in eine kleine Nische unmittelbar rechts eines weiteren Wasserstreifens (Steinmann). Links der Nische über nassen Fels (2 H, V) zu Stand in einer trockenen Nische (H). Nach einer leichteren SL (III) und einer zweiten, weniger nassen SL (IV), gelangt man auf die leichten Gipfelfelsen.

● **107** **Nordostwandpfeiler, „New Line“**
A. Montanelli, S. Pesenti, G. A. Tiraboschi, 22.—23. 7. 1980. **V+** (einige Stellen), sonst V und IV. Die Route verläuft links des berühmten „Franzosenpfeilers“, R 108, und im untern Teil rechts der Castiglionivariante. Sie bietet Ausweichmöglichkeiten oberhalb der Wandmitte, hält sich aber auf der linken Begrenzung des Pfeilers. Durchgehend freie Kletterei, allerdings neben dem „Franzosenpfeiler“ von untergeordneter Bedeutung. Weitere Angaben fehlen. Abb. S. 85.

● **108** **Nordostwandpfeiler, „Franzosenpfeiler“, Steinkötter-Einstieg**
J. Fréhel, D. Leprince-Ringuet, 4. 8. 1965. H. und V. Steinkötter für den direkten Einstieg im Juli 1965. **VI—** (zwei Stellen), sonst V+, V und IV, oft leichter. Ein Prachtstück an Eleganz schwieriger Freikletterei. Zusammen mit dem Direkten Einstieg (die Erstbegeher nahmen die Castiglionivariante als Einstieg) eine der schönsten Extremtouren der Brenta. Einige H, KK und Schlingen notwendig. Wandhöhe 850 m 6—8 Std. Abb. S. 85 und 89.

Übersicht: Beim Anblick des Pfeilers von der Brenteihütte aus fällt in dessen Fallinie ein 50 m hoher schiffsburgförmiger Vorsprung am Wandfuß auf. Rechts davon befindet sich der E.
Zugang: Wie bei R 89, dann auf Steiglein links über einen Geröllrücken empor; etwa 120 m links von zwei riesigen Blöcken zum E.
Route: Rechts des gelben Vorsprungs rechtshaltend, nach 35 m zu Stand. Wieder nach links, über kurzes Wandl (H, IV) zu Stand auf Absatz. Auf einen höher gelegenen Absatz an den Fuß einer Verschneidung. Durch den feinen Riß (H) linkshaltend unter einem kleinen Dach vorbei (V—) und in leichter Rechtsschleife auf gestuften Fels. Nach

Crozzon di Brenta vom Weg zur Brenteihütte (links Tosarinne)

R 105 a Nordostwand, Castiglionivariante
R 108 Nordostwandpfeiler, Franzosenpfeiler, Steinkötter-Einstieg
R 109 Nordnordostverschneidung, Asteverschneidung
R 110 Nordkante

Cima Tosa

R 142 Tosarinne (Neririnne)

110
108
109
105a
42
109
110
108
Martinazzi-
weg

reichlich 50 m gelangt man auf ein großes Felsband und direkt unter den mächtigen Pfeiler. Man quert nun auf leichten Felsen nach rechts Richtung NO-Verschneidung, und bei einer Rinne erklettert man grauschwarzen Fels, der direkt unter eine gelbe, senkrechte Wand leitet. Stand auf schmalem Band rechts einer nach rechts gebogenen Verschneidung (IV+). Einige Meter nach rechts und über senkrechte Wand 30 m hoch zu Stand an Schild, rechts unterhalb eines Daches (einige H, KK, VI—). Jetzt *nicht* links an den H hinauf, sondern frei 5 m gerade hoch zu verstecktem HK und Quergang nach links zu Stand (V, 15 m). Gerade hoch bis unter schwarzgelben Überhang, der rechts (VI—, 2 H) überwunden wird; weiter nach links zu Stand auf Band (30 m). Nun leicht bis in eine Nische am linken Ende eines Bandes, danach ausgesetzter Quergang auf Leiste nach links (H) zu Stand unter senkrechter Plattenverschneidung. An ihr 35 m hinauf (V) und wieder leicht rechtshaltend in Riß (IV, II), bis man an dessen Ende zu gutem Stand gelangt. Etwas rechts über senkrechte Wand (IV+, V+, H) und nach einer weiteren SL (V, V+, 2 H) bis zu gutem Stand auf Band. Linkshaltend in eine senkrechte Verschneidung (IV) und leichter linkshaltend zu Stand auf Pfeilerkante. Jetzt nicht gerade hinauf, sondern rechtshaltend hinter gelben Felskopf und weiter 2 SL leicht ansteigend queren, gute Standplätze (IV, IV+). Man gelangt so in einen nach links hochziehenden Rißkamin. Darin hoch zu Stand auf Band. Wieder auf der Pfeilerkante 2 SL empor (III). Direkt an der N-Kante empor, über die man zum Gipfel gelangt.

• 109 Nordnordostverschneidung, Asteverschneidung

A. Aste, M. Navasa, 25.—27. 8. 1959. **VI—, A 2,** A 1, V, IV und leichter. Einer der schönsten Brentaanstiege an durchwegs gutem Gestein mit ausgezeichneten Standplätzen, auch in der eigentlichen Verschneidung; häufig begangen. Heute: 25 H, einige KK und Schlingen. Wandhöhe 850 m. 6—8 Std. Abb. S. 89.

Übersicht: Am Wandfuß der NO-Wand fallen zwei große Felsblöcke auf, gleich rechts davon ist der E. Im unteren Teil ist ein 70 m hoher Kamin richtungsweisend, der von rechts durch eine Querung erreicht wird. Der mittlere Teil ist leicht und bietet links und schräg rechts empor Ausweichmöglichkeiten zur N-Kante. In der Verschneidung, in die man nach Überwindung eines Daches gelangt, ist die Kletterei frei und haktentechnisch. Die Verschneidung wird ganz oben rechts verlassen.

Zugang: Wie bei R 89, dann nach links Geröllrücken empor zu den beiden Blöcken.

Route: Rechts der Blöcke in schöner Freikletterei an schwarzgrauem Fels über Absätze und Terrassen leicht rechtshaltend 180 m (IV und V) hinauf. Man befindet sich so 50 m rechts auf Höhe des Kamins am Beginn einer glatten Platte. Über die Platte nach links ohne H (VI—), danach am besten einen H für den Seilzweiten und weiter 30 m nach links queren zu gutem Stand. Im Kamin oder etwas rechts davon 1—2 SL hoch (IV+, V—). Weiter linkshaltend in die Terrassenzone. Nun 4—5 SL über Stufen (am Ende IV) bis zu gutem Stand unterhalb eines durch einen Riß gespaltenen Daches. Direkt über das Dach (HK und H, A 2, VI—) und anschließend über eine senkrechte Wand (V) bis zu gutem Stand auf Band. Leicht rechtshaltend über rotgrauen Fels 35 m gerade hoch (V), bis man in eine Verschneidung gelangt. 4 SL durch die Verschneidung (IV, V+, A 1 und A 2). Dann 3—4 SL in gut kletterbaren Rinnen und Kaminen bis zu einem Dach, das die Verschneidung abschließt. Darunter rechts hinaus auf die N-Kante queren, auf der man den Gipfel erreicht (II und III).

● 110 Nordkante

F. Schneider, A. Schulze, 20. 7. 1905. **IV+** (eine Stelle), sonst IV—, oft leichter. Eine der großen klassischen Brentatouren, die Orientierungsvermögen und Ausdauer verlangt; alpine Tour, die den „Nur-Kletterer" wohl weniger befriedigt. Im Frühsommer kann die Schlüsselstelle, die Kaminseillänge, vereist sein. Mitnahme einiger Schlingen empfehlenswert. Kantenhöhe 900 m. 4—6 Std. Abb. S. 89.

Übersicht: Schon vom Weg vom Rif. Casinei zur Brenteihütte besticht die fast 1000 m hohe N-Kante, die in mehreren Aufschwüngen das Landschaftsbild beherrscht. Die Route verläuft fast immer an der Kante oder etwas rechts davon. Die Schlüsselstelle ist ein Kamin am Beginn des oberen Kantendrittels.

Zugang: Von der Brenteihütte wie bei R 89 auf dem Martinazzisteig direkt an den Kantenfuß, 3/4 Std. Die Erstbegeher benutzten einen Kamin an der W-Seite der Kante. Heute wird der E fast nur noch links der Kante gewählt.

Route: Einige Meter links der Kante über Stufen in graue Verschneidung und rechtshaltend durch Riß auf die Kante (III und IV). Den Trittspuren folgend mehr oder weniger rechts der eigentlichen Kante auf die zweite Terrasse. Darauf nach links Spuren folgen zur Kante und durch einen Kamin (der erste rechts der Kante), der oben verlassen wird (IV—). Über Felsstufen etwas rechts der Kante bis an den Fuß einer großen überhängenden Felsmauer. Rechts der Kante durch eine Rinne bis in Nische (III+), weiter über Wandstufe (IV+, H), bis an den Beginn des großen Kamins. Im Kamin anstrengend hoch, zuerst im Grund, dann am besten rechts. Nach 2 SL (IV und III) gelangt man auf eine Geröllterrasse. Die nun folgenden Aufschwünge werden entweder direkt oder etwas links bzw. rechts der Kante überwunden (II und III).

● 111 Westwand, Direktroute

R. Lepage, G. Livanos, M. Vaucher, 26.—27. 7. 1961. **VI—, A 2,** V, IV und leichter. Interessante freie und hakentechnische Kletterei durch die 500 m, mit Vorbau 700 m, hohe W-Wand. Von einer Besteigung dieser Wand ist abzuraten, wenn auf dem Crozzon noch Schnee liegt, oft bis Ende Juli, wodurch die W-Wand dann sehr naß ist. Hakensortiment, KK und Schlingen notwendig, wenige Wiederholungen. Wandhöhe 500 m. 6—9 Std. Abb. S. 93.

Übersicht: Die W-Wand bricht mit einer Gesamthöhe von 700 m in das Hochtal unterhalb der Vedretta dei Camosci ab. Durch den oberen Teil zwischen zwei gelben Wandausbrüchen zieht die Route.

Zugang: Wie bei R 89, dann um die N-Kante herum, dem Weg folgend, bis es möglich ist, zuerst über ein Schneefeld, dann über leichtere Felsen (Kamin) auf das große Band zu gelangen. Links eines enormen Schuttkegels befindet sich der E bei einem nach rechts hochleitenden Kamin. 2 Std. E. Anmerkung: Um einen Gesamtüberblick zu gewinnen, empfiehlt es sich, beim Zugang zunächst unter die gegenüberliegenden Fracingliwände zu gehen.

Route: Durch den Kamin nach rechts bis zu großer Terrasse (III, eine Stelle V). Ohne Schwierigkeit auf eine folgende Terrasse und linkshaltend auf ein Band am Fuß eines an die Wand angelehnten Turms (III bis V). Rechts des Turms wird eine kleine Wand überwunden (IV+). Man erklettert den Turm. Schwieriger Übergang auf die Wand und Querung nach links (VI—, 5 H). Man gelangt so in eine Verschneidung. Darin hoch (A 1, V, 5 H) und nach rechts hinaus. Einen Riß hinauf bis unter ein gelbes Dach (IV, 1 H). Quergang nach rechts (V, 1 H)

Crozzon di Brenta, Westwand

R 101 Normalweg, Südgrat (Übergang von der Cima Tosa)
R 111 Westwand, Direktroute
R 112 Westwand, Via Antonio Giudicati
R 113 Westwand, Castiglioni / Detassis-Route
R 113 a Westwand, Armani / Giuliano-Route
R 114 Westwand, Giudicati / Lorenzin-Route

101
114
113
112
111
114
113
113a

und gerade hoch an senkrechter Wand (IV+, V—, 2 H). So erreicht man eine in der Wand isolierte Terrasse unter einer rötlichen Verschneidung. 10 m rechts des Verschneidungsgrundes erklettert man eine 10—12 m hohe, senkrechte Wand und gelangt durch einen Linksquergang wieder in die Verschneidungsmitte (A 1, A 2, IV, 11 H). Die Verschneidung 2 SL hinauf bis auf ein breites Band (A 1, A 2, V mit A 2, VI, 32 H). Auf dem Band Quergang nach links, durch einen Rißkamin (IV, V) auf das Gipfelplateau; auf leichten Felsen zum Gipfel.

● 112 Westwand, „Via Antonio Giudicati"

G. Giudicati und Gef., 10. 7. 1982. **V** und IV. Schöne Freikletterei im mittleren, noch wenig erschlossenen W-Wand-Teil. Wenige H. KK und Schlingen erforderlich. Wandhöhe 450 m. 4—5 Std. Abb. S. 93.

Übersicht: Die Route hält sich rechts des großen Geröllkegels am Fuß des oberen Teils der W-Wand, quert nach 150 m auf einem Band nach rechts. Ein langer Kamin und die Schlußwand sind weiter richtungsweisend.

Zugang: Wie bei R 111 auf das große Band mit Schuttkegel, 2 Std. zum E in Fallinie des Einschnittes zwischen Crozzon-Haupt- und S-Gipfel, einige Meter rechts des höchsten Punktes des Geröllkegels.

Route: In herrlicher Kletterei überwindet man Platten und hält sich in Richtung einer Kaminverschneidung, die sich unterhalb eines großen, an die Wand angelehnten Turmes befindet. So gelangt man auf einen kleinen Sattel und auf den Turm (H). Die Wand oberhalb des Turmes (schwierigste Stelle, V) wird bis zu einem Band erklettert. Auf dem Band 50 m nach rechts (Steinmann). Über einen Überhang (H) und durch eine Rinne in einen großen Kessel. Von hier über leichte Felsen zum S-Gipfel.

● 113 Westwand, Castiglioni / Detassis-Route

E. Castiglioni, B. Detassis, 2. 8. 1933. **V** (eine Stelle), sonst IV und leichter. Klassische, großzügige Freikletterei an gutem Fels; empfehlenswert, wenn auch wenig wiederholt. Kleines Hakensortiment, KK und Schlingen. Wandhöhe 500 m. 4 Std. Abb. S. 93.

Übersicht: Die Route verläuft durch den mittleren rechten Teil der W-Wand, durch die einige Wasserstreifen verlaufen. Sie sollte erst ab August begangen werden.

Zugang: Wie bei R 111 an den Wandfuß am oberen Ende des Schneefeldes. Durch eine Rinne, dann rechts über trockenen Fels und danach in Linksquerung auf schmalem Band auf Felsstufen gelangt man auf

die große Schutterrasse (mit dem großen Geröllkegel); gleicher Zugang wie für R 111 und R 112.
Route: Rechterhand ist ein etwa 150 m hoher Riß in schwarzer Wand zu erkennen. Der Riß wird in seiner ganzen Länge durchstiegen (IV, IV+). Weiter durch einen nassen Kamin, der zu einer Geröllterrasse führt. Rechtshaltend über weniger steilen Fels bis unter einen schwarzen Wasserstreifen. Vom Band am Fuß des Streifens 20 m nach rechts und 60 m gerade hoch an ausgezeichnetem Fels; oben hält man sich leicht rechts bis zu einem Absatz. Links davon wird ein gelber Überhang erklettert, wonach wieder in ausgesetzter Kletterei zunächst 30 m gerade hinauf gestiegen wird. Danach hält man sich links und quert auf die andere Seite des schwarzen Streifens unterhalb eines Überhangs. Links des Streifens weiter durch eine Rinne bis unter eine gebogene Wand. Sie wird in der Mitte erklettert (Überhang, V). Weiter in Richtung auf ein Band, das nach rechts leitet, wo man einen kleinen Überhang erklettert. Anschließend über kleine Wandstufen und Geröll auf den S-Gipfel des Crozzon.

● 113 a Westwand, Armani / Giuliano-Route

V und IV. In der Nähe der Castiglioni / Detassis-Route, R 113, eröffneten am 6. August 1933, also 4 Tage nach Erstbegehung der W-Wand-Route durch Detassis und Castiglioni, M. Armani und G. Giuliano eine weitere Führe, die im unteren Teil rechts der Detassisroute verläuft und oben direkt zum Gipfel leitet (ohne Rechtsschleife). Abb. S. 93.

● 114 Westwand, Giudicati / Lorenzin-Route

G. Giudicati, F. Lorenzin, 18. 9. 1982. **V+** (eine Stelle), sonst V und IV. Schöne Freikletterei an gutem Fels, wenige H. KK und Schlingen nötig. Wandhöhe 550 m. 5 Std. Abb. S. 93.

Übersicht: Von der Vedretta dei Camosci aus kann man den ganzen Wegverlauf ausmachen. Rechts der großen Schutterrasse fußt die zerrissene rechte Wandhälfte auf Schneefeldern. Wo ein Pfeiler tief hinabreicht, etwa 50 m rechts der Detassisroute, R 112, ist der E bei einem Kamin (Steinmann).
Zugang: Wie bei R 89 bis unter die Wand.
Route: Durch den Kamin, (V, V+) hinauf bis auf ein Band. Rechts durch einen Riß, (V, IV+) und auf Kante gelangt man auf den höchsten Punkt des Pfeilers (Steinmänner, IV+). Von hier aus erkennt man rechterhand Dächer, unter denen der Fels senkrecht und überhängend ist. Man steigt gerade hoch bis der Fels gelb wird, danach 15 m Quer-

gang nach links bis zu gutem Stand (IV+, V+, 1 H, 1 Schlinge). In Wandkletterei bis zu Geröllterrasse (II, IV). Von hier hat man einen ausgezeichneten Blick auf die Schlußwand. Gerade hinauf bis zu einer Verschneidung (1 H), zwischen zwei markanten Kanten (IV, V); von der Verschneidung steigt man senkrecht hoch (IV—V), bis man zu den leichten Gipfelfelsen gelangt. Man stößt so auf den Normalweg, R 101, dem man entweder nach rechts zum Tosagipfel oder nach links zum Crozzongipfel folgt.

● 120 Cima Tosa, 3173 m

Die Cima Tosa ist der höchste Berg der ganzen Brentagruppe. Sie ist nicht nur als ausgesprochener Kletterberg bekannt, sondern bietet auch dem Bergsteiger, der den II. Schwierigkeitsgrad beherrscht, eine der lohnendsten Aussichten auf die ganze Brenta; deshalb ist sie wohl der am meisten bestiegene Berg der ganzen Gruppe. Schon der Zugang zum E des Normalwegs ist ein Erlebnis für sich. Früher Aufbruch ist vor allem wegen des Brentanebels ratsam. Beim Abstieg oder Aufstieg ist ein kurzer Abstecher zur Tosa-N-Schulter mit Blick auf den Campanile Basso recht lohnend.

● 121 Normalweg

G. Loss und Gef., 20. 7. 1865. **II,** oft I und leichter. Die Erstbesteiger, insgesamt 7, kamen aus dem Ambieztal, erreichten über die Forcolotta di Noghera die Pozza di Tramontana und fanden den Einstiegskamin, der heute noch der Schlüssel der Besteigung ist. Schöne Bergtour, häufig begangen. Für den E Steinschlaghelm ratsam, ebenso ist die Mitnahme eines Seils empfehlenswert. 2 Std. Abb. S. 97.

Zugang: Von der Pedrottihütte über bez. Weg 304 (s. auch R 91) über das Firnfeld zu einer, von zwei Kaminen durchzogenen, etwa 50 m hohen Wand mit einer Mulde oberhalb. Der E ist ebenfalls von der Agostinihütte aus über den Brentari-Klettersteig zu erreichen; jeweils 1½ Std.

Route: Über Stufen und Bänder unter den linken der beiden Kamine, der nur schwach ausgeprägt ist (I). Von rechts in den griffigen Kamin, nach 15 m zu SH (II). Der Kamin wird rechts, zuerst querend, dann leicht ansteigend, hinter einem Felskopf vorbei verlassen, weiter nach

Cima Tosa, Schlüsselseillänge des Normalwegs
R 121 Normalweg
R 121 A Abstieg

121A
121

15 m rechts auf ein breites Band. (Ab hier kann man auf das Seil verzichten). Nun immer linkshaltend über Absätze und Bänder, Steinmännern folgend, gelangt man, nach leichter Rechtsschleife, in die obere Mulde. Von hier teils über Schneefelder auf das Gipfelplateau — rechts Abzweigung zur Tosaschulter. Leicht links über das Gipfelschneefeld und den scharfen Firngrat (Achtung!) zum höchsten Punkt.

● 121 A Abstieg

III— (eine Passage), meist leichter. Abseilmöglichkeit. 1½ Std. Abb. S. 97.

Vom Gipfelgrat in nordöstl. Richtung auf das Firnhochplateau in eine Mulde (Spuren, Steinmänner), über Felsstufen, zuerst gerade, später rechts und wieder links halten bis in die tiefste Mulde oberhalb eines 30 m hohen Abbruches. Auf letztem Band nach rechts (S), leicht abklettern bis hinter einen Felskopf. Hinter dem Felskopf entweder nach rechts in den Aufstiegskamin (abklettern oder 20 m abseilen), oder beim Felskopf 5—6 m hinunter zu senkrechter Wandstelle, rechts des anderen nassen Kamins. Über die Wandstelle abklettern (III—, abgespeckt) und auf die Bänder und Stufen am Wandfuß. Auch über diese Wandstelle (20 m) kann abgeseilt werden. Weiter hinab auf den Hüttenweg, nach O zur Pedrottihütte, nach S über den Brentari-Klettersteig zur Agostinihütte.

● 122 Normalweg von Süden, „Via Migotti"

A. Migotti, 9. 8. 1886. **I.** Im allgemeinen guter Fels in der gestuften S-Wand. Die Route beginnt in der Bocca d'Ambiez, hält sich auf der südöstl. Wand, die auf die Vedretta d'Ambiez abbricht. 250 m. 2 Std. Abb. S. 115 und 338.

Zugang: Von der Agostinihütte auf Weg 358 auf die Vedretta d'Ambiez und nach links (Markierung) bis in die Bocca d'Ambiez. E.

Route: Aus der Scharte hält man sich zuerst leicht links, Richtung Vedretta dei Camosci, und klettert über Wandstufen und in kleinen Rinnen bis auf die erste Gratschulter, Steinmann. Ein Stück folgt man dem Grat, bis ein Übergang auf die SO-Seite möglich wird. Man hält sich in der Folge in Richtung auf eine Steilrinne (manchmal Eis!). Deshalb wird die Rinne rechts leicht umgangen. Über gestuften Fels auf das Gipfelschneefeld und über den Grat zum Gipfel.

Cima Tosa Südrinne und Torrione Gottstein

R 123 Südrinne
R 124 Torrione Gottstein
R 125 Südpfeiler

123
125
124

● 123 Südrinne

M. Perghem und Haindl im Abstieg, 1911. G. Graffer und Gef. im Aufstieg, 1932.

Bis 50° steile Eis- und Schneerinne am hintersten Ende der Vedretta d'Ambiez. Zu empfehlen nur im Frühsommer mit Eisausrüstung, dann auch im Abstieg günstig. Steinschlag möglich. 250 m. 1 Std. Abb. S. 99.

Zugang und Route: Von der Agostinihütte bis zum obersten Ende der Vedretta d'Ambiez. Die Rinne gerade empor und oben nach links zum Gipfel.

● 124 Torrione Gottstein

Der Torrione Gottstein ist ein schlanker, graugelber, etwa 300 m hoher Felsturm, der durch einen schmalen Grat mit dem SSO-Grat der Cima Tosa verbunden ist. Seine senkrechte Kante wird links durch eine Schlucht und rechts, östl., durch eine Reihe von Kaminen begrenzt. Von einem direkten Anstieg über die Kante ist nichts bekannt.

Zwei Routen: B. Detassis, Fox, Costazza, August 1937 und Bosetti, Alberti, Baldessari, 15. 8. 1975, verlaufen durch die östl. Kantenwand oder den ersten Kamin. Außerdem existiert eine Route von G. Armani, M. Comper, P. Morelli vom 5. 8. 1968. Alle drei Routen, die beiden letzten mit vermutlich gleichem Verlauf, **V** und VI—, leiten oft über brüchigen, splittrigen, manchmal nassen Fels. Neben allen anderen Routen im Ambiezkessel von untergeordneter Bedeutung. Abb. S. 99.

● 125 Südpfeiler

F. Azzolari, U. Ranzi, 13.8.1963. **IV,** manchmal leichter. Als S-Pfeiler wird der am höchsten im Ambiezkessel gelegene Pfeiler angesprochen. Im allgemeinen guter Fels. Pfeilerhöhe 300 m. 3—4 Std. 10 H. Abb. S. 99.

Zugang: Von der Agostinihütte wie bei R 123 an den Pfeilerfuß. E an der tiefsten Stelle, einige Meter links eines markanten Wasserstreifens, 1 Std.

Cima Tosa, Ostwandpfeiler mit Normalweg und Weg 358, Agostini- / Pedrottihütte

R 121 Normalweg
R 126 Ostpfeiler
R 127 Ostwand, Mittlerer Pfeiler
R 128 Großer Ostwandpfeiler
R 129 Ostwand, Rechter Pfeiler „Maestri"
R 130 Ostwand

Weg 358
121
126
128
127
126
129
128
130
Weg 358

Route: Durch eine auffallende Verschneidung und auf ein Band, weiter durch einen Riß bis zu kleinem Band. 5 m nach rechts und 40 m durch eine Verschneidung bis in Nische, über der sich ein kleines Dach befindet. Rechts davon in der Verschneidung empor bis in einen Kamin. Weiter in Wandkletterei und einer weiteren Verschneidung 50 m, leicht rechtshaltend. Im etwas nassen Kamin hält man sich links, nach 30 m verläßt man ihn durch ausgesetzten Quergang nach links. Links eines Risses bis zu einem Einschnitt. Über ein Band, leichte Felsstufen und ein anschließendes Schneefeld zum Gipfel.

● **126** **Ostpfeiler**

M. Demetz, F. Glück, U. Cameron, H. Jackson, 13.8.1933. **VI—**, sonst V und leichter. Anstrengende Kamin- und Rißkletterei, kaum wiederholt. Einige H, KK und Schlingen. Pfeilerhöhe 300 m. 4 Std. Abb. S. 101.

Zugang: Von der Pedrottihütte auf Weg 304 zum Schneefeld unterhalb der Cima Margherita. Links erblickt man drei markante Pfeiler; über den Pfeiler ganz links verläuft die Demetzroute. Nach links zum Beginn des auffallenden Risses an der Kante.

Route: Zunächst auf den Vorbau links des Pfeilerfußes. Von links nach rechts an den Beginn des markanten Risses, der ganz durchstiegen wird (VI—). Nach Erreichen eines Bandes wechselt man nach rechts auf die andere Kantenwand, die bei abnehmenden Schwierigkeiten teils links, direkt auf der Kante oder rechts davon erklettert wird.

● **127** **Ostwand, Mittlerer Pfeiler**

P. Graffer, S. Ruffo, August 1939. **VI—**, V und leichter. Schwierige, interessante Freikletterei mit einigen Hakenstellen. Wandhöhe 300 m, 4—5 Std. Abb. S. 101.

Übersicht: Vom Zugang zum Normalweg auf die Cima Tosa (R 121), von der Pedrottihütte kommend, erblickt man auf Höhe der Brenta-Bassa-S-Wand einen mächtigen 300 m hohen kompakten Pfeiler, an den links zwei schmälere Pfeiler bzw. Kanten angrenzen. Über den mittleren Pfeiler verläuft die Grafferroute, durch den kompakten Pfeiler rechts die Detassisroute, R 128, und auf dem linken die Demetzroute, R 126.

Zugang: Von der Pedrottihütte auf Weg 304 bis auf das Schneefeld direkt unterhalb des Pfeilers. 3/4 Std.

Route: E bei einer Kaminreihe, die zwischen den Pfeilern herabzieht. Links der Rinne durch eine Verschneidung, über einen Überhang (H, VI—, A1) bis in eine Nische. Weiter 40 m durch die Verschneidung; danach hält man sich rechts und klettert die folgende Verschneidung 80 m hinauf. Danach durch einen Kamin und nach rechts auf die Kante. Auf der Kante bis auf ein Band. An überhängendem Riß in der rötlichen Wand eines Felsturms (VI, H) und weiter über die folgenden Überhänge. Weiter 3 m nach rechts auf einem Band und durch eine Verschneidung. Leicht rechtshaltend gelangt man auf eine Geröllterrasse rechts der Kante. Über graue Wand bis in gelbe Nische und nach einer weiteren SL auf die O-Schulter. Südw. auf das Gipfelplateau.

● 128 Großer Ostwandpfeiler

B. Detassis, G. Graffer, 13.8.1937. **VI,** V+; selten leichter. Sehr interessante und anhaltend schwierige Wandkletterei an immer festem, kompakten Fels. Einige kurze H und KK sowie Schlingen empfehlenswert. Wandhöhe 300 m, 5—7 Std. Abb. S. 101.

Zugang: Wie bei R 127 auf das Schneefeld unter dem Pfeilerfuß bei einem Vorbau. 3/4 Std.

Route: Zunächst auf den gestuften Vorbau bis auf ein breites Band. Vom Band rechtshaltend auf einen Absatz zu Stand. Zunächst an feinem Riß empor zu Stand in Nische (VI, H). Ein paar Schritte rechts der Nische und gerade hoch über kompakten Fels bis auf ein Band. Vom Band hält man sich links bis zu einer grauen Wand. Von links nach rechts. Quergang wieder nach links und wieder gerade hoch zu schmalem Band (V+). Links wird ein Überhang erklettert (V+), weiter an kompaktem grauen Fels (IV) und durch eine Verschneidung. (V) auf das nächste Band. 20 m oberhalb des Bandes gelangt man zu schmalen Bändern, 20 m rechts einer Rinne. Vom oberen der schmalen Bänder steigt man 20 m gerade hoch, quert 5 m nach links bis zu einem kleinen Absatz. Nun hält man sich rechts, 30 m bis zu einem Band auf der Kante. (Man befindet sich jetzt genau oberhalb des gelben Wandausbruches). Weiter durch eine brüchige 5-m-Verschneidung (V+), die man rechts verläßt, um in eine seichte Rinne zu gelangen. Nach 2 SL direkt hoch zum Ausstieg. Weiter über die Hochfläche zum Normalweg bzw. zum Abstieg.

● 129 Ostwand, Rechter Pfeiler „Maestri"

C. Maestri, allein, 31.7.1975. **IV.** Ausgezeichneter Fels. Keine H vorhanden. Einige H und Schlingen empfehlenswert. Pfeilerhöhe 300 m. Abb. S. 101.

Übersicht: Die Route verläuft auf der schmalen Wand rechts der Pfeilerkante.

Zugang: Wie bei R 128 auf das Schneefeld unter dem Pfeiler. Der E befindet sich zwischen einer gelben Wand linkerhand und einer Wasserrinne rechts.
Route: Die graue Wand zwischen der gelben Wand und der Wasserrinne empor, sich an die Kante haltend nach gut 2 SL bis zu kleinem Turm. Rechts aufsteigen und einen zweiten Turm erklettern. Von ihm hinab auf großen Block, über den man zur Wand des Pfeilers gelangt. Zuerst gerade hoch, dann schräg links haltend. Man gelangt so zu einer Nische. Bei ihr nach rechts und mehr oder weniger gerade hinauf zum Ausstieg und damit zur Hochfläche. Weiter zum Normalweg.

● 130 Ostwand

G. Garbari, N. Pooli, 26.8.1895. **II,** manchmal leichter. Die Route verläuft durch die stark gegliederte Wand zwischen rechtem O-Wand-Pfeiler und O-Grat. Neben dem landschaftlich wesentlich interessanteren O-Grat von untergeordneter Bedeutung. Abb. S. 101.

● 131 Ostgrat

Gebr. Schulze im Abstieg, 30.9.1901, G. Jahn, O. Laubheimer, J. Ostler im Aufstieg, 12.8.1903. **II,** manchmal leichter. 300 m, 2—3 Std. Abb. S. 105.

Zugang: Von der Pedrottihütte wie bei R 128 auf das Schneefeld unterhalb der Cima-Margherita-SO-Wand und Cima-Tosa-O-Wand, 1 Std. Man erreicht ein Felsband links der Cima Margherita; dort, wo der Schnee am höchsten hinaufreicht, E.
Route: Man hält sich zunächst nordw. (Crozzon). Auf ein Band, auf dem man einen Kamin zwischen dem ersten und zweiten Gendarm des Grates erreicht. Den Kamin hinauf zu einer kleinen Terrasse und auf die O-Seite des zweiten Turmes. Durch einen überhängenden Kamin gelangt man auf den Grat. Weiter auf dem Grat bis zu einem Aufschwung, vor dem man nach rechts quert. In der Folge wird ein langer, flacher Kamin erklettert, um wieder auf den Grat zu gelangen. Auf

Cima Tosa, Nordostwand mit Tosarinne und Punta Antonio Detassis

R 131 Ostgrat
R 132 Merzbacherrinne
R 133 Punta Antonio Detassis
R 135 Nordkante
R 136 Dritter Ostgratpfeiler, Nordwand
R 137 Nordostwand, Via Fratelli Detassis
R 138 Nordostwand, Barbierroute
R 139 Nordostwand, Direktroute
R 140 Nordostwand, Piazroute
R 141 Torre Gilberti, Livanosroute
R 142 Tosarinne (Neririnne)
R 150 Pilastro Endrizzi, Direttissima Via del Cinquantenario

131
139
150
139
141
3
138
140
137
150
136
142
138
141
139
137
140
132

dem Grat weiter bis zu einem großen, überhängenden Felsturm. Links weiter auf einem Band; in leichter Kletterei umgeht man den unteren Teil des Turmes und erreicht so eine Schluchtrinne. Nach Überqueren der Rinne zu einer Scharte; weiter durch eine Schneerinne. Danach hält man sich wieder etwas rechts, um zuerst über den Hauptgrat, dann auf Firn zur Schulter P. 3112, zu gelangen. In nordwestl. Richtung zum Gipfel bzw. Abstieg.

● 132 **Merzbacherrinne**

G. Merzbacher, B. Nicolussi, 27.7.1885. Die Merzbacherrinne ist eine 400 m hohe Schneerinne mittlerer Steilheit (40—45°) neben der Cima-Margherita-N-Wand und unmittelbar unterhalb der NO-Wand der Cima Tosa. Als Zugang für einige Routen an der NO-Wand der Cima Tosa wichtig. Steinschlag möglich, im Herbst zu meiden. Abb. S. 105.

● 133 Punta Antonio Detassis

Der erste markante Gratturm, den man schon gut von der Brenteihütte erkennen kann. Über die NO-Wand und N-Kante führen zwei interessante Routen, die erst relativ spät eröffnet wurden. Abb. S. 105.

● 134 **Nordostwand**

G. Giudicati, F. Lorenzin, 4.9.1982. **VI—** (Stellen), V und leichter. Interessante Route, allgemein guter Fels. Nach Regentagen meiden. Einige H, KK und Schlingen. Wandhöhe 280 m. 4 Std. Abb. S. 129.

Zugang: Von der Brenteihütte auf dem Weg zur Pedrottihütte, wo man über eine Geröllreiße angenehm zum Wandfuß der Cima Margherita gelangt. Rechts ansteigen zur Merzbacherrinne, R 132, durch sie oder links von ihr über einen etwas brüchigen Felsrücken empor (I, III). Man erreicht so nach 300 m ein Schuttband am Wandfuß, auf dem man 80 m nach links quert. E bei einem Kamin. 2 Std.
Route: Durch den Kamin 40 m empor (1 H, VI—) bis zu einem Felsblock. Nach weiteren 2 SL durch die Kaminverschneidung (IV, IV+) bis auf ein Band. Weiter über die Wand (und nicht durch die Verschneidung rechts) bis zu einem Band (1 H, V—). Leicht rechtshaltend zu Riß, (2 SL, IV, V—). Über Platten und eine Verschneidung einige Meter hinauf, Quergang 3 m nach rechts (1 H); weiter durch die Verschneidung mit Überhang und über eine Platte auf den Gipfel.
Abstieg: Einmal nach O abseilen, weiter auf dem O-Grat in die Scharte zwischen Cima Margherita und Kantenfuß. Auf Schneefeld hinab zum Weg zur Pedrottihütte. 1½ Std. zur Hütte.

● 135 Nordkante

E. Alimonta, C. Detassis, 12.9.1973. **VI** (eine Stelle), V, IV und leichter. Klassische Freikletterei an relativ gutem Fels. Hakensortiment, KK, Schlingen erforderlich. Kantenhöhe 290 m, 5—6 Std. Abb. S. 105 und 129.

Zugang: Wie bei R 134 zum E 20 m rechts eines markanten Pfeilers an der Kante. 2 Std.

Route: Durch den Riß (1 H) und durch den anschließenden Kamin bis zu Absatz mit Steinblöcken. Weiter durch einen anderen Riß (1 H) bis dahin, wo er überhängt. Quergang 6 m nach rechts und durch eine kurze nasse Verschneidung bis in einen Kamin zu Stand (H). Durch den Kamin und auf leichterem Fels zu Absatz (H). 3 m gerade hoch, dann rechtshaltend in Nische. 2 m nach rechts auf die Kante; direkt über sie bis zu Absatz (2 SH). 5 m gerade hoch, 3 m nach links (2 H), dann gerade 15 m empor bis auf Band.

Weiter durch eine graue Verschneidung und einem Riß. Rechtshaltend gelangt man an den Fuß einer anderen Verschneidung; in ihr hinauf bis in kleine Scharte. Von hier direkt auf die Spitze.

Abstieg: S. R 134.

● 136 Dritter Ostgratpfeiler, Nordwand

G. Stenghel, D. Zenatti. 22.6.1982. **VI,** V+, selten leichter. Extremer Anstieg in absoluter Freikletterei, Hakenschlagen manchmal kritisch. Nur bei sehr guter Vorbereitung zu wiederholen. Hakensortiment, KK und Schlingen erforderlich. 400 m. Etwa 5 Std. Abb. S. 105 und 129.

Zugang: Wie bei R 135 die Merzbacherrinne hoch, nach rechts auf Platten unter auffallende Verschneidung, durch die der Anstieg verläuft. 2 Std.

Route: Nach Überwindung der Platten etwas leichter etwa 4 SL bis direkt an den Fuß der Verschneidung zu Stand an Sanduhr. Hier Beginn der Schwierigkeiten. 45 m spreizend die Verschneidung empor und hinauf bis zu einem Absatz mit H. Vom Stand bis zu gelbem Schild rechtshaltend durch Kamin, der von dem Schild gebildet wird, bis man unter einen gelben, brüchigen Überhang gelangt. Unter ihm der einzige (unsichere) ZH. Über den Überhang in freier Kletterei hinweg ohne Möglichkeit, sichere H zu schlagen. Schwierigste Stelle. Linkshaltend weiter durch die Verschneidung mit Stand auf einer Leiste mit Köpfl, Sanduhr und sicherem H, 50 m. (Stand empfehlenswert direkt unter dem brüchigen Überhang; besser mit Zwischenstand nach dem Überhang.) Vom Standplatz 6 m hoch bis unter ein Dach, links auf grauen Fels (meist naß, VI) durch überhängende Verschneidung bis zu Stand (roter H). Weiter spreizend über Schild empor bis in einen Kamin, nach rechts unter die Kante und weniger schwierig in schöner Kletterei nach 2 SL auf den Pfeilergipfel. Weiter leicht auf die Hochfläche und zum Normalweg auf die Cima Tosa.

● 137 Nordostwand, „Via Fratelli Detassis"
Bruno, Catullo und Giordano Detassis, 12. 9. 1962.
V, IV, selten leichter. Großartige Freikletterei, guter Fels zeichnet diese Route aus; meist erst im Spätsommer zu klettern. Einige H, KK und Schlingen. Wandhöhe 700 m. 6—7 Std. Abb. S. 105.

Übersicht: Die Route verläuft links eines ins Kar herabziehenden Wandvorsprungs. Zunächst geradliniger Verlauf bis zu großen, gelben Wandausbrüchen. Danach hält man sich links, um oberhalb einer schwarzen Wand wieder nach rechts zu queren. Dann gerade hoch auf die Schulter-Hochfläche.

Zugang: Von der Brenteihütte zuerst auf dem Weg Richtung Pedrottihütte, dann in das Schuttkar unterhalb der Cima-Margherita-N-Wand und an den Fuß der Merzbacherrinne zum E bei einem Kamin. Etwa 1 Std.

Route: Durch den Kamin auf eine Terrasse, und durch den folgenden Kamin auf ein Band. 5 m nach links und über einen brüchigen Überhang (1 H). Nach wenigen Metern wird der Fels besser; man klettert bis zu einer Terrasse mit Block (25 m) und gelangt unter eine große Verschneidung. Durch diese Verschneidung nach einem H überwindet man einen Überhang auf der rechten Seite. Weiter durch einen Riß und an leichten Felsen bis zum Ende der Verschneidung auf eine Terrasse. Weiter durch einen schwarzen Riß zu einem Stand. Ein paar Meter nach links weiter gerade empor zu breitem Band. Man hält sich wieder etwas nach links und kommt durch eine Kaminreihe bis unter eine schwarze Wand, die aussieht, als ob sie von einem schwarzen Dach geschlossen wäre. Über die Wand bis ein paar Meter unterhalb einer nassen Nische, dann hält man sich links und gelangt zu einem Band. Darauf bis zu einem Pfeiler (3 H). Hier nun 35 m gerade hoch bis in eine gelbe Nische (Steinmann) und nach weiteren 20 m auf ein Band. Über leichtere Felsen klettert man um einen Pfeiler herum und gelangt auf das große Terrassenband in eine Felshöhle. Auf dem Terrassenband bis in einen Kamin. 50 m darin empor bis zu einem Block. Der Block wird rechts überwunden. Weiter senkrecht hoch auf eine Terrasse. Nach etwa 60 m erreicht man den Grat; nun leicht auf die Tosaschulter.

● 138 Nordostwand, Barbierroute

C. Barbier, J. Bourgeois, 30.8.1965. **V** (Stellen), IV+, IV und III. Großgartige Freikletterei; logische Linienführung und Ausgesetztheit im oberen Teil zeichnen diese Route aus. Ratsam ist die Begehung erst im Spätsommer (nasser Kamin). 700 m. 6—7 Std. Abb. S. 105.

Zugang: Von der Brenteihütte folgt man zunächst dem Weg zur Pedrottihütte. Vor der Cima Margherita hinab ins Kar unterhalb der Cima-Tosa-NO-Wand und über Schneereste bis zu einem markanten Kamin, bei dem der Schnee am höchsten an die Wand heranreicht. 1 Std.

Route: Durch den nach links hochziehenden Kamin, der sich bald zu einer Rinne erweitert, aufwärts bis auf ein Band auf dem Vorbau. Nach Überwindung einer kurzen, gutgriffigen Wand (V—) übersteigt man die Geröllterrasse und klettert entlang des markanten schwarzen Wasserstreifens (III) bis auf ein breites Band. Die folgenden SL sind die ✓SL. Durch eine Verschneidung auf ein Band (IV). Auf dem Band 15 m nach rechts und gerade hoch auf ein schmales Band (IV). Weiter zu einer überhängenden Zone, die rechts überwunden wird, und nach einigen Metern zu Stand auf bequemem Band (IV+). Linkshaltend zu einem Band auf der Kante (IV—) und durch eine Verschneidung nach 15 m zu gutem Stand (III). Durch die anschließende Verschneidung empor auf die Pfeilerkante (35 m, IV+, III). Etwas rechts der Kante 20 m hoch (V—) auf bequemes Band. Leicht rechtshaltend empor (IV+), 2 m nach links über einen Überhang (V—) und über weniger steile Felsen zu Stand (40 m, V—, dann II und III). Nach einer weiteren leichteren SL auf den Grat (II) und auf die Gipfelhochfläche.
Anmerkung: Im mittleren Wandteil erkennt man links der Barbierroute eine etwa 150 m hohe Verschneidung. Durch diese verläuft eine Variante, die sich im unteren Teil knapp links an die Originalroute hält und oben bei der gelben Wand wieder in diese mündet.

● 139 Nordostwand, Direktroute

E. Castiglioni, B. Detassis, 4.8.1933. **V** und IV. Interessante, abwechslungsreiche Freikletterei mit idealer Linienführung. Erst im Spätsommer ratsam, da der Ausstiegskamin oft naß ist. Wandhöhe 750 m. 6—8 Std. Abb. S. 105.

Übersicht: Die Route verläuft in der Fallinie der O-Kante des Torre Gilberti, vgl. R 141, und mündet hinter diesem Turm durch den rechten zweier Kamine auf die Tosa-Hochfläche.

Zugang: Wie bei R 138 zum höchsten Punkt des Schneefeldes zum E unter einer zuerst gerade, dann leicht nach rechts hochziehenden Kaminreihe.

Route: Durch den Kamin mit Abschlußüberhang. Nach etwa 1 SL hält man sich etwas rechts und gelangt auf ein Band. Über einen Überhang, bis man in eine Rinne gelangt, die sich erweitert. Einige SL folgt man Rißreihen bis zu einem Band. Man steigt weiter durch eine tiefeingeschnittene Rinne, die links von einem auffallenden Türmchen begrenzt wird. Durch die Rinne und durch den Riß neben dem Türmchen gelangt man in ein Felsloch. Durch das Felsloch hindurch und auf den Turm. Weiter durch einen schiefen Riß, dann auf die Kante nach links und über eine steile, glatte Wand links zu einem Kamin. Durch den Kamin und durch ausgewaschene Rinnen zu einem Absatz unter überhängenden Wänden. Rechts sieht man einen Turm; zwischen Turm und Wand um eine überhängende Kante herum und durch einen Riß gleich links der Kante empor. Weiter an steilen Platten bis unter die gelbe NO-Wand des Torre Gilberti, wo man auf den Anstieg R 140 stößt. Links diagonal etwa 60 m durch Schnee bzw. eine Geröllrinne, dann rechts durch eine 100 m lange Rinne zwischen Torre Gilberti und Cima Tosa bis zu einer Gabelung. Weiter im rechten Ast, bis man in die Scharte zwischen Torre Gilberti und Cima Tosa gelangt. Aus der Scharte erklettert man den rechten von zwei Kaminen. Nach 100 m — eine Engstelle — durch den Kamin auf die Tosaschulter.

● 140 Nordostwand, Piazroute

G.B. Piaz, M. Michelson, 28.7.1911. **V—** (Stellen), IV. Steinschlaggefährdeter Anstieg, von dessen Begehung abzuraten ist. Die Route sucht im allgemeinen die schwächsten Stellen durch die NO-Wand (vergleichbar der Preußroute am Crozzon di Brenta). Dadurch leidet aber stark die Linienführung. Im obersten Teil sind je nach Jahreszeit sogar Steigeisen notwendig. Orientierungstour. 750 m. 6—8 Std. Abb. S. 105.

● 141 Torre Gilberti, Livanosroute

R. Lepage, G. Livanos, M. Vaucher, 1.—2.8.1962. **V+ / A2,** oft IV und leichter. Die Besteigung über die NO-Wand wäre schon im Juli möglich, allerdings wegen des Ausstiegskamins über die Detassisroute, R 139, ist von einer Begehung vor Mitte August abzuraten. Der ganze Routenverlauf ist von der Brenteihütte aus einzusehen. Mitnahme von Hakensortiment, KK und Schlingen wichtig. Wandhöhe (mit Ausstiegskamin) 750 m, 8—10 Std. Abb. S. 105.

Übersicht: Der Torre Gilberti ist ein mächtiger, nach fast allen Seiten

steil abbrechender, etwa 300 m hoher Felsturm, der nur durch einen schmalen Grat mit dem Massiv verbunden ist. Seine Besteigung ist von R 139 oder R 140 leicht möglich.
Zugang: Wie bei R 90 zum Fuß der Tosa-Eisrinne, die überschritten wird. Man erkennt ein großes, dunkles Felsdreieck, das auf ein Felsband stößt. Der E befindet sich bei einem Kamin links des Dreiecks, den man von rechts über ein Band erreicht. 1 Std.

Route: Durch den Kamin 2 SL rechts (IV+ und leichter). Linkshaltend und dann gerade weiter bis auf Terrasse. Wieder rechtshaltend 1 SL; links 2 SL in Kaminen empor, die an einer Art gelbem Turm vorbei bis auf das erste Schneefeld führen. Darauf Richtung Felsgürtel; darunter nach rechts queren bis in einen Kamin. Durch den Kamin bis auf die Felsstufen unterhalb der überhängenden Wand des Torre Gilberti. Zuerst links, dann rechts auf Stufen empor, bis man auf eine große Terrasse unterhalb der Dächer des Torre Gilberti gelangt. Rechts durch Kammin, Quergang nach rechts bis zu einem vom Turm gelösten Block (IV). Weiter rechtshaltend bis zur Kante des Turmes (IV und V). Über eine Wand zu einer kleinen, weißen Verschneidung. Durch die Verschneidung und über das Dach, weiter über senkrechte Wand bis dahin, wo die Wand zum zweiten Mal steiler wird (A2, VI—, IV+, 7 H). Gerade weiter, unter dem Dach nach links; über gelbe Wand rechtshaltend und durch einige teils überhängende Risse empor zu einer kleinen Nische (A2, 23 H, 2 HK). Über graue Wand (IV, 2 H) und durch Kamin bis zu einer Terrasse. Weiter durch eine Verschneidung, die man nach links verläßt (IV und V, 3 H), bis auf die Kante des Turmes. Weiter durch einen Riß bis auf eine zweite Schulter (40 m, IV und V, 3 H). Zunächst gerade, später linkshaltend, über Überhang. Dann wieder links und schließlich rechtshaltend leicht auf den Gipfel des Torre Gilberti. Auf Felsgrat in die Scharte, wo man auf den Detassis-Anstieg R 139 stößt; weiter wie dort (V und leichter) auf die Tosa-Schulter.

● **142 Tosarinne (oder Neririnne)**

V. Neri allein, 21.7.1929. **Eisrinne** mittlerer Schwierigkeit, **30—50°.** Die 900 m hohe Eisrinne zwischen dem Crozzon di Brenta und den Tosawänden, die direkt zum Gipfel leitet, ist einmalig in den ganzen Dolomiten. Obwohl fast jeder Brentakletterer in erster Linie Felstouren unternehmen wird, ist diese Rinne, wenn sie im Frühsommmer bei guten Verhältnissen begangen wird, ein großes Erlebnis. Im allgemeinen weist sie keine objektiven Gefahren auf und ist mit einer normalen, klassischen Eisausrüstung begehbar. Früher Aufbruch ratsam. 3—5 Std. Abb. S. 89 und 105.

Zugang: Von der Brenteihütte, wie bei R 90, dann weiter unter der NO-Wand querend zum Fuß der Rinne, 1 Std.
Route: Die zunächst steile Rinne gerade empor. Den ersten Bergschrund links oder rechts umgehen. Danach meistens Blankeis. Jetzt entweder gerade hoch oder links bis unter die N-Wand der Cima Tosa auf einen Schneegrat, um am Ende wieder nach rechts in die Rinne zu queren. Noch etwa 50 m an Blankeis empor und gerade, bei zunehmender Steilheit, direkt zum Gipfel.

Die Westseite der Cima Tosa

Während die Cima Tosa an den NO-Wänden häufigen Besuch von Kletterern erfährt — die Wandhöhe und die relative Hüttennähe sprechen wohl dafür — wurden und werden die SW- bzw. die W-Wand sehr wenig besucht. Dies ganz zu Unrecht, denn alle Routen mit Ausnahme des Anstieges R 145 sind schon alle relativ früh im Jahr, meist schon im Juli möglich. Ausgezeichneter Fels zeichnet sie aus.

● 143 Westwand
M. Armani, E. Gasperini, 13.9.1936. **IV**, selten leichter. Wandhöhe 350 m. 4 Std. Abb. S. 113.

Übersicht: Die W- bzw. SW-Wand bricht mit einer 300 bis 350 m hohen, oft senkrechten Wand auf die obere Vedretta dei Camosci ab. Die Route verläuft durch deren linken Teil.
Zugang: Von der Brenteihütte auf dem Martinazzisteig zum Kantenfuß der N-Kante des Crozzon di Brenta. Auf dem Weg um die Kante herum, unter den Wänden des Crozzon entlang, bis man auf die obere Vedretta dei Camosci gelangt. Eine Vorbauwand wird von rechts über ein Geröllband umgangen. Auf dem Band bis zu seinem äußersten linken Ende, E. 2 Std. von der Brenteihütte.
Route: Vom Bandende zunächst an einem Pfeiler mit leichten Felsen empor. Wo dieser in die senkrechte Wand übergeht, quert man einige Meter nach rechts. Man erklettert einen zunächst engen, schwierigen Riß, der in einen Kamin übergeht (naß). Der ganze Kamin wird durchstiegen. So gelangt man auf die gestuften Felsen des Gipfelaufbaus.

Cima Tosa (Südwestwand) von der Vedretta dei Camosci

R 143 Westwand
R 144 Südwestpfeiler, Gadottipfeiler
R 145 Südwestwand, Lorenzin / Steinkötter-Route
R 148 Westnordwestkante, Zwei-Spitzen-Pfeiler
R 149 Torre Mara

Bocca
d'Ambiez
143
143
144
145
148
149
12-Apostel-
Hütte
Martinazzi-
weg

Über das Gipfelschneefeld zum Gipfel. Den Gipfelfirn am besten rechtshaltend umgehen und dann direkt auf dem Gipfelgrat zum höchsten Punkt.

● 144 Südwestpfeiler, Gadottipfeiler

F. Gadotti, G. Hoffer, 7.9.1975. **VI** (1 Stelle) V+, V, manchmal leichter. Ausgesprochene Freikletterei ohne ZH, jedoch Zwischensicherungen möglich. Ausgezeichneter Fels, sehr lohnend. Wandhöhe 350 m, 5—6 Std. Abb. S. 113 und 115.

Übersicht: Von der Vedretta dei Camosci fallen zwei Wasserstreifen in der SW-Wand auf. Die Route verläuft links des linken Wasserfalls und hält sich im oberen Teil stark links davon.
Zugang: Wie bei R 143 auf das Geröllband zum E, einige Meter links des linken Wasserstreifens. 2 Std. von der Brenteihütte.
Route: Zunächst leicht linkshaltend an schwarzem Fels empor, 5 m nach rechts queren und durch Riß (40 m, IV+). Weiter 15 m gerade hoch (V), dann hält man sich rechts bis unter einen gelben Überhang (40 m, V, III+). Rechts des Überhangs an schwarzen Felsen empor und oberhalb des Daches Quergang nach links. In der Folge leicht nach links ansteigen (40 m, V+, V). 4 m nach links; nach 10 m wird ein Überhang überwunden, danach ein zweiter, bis man auf ein Band gelangt (40 m, V+); auf diesem 5 m nach rechts (Steinmann). In einem Riß 40 m empor (V). Weiter 1 SL durch den Riß mit Überhang (V+). Links wird ein weiterer Überhang überklettert, dann in den Schlußkamin. Wo dieser sich schließt, wird er links verlassen (40 m, VI). Über Wandstellen und kleine Verschneidungen (40 m, IV) gerade weiter, leicht linkshaltend zu leichten Gipfelfelsen, über die der Gipfel erreicht wird.

● 145 Südwestwand, Lorenzin / Steinkötter-Route

F. Lorenzin, H. Steinkötter, 4.9.1982. **VI** (1 SL), V, leichter. Empfehlenswerte Route, phantastische Ausblicke. Mit Ausnahme einer Stelle der Einstiegs-SL immer hervorragender

Cima Tosa, Südwand, von der Bocca dei Camosci

R 122 Normalweg von Süden, Via Migotti
R 144 Südwestpfeiler, Gadottipfeiler
R 145 Südwestwand, Lorenzin / Steinkötter-Route
R 146 Südwestwand, Asteroute, Via Brescia
R 147 Südsüdwestwand

147
122
147
Bocca d'Ambiez
12-Apostel-Hütte
144
145
146

Fels und gute Standmöglichkeiten. 5 H, einige Schlingen und KK. Wandhöhe 320 m. 5 Std. Abb. S. 113 und 115.

Übersicht: Die Route leitet im unteren Teil zwischen den beiden Wasserstreifen empor, hält sich im mittleren und oberen Teil rechts davon und führt zuletzt durch den im Spätsommer meist trockenen Ausstiegskamin, der sich zwischen den beiden Wasserstreifen, bzw. Wasserfällen befindet.
Zugang: Wie bei R 143 auf das Geröllband. E etwa 40 m unterhalb eines auffallenden Daches. 2 Std. von der Brenteihütte.
Route: s. Skizze S. 116.

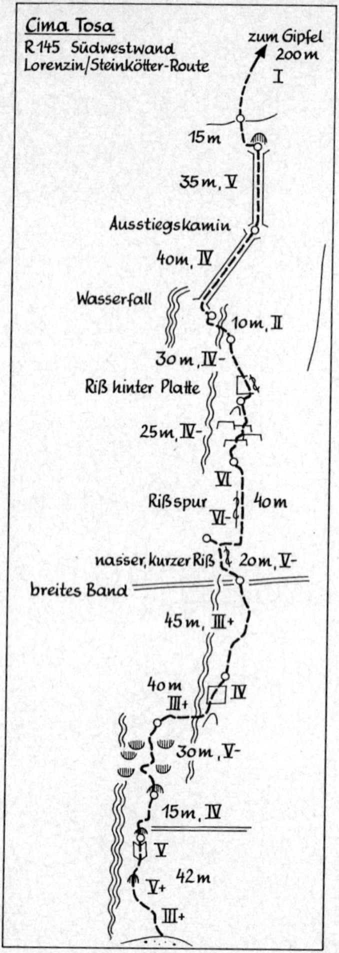

● 146 Südwestwand, Asteroute („Via Brescia")
A. Aste, F. Solina, 6. 9. 1962. **VI** (1 SL), sonst V und IV, kaum leichter. Eleganter Routenverlauf an fast immer ausgezeichnetem Fels. Fast immer trocken! 350 m, 4—6 Std. Mitnahme einiger H und KK sowie Schlingen wichtig. Abb. S. 115.

Übersicht: Rechts der markanten Wasserfälle befindet sich eine kompakte, anscheinend glatte Wand. Die Route verläuft in deren Mitte, um im obersten Teil einen gerade hochziehenden Kamin zu benutzen.

Zugang: Von der Brenteihütte wie bei R 143. E am oberen rechten Ende des Geröllbandes in Fallinie des Ausstiegskamins. 2 Std.
Route: Vom E hält man sich leicht rechts an grauen Felsen bis zu zwei gelben übereinanderliegenden Felsausbrüchen (IV, 1 H). Bis zur Mitte des ersten Ausbruches, dann quert man links ansteigend (1 H) auf grauen Platten bis in die Nähe der großen graugelben Rippe (VI). 8 m gerade empor, dann nach links queren und um die Kante herum (V). Zuerst direkt empor, dann etwas nach links und wieder nach rechts, Überhängen ausweichend, in Richtung auf einen Rißkamin (III, IV, V, IV). Nach 50 m etwa rechtshaltend an teilweise brüchigem Fels bis zum Fuß der großen Verschneidung (V). Im Kamin (IV und V) empor bis zu den leichten Gipfelfelsen.

● **147 Südsüdwestwand**

E. Castiglioni, B. Detassis, 1.8.1933. **IV,** manchmal leichter. Interessante Freikletterei an ausgezeichnetem Fels. Sehr empfehlenswert. Wandhöhe 300 m. 3 Std. Abb. S. 115.

Übersicht: Der rechte Teil der SW-Wand ist durch einen riesigen gelben Wandausbruch gekennzeichnet, der fast bis zur Bocca d'Ambiez hinüberreicht. Unter diesem Ausbruch verläuft ein Rampenband nach links zu einem auffallenden Wasserstreifen. Dieser bildet den Routenverlauf.
Zugang: Von der Brenteihütte wie bei R 143 weiter zum oberen Teil der Vedretta dei Camosci, 2¼ Std. Besser: Von der Agostinihütte im Ambieztal zur Bocca d'Ambiez im äußersten Winkel des Ambieztals (s. R 122). Aus der Bocca d'Ambiez mit Hilfe eines Stahlseils — die Rinne ist oft vereist — bis zum Beginn des Bandes. 1½ Std.
Route: Auf dem erwähnten Band bis etwa 20 m rechts des Wasserstreifens. Linkshaltend gelangt man in eine Felsmulde im Wasserstreifen. Links des Streifens durch einen senkrechten Riß bis zu einem Absatz. Weiter empor an steilen Felsen, bis sie überhängen. Den Wasserstreifen entlang, um in einen Kamin zu gelangen (meist nasser, aber griffiger Fels). Man gelangt so zu einem Schuttband. Ein nun folgender Kamin wird erklettert (30 m). Rechtshaltend zu einem Riß, der bis zu seinem Ende durchstiegen wird. An leichten Felsen zum Gipfelfirngrat.

● **148 Westnordwestkante, „Zwei-Spitzen-Pfeiler"**

G. Giudicati, F. Lorenzin, 1983. **V** mit Stellen IV. Im allgemeinen schöne Freikletterei. 5 H, 2 KK und einige Schlingen. 4 Std. Abb. S. 113.

Übersicht: Dem Martinazziweg folgend gelangt man zu einer Rinne, die den Crozzon di Brenta von der Cima Tosa trennt. Der Pfeiler mit den beiden Spitzen befindet sich rechts dieser Rinne.

Zugang: Wie bei allen anderen Routen auf dieser Seite dem Martinazziweg, R 90, folgend bis zur erwähnten Rinne. Die Rinne wird überschritten. Der Pfeiler befindet sich etwas oberhalb rechts eines gelben Turms. Ein charakteristischer Kamin trennt die beiden Spitzen voneinander. 1¾ Std. von der Brenteihütte.

Route: Zuerst an der Kante in Fallinie der linken Spitze in gestuftem Fels 4—5 SL (IV) empor bis dorthin, wo sich die Kante aufsteilt. Direkt an der Kante 100 m empor, mit wenigen Zwischensicherungen (sehr kompakter Fels); dann an leichteren Felsen weiter bis auf den Pfeilerkopf der linken Spitze. Vom Gipfel etwa 10 m hinab, über Grat und leichte Felsstufen zum Tosagipfel.

● 149 Torre Mara

G. Giudicati, allein, 1983. **V**, manchmal leichter. 300 m, 2 Std. (Erstbegeher im Alleingang). Abb. S. 113.

Übersicht: Der Torre Mara befindet sich rechts des bei R 148 erwähnten Turmes mit den beiden Spitzen und fällt wegen seiner gelben, überhängenden Felsen auf. Im unteren Teil erscheint die Route äußerst schwierig, was aber eine Täuschung beim Anblick von unten ist.

Zugang: Wie bei R 148.

Route: Man steigt bei einer grauen Wand links der gelben Wand und rechts einer auffallenden Verschneidung immer gerade hoch. Weitere Angaben sind nicht vorhanden.

● 150 Pilastro Endrizzi, Direttissima „Via del Cinquantenario"

G. Stenghel, D. Cabas, **VI+**, VI, V und IV. 10.10.1985. Großartige Route, eine der schwierigsten der Brenta, an gutem Fels in ausgesetzter, athletischer Freikletterei. Die Erstbegeher verwendeten 9 H, davon 7 in den letzten beiden SL. Einige Schlingen und KK ratsam. Beste Jahreszeit: Nach trockenem Sommer Ende September, Anfang Oktober. 6 bis 8 Std. Abb. S. 105.

Zugang: Wie bei R 140 bzw. R 138, 1 Std.

Route: Zunächst auf der Piazroute bis an den Fuß eines senkrechten Risses zu bequemer Terrasse (3 bis 4 SL. III). Durch den Rißkamin, V+. Weiter links des Kamins durch einen feinen Riß und auf Platten 4—5 SL empor (IV und V). Man befindet sich am Fuß des Torre Gilberti und macht auf einem Standplatz der Livanosroute, R 141 Stand (H). Durch eine senkrechte Verschneidung (H), dann nach links oberhalb eines Pfeilerchens zu kleinem Schneefeld. Man befindet sich un-

terhalb des „Pilastro Endrizzi“. In Pfeilermitte gerade hoch durch einen Riß (45 m, V+, V). Von einem guten Standplatz in Richtung auf einen überhängenden Kamin, in dessen Mitte Stand gemacht wird. Weiter durch einen zweiten, weniger steilen Kamin in weiter Spreizkletterei empor und durch eine Verschneidung bis zu einer Kanzel an der Kante (bis hierhin V und V+). Rechts in einen nassen Kamin, durch ihn (V+, VI+) zu gutem Stand am Beginn einer gelben Verschneidung (H). Einige Meter durch diese Verschneidung, dann nach links auf eine senkrechte Platte (VI), weiter gerade hoch zu Stand an Sanduhr und nach links auf Terrasse („Terrazzo della Cattiveria“). Beginn der Schlüssel-SL (2 bis 3 SL). Oberhalb befindet sich ein H mit Karabiner und Schlinge (Versuch!). Durch einen feinen Riß (H) und an überhängender Wandstelle (unsicherer H) empor. Sehr ausgesetzt und äußerst schwierig gerade hoch bis auf Leiste, (VI+, VI). Nach 20 m (V) zum höchsten Punkt und zum Schneefeld auf der Tosaschulter.
Abstieg: Vom Ausstieg in südl. Richtung auf dem Firnhochplateau nach 300—400 m zum Normalweg der Cima Tosa, darauf wie bei 121 A ins Tal. Etwa 1½ Std. bis zur Pedrottihütte.

● 160 **Cima Margherita,** 2845 m

Die Cima Margherita — benannt nach der Königin Margherita — erhebt sich als isolierter Berg östlich der Cima Tosa. Zusammen mit der Cima Brenta Bassa stellt sie einen würdigen Talabschluß des Val Brenta dar. Während der Berg nach N mit einer abweisenden, 650 m hohen Wand abbricht, wirkt die 300 m hohe S-Wand fast wie eine Klettergartenwand. Auch als Aussichtsberg ist die Cima Margherita, vor allem für den Campanile Basso, zu empfehlen. Erste Besteigung durch S. Yocca mit den Führern B. und M. Nicolussi am 15.9.1885 aus der Bocca Margherita über die NW-Flanke und den W-Grat.

● 161 Normalweg

Weg der Erstersteiger (im oberen Teil). **II** und I. Heute wird als sicherster und interessantester Normalweg eine Kombination zwischen SW-Wand und W-Grat gewählt. 1 Std. Abb. S. 121.

Zugang: Von der Pedrottihütte, R 53, auf Weg 304 auf das Schneefeld unterhalb der S-Wand (links oben Wasserstelle). ¾ Std.
Von der Brenteihütte kommend sollte man sich nicht verleiten lassen (auch nicht auf dem Rückweg), durch die Scharte zwischen Cima Margherita und Cima Brenta Bassa den Weg abzukürzen (brüchiger Fels und Schnee-/Eis-Rinne)! Der Weg um die Cima Brenta Bassa kostet weniger Zeit! 2 Std.

Route: Man steigt das Schneefeld linkshaltend empor, bis man etwa in Fallinie der Scharte zwischen Cima Tosa und Cima Margherita das Schneefeld rechts verläßt. Zunächst Steigspuren und Schrofen rechtshaltend folgen bis zu zwei markanten gelben Nischen. Unter ihnen nach rechts und nach etwa 50 m über Stufen zum Beginn eines kurzen Kamins. Durch den Kamin (II), dann teilweise über Wandstufen, kurze Risse und Bänder, meist gerade hoch, 50 m. Man quert rechtshaltend eine Rinne, gelangt in eine zweite, gut gestufte Rinne, die nach 20 m auf den SW-Grat leitet. Großer Steinmann. Auf der N-Seite des Grates bis zu einer breiten Rampe, die in NO-Richtung zum Vorgipfel und Gipfel leitet.

● 161 A Normalweg im Abstieg
II und I. 3/4 Std.

Vom Gipfel in Richtung Cima Tosa in eine kleine Scharte, dann links (SW-Seite) auf einer Rampe unter gelber Wand hinab auf den W-Grat, dem man gut 50 m bis in eine auffallende Scharte folgt. Großer Steinmann. Jetzt nicht nach rechts (NW-Seite, alter Normalweg), sondern durch eine Rinne links (S-Seite) hinab. Man quert in SW-Richtung und steigt (Achtung auf Steinmänner) über anscheinend schwierige Stufen ab. Schließlich scharf nach rechts (SW) durch einen kurzen Kamin hinab und über etwas splittrige Schrofen rechtshaltend zum Schneefeld unterhalb der S-Wand.

● 162 Südsüdwestwand, Detassisriß
N. Bianchini, M. Casè, G. Corrà, B. Detassis, 28.8.1932. **V** und IV, selten leichter. Interessante, nur im oberen Wandteil schwierige Kletterei. Einige H, KK und Schlingen erforderlich. Wandhöhe 260 m. 3—4 Std. Abb. S. 121.

Zugang: Von der Pedrottihütte wie bei R 161 über das Schneefeld zum Wandfuß und E etwas links der Wandmitte auf einem Felsband bei einem Kamin; 3/4 Std.

Cima Margherita von Südosten

R 161 Normalweg
R 162 Südsüdwestwand, Detassisriß
R 163 Südsüdwestwand, Giordaniriß
R 164 Südsüdwestwand, Videsottroute
R 164 a Kellervariante
R 164 b Via Tiziana Weiss

163
164
162
164 b
164 a
161
164 a/b
161
164
164 b
162
163

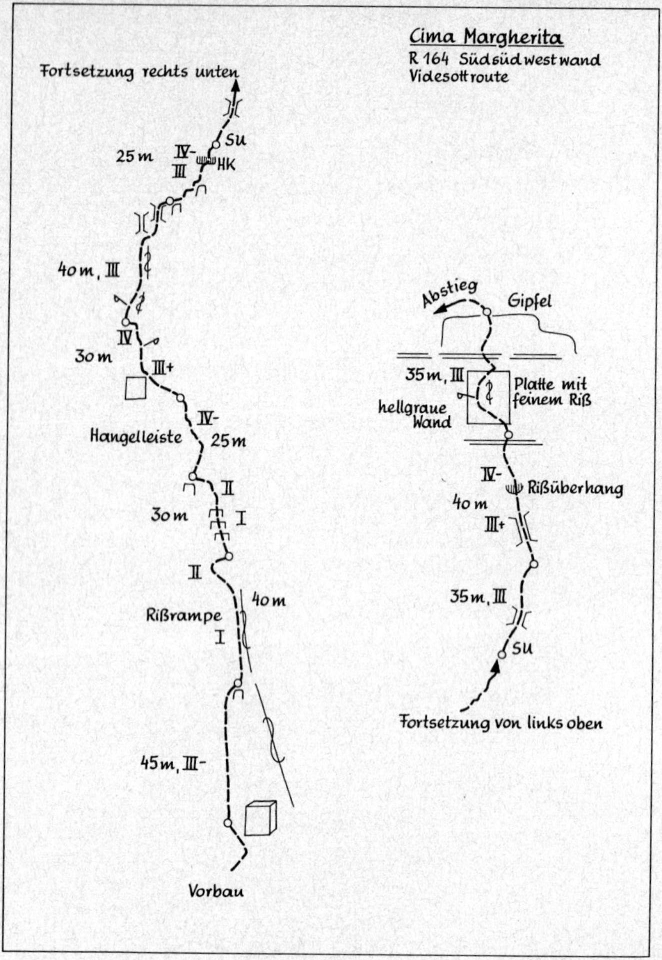
Cima Margherita
R 164 Südsüdwestwand
Videsottroute
Fortsetzung rechts unten
SU
25 m
IV-
HK
III
40 m, III
IV
30 m
III+
IV-
Hangelleiste
25 m
II
30 m
I
II
40 m
Rißrampe
I
45 m, III-
Vorbau
Abstieg
Gipfel
35 m, III
Platte mit feinem Riß
hellgraue Wand
IV-
Rißüberhang
40 m
III+
35 m, III
SU
Fortsetzung von links oben

Route: Durch den Kamin bis auf zwei Terrassen. Von der oberen Terrasse zu einer Nische; links an kleinem Überhang empor und weiter bis unter eine graue Wand. Linkshaltend zu kleiner Nische und nach einem Rechtsquergang zu einer weiteren Nische mit H. Wieder linkshaltend an einem Überhang vorbei kommt man auf das große Felsband, das die ganze Wand durchzieht. Auf diesem 25 m nach rechts zu einem Riß, der den ganzen oberen Wandteil durchzieht. Den Riß empor, ein Überhang wird dabei links umgangen. Wieder in den Riß, der 3 SL (IV und V) bis zu einem Absatz durchstiegen wird. Durch den nun leichteren Kamin, oben rechtshaltend, über gestuften Fels zum Gipfel.

● **163** **Südsüdwestwand, Giordaniriß**
M. Furlan, E. Giordani, 30. 8. 1942. **V,** IV und leichter. Interessante Kletterei durch den Riß rechts der Detassisroute. Einige H, KK und Schlingen erforderlich. Wandhöhe 260 m. 3—5 Std. Abb. S. 121.

Zugang: Wie bei R 161 und 162 von der Pedrottihütte.

Route: Vom E in Wandmitte durch einen Riß 1 SL leicht linkshaltend empor; weiter an gestuftem Fels zu gelber Nische. Über der Nische wird ein überhängender Gürtel leicht rechts durch eine Art Verschneidung überwunden. Danach linkshaltend in ein gelbes Felsloch zu H. In Wandkletterei gerade weiter bis auf das große Band, das die ganze Wand durchzieht (Verbindung mit der Detassis-, R 162, und der Videsottroute, R 164). Auf dem Band zu kurzem Kamin, der durchstiegen wird. Danach über eine schwierige Wand zu einer gelben Nische (H). Weiter linkshaltend gelangt man an den Fuß des Risses, der den ganzen oberen Wandteil durchzieht. Nun 3 SL im Riß oder etwas rechts davon hinauf, bis man den letzten Verschneidungskamin durchsteigt. So gelangt man zu den leichten Gipfelfelsen.

● **164** **Südsüdwestwand, Videsottroute**
C. Tasin, R. Videsott, 11. 8. 1926. **IV** und III+, manchmal leichter. Die Videsottroute gehört zu den allerschönsten und genußreichsten Brentatouren. Auch der verwöhnte Nur-Extremkletterer wird seine Freude an ihr haben. Da die Standplätze immer sehr gut sind, besonders geeignet als Führungstour! Die schwierigen Passagen sind gut gesichert. Der Anstieg ist wegen seiner S-Lage schon früh im Sommer möglich. Wandhöhe 280 m. 3 Std. Abb. S. 121.

Zugang: Wie bei den anderen S-Wand-Routen von der Pedrottihütte. Zum E am höchsten Punkt einer Schutthalde links einer nach links oben ziehenden Rißrampe bei einem kleinen Vorbau.

Route: S. Skizze S. 122.

● **164a Kellervariante**

E. Keller und Gef., 6. 8. 1972. **V** und IV, manchmal leichter. Ausgesetzte Freikletterei an gutem Fels durch den Wandteil rechts der Videsottroute, R 164. Einige H, KK und Schlingen empfehlenswert. Wandhöhe 280 m. 3—4 Std. Abb. S. 121.

Zugang: Wie bei R 164 mit gleichem E wie Videsottroute.

Route: Etwa 50 m unterhalb des großen Bandes, das die ganze Wand durchzieht, wird die Rißrampe rechts verlassen. An steilen Felsen gerade empor auf das große Band, darauf etwas nach links zum Beginn der Schwierigkeiten (H). Gerade empor zum zweiten Band, wieder einige Meter nach links und durch eine graue, überhängende Verschneidung auf das dritte Band. Darauf 25 m nach links zu großem Block. Rechts an Überhang empor und gerade hoch zum Gipfel.

● **164b „Via Tiziana Weiss"**

Erstbegeher unbekannt. Vermutliche Schwierigkeit: **V** und IV. Abb. S. 121.

Übersicht: Die Route benutzt im unteren Teil der SW-Wand eine Art Rißkamin-Rampe, verläuft dann gemeinsam mit der Kellervariante bis zum großen Band, auch hier noch vermutlich 1 SL gemeinsam mit der erwähnten Variante. Im obersten Teil hält sie sich dagegen rechts davon bis zum Gipfelband.

● **165 Ostsüdostgrat**

A. und G. Schulze, 1900 im Abstieg. Überschreitungsgrat vom Gipfel der Cima Margherita zur Scharte zwischen Cima Margherita und Cima Brenta Bassa. Heute von geringer Bedeutung. Über Schwierigkeit und Zeitbedarf nichts bekannt.

● **166 Ostwand**

A. Disertori, M. Friederichsen, P. Graffer, 1. 9. 1936. **IV**, selten leichter. Interessanter, wenn auch relativ kurzer Anstieg durch die sich verjüngende O-Wand; zu Unrecht kaum wiederholt. Einige H, KK und Schlingen empfehlenswert. Wandhöhe 240 m. 2—3 Std. Abb. S. 125.

Cima Margherita von Nordosten aus dem oberen Val Brenta

R 166 Ostwand
R 167 Nordostwand
R 168 Nordostwand, Rechter Kamin

166
167
168

Zugang: Am besten von der Pedrottihütte. Auf Weg 318 in die Bocca di Brenta empor, weiter auf ein Schneefeld hinab, dann ansteigend zum linken zweier die O-Wand durchziehender Risse; ½ Std.

Route: E links des gelben Risses; in ihm 20—25 m empor. Ein Überhang wird außen erklettert, den nächsten Überhang überwindet man an seiner linken Seite. Durch eine Kaminreihe bis auf eine Terrasse. Über die linke Wand einer gelben Verschneidung 40 m hinauf bis zu Absatz (H). Wo die Verschneidung sich gabelt, erklettert man den linken Ast. Weiter durch einen Kamin und über leichte Felsen zum Gipfel.

● **167 Nordostwand**

M. delle Piane, M. Furlan, E. Giordani, 18.8.1942. **V,** Stellen mit IV; Kaminroute, meist naß; kaum lohnend. Wandhöhe 220 m. Abb. S. 125.

● **168 Nordostwand, Rechter Kamin**

C. Detassis, G. Leonardi, F. Righi, 23.8.1942. **IV** (Stellen), III. Wandhöhe 220 m. Auch diese Route ist wegen der Nässe von untergeordneter Bedeutung. Abb. S. 125.

● **169 Nordwand, „Via Trieste“**

P. Migliorini, G. Stauderi, 18.8.1934. **VI** (stellenweise), V, 17 H (Erstbeg.). Bis heute (1984) noch nicht wiederholte Route, was auch auf eine gewisse Gefährlichkeit zurückzuführen ist. Abb. S. 129.

● **170 Nordwand, „Via Cesare Danese“**

V. Frismon, H. Steinkötter, 17.—19.9.1963. **VI, A3,** V und IV, selten leichter. Trotz der Schwierigkeiten — die Route zählt zu den schwierigsten der ganzen Brentagruppe — bietet sie vor allem im oberen Teil lohnende, ausgesetzte Kletterei. Wiederholungen haben gezeigt, daß die Route an einem Tag zu machen ist. 50 H Erstbeg. und 4 BH. Wiederholer sollten ein Hakensortiment mitnehmen; KK zu empfehlen. Wandhöhe 650 m, 10—15 Std. Abb. S. 129.

Übersicht: Die N-Wand der Cima Margherita bricht in ihrem zentralen Teil senkrecht bis überhängend ins obere Val Brenta ab. Durch diesen Teil zieht eine graue Rißrampe von links nach rechts auf ein schmales Band mitten im überhängenden Teil. Schwarze Wasserstreifen, die 40 m links der Rampe auf das Band stoßen, sind für den obersten Teil richtungsweisend. Zusammen mit dem Vorbau, der nicht zu unterschätzen ist, stellt die Route ein ernstes Unternehmen dar. Meistens erst im September empfehlenswert.

Zugang: Von der Brenteihütte auf bez. Weg 318 Richtung Pedrottihütte bis dahin, wo man auf einer Geröllreiße gut ins Kar absteigen kann. E am tiefsten Punkt der Wand bei einem Band.

Route: Von dem Band leicht linkshaltend über Stufen auf ein weiteres Band. Dann rechtshaltend durch einen Kamin (45 m, III). Auf einem Band 50 m nach links, weiter über eine gutgriffige Wand bis zu einem anderen Band, auf dem man 20 m nach rechts bis zu einem Riß quert. 3 m links des Risses und dann durch ihn 30 m empor zu einem großen Schuttband (V+, 2 H). Auf dem Band 20 m nach rechts zu SH. Hier Beginn der Hauptschwierigkeiten. 40 m leicht rechtshaltend zu Stand in Nische (III und IV). Rechts an der Nische hinaus in Riß bis auf Terrasse mit Blöcken (35 m, VI—, 2 H). Auf kurzen Bändern rechtshaltend und durch einen Riß zu Stand auf Block (30 m, II, IV). Leicht rechts halten, durch Riß, dann weiter rechts zum Fuß einer Verschneidung (25 m, V, 2 H). Durch die Verschneidung links und Rechtsquergang zu BH; nach Überwindung des Rißdaches hält man sich im Riß und kommt zu Stand in Kaminnische (25 m, A2, A3, V, V+, 12 H). 5 m im Riß empor, Quergang nach rechts und über eine Wandstufe hinauf (20 m, V, VI—, 2 H). Rechtshaltend über rotgrauen Fels bis zu gutem Stand an Blöcken (V+). Rechts etwas absteigen und an überhängendem Fels nach rechts queren zu einer Leiste (30 m, IV und IV+). 4 m Quergang nach rechts, weiter durch einen Riß und an gestuftem Fels zu Stand auf gutem Band 40 m unterhalb eines gelben Felsdaches (IV+, III). Auf dem Band etwa 40 m nach links queren bis zu kleiner Felsschuppe. Leicht linkshaltend die gelbe Wand an H empor (20 m, A3, 12 H, 1 BH). 5 m gerade hoch (V) und rechts über einen Überhang empor (15 m, V, A2, VI—, 3 H, 1 BH). Direkt weiter an feinen Rissen, gerade hoch und zu Stand nach links (20 m, A2, V+, 10 H). Im Verschneidungsriß hinauf (25 m, VI, 1 H), dann weiter im Riß und oben nach links zu Stand (25 m, VI, 1 H). 4 m gerade hoch, nach rechts queren und durch Riß auf ein Band (V+, VI—, 2 H). Vom 2. Biwakplatz der Erstbegeher linkshaltend durch einen Riß und zu Stand unter einem Band (25 m, IV, 1 H). Auf das Band, weiter nach links zu einer Leiste und bis zu einem Riß rechts eines Pfeilers. Durch den Riß empor und nach einigen Metern zu Stand auf einem Band links (25 m, IV+, 2 H). Durch eine Rinne (III+) und rechtshaltend zu Schutterrasse, 35 m. Durch die nun folgende Rinne (III) nach rechts zu Felsturm (III). Über den Grat ohne Schwierigkeiten zum Gipfel.

● 171 Nordnordwestwand

W. Pfeifer, M. Reiff, September 1934. **IV**, kombiniert. Manchmal steinschlaggefährdete Route, vielleicht eher als

Westalpentraining geeignet. Je nach Jahreszeit Steigeisen notwendig. Abb. S. 129.

Route: Die Route verläuft zunächst rechts der NW-Kante, verfolgt dann steile Eisfelder, um schließlich die große, teilweise sehr schwierige, gerundete Kante und geneigte Schlußwand zu benutzen.

• 180 Cima Brenta Bassa, 2809 m

Die Cima Brenta Bassa schließt das Val Brenta im O ab. Sie wird durch die Scharte zwischen Cima Margherita und Cima Brenta Bassa und durch die Bocca di Brenta zwischen Brenta Alta und Brenta Bassa begrenzt. Mit Ausnahme der NW-Wand sind fast alle Routen lohnend. Am meisten wird wohl die W-Kante (Fabbrokante, R 187) begangen. Als Stützpunkt für alle Routen ist die Pedrottihütte die geeignetste.

• 181 Normalweg von Nordnordosten

A. de Falkner, E.T. Compton mit N. Nicolussi und A. Dallagiacomo, 21.7.1882. **II** (3 Stellen), sonst leichter. Schöner Normalweg mit geringen Orientierungsschwierigkeiten. Seil nützlich. Wandhöhe: 260 m. 1½ Std. Abb. S. 129 uns 131.

Zugang: Von der Pedrottihütte in 10 Min. in die Bocca di Brenta, 2552 m, zum E.

Route: Über Steigspuren und Felsstufen, immer den Steinmännern folgend gelangt man zu Stufen, die zu einem von unten nicht sichtbaren 15-m-Riß führen, der erklettert wird (II). Weiter Steinmännern nachgehen, rechts auf einem Band zu dessen äußerstem Ende queren bis zu einer versteckten Rinne, die durchstiegen wird (II). Weiter gerade empor, leicht rechtshaltend auf eine graue, zwischen O- und NW-Gipfel eingebettete Wand. Über die Wand rechts in einer Rinne empor bis zu einem Band unterhalb des Gipfelgrates (II). Jetzt entweder nach links auf den O-Gipfel oder rechts (N) auf dem Band gut 50 m queren und über den Grat nach O zum Gipfel.

Von l.n.r.: Bocca di Brenta, Cima Brenta Bassa und Cima Margherita von Norden

Punta Antonio Detassis

R 134 Nordostwand
R 135 Nordkante

Cima Margherita

R 169 Nordwand, Via Trieste
R 170 Nordwand, Via Cesare Danese
R 171 Nordnordwestwand

Cima Brenta Bassa

R 181 Normalweg von Nordnordosten
R 187 Westkante, Fabbrokante
R 187a Westkante, Ausstiegsvariante

135
134
187a
169
170
181
187
Weg 318
169
171
170

● 181 A Abstieg über den Normalweg
II (Stellen) und leichter. 40 Min.

Route: Vom Gipfel (NW-Gipfel) zunächst in nördl. Richtung in eine kleine Scharte; einige Meter nach rechts auf ein Band, das 50 m in östl. Richtung verfolgt wird. Eine gestufte, 50 m hohe, graue Wand hinab (II); dann Steinmännern folgend leicht rechtshaltend zum Beginn einer Rinne Richtung N. Die Rinne 20 m hinab (II) auf ein Band; darauf nach rechts (NO), weiter Steinmännern folgend bis zu einem von oben kaum zu erkennenden Riß, den man 15 m abklettert (II). Über Stufen und Bänder Richtung Bocca di Brenta leicht hinab in die Bocca di Brenta.

● 182 Nordostwand, Treptowkamin
H. Fohrer, L. Treptow, 9. 7. 1896. Als Führungstour für den II. Schwierigkeitsgrad empfehlenswert. Guter Fels an allen drei Aufschwüngen. 270 m, 1½ Std. Abb. S. 131.

Übersicht: Die O-Wand besteht aus 4 Felsaufschwüngen, der unterste verliert sich links auf einer Geröll- bzw. Schrofenrampe. Hier gewahrt man einen schwarzen Kamin, den Treptowkamin.
Route: Von der Pedrottihütte in 10 Min. zum Kamin; durch ihn in schöner Spreizkletterei zur ersten Terrasse. Leicht rechts durchzieht eine Kaminreihe den zweiten Aufschwung, durch die man auf die zweite Terrasse gelangt. Über Felsstufen gerade hoch zum O-Gipfel. Der Übergang zum Hauptgipfel ist durch ein Band an der N-Seite möglich.

● 183 Ostwand, Deyekamin
A. Deye, 8. 8. 1911. **III** und leichter. Interessante Kaminroute unmittelbar links des der Pedrottihütte zugewandten gelben Ausbruchs. Wandhöhe 280 m. 2—3 Std. Abb. S. 131.

Route: Von der Hütte in wenigen Min. zum E. Durch den Kamin bis unter einen Überhang, unter dem man auf einer Leiste nach links quert; weiter gerade hoch bis auf die erste Terrasse. Auf der Terrasse einige Meter nach rechts. Die Wand rechts einer breiten Rinne empor. Über steile, aber leichte Felsen bis zu einem 8-m-Überhang, der links überwunden wird; weiter durch die Rinne oder rechts davon sehr ausgesetzt bis auf die zweite Terrasse. Über leichten Fels zum O-Gipfel.

Cima Brenta Bassa mit Pedrottihütte und Bocca di Brenta

R 181 Normalweg von Nordnordosten
R 182 Nordostwand, Treptowkamin
R 183 Ostwand, Deyekamin
R 184 Ostwand, Pederivakamin

183
184
181
181
182
184
183
Weg 318
Weg
358
von Molveno

● 184 Ostwand, Pederivakamin

M. Pederiva allein, September 1924. **IV** (im Ausstieg), III bis zur ersten Terrasse. Sehr empfehlenswerter Anstieg, zusammen mit der W-Kante, R 187, die meistbegangene Route an diesem Gipfel. Wandhöhe 280 m. 3 Std. Abb. S. 131.

Übersicht: Am Fuß der O-Wand liegen einige große Felsblöcke. Rechts davon zieht ein gelber Riß durch die Wand. Die Route verläuft durch diesen bis zur ersten Terrasse, hält sich dann etwas links und überwindet den zweiten Aufschwung. Die Schlußwand wird an seiner linken Seite durchklettert.
Route: Von der Pedrottihütte zunächst über Weg 304, dann nach rechts an den Fuß des Risses. Im Grund des Risses bis zu einem Sicherungsblock. Weiter durch den Riß bis unter einen Überhang. Dieser wird links in ausgesetzter Kletterei umgangen. Wieder im Kamin linkshaltend um die SO-Kante herum durch eine Rinne auf die zweite Terrasse. Die Schlußwand wird direkt in ausgesetzter schwieriger Kletterei (IV) durchstiegen. Vom O-Gipfel Übergang zum NW-Gipfel.

Anmerkung: Auf der O- und SO-Seite der Cima Brenta Bassa gibt es noch ein paar Varianten, die aus Gründen der Übersichtlichkeit weggelassen wurden.

● 185 Südwestwand

M. Friedrichsen, D. Quarti, 31.7.1935. **IV+**, IV. Ganz zu Unrecht — wohl wegen des abweisenden Eindrucks — kaum wiederholte Route in bestem Fels. Einige H, KK, Schlingen erforderlich. Wandhöhe 280 m, 4 Std. Abb. S. 133.

Übersicht: Die SW-Wand bricht auf ihrer rechten Seite überhängend ab und wird von einigen gelben Rissen durchzogen. Ganz links an der Wand erkennt man ein großes, gelbes Dach, links davon wird der Fels grau. Der E befindet sich in Fallinie des linken Dachendes.
Zugang: Von der Pedrottihütte auf Weg 304 bis unter die SW-Wand und zum E am Fuß einer Verschneidung.

Route: Diejenige Verschneidung empor, die von einem Blocküberhang abgeschlossen wird. Die Verschneidung wird erklettert (IV+). So gelangt man auf ein Band. Man hält sich nun rechts auf eine Rampe, die

Cima Brenta Bassa von Südwesten

R 185 Südwestwand
R 186 Direkte Südwestwand
R 187 Westkante, Fabbrokante
R 187a Westkante, Anstiegsvariante

186
187a
187
185
186
185

man bis zu ihrem Ende (Nische) erklettert. Man befindet sich so unterhalb des rechten Dachrandes. Rechts über eine andere Rampe und auf die erste Terrasse. Etwa 1 SL darauf nach rechts zu einer Art Rinne, die sich zu einem Riß verjüngt. Durch die Rinne und den Riß (IV und IV +) gelangt man auf die zweite Terrasse. Durch eine Rinne, zuerst in einer Schleife nach links und wieder nach rechts bis in die Scharte zwischen W- und O-Gipfel. Entweder nach links zum Gipfel, oder gleich auf der anderen Seite hinab zum Abstieg, R 181 A.

● 186 Direkte Südwestwand

F. und G. Donini, 15.7.1965. **IV**, nur manchmal leichter. Erst im August empfehlenswert, sonst naß. Schöne Freikletterei an gutem Fels; 9 H. Einige H, KK, Schlingen empfehlenswert. Wandhöhe 290 m, 3—4 Std. Abb. S. 133.

Zugang: Wie bei R 185 zum Wandfuß. Der E befindet sich bei einem großen Kamin bzw. schwarzem Wasserstreifen, der den Anstieg bildet.
Route: Durch den Kamin im Innern 40 m leicht empor. Dann schwieriger (wegen der Nässe) weiter. Man hält sich etwas nach rechts; weiter gerade hoch bis auf das erste Band. Links eines schwarzen Wasserstreifens weiter; dabei werden einige kleine Überhänge überwunden. Man gelangt so auf das zweite Band, gegenüber einem großen Felsloch. Rechts am Loch vorbei, 40 m gerade hoch, indem wieder kleine Überhänge überklettert werden, und in eine schwarze Nische. 3 m rechts queren, dann weiter gerade hoch, schließlich durch einen breiten Kamin zum Gipfel.

● 187 Westkante, Fabbrokante

V. E. Fabbro, August 1913. **IV** (2 Stellen), III und leichter. Die Fabbrokante steilt aus der Scharte zwischen Cima Margherita und Cima Brenta Bassa auf. Die beiden ersten Kantenaufschwünge weisen interessante, teilweise ausgesetzte Kletterei auf. Der letzte Aufschwung wird rechts, an der S-Seite des Berges umgangen. 260 m, 2½ Std. Abb. S. 129 und 133.

Zugang: Von der Pedrottihütte auf Weg 304 bis dorthin, wo Geröll und Schrofen es gut erlauben, über Steigspuren zur Scharte zwischen Cima Margherita und Cima Brenta Bassa emporzusteigen. Man gelangt zu einem kurzen Kamin, unter dem rechts über eine Wandstufe die Scharte mit einem Band erreicht wird, E. 35 Min.
Von einem Zugang direkt in die Scharte von der Brenteihütte aus ist wegen Firn und brüchigem Fels abzuraten.
Route: Direkt links der Kante über eine kleingriffige Wand etwa 45 m gerade empor (1 H, Sanduhren, IV und III) zu Stand auf der Kante.

Linkshaltend an der S-Seite des Gratturmes vorbei zum Beginn einer Rinne bis unter eine anscheinend glatte Wand (60 m, III—). Von links nach rechts an der Wand empor bis in die Mitte (2 H, III+) und auf einer Leiste Quergang nach rechts auf die Kante (links oben Variante an gelbem Fels!). Zunächst direkt an der Kante hoch, nach einigen Metern rechts davon (IV—) und direkt über den Grat nach 2 SL zur großen Gratschulter. Auf einem großen Band Steigspuren folgend auf die S-Seite und gut 150 m leicht ansteigen. Man hält sich etwas in einer Rippe nach links, um auf einem höhergelegenen Band 100 m nach rechts zu queren. Nach 40 m (II) gelangt man in die Scharte zwischen W- (Haupt-) und O-Gipfel. Aus der Scharte nach links absteigen, auf Band queren und zum Gipfel.

● **187a Westkante, Ausstiegsvariante**
M. Bianchini, M. Friedrichsen, 16.8.1940. V und IV. Sehr ausgesetzte Kletterei an gutem Fels, allerdings schwieriger als die Fabbrokante. Abb. S. 129 und 133.

Route: Von der Schulter auf einen etwa 10 m hohen Vorbau. Hier Quergang nach links und immer weiter linkshaltend durch einen Riß, dann wieder nach rechts an kompaktem Fels bis unter einen Überhang. Weiter auf einen Absatz. Nach einigen Metern gelangt man auf eine Terrasse. Links der Kante klettert man bis zu einem rötlichen Überhang. Rechts an ihm vorbei (schwierigste Stelle) und wieder nach links auf einen Absatz. Über leichte Felsen direkt auf die Gipfelterrasse und zum Gipfel.

2. Zentraler Teil — Zentrale Gipfel

● 200 **Cima Brenta Alta,** 2960 m

Die Cima Brenta Alta ist ein gewaltiger Berg, der besonders den beeindruckt, der aus dem Massodikar zur Pedrottihütte aufsteigt. Der Anblick der fast 600 m hohen NO-Wand, der schlanke Campanile Basso (Guglia di Brenta) und die Spitzen der Sentinella beeindrucken aber auch vom Orsiweg aus. Die Cima Brenta Alta ist zum Glück nicht nur ein Berg für „Extreme". Worüber sich jeder Kletterer freut, ist der leichte, gut zu findende Normalweg, der einen schnellen Abstieg zur Pedrotttihütte ermöglicht. Eine besondere Charakteristik sind die Bänder an der S- und SW-Seite; über sie verläuft ein wichtiger Abschnitt des zentralen Bocchetteweges, der auch von Kletterern als Zugang für die SW-Wand-Routen an der Cima Brenta Alta und für den Campanile Basso vorwiegend benutzt wird.

● 201 Normalweg, von Südosten

A. Apollonio, G. Rossaro, B. und M. Nicolussi, 19.8.1880. **II** (2 Stellen), sonst I und leichter. Relativ leicht zu findende Route. 400 m, 2 Std. Abb. S. 137.

Zugang: Von der Pedrottihütte auf Weg 318 in die Bocca di Brenta, ¼ Std. Rechts um eine Kante herum, mit Unterbrechungsstelle (Kaminstück außen umklettern!) bis an den Fuß von zwei Rißkaminen. E.
Route: Durch den rechten der beiden Kamine ein Stück empor, dann nach rechts auf die Kaminkante und weiter zu einem Block oberhalb des Kamins (II). Man gelangt so auf die erste Schutterrasse. Steigspuren folgend zuerst gerade weiter, dann linkshaltend zum ersten Felsgürtel. An steiler, griffiger Wand 15 m (II) empor und rechtshaltend auf Bändern zur zweiten, schmäleren Terrasse. Darauf etwa 50 m nach rechts ansteigend bis zu einer Rinne mit glattem Fels. Durch die Rinne (Stellen II) weiter rechtshaltend über Stufen zum höchsten Punkt (I).

● 201 A Abstieg zur Bocca di Brenta

II und I. 1 Std.

Vom Gipfel in SO-Richtung etwa 150 m über Felsstufen (I) hinab, rechts an einem auffallenden Turm vorbei; durch eine Rinne mit glattem Fels hinab auf die obere Schutterrasse. Schräg rechts hinab zu einem 15 m hohen Felsabbruch. Zuerst auf einem Band nach rechts, dann direkt an steilem, aber griffigem Riß 10 m hinab auf die große Schutterrasse. Steigspuren und Steinmänner leiten zum Einstiegskamin des Normalweges; durch ihn hinab (II), auf ein Band, das bis zur Bocca di Brenta verfolgt wird.

● 202 Südkante

L. Miori, P. Prati, 18.8.1926. **V—**, IV und III, selten leichter. Ausgesetzte Kletterei an gutem Gestein, lohnend. Einige H, KK und Schlingen empfehlenswert. 400 m, 3 Std. Abb. S. 137 und 139.

Übersicht: Von der Pedrottihütte aus ist fast der ganze Wegverlauf einzusehen. Die Kante unterteilt sich in drei Abschnitte. Im unteren, fast 180 m hohen Teil verläuft die Route zumeist direkt an der Kante, wäh-

Cima Brenta Alta von Südosten

R 201	*Normalweg von Südosten*	*R 219*	*Südwand*
R 202	*Südkante*	*R 220*	*Südwandverschneidung*
R 218	*Südostwand, Bernhardkamin*		

202
201
202
201
219
220
218

rend die beiden anderen Kantenabschnitte rechts der Kante erklettert werden.

Zugang: Von der Pedrottihütte in die Bocca di Brenta und damit zum E bei einer überhängenden Verschneidung, einige Meter rechts einer Gedenktafel.

Route: Die Verschneidung (IV, V—) empor. 3 bis 4 SL direkt an der Kante weiter, wobei die steilsten Stellen unmittelbar links oder rechts der Kante umgangen werden. Man gelangt so auf einen kleinen Turm am Ende des ersten Aufschwunges; hinter diesem in eine Scharte absteigen und hinauf auf das erste Terrassenband. Etwa 20 m rechts des zweiten Kantenaufschwunges zieht ein 60 m hoher Riß empor, den man zur zweiten Terrasse durchklettert (2 Stellen III bzw. IV). Über den Grat weiter unter gelbe Felsen. Rechts 15 m auf einen Felsturm hinauf und auf ein schmales Band. Dieses verfolgt man 1 SL nach rechts. Eine weitere SL diagonal nach rechts ansteigen bis zu kleiner Terrasse. Nun schräg links, dann durch einen Riß auf die Kante zurück, die im leichten Gipfelgrat ausläuft. Über den Grat zum Gipfel.

● 203 Westwand, „Via Rossana“

C. Bonardi, E. Toccoli, 20.7.1980. **V** mit Stellen IV und leichter. Die Route verläuft zwischen Graffer / Bianchi-Route, R 204, und der S-Kanten-Route, R 202. Einige H, KK und Schlingen empfehlenswert. Erstbeg. 8 H und KK. Wandhöhe 280 m. 4 Std. Abb. S. 139.

Zugang: Von der Pedrottihütte in die Bocca di Brenta.

Route: Um den gelben Überhängen im untersten Wandteil auszuweichen, steigt man 20 m links der S-Kanten-Verschneidung, R 202, auf ein Band, auf dem man 25 m nach links zu einem Steinmann quert. Durch kurze Verschneidung und Risse linkshaltend bis zu langem Band, auf dem man 7—8 m nach links quert (45 m, III +). 10 m an rißdurchzogener Wand empor (IV—) bis auf ein anderes Band, auf dem man bis zu angelehntem Block quert (45 m). Durch schwarze Verschneidung (10 m, IV—), 2 m links des Blockes; man gelangt erneut auf ein Band, auf dem man wieder nach links quert (20 m). Man befin-

Cima Brenta Alta aus dem oberen Val Brenta

R 202	*Südkante*	*R 206*	*Direkte Westwand*
R 203	*Westwand, Via Rossana*	*R 207*	*Westwand, Stegerroute*
R 204	*Westwandriß*	*R 208*	*Nordwestwand*

207
208
202
203
206
Weg 305
207
204
Bocca
di
Brenta

det sich jetzt unter dem steilen Aufschwung. Durch graue Verschneidung (20 m), die zu gelb-rotem Riß wird, der durchstiegen wird (V—, 1 H); weiter an grauem Fels zu Absatz (H), nach links und absteigend in eine vorher nicht sichtbare Höhle (50 m). 3—4 m nach rechts in grau-schwarze Verschneidung, die die Nische begrenzt; die Verschneidung wird links verlassen (V), um mehr oder weniger gerade bis zu gutem Stand an den Fuß einer gelb-roten Verschneidung zu gelangen (35 m, 2 H). In schöner Kletterei an der rechten Verschneidungswand etwa 10 m empor mit delikatem Quergang nach links (V) unter Überhang; leichter zuerst nach links, dann rechtshaltend bis zu bequemem Stand auf Band am Fuße einer grauen Verschneidung (30 m, 2 H). Etwas ansteigend und mit delikatem Quergang nach rechts (IV +) in einen Kamin, der zu einer großen, schwarzen Nische leitet; Stand (40 m). Links aus der Nische und durch rißdurchzogenen Fels, bis man auf die Kantenschulter gelangt. Jetzt entweder wie bei R 202 zum Gipfel oder auf dem Normalweg zum Abstieg.

● 204 Westwandriß

F.V. Bianchi, P. Graffer, 24.8.1940. **V+** (auf den ersten 50 m), dann leichter. Elegante Kletterei, bei trockenem Fels sehr zu empfehlen, kaum wiederholt. Einige KK und Schlingen sowie ein paar H empfehlenswert. 400 m. 5 Std. Abb. S. 139.

Übersicht: Wenn man das Band des zentralen Bocchettewegs (100 m unterhalb der Bocca di Brenta) etwa 80 m verfolgt, stößt man auf eine Quelle hinter einem großen Felsblock in einem Riß, der den Durchstieg vermittelt; E, 20 Min. von der Pedrottihütte.

Route: Den Handriß empor (KK) und (H, V +) bis zu einem kleinen weißen Überhang, der rechts überklettert wird. Man gelangt auf einen Absatz. Es folgt eine schwarze Verschneidung und eine äußerst schwierige Platte (VI—). Man gelangt zu einer kleinen Nische. Rechtshaltend kommt man zu einem Band, hier Ende der großen Schwierigkeiten. Weiter durch einen Kamin in Fallinie des Einstiegsblocks. Durch den Kamin, bis man auf die erste S-Kanten-Schulter gelangt. Von hier entweder auf dem Band zum Abstieg oder an der S-Kante, R 202, zum Gipfel.

● 205 Westwand

S. Pulce, R. dall'Ara, 8.7.1979. **V** und IV. Route zwischen der Giovanniniroute, R 206, und R 204. Eigenartiger Routenverlauf, teilweise gemeinsam mit der Stegerführe, R 207; wohl wenig lohnend.

● 206 Direkte Westwand

G. Giovannini, C. Zanini, 24.8.1945. **V+** (einige Stellen), sonst IV, selten leichter. Großzügige Freikletterei mit idealer Linienführung. Einige H, KK und Schlingen empfehlenswert. 400 m. 4—5 Std. Abb. S. 139.

Übersicht und Zugang: Wie bei allen Routen an der Cima Brenta Alta gilt die Pedrottihütte als der ideale Stützpunkt. Dem Bocchetteweg unterhalb der Bocca di Brenta folgend, nach etwa 200 m zu einem Dach bei einem Felsblock auf dem Einstiegsband; hier E.

Route: E beim Dach (15 m, 3 H). Am Rißdach empor, in den Riß hinein. Darin 4—5 SL immer gerade aufwärts, bis sich der Rißkamin gabelt. Der rechte Kaminriß wird erklettert, bis man nach 2 SL auf das oberste Band gelangt, auf dem R 207 nach rechts quert. Man steht vor drei überhängenden Kaminen. Im mittleren zunächst an der linken Seite einer rot-schwarzen Verschneidung empor (H); Quergang auf die Kante, um zum leichteren W-Grat zu gelangen.

● 207 Westwand, Stegerroute

S. Agostini, H. Steger, Juli 1928. **III,** selten leichter. Idealer Führerweg auf die Cima Brenta Alta. Die Erstbegeher durchstiegen auch den Wandteil unterhalb des Bocchetteweges, der bedeutend schwieriger ist und heute nicht mehr gemacht wird. Fast den ganzen Sommer zu begehen. 400 m. 3 Std. Abb. S. 139.

Zugang: Auf dem Bocchetteweg wie bei R 206. 15 m links des Einstiegsblocks der Giovanniniroute stößt man auf einen Kamin. Hier E.

Route: Gerade an glattem Fels hinauf bis zu schmalem Band, von dem man sich leicht rechts hält. In einem Kamin rechts ansteigend gelangt man auf ein breites Band. Darauf 10 m nach rechts in eine Verschneidung. Wo die Verschneidung endet, weiter über eine steile, aber griffige Wand, bis man so auf das letzte Band in der Wand gelangt. Auf dem Band, das zur S-Kante führt, quert man bis zum letzten Kamin zu einer Höhle, 60 m vor der Kante selbst. Zuerst gerade leicht hoch, bis man durch ein Felsenfenster in einen Kamin gelangt. Nach dessen Durchsteigung gelangt man auf die oberste leichte W-Kante und zum Gipfel.

● 208 Nordwestwand

Durch die stark gegliederte NW-Wand führen ebenfalls Anstiege der unteren Schwierigkeitsgrade. Da dieser Wandteil nicht sehr steil ist und auf vielen Bändern Geröll liegt, wird von Begehungen dieser Wege abgeraten, auch weil dadurch der häufig begangene Bocchetteweg sehr dem Steinschlag ausgesetzt wäre. Abb. S. 139.

● 209 Nordostpfeiler

G. Livanos, R. Martial, A. Rebreyend, 26. 8. 1965. **VI—**, V, einige Stellen A 1 und A 2. Wenig wiederholte Route; interessant der untere Teil. Hakensortiment, KK, Schlingen mitnehmen. 450 m, 7 Std. Abb. S. 145.

Übersicht: Es handelt sich um die erste Kante, direkt dem Campanile Basso gegenüber. Der Anstieg verläuft auf den ersten 200 m links der Kante, und dann direkt auf ihr. Der letzte Steilaufschwung wird auf der NO-Seite umgangen. E befindet sich etwa 20 m links eines schwarzen Kamins.

Zugang: Empfehlenswert ist der Zugang (von der Brenteihütte kommend) über den Bocchetteweg bis in die Scharte zwischen Campanile Basso und Cima Brenta Alta, dann durch eine Rinne zum E. Sonst: Von der Pedrottihütte wie bei R 212 zum Wandfuß der NO-Wand; um die NNO-Kante, R 211, herum unter die große N-Verschneidung, R 210, über Geröll zum E 20 m links des schwarzen Kamins.

Route: Über plattigen Fels linkshaltend auf ein Band (IV, V). Weiter linkshaltend überwindet man eine dunkelgraue Wand (A 2, V), durch kurzen Riß auf einen Absatz. Links auf Platte (IV) und an leichtem Fels und über steile Wand (V). Rechts durch eine Verschneidung, die man rechts verläßt (IV). Einige Meter durch die Verschneidung, Quergang nach links (V) und nach Überwindung einer Wandstelle an den Fuß einer gelben, überhängenden Verschneidung. Durch sie auf eine große Geröllterrasse (A 2, V, IV). Durch einen leichten Kamin bis unter die gelbe Schlußwand. 5 m (IV) gerade empor, 10 m Quergang nach rechts. Weiter rechtshaltend verläßt man die gelbe Wand unter einem Überhang (A 1, VI—). Weiter rechts halten um die NO-Kante herum bis zum ersten Kamin rechts von ihr. Etwas rechts des Kamins 15 m empor (V +), wieder nach links in den Kamin und durch ihn bis auf eine große Terrasse; durch zwei Kamine gerade hoch bis zum obersten Aufschwung (III und IV). Unter dem Steilaufschwung nach links in die O-Wand bis zu einer Rinne, durch die leicht der Gipfel erreicht wird.

● 210 Große Nordverschneidung

G. Alippi, R. Merendi, L. Tenderini, A. Zucchi, 21. — 22. 6. 1960. **VI / A 2,** mehrmals V und IV. Interessante Kletterei an gutem Fels, die allerdings — ganz zu Unrecht — selten wiederholt wird. Besonders geeignet für heiße Brentatage; im allgemeinen im August trocken. Hakensortiment, KK,Schlingen empfehlenswert. 450 m, 6—8 Std. Abb. S. 145.

Übersicht: Die Route verläuft durch die riesige linke Verschneidungswand. E 50 m rechts der gelben überhängenden NNO-Kante, R 211.

Zugang: Wie bei R 212.
Route: Über ein Geröllband und Felsstufen, auf denen man links ansteigt, zu Stand (40 m, IV+, 4 H). Gerade weiter an kompaktem Fels (V, IV, 1 H) bis zu einem Band unterhalb einer Verschneidungsreihe. Rechts an einem Block empor, durch einen grauen Riß bis dahin, wo er überhängt. Ausgesetzter Quergang nach rechts in eine Rinne bis zu einer schon von unten sichtbaren Kanzel (40 m, V+, VI, IV, 4 H). Gerade weiter an festem, schwarzem Fels zu gutem Stand (40 m, V+, A1, 4 H). Durch eine Verschneidung in ausgesetzter Kletterei zu Stand unter dem ersten großen gelben Dach (VI—, 4 H). Kurzer Quergang ausgesetzt nach rechts und weiter durch die Verschneidung, zuletzt ausgesetzt zu dürftigem Stand (V+, VI—, 2 H). An grauem, kompaktem Fels gerade empor zu kleinem Überhang, über dem man einen guten Standplatz erreicht (V+, A1, A2, 9 H). Zunächst an etwas brüchigem Fels, dann durch leichten Kamin an den Beginn einer leichten Rinne (IV, 2 H). Durch die Rinne 5 SL ohne nennenswerte Schwierigkeiten zum Gipfel.

● 211 Nordnordostkante, Gognakante
A. Anghileri, A. Gogna, P. Rava, 19.—20.7.1972. **VI/A3,** oft V und IV, kaum leichter. Erstbeg. 85 H. Für Wiederholer Hakensortiment, KK und Schlingen empfehlenswert. Sehr ausgesetzter Anstieg, trotz des Hakenaufwandes Freikletterei dominierend. 470 m, 7—9 Std. Abb. S. 145.
Zugang: Wie bei R 212, 1½ Std. E 6 m rechts der Kante.
Route: Schräg links an grauer Wand zu kleiner Terrasse (25 m, V+, V, IV). Senkrecht 10 m empor (V+, A2, VI), 5 m Quergang nach links (V+, V—), dann über eine Wandstelle (V) und Stufen, weiter über einen Überhang (V) zu Stand auf kleiner Terrasse. 8 m senkrecht hoch zu gelbem Dach (A1, IV); danach über graue Wand (V, A2, A1) und unter einen Überhang zu Stand. 10 m nach rechts queren (IV), um zu einem kleinen Band gleich hinter der Kante zu gelangen. Direkt an der Kante hoch (10 m, A3, A2), dann leicht rechts halten 15 m bis auf Terrasse. Schräg nach links um die Kante (30 m, V, VI—, IV) zu Stand auf kleiner Terrasse. Einige Meter schräg nach links (V) und 20 m eine gelbe Wand empor, (A1, V, VI) zu Stand auf schmalem Band zwischen zwei Nischen. 10 m Quergang nach rechts. (VI—, II) zu gutem Stand. Weiter 5 m nach rechts (III) bis zur Kante, auf der man 25 m bis zu einem kleinen Pfeiler hochklettert (IV+, V—). Auf dem Pfeiler und über die nachfolgende Platte, (V, A1); über einen Überhang und eine senkrechte Wand bis zu Schlingenstand unter überhängender Wand (V+, A1). Nach links queren (A2) um die Kante herum (VI) und

schräg linkshaltend 15 m zu Schlingenstand (V, V+). Schräg rechts (V—, V) auf einen Absatz. Weiter zunächst senkrecht (12 m, A1, A2), dann schräg links (10 m, A3, VI) bis zum Ende der Schwierigkeiten. 2 SL auf Platten leicht linkshaltend bis zu gutem Band, (70 m, IV, III, IV+). 3 SL (III, IV) zu einem Kamin. Durch den Kamin (30 m, II, IV, III) bis in eine Scharte im O-Grat und weiter zum Gipfel.

● **212 Nordostwand, Detassisroute**

U. Battistata, B. Detassis, E. Giordani, 14.—15.8.1934. **VI—**, oft V und IV, selten leichter. Die Durchsteigung der kompakten, fast senkrechten NO-Wand zählt zu den eindrucksvollsten Brentaerlebnissen. Auch wenn die Linienführung nicht dem Kletterideal entspricht, sind die Quergänge (auch die hier beschriebene Leonardi / Pisoni-Variante) keineswegs langweilig. Nach der ersten Winterbegehung (1972) ist die Wand mit 35 H leider übernagelt. Erstbeg.: 17 H. 550 m. 6—8 Std. Abb. S. 145.

Übersicht: Beim Anblick der Wand aus der Busa degli Sfulmini fallen links eine gelbe Verschneidung (Oggioniverschneidung) und eine senkrechte bis überhängende Kante (Gognaroute) auf. Dazwischen erhebt sich die auf den ersten 300 m kompakte graue Plattenwand. Der E befindet sich etwa 80 m unterhalb des Kanteneinstiegs, s. R. 211.

Zugang: Von der Pedrottihütte aus zunächst auf dem Hüttenweg (Orsiweg) bei der Tosahütte links abzweigen. Zuerst absteigen, dann aufsteigen, bis man in ein Kar, die Busa degli Sfulmini gelangt. Durch das Kar zum E. 40 Min.

Von der Brenteihütte am besten über den Bocchetteweg, unterhalb der Bocca di Brenta bis in die Bocchetta del Campanile Basso, 2620 m. Nach O durch die Rinne zu Steigspuren und auf einen Felsrücken, von

Cima Brenta Alta, Nordostwand, Campanile Basso und Sentinella

Cima Brenta Alta

R 209 Nordostpfeiler
R 210 Große Nordostverschneidung
R 211 Nordnordostkante, Gognakante
R 212 Nordostwand, Detassisroute
R 212a Gadotti / Zandonella-Variante
R 213 Nordostwand, Via Donata
R 214 Große Nordostverschneidung, Oggioniverschneidung
R 214a Ausstiegsvariante
R 215 Ostnordostwand
R 216 Ostnordostwand, Kaminroute
R 217 Ostgrat

La Sentinella

R 260 La Sentinella
R 262 Ostwand

1) Aufstieg zum Rif. Peller — 4-5 h

2) Rif Peller -> Passo del Groste (Sent. Costanzi) — 10-11 h

3) Passo del Groste -> Rif. Pedrotti e Tosa (Sent. Bocch. Alte) — 10-11 h

4) Rif Pedrotti e Tosa -> Rif Agostini (Sent. Brentari) — 4 h

5) Abstieg über Rif. Cacciatori nach S. Lorenzo in Banale — 3 1/2 h

Notizen

214
214 a
217
213
212
262
260
212
209
213
210
211
215
212
214
216
212 a

dem man in eine Rinne unterhalb der großen N-Verschneidung kommt. Auf Geröll um die Kante herum zum E. 1½ Std.

Route: 3 m durch Riß, Quergang von 3 m nach links und 5 m durch Verschneidung (1 H). Quergang nach links auf abschüssigem Band, dann gerade hoch bis unter Verschneidung (30 m, V, V+). Durch die Verschneidung 8 m hinauf und sie dann nach links verlassen; gerade weiter zu einem Dach, das links umgangen wird (1 H); weiter leicht rechtshaltend (1 H) gelangt man zu Stand (35 m, V+). Wieder leicht linkshaltend zu H und wieder nach rechts zu einem Band (35 m, V+, VI—). Ein paar Meter nach rechts queren (1 H) in kurzer Verschneidung empor und rechtshaltend durch einen Riß (38 m, IV,V+, V). Schräg nach links, dann wieder rechts in einer seichten Verschneidung bis in eine Nische unter einem gelben Dach (hier zweigt die Originalroute links ab). Das Dach wird links überklettert. Weiter geradeaus über schwarzen Fels bis zu einem Band (40 m, VI, Schlingenmöglichkeiten). Auf dem Band 35 m nach links (II). Weiter auf dem enger werdenden Band nach links; hinter einer Kante in Verschneidung empor zu Stand (27 m, IV, V+). So stößt man wieder auf die von links kommende Originalroute. Weiter durch die Verschneidung, die rechts verlassen wird (1 H), über glatte Platte zu Stand rechts einer Nische (30 m, V, V+). 10 m nach rechts queren, dann weiter empor zu dürftigem Stand (25 m, IV, V). Gerade weiter (1 H), dann etwas links und wieder rechts halten, schließlich nach links zu einer großen Nische (35 m, V). Durch den Riß rechts der Nische (H). Vom letzten H 3 m nach rechts (35 m, V+, V). Wieder nach links durch einen senkrechten Riß (2 H), dann Quergang nach rechts und ansteigend zu gutem Stand (25 m, V+). Rechtshaltend zu H mit Karabiner (s. Variante). Rechts davon zuerst absteigen, dann durch den Riß zu Stand (15 m, V). Gerade hoch bis unter ein kleines gelbes Dach, Quergang nach rechts (H), durch eine Verschneidung (3 H), dann nach rechts zu Höhle (V+, IV+). Durch den großen Kamin, den man links verläßt, gelangt man auf Bändern zum Ende der Schwierigkeiten. Einige SL linkshaltend über Wandstufen bis in den Schlußkamin, der zum O-Grat leitet (III, IV—).

Variante (logische Routenführung): Statt zum H mit Karabiner hochzusteigen, hält man sich links; man kommt so zu einem Riß rechts eines Überhanges. Man steigt bis unter den Überhang rechts (1 H), dann wieder durch den Riß bis auf die Bänder am Ende der Schwierigkeiten.

● 212 a Gadotti / Zandonella-Variante

F. Gadotti, M. Zandonella, 5.9.1973, **VI,** V. Einstiegsvariante im linken, unteren Wandteil. Ausgezeichneter Fels (Ausnahme Bandquerung), alles ohne Zwischenhaken. Abb. S. 145.

Route: E 100 m links der Originalroute. Zunächst auf einen Vorbau (II). Man steht unter einer schwarzen senkrechten Wand. Etwas rechts vom höchsten Punkt des Vorbaus, nach 5 m über einen Überhang und über weniger schwierigen Fels rechts halten (35 m, VI—, IV). Auf Band rechts halten (37 m, IV), brüchig. Weiter 4 m nach rechts, dann durch eine kleine Verschneidung bis man zu einem Block gelangt, wieder nach links und über den schwarzen Überhang rechts eines Daches (30 m, V, VI). Über eine kurze Wand links, dann durch eine Kaminverschneidung und gerade weiter (35 m, V+, V). Weiter (IV) gerade hoch bis auf das Band der Detassisroute, R 212.

● **213** **Nordostwand, „Via Donata"**
Erstbegeher unbekannt. 30. 6. 1979. **VI** und V, selten leichter. 6—8 Std. Abb. S. 145.

Übersicht: Die Route verläuft links der Detassisroute und benutzt die Gadottivariante als erste SL.
Route: Vom Vorbaublock gerade hoch (10 m), dann diagonal nach rechts (20 m, VI—, 2 H). Senkrecht empor bis 10 m unter gelben Fels, schräg rechts 20 m und hinauf bis in kleine Nische (VI, 5 H). 15 m gerade hoch bis auf Band (V+). 10 m auf dem Band nach rechts queren und gerade hoch auf das große Band (30 m, V, 1 H; gemeinsam mit der Detassisroute, R 212). In der 5., 6. und 7. SL gerade hoch bis an den Fuß einer Verschneidung und 10 m Quergang auf Band nach links bis zu einer auffallenden Verschneidung (30 m, IV). Weiter durch die Verschneidung (VI, 3 H, 1 Keil). Die Verschneidung wird 20 m weiter erklettert, dann rechts verlassen und ansteigend nach 15 m zu Stand (35 m, VI, 3 H). Senkrecht weiter bis zu einer Leiste (20 m, V+, 1 H). Weiter durch Verschneidung, die links verlassen wird, diagonal nach rechts bis zu Pfeilerkopf (30 m, V+, 1 H) ansteigen. 20 m abseilen, weil in freier Kletterei kein Weiterkommen möglich ist. 20 m Quergang nach rechts (V). Weiter 30 m Quergang nach rechts bis zu einer auffallenden Rißrampe, die nach rechts ansteigt, (VI, 1 H). Die Rißrampe verfolgen, (40 m, IV+). Rechts wird ein Dach überklettert; man gelangt so auf ein Band, auf dem man wieder auf der Detassisroute ist.

● **214** **Große Nordostverschneidung, Oggioniverschneidung**
J. Aiazzi, A. Oggioni, 25.—26. 7. 1953. **VI—**, V+, A 2, IV und leichter. Erstbeg. 120 H und Keile. Heute kommt man gut mit 40 H aus, dazu KK und Schlingen. Sehr oft begangene Route; abwechslungsreiche freie und künstliche Kletterei. Im untersten Teil brüchig. Im Frühsommer naß. Wandhöhe 500 m. 6—8 Std. Abb. S. 145.

Übersicht: Die NO-Wand wird durch eine anfangs gelbe, an der linken Seite durch Dächer unterbrochene Riesenverschneidung durchzogen. Der Anstieg verläuft durch die Verschneidung oder an der rechten geneigten Wand.
Zugang: Von der Pedrottihütte wie bei R 212 zum Fuß der Verschneidung zum E; 40 Min.
Route: Direkt in der Verschneidung hoch und an der linken, gelben Kante an brüchigem Fels bis in Nische vor einer Rampe (35 m, IV, V). Einige Meter über die Rampe, dann durch einen schwarzen Kamin; rechtshaltend zu Stand nach 30 m (V+, A 2). Durch senkrechten Riß, (A 1, VI—) und den oft feuchten Kamin, den man nach 12 m rechts verläßt (V—); auf Platte Quergang nach rechts (VI—) zu einem kleinen Absatz, 35 m. Weiter durch einen grauen Riß (V, A 1) und durch ein brüchiges Felsloch, 30 m. Einige Meter nach rechts, weiter durch einen schwarzen Riß zu Stand auf gutem Band (25 m, V, A 1). Links durch gelbe überhängende Verschneidung (A 1), die man links bei Felsstufen verläßt, 20 m. Links des Verschneidungswinkels, erst linkshaltend, dann rechts (30 m, V—, A 1) zu gutem Stand. Rechts der Überhänge durch einen gelben, dann grauen Riß (30 m, V+). Weiter bis zu einem Dach, das links umgangen wird, und wieder gerade hoch; der folgende Überhang wird rechts überwunden (30 m, A 2, V+). 2 SL im Rißkamin empor bis zum Ende der Schwierigkeiten. (70 m, A 2, V+). Linkshaltend über einen Sporn; nach 3 SL hält man sich wieder rechts in einem Kamin, weiter auf dem O-Grat und zum Gipfel.

● 214 a Ausstiegsvariante

M. Verin, G. Crescimbeni, 7. 8. 1966. **VI—**, 3 H, logischer Verlauf. Abb. S. 145. Wo die Hauptschwierigkeiten der Originalroute nachlassen, gerade weiter in der Verschneidung zum Schlußkamin.

● 215 Ostnordostwand

G. Detassis, G. Gius, 15. 8. 1945. **VI—** (eine Stelle), V. Anstieg von untergeordneter Bedeutung, teilweise brüchig. 450 m, 5 Std. Abb. S. 145.

● 216 Ostnordostwand, Kaminroute

G. P. und R. Graffer, 1934. **III.** Route durch eine Kaminreihe links der Oggioniverschneidung, R 214. Abb. S. 145.

● 217 Ostgrat

V. und A. Mayer, F. Wetger, 9. 8. 1903. Keine weiteren Angaben vorhanden. Abb. S. 145.

● 218 **Südostwand, Bernhardkamin**
A. Schlaak, F. Bernhard, 6. 9. 1925. **III,** sonst leichter. Abb. S. 137.

● 219 **Südwand**
M. Agostini, R. Platter, 22. 8. 1927. **III,** mit leichteren Stellen. Interessanter Weg, besonders als Führerweg geeignet, meist schon im Frühsommer möglich. Wandhöhe 450 m; 2½ Std. Abb. S. 137.

Zugang: Von der Pedrottihütte zunächst in die Bocca di Brenta. Am Wandfuß nach rechts (O) queren, am E der S-Wandverschneidung vorbei; nach 100 m gelangt man zu einem Kamin bei einer markanten Felsplatte, E. 20 Min.
Route: Durch den Kamin, der auf der Platte ausgesetzt verlassen wird. Danach die folgende Wand 30 m empor. Weiter durch eine leichte Rinne auf die erste Schutterrasse. In der Folge erklettert man eine Reihe von Rinnen und kleinen Aufschwüngen ohne besondere Schwierigkeiten bis zum O-Grat, über den man den Gipfel erreicht.

● 220 **Südwandverschneidung**
G. Corrà und B. Detassis, 14. 8. 1932. **V—,** 3—4 Std. Abb. S. 137.

● 230 **Campanile Basso (Guglia di Brenta),** 2883 m

Der Campanile Basso, früher auch „Guglia di Brenta" genannt, ist wohl die schönste, kühnste Felsgestalt der Brentagruppe. Besonders an Wochenenden ist gerade der Campanile Basso ein heißbegehrtes Ziel; deshalb ist die Steinschlaggefahr, vor allem in der Fehrmannverschneidung und beim Abseilen, besonders groß.
Noch etwas: Die rotgelbe Einstiegswand, die „Pooliwand", ist der Prüfstein für den ganzen Turm: wer sie als Seilerster gut schafft, kommt auch gut (auf dem Normalweg) auf den Gipfel und kann sich an die Fehrmannverschneidung wagen. Wer dagegen hier zuviel herumprobiert, sollte den Rückzug antreten, um andere Seilschaften nicht aufzuhalten.
Auf den Turm führen insgesamt 14 Routen, von denen die beiden erwähnten am meisten begangen werden. Es dürften bis heute etwa 12 000 Seilschaften auf dem Campanile Basso gewesen sein; bis 1976, wurden nachweisbar (Gipfelbuch) 5500 Besteigungen durchgeführt. Wegen des häufigen Besuchs hat man sich auch dazu entschlossen (Bergführer), eine sichere „Abseilpiste" über den Normalweg einzurichten, was wesentlich zur Sicherheit beiträgt. Achtung: Bei Gewitterge-

fahr bieten einige Nischen auf der „Stradone Provinciale" nur dürftigen Schutz!

● 231 **Normalweg**

O. Ampferer; K. Berger, 18. 8. 1899. **IV** (2 Stellen), oft III und leichter. Elegante, vielseitige Kletterei an durchweg gutem, manchmal auch glattem, speckigem Fels (Pooliwand). Besonders interessant, weil sich die Kletterei auf allen Seiten des Turms abwickelt und somit auch schon während des Aufstiegs immer neue „Aussichten" vermittelt. Für das Abseilen empfiehlt es sich, ein zweites Seil mitzuführen. 270 m, 3—4 Std. Abb. S. 153, 155 und 161.

Stützpunkte und Zugänge: Pedrottihütte oder Brenteihütte. Gleich, welchen Ausgangsort man wählt, ist der beste Zugang in die Scharte zwischen Campanile Basso und Cima Brenta Alta der Bocchetteweg-Abschnitt „Gottstein", 100 m unterhalb der Bocca di Brenta. Man hüte sich, die Rinne zwischen Campanile Basso und Cima Brenta Alta zu begehen; in keinem Fall im Abstieg! Von der Brenteihütte 1½ Std. Von der Pedrottihütte ¾ Std.

Route: Aus der Bocchetta del Campanile Basso auf ein Band an der gegenüberliegenden Seite der Rinne, darauf nach links und über Felsstufen (II, III) bis zu einem Riß, links unterhalb einer gelb-rötlichen Wand. Durch den Riß zu sehr gutem Stand unter der Pooliwand (III—). Über das Wändchen, zuerst gerade, nach gut 10 m etwas nach links und an einer Schuppe Quergang nach rechts zu einem Absatz in überhängender Wand (Abseilring). Stand am besten gleich um die Kante (IV, 3—4 H, 25 m). Rechts der Kante durch Rißandeutung und seichte Rinne weiter auf ein Band (III, I). Auf diesem 20 m nach rechts. In Diagonale über Felsstufen und gutgriffigen Fels zu einem breiten Band, auf dem man 10 m in die N-Seite quert (H), 50 m). An gutgriffiger Wand leicht rechtshaltend, dann nach links in eine Wandnische zu AH (25 m, III). Links in etwas engem, glatten Kamin, den man aber bald links verläßt; Stand bei Köpfl unterhalb eines Bandes (III+). Durch einen Kamin wenige Meter rechts aufwärts. Man befindet sich jetzt auf dem „Stradone Provinciale". Auf diesem Band (eine Unterbrechungsstelle) unter der Schlußwand (N-Wand) entlang, bis dieses an der W-Schulter bei einer Nische endet. Rechts der Nische eine seichte Verschneidung bzw. einen Kamin empor, der nach 30 m rechts verlassen wird (III). Auf der Kante rechts leichter weiter bis zu großen Fels-

blöcken auf großem Absatz (II), „Albergo al Sole". Links unter der gelben Wand eine Platte hoch zu H und, abklettern (versteckte Sanduhr), ein paar Meter nach links zu gutem Stand auf dem „Terrazzino Garbari". Diesen Standplatz kann man auch direkt über die Battistatavariante erreichen (III+, 1 H). Um die NW-Kante ausgesetzt herum, kurzer Quergang nach links und an 2 H hoch, leicht rechtshaltend zu gutem Stand, direkt an der NW-Kante (IV, 25 m). Etwas links der Kante in berauschender Kletterei gerade hoch zum Gipfel (III).
Die **Originalroute** der Erstbesteiger quert bei den beiden erwähnten H absteigend noch 8 m nach links bis in eine Nische zu Stand. Hier beginnt die sogenannte Ampfererwand. Links der Nische sehr ausgesetzt (H) zuerst durch eine seichte Verschneidung und weiter bis unter ein kleines Dach (H), unter dem man nach links quert (H). Nun weiter durch seichte Rißverschneidung bis zu gutem Stand (IV, 35 m). Nach 15 m über gestuften Fels zum Gipfel.
Der Originalausstieg hat heute nur „geschichtliche" Bedeutung; viel praktischer — und als Führerweg sicherer — ist die Direktvariante.

● 231 A Abstieg über die Abseilpiste

Vom Gipfel in NW-Richtung (Crozzon di Brenta) 10 m leicht absteigen. **1. Abseilstelle:** 20 m auf ein Podest. **2. Abseilstelle:** 22 m direkt über die überhängende Kante. **3. Abseilstelle:** 20 m bis in den Kamin. **4. Abseilstelle:** Entweder direkt bis auf das Band „Stradone Provinciale" (35 m), oder zuerst 10 m, dann 25 m. Auf dem „Stradone Provinciale" an der N-Seite (eine Unterbrechung) entlang bis man zur NO-Kante gelangt. Etwa 20 m auf der N-Seite, Richtung Crozzon, abkletternd gelangt man zur **5. Abseilstelle:** Hier entweder 40 m abseilen oder zweimal 20 m bis auf ein breites Band. Auf dem Band nach rechts (O) zu Felsen, die man leicht (II) etwa 30 m, bis auf ein Band nach S abklettert, auf dem Band 20 m Richtung S; hier seichte Rinne abklettern, an

Campanile Basso, rechts Campanile Alto und Bocca del Campanile
R 231 Normalweg
R 231 a Ausstiegsvariante rechts der Südwestkante, Meadevariante
R 237 Nordwestkante auf die Schulter, Via Cristina
R 238 Westwand, Via Rovereto
R 239 Südwestkante, Grafferkante
R 240 Südwestverschneidung, Fehrmannverschneidung
R 241 Südwand der Schulter
R 242 Direkte Südwestkante
R 243 Direkte Südwand

231a
231
241
240
231
243
242
240
239
238
237

einem, scheinbar schwierigem, Überhang hinab (III) zu Stand, um die Kante herum zur **6. (7.) Abseilstelle** (Pooliwand): Hier zweimal abseilen: zuerst 24 m, dann 30 m zu den Felsstufen am E. Abklettern zum Einstiegsband und hinüber in die Bocchetta al Campanile Basso.

● 231 a Ausstiegsvariante rechts der Südwestkante, Meadevariante
P. Blanc, C. F. Meade, 19. 8. 1909. **V—**, IV. Sehr ausgesetzte Kletterei, die vom „Albergo del Sole" in die S-Wand leitet. 50 m, 1/2 Std. Abb. S. 153 und 155.

Route: Vom „Albergo al Sole", R 231, um die SW-Kante herum, etwas rechts absteigen, äußerst ausgesetzt, und wieder nach links schräg hoch zu kleinem Stand, H. (Hierher kann man auch — schwieriger — kommen, wenn man direkt an der Kante hochklettert). Direkt, sehr ausgesetzt, an kleinen, aber gutgriffigen Felsen senkrecht empor bis in eine Nische. Weiter links auf ein Band und leichter zum Gipfel.

● 231 b Ausstiegsvariante vom Normalweg, über die Westwand
N. Pooli, R. Trenti, 31. 7. 1904. **V+**, IV, 35 m. 20 Min. Abb. S. 161.

Route: Vom „Terrazzino Garbari" an der NW-Kante wird die steile gelbrote Schlußwand erklettert. Vom „Terrazzino Garbari" durch Riß, bis man in eine Nische gelangt. Rechtshaltend über Überhang und weiter gerade hoch zum Gipfel.

● 232 Südostkante, Foxkante
R. Costazza, S. Disertori, P. Fox, L. Golser, 7. 8. 1937. **V+** (überwiegend), IV (einige Stellen). Erstbeg.: 9 H. Ausgesetzte Kletterei unmittelbar an der senkrechten SO-Kante. 180 m ab Band oberhalb der Pooliwand. 2—4 Std. Abb. S. 155.

Zugang: Wie bei R 231 zum E der Normalroute und weiter bis an die Kante, und auf das Band oberhalb der Pooliwand.
Route: Über gestuften Fels (20 m, III, 1 Stelle IV) empor. Durch eine senkrechte Verschneidung (20 m, IV) auf ein Band. Von rechts nach

Campanile Basso, oberer Teil, von Nordosten

R 231 Normalweg
R 232 Südostkante, Foxkante
R 233 Ostwand, Preußwand
R 234 Nordostkante, Grafferkante (ab Stradone Provinciale)
R 235 Nordwand (ab Stradone Provinciale)
R 236 Nordwand, Unterer Teil

236
234
231
233
235
231
236
232

links weiter in eine gelbe Nische (IV, 20 m). Durch eine kleine gelbe Verschneidung, Quergang nach rechts, wieder an die Kante und gerade weiter auf das Band (IV, V) zum „Stradone Provinciale". 2 m rechts der Kante 20 m empor in eine kleine Nische (V+). Nach kurzem Quergang über einen Überhang zu gutem Stand nach 20 m (V+). Weniger schwierig durch gutgriffige Verschneidung und über einige kleine Überhänge (20 m, IV). Über gutgestuften Fels, Überhänge überklettern (20 m, IV). Nach links auf die Kante, auf der man direkt auf den Gipfel gelangt.

● 233 **Ostwand, Preußwand**

P. Preuß, allein, 28. 7. 1911. **V—**, IV+ (überwiegend). Elegante Freikletterei an bestem Fels durch die Schlußwand ab „Stradone Provinciale". 110 m, 2 Std. Abb. S. 155.

Zugang: Wie bei R 231 auf den „Stradone Provinciale", gleich nach dem „engen, glatten Kamin".

Route: Vom „Stradone Provinciale" zu einem Felsköpfel unter der senkrechten O-Wand. Leicht linkshaltend zu einer gelben Verschneidung, dann über die graue Wand in Richtung auf eine zweite gelbe Wandstelle, unter der man nach links quert (V—, H). Man gelangt auf einen kleinen Absatz unter einem Dach, das von einem Riß gespalten ist. Durch diesen Riß über das Dach, weiter durch eine seichte Verschneidung, dann in Wandkletterei leicht rechtshaltend auf eine gelbe Nische zu; auf einer Leiste nach rechts zu einer Depression. In Nähe der NO-Kante über eine weniger steile Wand empor, wieder linkshalten in einem schwarzen Kamin auf den Gipfel.

● 233 a **Einstiegsvariante zur Preußwand**

G. Nones, M. Scotoni, 8. 9. 1905. **IV+.** 1 Std. Heute als direkter Zustieg zur Preußwand empfehlenswert.

Route: Vom Band oberhalb der Pooliwand wie bei R 231 an gestuftem Fels in Richtung auf einen 25 m langen, engen Kamin, der in eleganter Kletterei bis zum Überhang durchstiegen wird. Unter dem Überhang rechts auf die Wand und zu Stand auf dem „Stradone Provinciale" und zum E der Preußroute.

● 234 **Nordostkante Grafferkante (ab „Stradone Provinciale")**

G. und R. Graffer, 24. 8. 1933. **V+**, V, selten leichter. Äußerst ausgesetzte Kletterei rechts der Preußwand an gutem Gestein. 110 m, 2 Std. Abb. S. 155.

Zugang: Wie bei R 231 auf dem Normalweg bis auf den „Stradone Provinciale".

Route: 2 m rechts der Kante gerade empor (1 H). Schräg linkshaltend auf die andere Seite der Kantenschneide, weiter 15 m gerade hoch zu Stand. Wieder leicht rechtshaltend, 35 m direkt an der Kante empor (V, V+) zu Stand rechts der Kante. Wieder direkt an der Kante hoch, die nach einigen Metern, leichter werdend, zum Gipfel leitet.

● **235 Nordwand (ab „Stradone Provinciale")**

C. Claus, C. Maestri, 30.—31. 7. 1965. **A 2** und A 1, VI—. Hauptsächlich hakentechnische Kletterei mit kurzen Passagen in freier Kletterei, weniger lohnend. Erstbeg. 50 H und 30 BH. 110 m, 2—3 Std. Abb. S. 155.

Zugang: Wie R 231 zur Unterbrechungsstelle am „Stradone Provinciale". Links davon zu einer gelben Verschneidung. E.

Route: Durch die Verschneidung bis zu kleinem Dach (A 1). Links über das Dach (Ae) weiter zu einer grauen Verschneidung (Ae und VI—). Durch die Verschneidung bis zu ihrem Ende, dann nach rechts zu gutem Stand. Durch die folgende Verschneidung (Stellen Ae) zum Gipfel.

● **236 Nordwand, unterer Teil**

M. Armani, E. Gasperini, 22. 7. 1934. **VI—**, V. Wenig lohnende Route an der dunklen Schluchtwand zwischen Campanile Basso und Torrione Comici. Verläuft im oberen Teil, ab dem „Stradone Provinciale" einige Meter links der NW-Kante und mündet bei der „Garbariterrasse". Abb. S. 155.

● **237 Nordwestkante auf die Schulter, „Via Cristina"**

M. Franceschini, M. Stenico, 10.—11. 8. 1947. **VI—**, V, IV, selten leichter. Wenig wiederholt. Hakensortiment, KK und Schlingen empfehlenswert. 380 m. 8—10 Std. Abb. S. 153 und 171.

Übersicht: Der Campanile Basso bricht mit einer schlanken, senkrechten Wand ins obere Val Brenta ab. Der Anstieg verläuft zunächst auf der W-Wand, um unter gelben Überhängen zur Kante zu gelangen.

Zugang: Von der Brenteihütte auf Weg 318 Richtung Bocca di Brenta. Unter dem Kantenfuß auf Geröll empor zu Kamin rechts der Kante; E, 3/4 Std.

Route: Rechts der Kante durch einen Kamin bis in eine Höhle. Unter deren Dach 5—6 m Quergang nach rechts bis zu steilen Aufschwüngen. Links hält man sich auf eine Verschneidung zu. Durch die Verschneidung in Richtung auf einen gelben Felskopf. Auf halber Höhe der Ver-

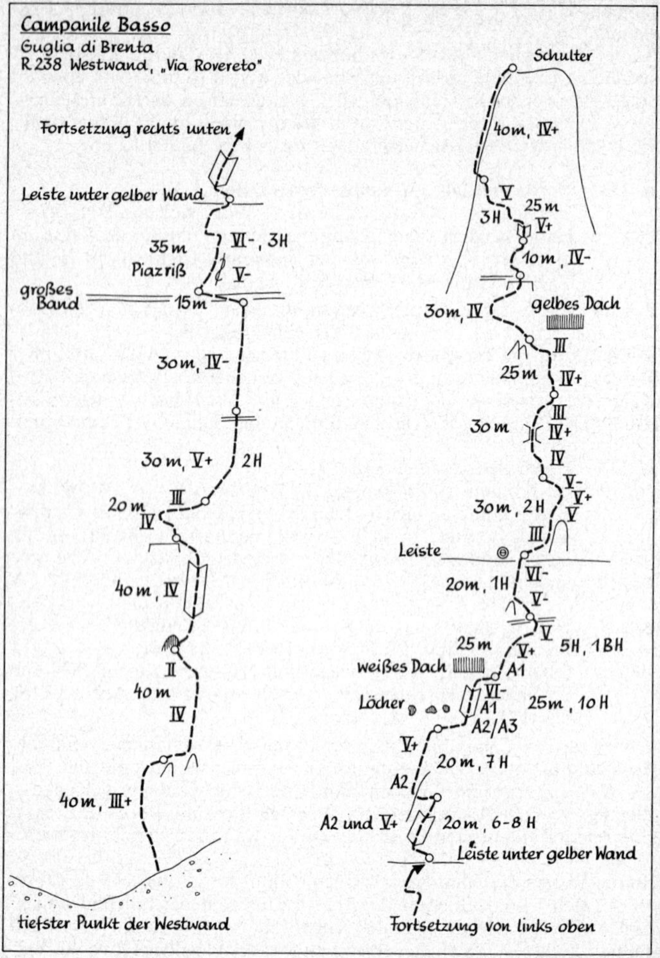
Campanile Basso
Guglia di Brenta
R 238 Westwand, „Via Rovereto"
Fortsetzung rechts unten
Leiste unter gelber Wand
35 m
VI-, 3H
Piazriß
V-
großes Band
15 m
30 m, IV-
30 m, V+
2H
20 m
III
IV
40 m, IV
II
40 m
IV
40 m, III+
tiefster Punkt der Westwand
Schulter
40 m, IV+
V
25 m
3H
V+
10 m, IV-
30 m, IV
gelbes Dach
III
25 m
IV+
III
30 m
IV+
IV
V-
V+
30 m, 2H
V
III
Leiste
VI-
20 m, 1H
V-
V
25 m
V+
5H, 1BH
weißes Dach
A1
Löcher
VI-
A1
25 m, 10 H
A2/A3
V+
20 m, 7 H
A2
A2 und V+
20 m, 6-8 H
Leiste unter gelber Wand
Fortsetzung von links oben

schneidung quert man nach rechts; wieder linkshaltend gelangt man zu einer großen Schutterrasse. Nun äußerst schwierig zunächst gerade hoch, dann (VI—) leicht linkshaltend an grauschwarzen Felsen 2 SL hoch zu einem bequemen Absatz. Von diesem Absatz zunächst durch einen überhängenden Riß von 30 m (VI, A) zu Stand in gelber Nische. Quergang 3 m nach links etwas links der Kante. An grauer Wand ohne besondere Schwierigkeiten 4—5 SL (III—IV) zur Schulter. Darauf nach links zum „Stradone Provinciale".

● **238 Westwand, „Via Rovereto"**
A. Aste, A. Miorandi, 10.—11. 9. 1961. **VI—**, A 1 und A 2, oft V und IV. Sehr schöne, ausgesetzte Kletterei an bestem Fels; Hauptschwierigkeiten in freier Kletterei. Einige H, KK und Schlingen empfehlenswert 380 m. 6—7 Std. Abb. S. 153.

Zugang: Wie bei R 237 unter die Wand. E etwas rechts des tiefsten Punktes.
Route: s. Skizze S. 158.

● **239 Südwestkante, Grafferkante**
G. Graffer, A. Miotto, August 1934. **VI—**, (mit 12 H der Erstbeg.), heute V+, (mehr H). Sehr lohnend, wird häufig begangen. Ein paar H, KK und Schlingen empfehlenswert. 350 m. 5—7 Std. Abb. S. 153 und 161.

Übersicht: Der Anstieg verläuft über die graue, oft steile Kante, im oberen Teil links davon durch die W-Wand und schließlich über die N-Wand auf die Schulter.
Zugang: Von der Brenteihütte, wie bei R 237 unter die W-Wand. Der E befindet sich 30 m rechts oberhalb des tiefsten Punktes der Kante.
Route: An gestuftem Fels gerade hoch (III) bis auf ein Schuttband auf Höhe des E der Fehrmannverschneidung, R 240. Zunächst hält man sich etwas links, dann an einem Riß zwischen zwei Nischen hoch (35 m, IV). Nun ausgesetzter Quergang nach rechts (V—) auf die eigentliche Kante, und an ihr empor. Linkshaltend über grauen, festen Fels; leicht nach links und wieder gerade hoch (IV+ und V+, H). Nach Überwindung eines kleinen Überhanges wieder leicht nach links, bis man auf ein Band gelangt (40 m, H, IV+, V). Rechtshaltend zu einer Terrasse unterhalb des gelben Risses direkt an der Kante (IV+). Durch die Rißverschneidung rechtshaltend (50 m, IV+, V) zu Terrasse. Rechts halten und gerade hoch bis unter ein Dach. Durch die 60 m lange Rißverschneidung (V+, V) bis auf ein Band. Anschließend durchsteigt man zuerst eine gelbe Verschneidung, dann einen kaminartigen Riß, und gelangt auf eine Terrasse (60 m, IV+, IV). Von der Terrasse zuerst gera-

de empor, rechts am Dach vorbei bis unter Überhänge (50 m, IV, III). Dann einige Meter gerade hoch, etwa 15 m nach links zu einem Kamin, (III, IV). Durch den Kamin, weiter auf die N-Seite, über Platten und Stufen auf die Schulter (70 m, III u. IV). Von der Schulter auf den „Stradone Provinciale".

● 240 Südwestverschneidung, Fehrmannverschneidung

R. Fehrmann, O. Perry-Smith, 27. 8. 1908. **V—**, IV+, IV, kaum leichter. Klassische, vielbegangene Route, eine der schönsten in der ganzen Brentagruppe; abwechslungsreiche Kletterei. Einige H, KK und Schlingen empfehlenswert. Nach Regentagen zu meiden. 350 m. 4 Std. Abb. S. 153 und 161.

Übersicht: Rechts der SW-Kante zieht ein Verschneidungs- und Rißsystem geradlinig auf die Schulter. Die Route wählt diese Risse und Verschneidungen. Ganz oben, 40 m unterhalb der Schulter, empfiehlt es sich, auf der Verschneidungsplattenwand rechts zu klettern und mittels einer Linksquerung die Schulter zu erreichen.
Zugang: Von der Brenteihütte wie bei R 231 unter die W-Wand und rechts der SW-Kante hinauf an den Beginn der Verschneidung.
Route: 2 SL an Rissen bzw. Rampen empor, (III und IV). Von hier umgeht man eine Kante rechts an glatter Platte empor zum Beginn der eigentlichen Verschneidung (IV+). Im Verschneidungswinkel 60 m hoch bis unter gelbe Überhänge (IV+); rechts die Verschneidung verlassen zu Stand auf Terrasse. Leicht rechtshaltend zu einer Art Nische, von der an sich die Wand wieder aufsteilt. Links der Nische an einer Art Schuppe empor (V—). Jetzt wieder nach links in die Verschneidung und in eine Rißreihe, die ganz durchstiegen wird (IV+, 3 SL), bis man

Campanile Alto und Campanile Basso von Südwesten

Campanile Basso

R 231 Normalweg
R 231 a Ausstiegsvariante rechts der Südwestkante, Meadevariante
R 231 b Ausstiegsvariante vom Normalweg, über die Westwand
R 239 Südwestkante, Grafferkante
R 240 Südwestverschneidung, Fehrmannverschneidung
R 241 Südwand der Schulter
R 242 Direkte Südwestkante

Campanile Alto

R 274 Südwand
R 274 a Variante, oberer Teil

274
Varianten
274
274 a
239
231 b
231 a
231
241
240
242

in eine überdachte Höhle gelangt. Im Innern durch ein enges, nasses Felsloch, oder, eleganter aber schwieriger, rechts 30 m eine Plattenwand empor (H, V—) und 15-m-Quergang nach links auf die Schulter und somit auf den „Stradone Provinciale“.
Anmerkung: Eine „ideale Fortsetzung“ wäre jetzt: Auf der Normalroute, R 231, bis zum „Albergo al Sole“, dann auf der Meadevariante, R 231 a, zum Gipfel. Vom „Stradone Provinciale“ 1½ Std.

● **241 Südwand der Schulter**

E. Alimonta, C. Maestri, 9.—10. 8. 1969. **VI—**, V, IV, **A 2.** Die Erstbeg. verwendeten 17 H, einige BH. Teils freie, teils Hakenkletterei an gutem Fels durch die Steilwand links der Fehrmannverschneidung, R 240; 350 m, 4—6 Std. Abb. S. 153 und 161.

Route: Wie bei R 240 die Fehrmannverschneidung 2 SL empor. Dort, wo diese rechts abzweigt, steigt man gerade einen senkrechten Riß empor bis zu einem Band. Das Dach wird an seiner linken Seite überwunden (A 1). In schöner, schwieriger Freikletterei immer einem System von Rissen und Verschneidungen folgend gelangt man nach 4—5 SL unter große Dächer. Man klettert bis unter die linken, höher gelegenen Dächer, die rechtsquerend umgangen werden (A 2). Weiter durch eine große Verschneidung nach 2 SL auf die Schulter.

● **242 Direkte Südwestkante**

P. Schubert, K. Werner 19.—20. 7. 1968. **VI,** V und IV, nicht leichter. Erstbeg. 15 Std., 36 H, HK. Für Wiederholer sind Hakensortiment, KK und Schlingen empfehlenswert. Sie werden 6—8 Std. benötigen. Die Route zählt einige Wiederholungen. Sehr schöne Freikletterei, Riß- und Kaminroute. Abb. S. 153 und 161.

Übersicht: Die Kante wird durch die rechte Wand der SW-Verschneidung gebildet. Im unteren Teil ist sie von einigen Kaminreihen von der SW-Verschneidung getrennt. Die östl. Kaminreihe zieht bis in die Schlucht herab, die sich zwischen Brenta Alta und Campanile Basso befindet. Diese Kaminreihe vermittelt den E. Ein kurzes Band führt an den Fuß des hier ansetzenden Kamins. Die Route folgt zunächst diesen Kaminen, bis es möglich ist, in die rechte Wandseite hineinzuqueren und somit die Fallinie der Kante zu erreichen. In der Folge hält sich die Route knapp links der SW-Kante bis hinauf zur großen Terrasse, dem „Albergo al Sole“. Von hier auf der Meadevariante, 231 a, zum Gipfel.
Route: s. Skizze S. 163.

• 243 Direkte Südwand
M. Navasa, M. Stenico, 24.—25. 7. 1962. **VI, A 2,** V, selten leichter. Erstbeg. 100 H, 10 HK und 20 BH; deshalb aber dennoch keineswegs Hakenkletterei! Nur 15 H wurden belassen und Wiederholungen (auch Winterbegehung) zeigten, daß man mit viel weniger H auskommt. Besonders zu empfehlen sind breite KK und Schlingen. 300 m. 12—15 Std., eher weniger. Abb. S. 153.

Übersicht: Kühner, eleganter Anstieg, der zuerst einer Serie von Rissen und Verschneidungen im linken Wandteil folgt und im oberen Teil durch die gelbe kompakte Wand verläuft. Der oberste Teil verläuft auf der Meadevariante, R 231 a, die von rechts erreicht wird.

Zugang: Von der Brenteihütte über Weg 318 bis unter den E zur Fehrmannverschneidung, R 240, weiter über Geröll bzw. durch eine Schneerinne empor, bis man zu einem Band gelangt. Am Ende dieses Bandes quert man einige Meter, um an den Beginn der markanten Rißverschneidung zu gelangen. E.

Route: Man erklettert in 4—5 SL die Rißverschneidung, bis man zu einem geräumigen

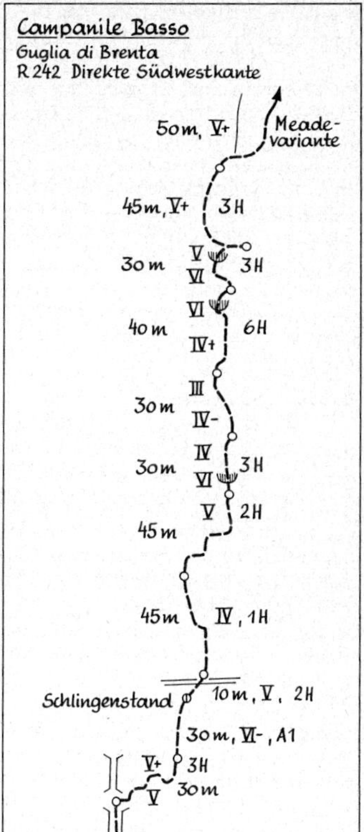

Band kommt (V und VI). Weiter durch eine gelb-rote Verschneidung und einen überhängenden Riß, der später über leichteren Fels zu einer Nische leitet (V und VI). An grauem Fels erstaunlich leichter bis an den Fuß einer weißen, brüchigen Verschneidung (35 m, III und IV). Durch die Verschneidung, und nach einem Riß zu einer geneigten Terrasse am Beginn einer gelben Verschneidung. Hier stößt man auf die Armani / Fedrizzi-Route, R 244. Durch die Verschneidung (VI) und danach an einer Schuppe sehr ausgesetzter Quergang nach rechts (links auf dem Band sieht man zwei alte H der Armani / Fedrizzi-Route). Von diesen H gerade hoch durch die gelbe überhängende Wand zu einem nassen schwarzen Riß. Den Riß entlang, der links verlassen wird; weiter gerade hoch bis zu den letzten Dächern. Quergang nach links zu gegliedertem Fels und damit zur Meadevariante, auf der man den Gipfel nach 50 m erreicht (V—).

● 244 Südwand

M. Armani, C. Fedrizzi, 22. 8. 1935. **VI,** V, selten leichter. Einige H vorhanden. Kaum begangene, ausgesetzte Route, die den oberen Teil der S-Wand in mehr oder weniger ausgeprägter Diagonale nach links berührt und auf der Heckmairvariante, R 244a, aussteigt. 260 m, 6—8 Std.

Zugang: Von der Bocchetta del Campanile Basso (s. R 231) wie zum Normalweg bis zu einem Riß, der zur Terrasse unterhalb der Pooliwand führt. Hier E.

Route: Man hält sich links auf eine gelbe Verschneidung zu, die durchstiegen wird. Rechts an einem Überhang vorbeiklettern und bis 10 m unter ein Dach. Der Überhang wird rechts erklettert; darüber 7—8 m Quergang nach links (VI). Hinter dem Dach 4 m hinab und auf eine Leiste. Auf dieser nach links, bis sie unterbrochen wird. Bei dem Wasserstreifen wird ein Überhang überwunden (VI). Danach durch einen kurzen Riß zu den Felsen links. Hier steht man unter dem Heckmairriß, den man erklettert und so nach 2 SL etwa auf das rechte Ende des „Albergo al Sole“ gelangt (VI—). Über die Meadevariante, R 231 a, zum Gipfel (V—).

● 244a Variante

A. Heckmair, Maria Casè, S. Emmer. 1933. **VI—,** V, ca. 50 m bis zum „Albergo al Sole“, 1 Std.

Die Heckmairvariante ist ein Riß unmittelbar rechts der SW-Kante des oberen Teils am Campanile Basso. Anstatt nach links auf die Schulter zu queren, kletterten Heckmair und Gef. ausgesetzt um die SW-Kante in die S-Wand, wo sie einen gelben Riß erkletterten.

• 250 Torrione Comici, ca. 2550 m

Der Torrione Comici ist ein Turm, der sich mit seiner dreieckigen Westwand nördlich des Campanile Basso erhebt. Zum Val Brenta bricht er mit einer 250 m hohen, senkrechten Wand ab, während er mit dem Massiv durch einen breiten Geröllrücken verbunden ist, über den, ohne Schwierigkeiten, der Normalweg führt.

• 251 Normalweg vom Bocchetteweg

I, Erstersteiger unbekannt. ½ Std. vom Bocchetteweg.

Nachdem man auf dem Bocchetteweg zu einer Aussichtsterrasse gelangt, von der man den besten Einblick in die S-Wand des Campanile Alto (R 270) hat, hält man sich, schrofigen Felsen folgend, leicht absteigend durch Rinnen, Richtung SW, auf den hier deutlich zu erkennenden Gipfel zu.

• 251 A Abstieg

1¼ Std.

Ostw. über den Geröllrücken in die Scharte (Sattel) zwischen Campanile Basso und Sentinella, dort, wo der Bocchetteweg vorbeikommt. Ihm folgend in die Bocchetta del Campanile Basso und ins obere Val Brenta, kurz unterhalb der Bocca di Brenta.

• 252 Nordwestkante

M. Pisetta, H. Steinkötter, 7. 9. 1963. **V** (drei Stellen), sonst IV und III. Erstbeg.: 3 H. KK und Schlingen nützlich. Beliebte kurze Brentatour. 250 m 2—3 Std. Abb. S. 171.

Zugang: Von der Brenteihütte auf Weg 318 bis unter die NW-Kante und über Geröll zum E.

Route: E einige Meter links eines auffallenden gelben Felsausbruches an der Kante. Nach 10 m zu gutem Stand (III+). Durch feinen Riß rechts, dann linkshaltend (20 m, 1 H, IV+). Durch überhängende Verschneidung (V) gelangt man nach 20 m zu einer Terrasse, 20 m. Man erklettert einen senkrechten Riß, dann leicht linkshaltend zu Stand nach 25 m (1 H, V). Weiter linkshaltend zu einer Nische und über Überhang. In der Folge links zu gelbem Fels, dann wieder nach rechts zu Stand auf Band (30 m, V, IV). Vom Band gerade empor zu Kamin, den man nach 20 m links zu Stand auf Absatz verläßt (30 m, IV, III). Jetzt nicht im Kamin, sondern links über Überhang und zu Stand (20 m, V—, III). Nun rechtshaltend bis direkt an die Kante (15 m, II). 4 m links der Kante über kleinen Überhang und direkt an der Kante empor zu großem Absatz (40 m, IV+). Direkt an der Kante weiter zu Absatz (III). Links durch kurzen Riß und wieder nach rechts zu Stand

(IV, 10 m). An feinem Rißüberhang direkt nach einigen Metern zum Gipfel (V, 1 H, III).

● 253 Westwand „Gummiarm-Route“

A. Parodi, U. Villotta, 10. 8. 1980. **V +**, IV und III. Interessante, sehr ausgesetzte Kletterei an gutem Gestein durch den linken Teil der W-Wand. Letzte SL gemeinsam mit der Detassisroute, R 254. Keine ZH, sondern häufige Anwendung von Schlingen und KK. E rechts von gelben Überhängen der NW-Kante. SH vorhanden. 250 m, 3—4 Std. Abb. S. 171.

Zugang: s. R 251.
Route: Wie bei R 252 zur Kante. Rechts der gelben Überhänge an einer Art Schuppe hinauf (III +, 30 m). Dann auf Leiste 5 m nach rechts und diagonal nach links über Platten und Risse (IV—, IV +) zu Stand auf breitem Band. Danach links auf Band 12 m zu Block, auf den Block hinauf und über schwarze Wandstelle, zu Stand an Sanduhren, (30 m, IV +). Links an einem Felsschild empor (2 Stellen A 1) und frei hinauf auf Terrasse (V, V—, 15 m). Quergang auf schmalem, ausgesetztem Band (15 m, III). Weiter auf einer Rampe rechts halten (III), dann durch Kaminabschnitte und über Platten in Richtung einer kleinen Nische bis unter gelbschwarzen Riß (45 m, IV). Auf Band 8 m nach rechts und an senkrechter schwarzer Wand empor (V +, V—, dann IV und IV—, 30 m). Durch einen Kamin (III) hinauf bis auf Band, weiter im Zickzack über graue Platten mit Überhang am Beginn (IV +, V +, IV) zu Stand auf Band, 30 m. Schließlich Quergang nach rechts bis in die Detassisroute rechts und nach 1 SL, R 254, rechts des Gipfels zum Ausstieg.

● 254 Westwandriß

B. Detassis, S. Disertori, R. Graffer, C. Scotoni, W. Sgorbati, 24. 8. 1941. **V +**, IV, selten leichter. Schöne Kamin- und Rißkletterei in großer Ausgesetztheit. Sehr lohnend; nur nach Regen zu meiden. Einige H, KK. und Schlingen nützlich. 250 m. 4 Std. Abb. S. 171.

Zugang: Von der Brenteihütte auf Weg 318 bis unter die Wand und in wenigen Minuten zum E bei der Einstiegsverschneidung.
Route: 25 m durch die überhängende Verschneidung zu Absatz. Kurzer Quergang nach rechts und 30 m in Riß gerade empor. An der rechten Seite gerade empor bis zu Stand bei zwei Nischen. Man bleibt auf der rechten Seite des Risses, 15 m empor zu Absatz, weiter im Riß zu gutem Stand. An überhängender Rißkante empor bis in eine große Nische (30 m, V +). Gerade über den Überhang und weiter im Riß (V +). An

der Wand rechts hoch bis zu bequemem Standplatz. Weiter durch den überhängenden Riß direkt zum Gipfel (V+).

● 260 La Sentinella (Die Schildwache)

Spitzer Felsturm zwischen Campanile Basso und Campanile Alto, der leicht vom Sattel des Bocchetteweges aus zu besteigen ist. Für den Kletterer dürfte lediglich die 220 m hohe O-Wand des Vorgipfels von Interesse sein. Abb. S. 145.

● 261 A Abstieg
Vgl. R 251 A.

Nach W zum Sattel des Bocchetteweges.

● 262 Ostwand
G. und P. Graffer, 9. 8. 1937. **V**, IV, selten leichter. Einige H vorhanden, KK und Schlingen nützlich. 220 m, 3 Std. Abb. S. 145.

Zugang: Von der Pedrottihütte auf dem Orsiweg wie bei R 212 in das Geröllkar „Busa degli Sfulmini". Man sieht eine Verschneidungsreihe, die die O-Wand durchzieht. Sie vermittelt den Anstieg. E in Fallinie dieser Reihe. 1 Std.
Route: In Fallinie der Verschneidung zuerst rechtshaltend 30 m empor. Nach einer weiteren SL gelangt man dann an den Beginn des linken Risses. Unter einer Nische in roter Wand vorbei; über einen Überhang gelangt man in den Riß, den man bis in die Nische erklettert. Nach etwa 50 m gelangt man auf ein großes Band. Von dort knapp 2 SL durch den linken Riß, dann wechselt man in den rechten über und klettert 15 m darin empor. Einige Meter gerade hoch, Quergang nach rechts in den rechten Riß, weiter diagonal nach links und weicht dabei dem Riß-Überhang aus. Nach 40 m gelangt man direkt auf den Vorgipfel der „Schildwache".

● 270 Campanile Alto, 2937 m

Gewaltiger Berg, der trotz seiner Masse, vom Val Brenta aus, eine elegante Linie aufweist. Besonders eindrucksvoll ist der fast 600 m hohe W-Grat unweit des Torrione Comici, dessen W-Wand neben dem Campanile Alto klein wirkt. Am begehrtesten ist unter den Kletterern ohne Zweifel der W-Grat und die kurze S-Wand über die Paulckeroute. Der Normalweg ist alles andere als „leicht" und besonders im Abstieg mit Vorsicht zu genießen.

● 271 Normalweg von Nordnordosten

G. Merzbacher, B. Nicolussi, 27.7.1885. **III** (eine Stelle), sonst II und I. Besonders für den Abstieg gut gesichert mit AH; im allgemeinen kann jedoch abgeklettert werden. Beliebte Führertour. 140 m; 2 Std. Abb. S. 153.

Zugang: Über den Bocchetteweg von der Bocca di Brenta kommend in die Bocchetta del Campanile Basso, weiter hinauf zum Sattel westl. der Sentinella. Der Weg wird noch gut 100 m verfolgt bis an den Fuß einer Geröllrinne zwischen Sfulmini-Türmen und Campanile Alto („Bocchetta Bassa degli Sfulmini"). Hier E.

Route: Durch einen Riß von links nach rechts; nach wenigen Metern gelangt man auf ein System von Bändern, denen man rechtshaltend folgt, um auf die N-Kante zu gelangen. Gleich hinter der Kante steigt man durch eine Rinne, die wieder auf die Kante und um sie herum in einen Kamin leitet. Der manchmal etwas feuchte Kamin wird direkt oder an der linken Seite erklettert (III). Nach 80 m gelangt man auf ein Schuttband, auf dem man nach links (ostw.) quert. Steigspuren und Steinmänner weisen den weiteren Weg zum höheren S-Gipfel des zweigipfeligen Campanile Alto.

● 271 A Abstieg

III, meist leichter. 1 Std.

Vom Gipfel zunächst über Stufen und durch Rinnen auf das Schuttband auf der NO-Seite, Steinmänner. Linkshaltend zu einem Kamin, durch den man abklettert oder teilweise abseilt. Am Kaminende nach links (Richtung Brenteihütte) durch eine 20-m-Rinne ziemlich ausgesetzt auf ein Band, auf dem man nach O quert. Über Bänder und Stufen queren und absteigen zu anderem AH. Man gelangt in die Rinne am Wandfuß und nach einigen Meter auf den Bocchetteweg; darauf nach O, Richtung Pedrottihütte, bzw. Brenteihütte.

● 272 Nordostwand

V. E. Fabbro, I. Lunelli, 11.7.1911. **IV** (eine Stelle) und III+. Wegen des oft nassen Kamins und des relativ langen Zustiegs für diesen kurzen Anstieg kaum wiederholt und nicht lohnend. Abb. S. 193.

● 273 Ostwand

S. Antonini, M. Brovelli, 1935. **V** und IV. Abwechslungsreicher, interessanter Anstieg durch die gut 450 m hohe O-Wand, die in die Busa degli Sfulmini abbricht, lohnend. 450 m, 4—5 Std. Abb. S. 193.

Zugang: Von der Pedrottihütte über den Orsiweg, unter den Wänden der Cima Brenta Alta vorbei an den Wandfuß. Dort, wo der Schnee am höchsten in die Wand hinaufreicht, befindet sich im rechten Wandteil der E. 1 Std.
Route: Über brüchigen Fels gelangt man zunächst linkshaltend auf eine ziemlich abschüssige Terrasse, über der sich drei Kamine befinden. Man steigt nun durch den zweiten, ziemlich glatten Kamin, bis zu seinem Ende. Von hier schräg rechtshaltend gelangt man zu einer brüchigen Rinne, die durchstiegen wird. Man erreicht dann ein Band, auf dem der Bocchetteweg verläuft. Nun klettert man durch einen gelblichen schwierigen Kamin nach 2 SL auf ein Band. Darauf quert man ein paar Meter nach rechts und steigt in einem Riß hoch, den man nach 10 m durch eine Rechtsquerung von etwa 15 m verläßt. Man steht so auf einem engen Band über einer schwarzen Wand. Auf diesem nach links, bis es sich in der Wand verliert. Man quert 12 m ausgesetzt eine glatte Platte und gelangt zu einem Zacken. Nun geht es etwa 25 m eine schwarze Wand entlang und danach durch einen gelben Riß einige Meter weiter gerade empor zu einem Band. Darauf wendet man sich nach rechts zu gestuften Felsen, wo ein schwieriger Riß zu einer Nische überleitet. Hier 10 m nach rechts zu leichten Felsen und endlich durch den leichten Schlußkamin zum Gipfel.

● 274 **Südwand**

W. v. Frerichs und W. Paulcke, 14. 9. 1897. **III,** selten leichter. Wohl die am meisten begangene Route am Campanile Alto mit herrlichem Blick auf den Campanile Basso, der dieser Wand direkt gegenüberliegt. Sehr ausgesetzte Kletterei an gutem, griffigen Fels mit einer allerdings nicht sehr schönen Linienführung von rechts nach links durch den oberen Teil der S-Wand. 200 m. 1—2 Std. Abb. S. 161.

Zugang: Über den Bocchetteweg bis zu dem Sattel auf Höhe der Sentinella. Hier hat man einen guten Einblick in die S-Wand. 1¾ Std. von der Brenteihütte.

Route: Die Route beginnt mit der großen Kaminschlucht, die zuerst durchquert wird (Bettegakamin II). Dann durch den Kamin, dessen beide Überhänge links umgangen werden. Wo dieser tiefer wird, klettert man links durch einen engen Kamin. Durch ihn gelangt man in eine kleine Scharte, die den Zugang in die S-Wand möglich macht. Man gelangt so auf das Band, auf dem man in größter Ausgesetztheit bis zu einem großen Felsblock gelangt. Von dem Block zunächst gerade empor, dann immer schräg links halten, 2 SL bis zur Kante, hinter der man durch eine Schlucht auf den Gipfel gelangt.

• 274a Variante, oberer Teil
G. Graffer, R. Videsott, 1927. **IV+** und IV. 110 m, 2 Std. Abb. S. 161.

Route: Von der Terrasse am Bocchetteweg sieht man einen nach rechts geöffneten Kamin, zu dem man absteigend (Spuren und Band) gelangt. Man durchklettert den Kaminriß (etwas brüchig, IV+), der rechts weiter oben in einen anderen Kamin mit Überhang (IV, 2 H) leitet. Nach seiner Durchsteigung nach links in die S-Wand überwechselnd, gelangt man zur Variante (S. Agostini, T. Gessmann, 1931), die zunächst über eine Wandstelle gerade hochführt (Wand), dann nach links ausgesetzt in die Wand quert und gerade hoch auf das große Band der Paulckeroute, R 274, kann man über eine steile, gutgriffige Wand auf das Geröllband unter den Überhängen nahe des Gipfels gelangen.

• 275 Südwand, Graffer / Videsott-Route
G. Graffer, R. Videsott, 30.7.1927. **IV.** Abb. S. 171. Kaum wiederholte Route, die im unteren Teil die eigentliche S-Wand nur durch die Begehung von Rissen und Kaminen streift. In der Wandmitte stößt sie auf ein großes Schuttband mit Ausweichmöglichkeit zum Bocchetteweg. Ab dem Schuttband wird sie als Variante R 274a beschrieben.

• 276 Südsüdwestwand
T. Donarini, R. Fragate, 25.7.1970. **IV+**, IV, III. Interessante Freikletterei. Erstbeg. 5 H, 550 m. 5 Std. Abb. S. 171.

Zugang: Von der Brenteihütte auf Weg 318 bis unter die SSW-Wand. Rechts der W-Kante über Geröll empor bis an den Fuß der Kaminreihe, 3/4 Std.

Route: Zunächst durch eine Rinne wie bei der Graffer / Videsott-Route, bis man zu einem weiteren Kamin linkerhand gelangt. Durch den

Sfulmininadeln, Campanile Alto, Torrione Comici, Campanile Basso und Cima Brenta Alta

Campanile Basso

R 237 Nordwestkante auf die Schulter, Via Cristina

Torrione Comici

R 252 Nordwestkante
R 253 Westwand, Gummiarm-Route
R 254 Westwandriß

Campanile Alto

R 275 Südwand
R 276 Südsüdwestwand
R 277 Westgrat
R 278 Nordwestverschneidung
R 279 Nordnordwestwand

Sfulmini

R 287 Süd-Nord-Überschreitung

287
276
Weg 305
279
278
277
275
252
253
254
237
Weg 318
Brenteihütte

Kamin, den man unter einem Dach nach links verläßt. Nach dem Dach wieder im Kamin weiter; man hält sich auf einen großen Gendarm zu und gelangt auf diesen Turm. Linksquerend erklettert man einen schwarzen Riß. Weiter durch einen senkrechten Kaminriß bis unter ein Dach (H), unter dem man nach links quert. Jetzt erklettert man eine brüchige Wand, steigt links an einem Dach vorbei, hält sich dann rechts an leichten Felsen und gelangt auf ein Geröllband unterhalb der Überhänge des W-Grates. Man hält sich nun etwa 100 m rechts; über gutgegliederten Fels etwa 80 m rechts eines engen schwarzen Risses, den man von rechts weiter oben erreicht. Durch den Kamin hinauf bis zu einer Höhle. Links zu Stand auf einer Kanzel unter einem überhängenden Riß (H). Durch den Riß und anschließenden Kamin bis zu seinem Ende. Rechts über eine breite schwarze Wand bis zu überhängenden Felsen auf ein Band. Auf dem Band nach rechts zu einer Verschneidung, hinter der man auf einen Absatz gelangt (H). Gerade weiter durch einen feinen Riß, weiter über Wandstellen mit kleinen Überhängen zu breitem Band. Von hier hält man sich schräg rechts auf die leichten Felsen zwischen den beiden Gipfeln; nach rechts zum höchsten Punkt.

● 277 Westgrat

H. Hartmann, G. von Krauss, 8.8.1927. **IV+**, IV und III, selten leichter. Interessante, elegante Route mit guten Standplätzen, die sehr oft begangen wird. Einige H, KK und Schlingen nützlich. 550 m. 4—5 Std. Abb. S. 171.

Übersicht: Die Route verläuft zunächst links des Grates, hält sich bis zur Wandmitte direkt am Grat, dann rechts davon. Im obersten Teil verläuft sie über den W-Grat des N-Gipfels und wechselt dann auf den S-Gipfel über.

Zugang: Von der Brenteihütte auf Weg 318 und über Geröll bis links des tiefsten Punktes des W-Grates zum E; 40 Min.

Route: Von einem kleinen Absatz links der Kante erklettert man eine glatte Platte, um auf die Kante zu gelangen. An ihr an griffigem Fels 3 SL empor zur ersten Gratschulter (III, IV+). Von der Schulter gleich rechts der Kante empor durch einen Riß. Direkt nach links auf die Kante und über sie in ausgesetzter Kletterei an gutem Fels bis auf die zweite Schulter (3 SL, III, IV). Von der zweiten Schulter direkt an der Kante empor bis zu einem Dach, dem in der Wand ausgewichen wird. Wieder auf die Kante zurück, auf ihr empor zur dritten Schulter (2 SL IV). Man befindet sich am Fuße eines gelben großen Gratturmes. Rechts davon über die Wand und auf den gelben Turm hinauf. Von ihm 20 m abseilen in die Scharte und auf der gegenüberliegenden Seite erneut auf den Grat (IV—). An der linken Seite durch kurze Kamine, bis man in eine kleine Scharte mit Gendarm kommt. Durch einen Riß erreicht man eine Schulter; nun verläßt man auf Bändern den Grat und gelangt in die Scharte zwischen N-Gipfel und S-Gipfel. Rechts auf den höchsten Punkt.

● **278** **Nordwestverschneidung**

J. Aiazzi, A. Oggioni, 11.9.1954. **V** und IV, 12 H. Anstieg in freier Kletterei, der durch eine Reihe von Rißverschneidungen links der W-Kante hochzieht, um nach der „Abseilstelle" am W-Grat mit diesem gemeinsam zu verlaufen. Kaum wiederholt. 500 m. 5—6 Std. Abb. S. 171.

● **279** **Nordnordwestwand**

M. Armani, G. Pisoni, 3.9.1939. **VI—** (eine Stelle), V, selten leichter. Meist guter Fels, am besten erst Anfang September. Einige H, KK und Schlingen nützlich. 450 m. 6—7 Std. Abb. S. 171.

Übersicht: Kühne, vielleicht zu Unrecht kaum wiederholte Route, die die beiden Kamine, zuerst den linken, dann den rechten, in der NNW-Wand benutzt und gradlinig links der W-Kante auf den N-Gipfel stößt.
Zugang: Wie bei R 277 zum E des W-Grates, dann links durch die Geröllrinne, bis man unter dem linken von zwei 200 m hohen Kaminen ankommt, 50 Min. E.
Route: Durch den linken Kamin bis zu einem breiten Band am Fuß eines Turmes zwischen den beiden Kaminen. 10 m Quergang nach rechts und über Wandstufen rechts in einen durch große Blöcke gesperrten Kamin. In schwieriger Spreizkletterei hinauf zur Scharte zwischen Pfeiler und der Wand. Nach 40 m Spreizklettern gelangt man auf den Pfeilerkopf. Auf der W-Kante ein paar Meter hinab und auf die Wand. 7—8 m Quergang nach rechts zu einer gelben Nische (VI). Rechts sehr heikel aus der Nische heraus, über einen Überhang auf eine kleine Terrasse. Waagrecht auf schmalem Band, dann leicht ansteigend in den rechten Kamin. Durch den Kamin einige SL (V und VI—) empor bis zu gestuften Felsen. Linkshaltend in eine Rinne bis unter die Schlußwand, durch deren leichten Kamin man auf den N-Gipfel gelangt. Von ihm in die Scharte und zum S-Gipfel.

● **285** **Sfulmini**, 2910 m

Die Sfulmini sind vier große Felstürme zwischen Campanile Alto und Torre di Brenta. Wenn sie gegenüber ihren benachbarten Gipfeln auch unscheinbar wirken, sind doch einige Routen an ihnen von einem gewissen Interesse, besonders aber die Überschreitung. Zwischen Campanile Alto und den Sfulmini befindet sich die Bocchetta Bassa degli Sfulmini; zwischen den Sfulmini und Torre di Brenta die Bocchetta Alta degli Sfulmini, die für die Überschreitung wichtig sind. Abb. S. 177.

● 286 Normalweg auf den Hauptgipfel
A. Baum, H. Holzgruber, A. Seidl, F. Schösser, 1907. **II**, 1 Std.

Zugang: Von der Brenteihütte über den Bocchetteweg, unter dem Gipfelaufbau des Campanile Alto vorbei, in die Schlucht zwischen Campanile Alto und Sfulmini; weiter auf dem Weg am ersten Turm der Sfulmini vorbei, bis man in eine seichte Rinne zwischen erstem und Hauptturm gelangt. 2 Std.
Route: Durch die Rinne zwischen dem ersten und zweiten Turm über Klemmblöcke hinweg. Wo diese gesperrt ist, nach rechts und wieder in die Schlucht zurück bis in die Scharte. Von hier nach links über gestuften Fels und durch leichte Rinne in eine kleine Scharte. Von hier zum S-Gipfel. Den Hauptgipfel erreicht man dagegen, indem man rechterhand über die steilen, gutgestuften Gratfelsen klettert, um zuerst auf den Mittelgipfel zu gelangen. Von hier steigt man in eine Scharte hinab, um leicht auf den Hauptgipfel zu gelangen.

● 287 Süd-Nord-Überschreitung
S. und M. Agostini, B. Detassis, A. Kahn; 1928. **III** und II. Interessante Kletterei, obwohl der Fels nicht immer gut ist. 3 Std. Abb. S. 171.

Zugang: Von der Brenteihütte wie bei R 286 an den Fuß der Rinne, die unmittelbar nördl. jener Rinne ist, die von der Bocchetta Bassa degli Sfulmini an der SO-Seite des S-Gipfel herabzieht. 2 Std.
Route: In der Rinne hinauf. Zwei Blöcke werden rechts umgangen. Weiter in die Scharte zwischen S-Gipfel und einem Gendarm. Über dem leichten Grat bis unter die Wand des S-Gipfels. Durch eine Rißreihe gelangt man in einen Einschnitt. Über eine senkrechte Wandstelle und kurzer Rinne in eine Scharte und über den Grat auf den S-Gipfel. Auf der gegenüberliegenden Seite leicht in die Mulde zwischen dem ersten und zweiten Turm. Nach einem Spreizschritt über gutgestuften Fels über den Grat auf den Mittelgipfel. Weiter den Grat entlang in die folgende Scharte und auf den Hauptgipfel. Nach N steigt man durch einen Riß hinab, quert auf der NO-Seite eine steile Wand und gelangt in eine Scharte. Auf der O-Seite über ein kurzes Band und über steilen griffigen Fels auf den N-Gipfel. Von hier aus weiter über den N-Grat, zurück in die O-Seite, quert zum letzten Absatz des N-Grates und steigt dann über die W-Seite ab zur Bocchetta Alta degli Sfulmini.

● 288 A Abstieg vom Hauptgipfel
2 Std. in beiden Richtungen.

Vom Hauptgipfel in die Scharte zwischen Haupt- und N-Gipfel. Nun schräg hinunter über Bänder und Stufen zum Gratvorsprung, von dem man über gestufte Felsen in die W-Seite absteigt; man gelangt so zur Bocchetta Alta degli Sfulmini. Aus dieser Scharte in die Schlucht nach O, nach einigen Metern zum Bocchetteweg und über diesen entweder auf dem Zugang zum E oder — interessanter — in die andere Richtung zur Bocca degli Armi, Alimontahütte und weiter zur Brenteihütte.

● 290 Münchner Kindl, Torre Nardelli, Torre Bianchi, Torre Prati, Torre Rosanna

Das Münchner Kindl, auch Bimbo di Monaco genannt, ist als freistehender, schlanker Turm (der wie eine riesige Zigarre aussieht) westl. der zackigen Kette vorgelagert, die aus Torre Nardelli, Torre Bianchi, Torre Prati und Torre Rosanna und einem anderen unbedeutenden Turm zusammengesetzt ist. Besonders eindrucksvoll machen sich die letzteren drei Felsgestalten von N aus, wo sie mit senkrechten Wänden über der Vedretta degli Sfulmini aufragen und ein elegantes Gegenstück zum eher klotzigen Torre di Brenta darstellen, der sich nordöstl. von ihnen erhebt. Als allgemeiner Stützpunkt dient, besonders wegen der äußerst günstigen Lage, die Alimontahütte unterhalb der Vedretta degli Sfulmini.

● 291 Münchner Kindl, 2530 m

Schlanker, nach alle Seiten senkrecht abbrechender Turm südwestl. des Torre Prati, auf den nur Anstiege extremer Schwierigkeiten führen. Der beste Zugang ist für alle Routen der von der Alimontahütte, R 50. Man quert die Hochfläche unterhalb des Sfulminigletschers und gelangt zum Torre Bianchi (dem ersten Turm von rechts). Am Turmfuß befindet sich ein Band, auf dem man nach rechts quert und in eine Geröll-Schrofen-Rinne gelangt; weiter an Felsstufen (II) nach 50 m in eine enge Scharte unmittelbar westl. des Torre Prati. Erst hier sieht man das Münchner Kindl unweit auf der anderen Seite der Scharte. Man klettert einige Meter eine Rinne hinab und steht am Turmfuß. 40 Min. Ein Zugang ist auch von S aus dem Val Brenta möglich, allerdings sehr anstrengend (Geröll und Schrofen). Abb. S. 179.

● 292 Von Süden
E. Holzner, H. Steger, 4.7.1928. (Erste Besteigung). **V+**, 40 m, 1 Std.

Zugang: Wie bei R 291 zum Turmfuß an die SO-Kante.
Route: Die Kante empor bis unter Überhänge. Links in die S-Wand kleingriffig empor bis auf eine Leiste. Auf ihr nach links bis auf die W-Seite. Gerade hinauf bis unter einen gelb-schwarzen Überhang. Spreizschritt nach rechts auf die SW-Kante und über sie zum Gipfel.

● 293 A Abstieg
Nach NO (Detassisroute, R 294) 35 m abseilen.

● 294 Nordostwand
B. Detassis, P. Graffer, 28.8.1936. **VI** und V, 3 H, ca. 30 m, 1—2 Std.

Route: In der Mitte der NO-Wand gerade empor, 2 m nach links und wieder 3 m gerade hoch; 4 m nach rechts queren bis zu kleinem Überhang. Über ihn, dann auf glatter Platte nach rechts in Verschneidung und zu H. Vom H gerade hoch zu einem anderen H und zu kleinem Absatz etwas oberhalb von diesem. Rechts auf die Kante; daran etwas linkshaltend empor zum höchsten Punkt.

● 295 Ostwand
G. Giudicati, E. Salvaterra, 13.9.1981. **VI—**, 4 H, 2 KK, 35 m, 1—2 Std.

Route: E 5 m links der Detassisroute, R 294 in Fallinie eines gelben Risses. 10 m gerade hoch und 6 m auf Platten nach links queren; weiter gerade empor (KK) und überhängend weiter. Leicht rechtshaltend gelangt man in eine Verschneidung; weiter zu bequemem Band und Stand. 5 m nach rechts queren bis auf die rechte Kantenseite.

● 300 Torre Prati, ca. 2670 m

Der Torre Prati ist der westlichste einer Reihe von Türmen, die sich gegenüber der Alimontahütte und westl. des wuchtigen Torre di Brenta erheben. Auch vom Hüttenweg Brenteihütte — Pedrottihütte fallen sie wegen ihrer eleganten Form auf. Erste Besteigung aller drei Türme am 5. August 1929 durch S. Agostini und R. Videsott.

● 301 Südwand
S. Agostini, R. Videsott, 5.8.1929. **IV.** 150 m, 2 Std. Abb. S. 177.

Zugang: Vom Fuß des Münchner-Kindl-Zugangs, s. R 291, quert man ein Geröllband unter der überhängenden S-Wand, R 302, entlang bis in Fallinie des Torre Bianchi, rechts eines steilen Vorbaus. E bei einer Verschneidung.

Torre Prati, Torre Bianchi, Torre di Brenta und Sfulmini von Südwesten

R 285 *Sfulmini*

Torre Prati

R 301 *Südwand*

R 302 *Direkte Südwand*

Torre di Brenta

R 334 *Südwestwand*

R 335 *Südwestwand, Irrtumsroute*

R 336 *Südwand*

Route: Durch die Verschneidung 1 SL empor. Quergang nach links auf schmalem Band. Weiter 1 SL auf ein weiteres Band, auf dem man sich links hält. Links einer Kante durch einen Riß bis in Scharte zwischen Torre Prati und Torre Bianchi. Nach einem Linksquergang gelangt man in einen Kamin. Darin hinauf bis unter einen Überhang. Links davon ausgesetzt zum höchsten Punkt.

● **302** **Direkte Südwand**

P. Melucci, M. Navasa, 26.8.1962. **A3,** VI—, V. Hauptsächlich hakentechnische Kletterei durch die 150 m hohe, gelbe Wand. Erstbeg. 85 H, einige HK, 18 H stecken. 10 — 15 Std. Abb. S. 177.

Zugang: Wie bei R 301 auf das Einstiegsband mit Geröll.
Route: E bei einer Verschneidung. Durch sie und feinen Rissen folgend 2 SL empor (75 m, V und VI—, A1, A2). Links weiter gerade hoch und nach kurzer Linksquerung direkt auf einen Felsblock (A3). Über

ihm linkshaltend und durch eine seichte Verschneidung in eine Nische (H). Weiter über gelben Fels, dann frei über grauen Fels bis auf ein Band (55 m, VI—, A3). Auf einen Felskopf, weiter linkshaltend auf die SW-Kante und zum Gipfel.

● 303 Westkante

M. Armani, R. Savadei, 1932. **IV,** III+, kaum leichter. Die lohnendste Kletterei am Torre Prati, sehr ausgesetzt an bestem Fels, wird häufig wiederholt. 150 m, 1½ Std. Abb. S. 179 und 187.

Zugang: Wie bei R 291 in die kleine Scharte direkt am Beginn der W-Kante.

Route: Etwas links der steilen Kante an ausgesetztem Fels empor (50 m, IV, 2 H); Stand nach 25 m, rechts der Kante. Man gelangt so auf einen Gratturm; hier abseilen oder abklettern in den Einschnitt. Links 2 m hoch, weiter rechtshaltend in eine gelbe Verschneidung, die unter einem Überhang links verlassen wird zu Stand (IV). Gerade weiter in der Wand auf Band, links durch Kaminverschneidung (35 m, II und III) auf eine Terrasse. Von einem Block durch kurze Verschneidung (IV) auf den Gipfel.

● 304 Nordwand, „Weg der Astronauten"

E. und F. Alimonta, 25.8.1969. **VI—,** 25 H, 170 m, 4 — 5 Std. Meist freie Kletterei durch die schmale N-Wand, guter Fels. Abb. S. 179.

● 305 Nordwandkamin

B. Detassis, N. Vidi, 1938. **III,** 170 m. 1 Std. Abb. S. 179.

Route: Vom Band unter der Wand, s. R 291, über griffigen Fels in Falllinie des Kamins zwischen der Scharte von Torre Prati und Torre Bianchi empor. Durch den Kamin in die Scharte, auf einem Band nach rechts und in der N-Wand zum höchsten Punkt.

Von l.n.r.: Torre Rosanna, Torre Nardelli, Torre Bianchi, Torre Prati und Münchner Kindl von Norden

R 291 Münchner Kindl

Torre Prati

R 303 Westkante
R 304 Nordwand, Weg der Astronauten
R 305 Nordwandkamin
R 306 A Abstieg

Torre Nardelli

R 316 A Abstieg
R 317 Nordwand
R 318 Nordwand, Neue Route

Torre Rosanna

R 321 A Abstieg
R 322 Nordwand

306 A
303
291
306 A
306 A
305
304
317
322
318

● 306 A Abstieg

II. 1 Std. Abb. S. 179.

Nach N 40 m leicht auf Band abklettern. Darauf in die Scharte zwischen Torre Prati und Torri Bianchi. Hierhin kann man auch durch Abseilen gelangen. 3 m am Torre Bianchi empor; links quert man auf einem Band jenseits der Kante. Auf diesem Band 2 SL an der N-Seite des Torre Bianchi und Torre Nardelli entlang bis zu einer Unterbrechungsstelle. 20 m leicht links hoch (II) in einen Einschnitt rechts des Torre Rosanna. Auf der S-Seite dieses Turmes queren, um hinter dem Torre Rosanna wieder auf die N-Seite zu gelangen. Auf Bändern und Stufen schräg linkshaltend auf die Vedretta degli Sfulmini.

● 310 **Torre Bianchi,** ca. 2685 m

Der Torre Bianchi ist durch eine 20-m-Scharte vom Torre Prati getrennt. Die Kaminrouten an der N-Wand sollten im allgemeinen erst im August begangen werden.

● 311 A Abstieg

II (und leichter). ½—¾ Std.

Route: Vom Gipfel ostw. in die Scharte zwischen Torre Bianchi und Torre Nardelli hinab (25 m); weiter nordw. durch Kaminrinne auf das Band, das horizontal den obersten Gipfelaufbau der Türme Prati, Bianchi und Nardelli von den senkrechten Abstürzen trennt. Von diesem Band aus klettert man weiter wie bei R 306a. Man gelangt in die Scharte zwischen Torre Prati und Torre Bianchi. Hierhin kann man auch durch Abseilen gelangen. 3 m am Torre Bianchi empor; links quert man auf einem Band jenseits der Kante. Auf diesem Band 2 SL an der N-Seite des Torre Bianchi und Torre Nardelli entlang bis zu einer Unterbrechungsstelle. 20 m leicht links hoch (II) in einen Einschnitt rechts des Torre Rosanna. Auf der S-Seite dieses Turmes queren, um hinter dem Torre Rosanna wieder auf die N-Seite zu gelangen. Auf Bändern und Stufen schräg linkshaltend auf die Vedretta degli Sfulmini.

● 312 Nordwandkamin

M. Armani, E. Gasperini, R. Zust, 1937. **IV** und III. Manchmal naß. 180 m. 1½ Std.

Route: E wie bei R 305. Dann den Kamin empor, nach 2 SL nimmt man bei der Gabelung den linken Ast und gelangt schließlich auf das Gipfelband bzw. leicht auf den Torre Bianchi (rechts), oder den Torre Nardelli (links).

● 315 Torre Nardelli, ca. 2690 m

Torre Nardelli und Torre Rosanna, R 320, schließen sich östl. den beiden ersten Türmen an und sind jeweils durch einen Grat verbunden. Für den Kletterer ist das „Abstiegsband" sehr wichtig, das etwa 20—30 m unterhalb der Gipfel an der N-Seite die erstgenannten 3 Türme durchzieht.

● 316 A Abstieg

½ Std. Abb. S. 179.

Nordwestw. 30 m an gestuften Felsen bis auf das Band, das den obersten Teil der Türme Prati, Bianchi und Nardelli durchzieht, darauf wie bei R 306 A hinab.

● 317 Nordwand

B. und Catullo Detassis, A. Gizzi, August 1953. **V** und IV. Ausgezeichneter Fels, 4 H. 170 m. 3 Std. Abb. S. 179.

Zugang: E am Beginn des Bandes, das den Zustieg zur W-Kante bzw. zum Münchner Kindl vermittelt, R 291.
Route: In 5 m Höhe befindet sich ein Dach, das links überwunden wird. Weiter durch Risse bis zu Überhang (RH). Rechts über den Überhang und in einen Riß mit Klemmblöcken. Links des Risses an gelbem Fels empor zu einem Absatz. Weiter durch eine gelbe Verschneidung, dann kurzer Quergang nach rechts. Durch den Riß, nach 30 m zu leichten Felsen und zum Gipfel.

● 318 Nordwand, „Neue Route"

E. und F. Alimonta, 2.8.1976. **VI—**, V, IV. Freikletterei, 4 H, 1 HK, lohnend. 160 m. 2—3 Std. Abb. S. 179.

Zugang: Von der Vedretta degli Sfulmini zum E in Fallinie des linken Gipfels des Torre Nardelli, rechts einer gelben, überhängenden Wand.
Route: Einer feinen Rißreihe folgend zunächst am rechten Rand der überhängenden Wand empor (VI—), dann durch einen Rißkamin (V und IV) und gradlinig auf den spitzen O-Gipfel des Torre Nardelli.

● 320 Torre Rosanna

Siehe R 315.

● 321 A Abstieg

¼ Std. Abb. S. 179.

In westl. Richtung auf dem leichten Grat in Scharte zum Torre Nardelli, dann wie bei R 306A weiter.

• 322 Nordwand

E. und G. Alimonta, G. Vidi, August 1971. **IV+**, III. 160 m. 2 Std.

Zugang: Von der Vedretta degli Sfulmini zum E beim Kamin zwischen zwei gelben Wandausbrüchen.
Route: Im Kamin empor, rechts auf die Wand und über den Klemmblöcken durch einen Riß rechterhand. Weiter linkshaltend in Wandkletterei leichter zum Gipfel.

• 325 Torre di Brenta, 3014 m

Wuchtiger Felsturm, der die höchste Erhebung der Sfulmini-Untergruppe darstellt. Während der Berg nach N weniger elegant auf der Vedretta degli Sfulmini fußt, fällt die schlanke Form der NW-Wand besonders dem Wanderer auf, der sich, von Madonna di Campiglio kommend, der Brenteihütte nähert. Von allen Seiten führen interessante Routen aller Schwierigkeiten auf den Torre di Brenta, dessen Normalweg auch nicht ganz einfach ist.

• 326 Normalweg von Norden

E.T. Compton, M. Nicolussi, 24. 6. 1882. (1. Besteigung). **II**, I und leichter. Die Besteigung des Torre di Brenta ist — auch auf dem Normalweg — in keiner Weise zu unterschätzen. Voraussetzung ist ein guter Orientierungssinn, dem allerdings durch viele Steinmänner nachgeholfen wird. Der E ist wegen Ausaperung der Vedretta degli Sfulmini schwieriger geworden. 300 m, 1½ Std. Abb. S. 183.

Zugang: Von der Alimontahütte, R 50, dem Weg in Richtung Bocca degli Armi auf die obere Vedretta degli Sfulmini folgen. Der E befindet sich am Beginn eines geneigten Bandes mit weißlichem Fels in Fallinie des Gipfels. ½ Std.
Route: Auf dem Band nach rechts queren, bis man leicht ansteigend über Stufen und Kaminstücke, den zahlreichen Steinmännern folgend, zu einer Art Band in Wandmitte gelangt. Man hält sich jetzt nach links

Torre di Brenta von Norden

R 326 Normalweg von Norden
R 327 Nordwand
R 328 Nordpfeiler
R 329 Nordwand, Adangkamin
R 329 a Benedettivariante
R 329 b Grafferkante
R 330 Nordwand- und Ostgratroute
R 331 Ostkante
R 332 Westnordwestgrat

329a
327
329b
331
326
332
329
R
328
331
326
329
327
330
328
326
332
Bocca degli Armi

über gestuften Fels, bis man hinter eine Felsrippe gelangt (im Foto, S. 183, ‚R'). Hinter der Rippe durch anscheinend schwierigen Riß (II) bis zu einem Felsfenster, das den Durchschlupf auf die W-Seite ermöglicht. Über eine Art Rißrampe nach 2 SL in eine Scharte auf dem W-Grat und über diesen leicht zum Gipfel.

• 326 A Abstieg auf dem Normalweg
II und leichter. 1 Std.

Im oberen Teil empfiehlt es sich, nicht auf das Seil zu verzichten; immer den Steinmännern folgen.

• 327 Nordwand
L. Ferrari, G. Leonardi, C. und L. Scotoni, 18.8.1943. **IV+**, IV, selten leichter. Einige H. Schöne Kletterei durch die steile kompakte Wand, die besonders im oberen Teil gutes Orientierungsvermögen erfordert. Kaum wiederholte Route. 300 m, 4 Std. Abb. S. 183.

• 328 Nordpfeiler
E. und F. Alimonta, August 1974. **V** und IV, selten leichter. Erstbeg. 5 H. Lohnend. 300 m, 4—5 Std. Abb. S. 183.

Zugang: Wie R 326. E rechts eines breiten Wasserstreifens, gleich am Beginn des Einstiegsbandes zur Normalroute.
Route: Von der Einstiegsterrasse des Normalweges über eine kurze Wand (1 H), dann nach links in eine Nische. Links aus der Nische heraus und 20 m gerade empor. Nach weiteren 2 SL gelangt man auf das Band unter dem gelben Pfeiler. Rechts am Pfeiler an einem feinen Riß 10 m empor. Anschließend nach links 6 m Quergang in Verschneidung, die durchstiegen wird, zu Stand auf Band. Leicht linkshaltend auf der Kante bis unter gelbe Überhänge hinauf, die man links umgeht. 8 m gerade hoch, dann wieder nach rechts an die Kante und an ihr direkt zum Gipfel.

• 329 Nordwand, Adangkamin
G. Adang und Keller, 6.9.1901. **III+**, selten leichter. Klassische abwechslungsreiche Kletterei an griffigem Fels, lohnend. 300 m. 1—2 Std. Abb. S. 183.

Zugang: Von der Vedretta degli Sfulmini, oberhalb der Alimontahütte aus, sieht man im unteren Teil dort einen schwarzen Wasserstreifen (Rinne), wo der Schnee am höchsten in die Wand hinaufreicht. Etwa 40 m links davon verläuft ein Kamin. E links des Kamins.

Route: Links des Kamins 20 m empor und nach rechts in den Kamin, der bis zum Band in Wandmitte durchstiegen wird. Man steht vor drei steilen Felspfeilern, die den oberen Wandteil charakterisieren. Von rechts nach links in den Kamin links der mittleren Pfeilerrippe. Der ganze Kamin wird in schöner Kletterei in 3 SL durchstiegen. Man gelangt in eine Rinne, die leicht auf den Gipfelgrat führt.

Anmerkung: Rechts des Adangkamins verläuft der schwierigere Castiglionikamin (erstbegangen 1942), IV.

● 329a Benedettivariante
G. Benedetti, A. Vellat, 24.7.1950. **III,** 120 m, Abb. S. 183.

Route: Vom Band in Wandmitte durch einen Riß links des rechten Pfeilers.

● 329b Grafferkante
P. und R. Graffer, 4.8.1942. **III+,** 120 m. Abb. S. 183.

Route: Vom Band in Wandmitte zunächst wie bei R 329 am mittleren Pfeiler bis zu einem Absatz. Linkshaltend durch Verschneidung. Danach wieder nach rechts auf die Kante und in ausgesetzter, schöner Kletterei zum Gipfel.

● 330 Nordwand- und Ostgratroute
H. Fohrer, H. Meynow, L. Treptow, H. Unterwurzbacher, 12. 7. 1896. **III+,** III, selten leichter. 280 m. 2 Std. Abb. S. 183.

Zugang: Von der Alimontahütte zunächst in die Bocca degli Armi. E beim zweiten Riß von der Bocca; 35 Min.
Route: Durch den senkrechten Riß (III+) gelangt man nach 50 m empor auf ein Band (möglich ist auch ein E weiter rechts des Kamins). Nun rechtshaltend an leichten Felsen bis auf das die ganze Wand durchziehende Band (I, II). Man gelangt zu einem Schneefleck unterhalb des ersten einer Reihe von Rissen und Kaminen. Von rechts nach links (Platte und Quergang III+) unter einen Kamin, der ganz durchstiegen wird. Teils links davon auf der Wand, oben über eine glatte Engstelle (III+). Schließlich in eine Rinne und über den leichten O-Grat zum höchsten Punkt.

● 331 Ostkante
E. Castiglioni, G. Pisoni, Juli 1942. **V** (eine Stelle), IV. Anstieg aus der Busa degli Sfulmini über den Bocchetteweg, dann meist an der O-Kante empor; kaum wiederholt. Abb. S. 183.

● 332 Westnordwestgrat

M. Armani, G. Giuliano, 13. 8. 1933. **IV**, III, kaum leichter. Ausgesetzte Kletterei über den Grat, rechts des Normalweges. Der Originaleinstieg vom Gletscher her ist wegen des Gletscherrückgangs nicht mehr möglich; deshalb wird über das Band zum Normalweg eingestiegen, R 326. 300 m, 2—3 Std. Abb. S. 183 und 187.

Zugang: Wie R 326.

Route: Am Ende des Bandes rechts über Felsstufen bis auf die erste Gratschulter. Die verschiedenen Grattürme werden im allgemeinen links umgangen, aber auch direkt überklettert.

● 333 Südwestwand, Detassisroute

U. Battistata, B. Detassis, E. Giordani, P. Marimonti, 23. 8. 1934. **V** (2 Stellen), IV, kaum leichter. Klassische Kletterei an allgemein gutem Fels. 350 m, 3—4 Std. Abb. S. 187.

Zugang: Von der Alimontahütte, auf dem Weg und rechts den unteren Teil der Vedretta degli Sfulmini queren, ein steiles Firnfeld empor und durch eine brüchige Rinne bis zu einem schwarzen Wasserstreifen zwischen zwei gelben Wandstellen. 1 Std., E.

Route: Vom Einstiegsband über einen Überhang, nach einigen Metern nach rechts zu Riß und weiterem Überhang (V). Darüber in eine Nische (V) und links aus ihr heraus bis auf einen höhergelegenen Absatz. Durch eine Rinne auf einen Absatz. 5 m nach links in eine Verschneidung und weiter auf ein Band, das die ganze Wand durchzieht. Auf diesem 10 m nach rechts bis in Fallinie der großen schwarzen Wandstelle links einer gelben überhängenden Wand. 1 SL an grauer Wand empor, 3 m nach rechts (IV) und weiter schräg rechtshaltend zu einem vom Wandfuß nicht sichtbaren Kamin. Durch den Kamin bis auf Höhe des Daches, das den Wasserstreifen rechts abschließt. 2 m (IV) nach rechts und über Überhang. Rechts Quergang (IV), sehr ausgesetzt, zu Absatz am Fuß einer Verschneidung. Durch sie 30 m empor, dann über leichte Felsen zum Gipfel.

Torre di Brenta, Sfulmini, Torre Bianchi und Torre Nardelli, r. Campanile Alto von Westen

Torre Prati

R 303 Westkante

Torre Rosanna

R 332 Westnordwestgrat

Torre di Brenta

R 333 Südwestwand, Detassisroute

332
333
303

● 334 **Südwestwand**

R. Costazza, B. Detassis, 20. 7. 1938. **VI—** und V, selten leichter. Schwierige Wandkletterei an der schmalen, links und rechts durch tiefe Schluchten begrenzten SW-Wand. 180 m, 4 Std. Abb. S. 177.

Zugang: Von der Alimontahütte auf der Vedretta degli Sfulmini in die Bocca degli Armi. Dem Bocchetteweg folgend, bis man in die Rinne in Fallinie zwischen Sfulminitürmen und Torre di Brenta gelangt. Durch die Rinne in die Bocca Alta degli Sfulmini, 1½ Std. Nach links hinab in Rinne und zum Wandfuß.
Route: Über Stufen leicht auf ein Band. Durch eine Verschneidung gelangt man auf eine geräumige Terrasse. Eine überhängende Wand wird direkt erklettert, so erreicht man einen kleinen Absatz (VI). Leicht rechtshaltend kommt man zu einer Nische, von der man wieder linkshaltend zu einer Terrasse gelangt. Durch eine Rißverschneidung zum Gipfel.

● 335 **Südwestwand, „Irrtumsroute"**

R. Harris, C. Mortlock, 28. 7. 1963. **VI** und V, 3 H. Extreme Freikletterei rechts der Detassis / Costazza-Route, R 334. 180 m, 4—5 Std. Abb. S. 177.

Zugang: Wie bei R 334.
Route: E bei einem Grat rechts der Rinne, die sich rechts der Detassis / Costazza-Route befindet. Links des Grates bis zu einem Band hinauf (IV, 25 m). Rechts des Grates und wieder nach links bis zu einem zweiten Band (25 m, V). Rechts um die Kante herum; weiter über senkrechte, kleingriffige Wand mit kleinen Überhängen; dann nach links und wieder gerade empor mit Quergang nach rechts auf ein kleines Band (45 m, VI). Schräg rechts halten zu breitem Band. Durch einen Kamin auf eine Terrasse. Weiter durch einen Kamin links eines Turmes über der Terrasse. Über leichte Felsen zum Gipfel.

● 336 **Südwand**

C. Garbari, allein, 1897. **III.** Interessanter, aber schwieriger als der Normalweg an der N-Seite, zudem mit einem bedeutend längeren Zustieg. 180 m, 2—3 Std. Abb. S. 177.

Zugang: Wie bei R 334 in die Bocca Alta degli Sfulmini, 1½ Std.
Route: Über leichte Felsstufen zunächst rechts des Vorbaus an der S-Kante empor. Weiter durch eine Rinne und in eine Verschneidung zwischen Vorbau und gelber Wand. Auf den Vorbau, auf dem ein Gendarm steht. Auf die linke Seite der S-Kante und auf schmaler Leiste mit ausgesetztem Quergang zu einem senkrechten Riß. Durch diesen Riß

gelangt man auf eine Geröllterrasse. Durch den folgenden, senkrechten Kamin mit einigen schwierigen Engstellen. Man erreicht eine Schutterrasse. Durch eine Rinne mit Blöcken und Geröll auf den Gipfel.

2 a. Zentraler Teil — Zentrale Gipfel im Norden

Die Berge von der Bocca degli Armi (nördl. des Torre di Brenta) bis zur Bocca di Tuckett. Siehe auch Abschnitt E. I.

● 340 Cima degli Armi, 2951 m

Besonders nach W klotziger, zerrissener Berg mit einigen lohnenden Kletterrouten. Die Cima degli Armi wird vom Torre di Brenta im S und durch die Bocca di Molveno im N getrennt. Erste Besteigung von der Vedretta degli Sfulmini über den nördl. Vorbau aus durch F. Vogel und M. Nicolussi am 16. 7. 1884. Die beliebteste Route ist wohl der Kienekamin, R 347, in der S-Wand, während die Routen an der W-Wand zwar interessant, aber insgesamt betrachtet kürzer und schwieriger sind.
Im SO sind der Cima degli Armi einige Felstürme — I Campanili degli Armi — und die Cima degli Armi Bassa — vorgelagert, die jedoch für den Kletterer von geringer Bedeutung sind und deshalb nicht beschrieben werden.

● 341 Normalweg, Südwestseite
P. Prati, G. Videsott, M. Vidotto, 31. 8. 1925. **II,** stellenweise leichter. Über die Rampe am SW-Vorbau. 220 m, 1 Std. Abb. S. 191.

Zugang: Von der Alimontahütte, R 50, auf dem Weg über die Vedretta degli Sfulmini an den Beginn der Einstiegsrampe zu der Stelle, wo der Schnee am höchsten hinaufreicht (einige Meter rechts des mittleren Turmes). 3/4 Std.
Route: Etwa in der Mitte der Rampe zieht eine Rinnenreihe empor, die erklettert wird. Nach etwa 100 m hält man sich nach links auf einen großen Felsblock zu, der in einer Scharte liegt. Über den Block hinweg; danach quert man auf einem Band nach rechts und gelangt in einen Kamin. Durch den Kamin zu leichten Gipfelfelsen und über den S-Grat zum Gipfel.
Der Normalweg wird ohne Orientierungsschwierigkeiten auch als **Abstieg** benutzt.

● 342 Südsüdwestwand
Bruno, Catullo und Claudio Detassis, 9. 9. 1964. **V+**, IV, selten leichter. Erstbeg. 22 H, 7 belassen. Sehr schöne Freikletterei an kompaktem, gutem Fels; kaum begangen. 220 m, 4—5 Std. Abb. S. 191.

Zugang: Wie bei R 341 zum E des Normalweges. Links sieht man einen Wasserstreifen, an dem der Anstieg entlangführt. E links auf einem auffallenden Band.
Route: Von links nach rechts an schwierigem, kompaktem Fels empor. 2 SL bis zu einem gelben Riß (V). Durch den Riß (V+) bis zu einer Verschneidung. Durch diese 35 m empor (IV+). Einige Meter auf die W-Seite in einen Kamin, der direkt zum Gipfel führt (IV).

● 343 Westwand
S. Agostini, S. Conci, 24. 7. 1931. **V**, IV. Anstieg durch die W-Wand des Hauptgipfels längs einer Riß- und Kaminreihe, teilweise brüchig. 220 m, 3—4 Std. Abb. S. 191.

Zugang: Von der Alimontahütte über die Vedretta degli Sfulmini an den Fuß einer auffallenden Riß-Kaminreihe, die von links nach rechts die W-Wand durchzieht.
Route: Durch diese Rißreihe 3—4 SL empor bis unter Überhänge. An etwas brüchigem Fels nach rechts in einen überhängenden Kamin, der nach 3 SL bis zum Gipfel leitet.

● 344 Westwandverschneidung
C. Maffei, O. Viganò, 16. 8. 1955. **V+**, V, IV. Erstbeg. 15 H, 8 H belassen. Schöne Kletterei an bestem Fels; manchmal allerdings etwas naß. Septembertour! 220 m, 4 Std. Abb. S. 191.

Zugang: Wie bei allen anderen Routen an der W-Wand von der Alimontahütte zum Wandfuß, links des tiefsten Punktes, etwas rechts eines markanten Wasserstreifens.
Route: Von der Randkluft an weißem Fels rechtshaltend auf ein Band. Linkshaltend an schwarzem Fels auf eine Kanzel; von hier durch eine Verschneidung zu einem Absatz in die eigentliche Hauptverschneidung. Rechtshaltend und immer durch den Riß (V+) bis in eine Nische. Jetzt hält man sich etwas links über Blöcke und einen Überhang. Im Riß zu

Cima degli Armi von der Vedretta degli Sfulmini mit Bocca degli Armi (r.)

R 341 Normalweg, Südwestseite *R 343 Westwand*
R 342 Südsüdwestwand *R 344 Westwandverschneidung*

342
344
343
341
Weg 305

Stand unterhalb eines Blocks. Wieder in den nassen Kamin zurück bis dahin, wo er von einem Block gesperrt wird. An glattem Fels an ihm vorbei und rechtshaltend in einen Kaminriß, der auf eine Terrasse leitet. Quergang nach rechts und über eine graue Wand zwischen zwei kleinen Dächern zu Stand auf Absatz. Links durch einen Kamin, der zu einer Verschneidung wird. Durch diese zu leichten Felsen und zum Gipfel.

● 345 Nordwand

G. Giudicati, allein, 8. 7. 1982. **IV+**, III. Schöne Kletterei an gutem Fels. 300 m. 3 Std.

Zugang: Von der Alimontahütte in die Bocca di Molveno (Schneerinne) nördl. der Cima degli Armi, 1 Std. Man steigt 100 m Richtung Busa d'Armi ab. Es fallen 2 Kamine auf. Der Anstieg verläuft durch den rechten.

Route: Zunächst über leichte Felsen an den Fuß des Kamins, der ganz durchstiegen wird. In der Folge durch Risse bis zu einem kleinen Turm auf der Schulter. Man hält sich in Richtung Schlußwand des Vorgipfels. Nach Überwindung eines Überhangs und leichter Felsen erreicht man den Gipfel.

● 346 Nordostkante

K. Stauner, J. Vogt, 22. 8. 1968. **VI** und V, (3 SL), sonst leichter. Schöne Freikletterei an festem Fels, kaum bekannt, lohnend. 400 m, 3—4 Std. Abb. S. 193.

Zugang: Von der Pedrottihütte wie bei R 212 auf dem Orsiweg unter der Cima-Brenta-Alta-NO-Wand vorbei und um die Cima degli Armi Bassa herum in die Busa degli Armi, die vom Spallone dei Massodi R 370, Cima Baratieri, R 380, und Punta Jolanda, R 390 beherrscht wird. Vom Kessel der Busa degli Armi erblickt man die Kante, die rechts der großen Schlucht emporzieht. Der E befindet sich unten an der Schlucht in einem Kamin. 2 Std. von der Pedrottihütte.

Route: Über den leichten Vorbau steigt man etwa 100 m bis unter den Steilaufschwung der Kante, der direkt begangen wird. Etwa 40 m unter

Blick vom Orsiweg auf Sentinella, Campanile Alto, Sfulmini, Torre di Brenta und Cima degli Armi

Campanile Alto

R 271 Normalweg von Nordnordosten
R 272 Nordostwand
R 273 Ostwand

Cima degli Armi

R 346 Nordostkante
R 347 Südwand

271
272
Weg 305
273
346
347
Busa degli Sfulmini
Weg 303

einem gelben Überhang klettert man über eine senkrechte, gelbe Platte und quert 20 m links ansteigend zu schwarzem Fels unter einen Handriß. Diesen in freier Kletterei empor (KK) und über Platten auf ein kleines Band. Nach links schräg aufwärts, etwa 10 m, und Quergang nach rechts zu einem H. Über den schwarzen Überhang, rechtshaltend zu der herabziehenden Rißverschneidung, die in freier Kletterei überwunden wird. Nun weiter über die Kante leicht zum Gipfel.

● 347 Südwand

E. und K. Kiene, 19. 8. 1910. **III**+ und III, selten leichter. Klassische, interessante Kletterfahrt, eine der schönsten an der Cima degli Armi. 350 m, 2—3 Std. Abb. S. 193.

Zugang: Von der Pedrottihütte wie bei R 346 in die Busa-degli-Sfulmini-Rinne, welche die Cima degli Armi von der Cima degli Armi Bassa trennt. 1½ Std.

Route: Die Rinne mühsam empor bis in die Scharte zwischen Cima degli Armi (links) und Cima degli Armi Bassa (rechts). Von der Scharte aus hält man sich links in eine Schuttrinne, die den Vorbau von der eigentlichen Wand trennt. Etwa 70 m in der Rinne empor bis zu ihrem Ende. Rechts auf schmalem Band zu einem großen Kamin. Der teilweise enge Kamin wird spreizend teils außen, teils innen durchstiegen (im oberen Teil manchmal Schnee). 10 m oberhalb des Kamins ist rechts eine Scharte. In die Scharte, dann absteigend um die Kante herum auf die SW-Seite. Man gelangt so zum „Block“ der Normalroute, R 341, über die der Gipfel erreicht wird.

● 350 Cima Molveno, 2917 m

Schöner zweigipfeliger Kletterberg, der den Namen des Talortes Molveno trägt. Die Cima Molveno erhebt sich nördl. der Cima degli Armi, von der sie durch die Bocca Molveno getrennt ist. Während man der O-Wand, teils wegen ihrer Brüchigkeit, kaum Interesse beimessen kann, gibt es an der gegliederten W-Seite interessante Klettereien für jeden Geschmack. Die kurze Hüttenentfernung von der Alimontahütte, ½ Std., macht den Berg auch als Ausweichziel begehrenswert.

● 351 Normalweg von Westen

A. und O. Falkner, G. Pigozzi, A. Dallagiacoma, M. Nicolussi, 1. 8. 1884 anläßlich der 1. Besteigung. **I** (überwiegend). 2 Std. Abb. S. 197.

Zugang: Von der Alimontahütte auf bez. Weg bis an die SW-Kante zu einer Wegtafel. Nach links zunächst über steilen Weg unter der senkrechten W-Wand entlang, bis man über den Klettersteig „Quintavalle“

(Zwischenstück zwischen Via delle Bocchette Centrale und Oberem Bocchetteweg) auf eine Schulter westl. des Gipfels gelangt.
Route: Rechts der Schulter über Stufen und Bänder ohne Schwierigkeiten zum höheren N-Gipfel. Rechts (südl.) ist der niedrigere S-Gipfel, den man über ein Band erreicht. Man gelangt zu einer kurzen (3 m) senkrechten Wand, die abgeklettert (III +) oder abgeseilt wird, in eine Scharte, dann auf die O-Seite in eine Rinne und von S auf den Gipfel. Auf den Vorgipfel führen alle Kletterrouten von S und W, deshalb wird hier der Abstieg beschrieben.

● **351 A Abstieg vom Südgipfel**
III + (eine Stelle), I. 3/4 Std.

Vom S-Gipfel durch eine 10-m-Rinne nach SO, dann nach links in Scharte vor eine 3-Meter-Wand. An ihr empor (III +), auf ein Band und auf diesem nach links. Einige unschwierige Rinnen werden gequert, bis man über Steigspuren auf die Schulter des Bocchetteweg-Abschnittes „Quintavalle" gelangt. Südw. zum Hüttenweg.

● **352 Ostwand**
E. Castiglioni, G. Kahn, 30. 7. 1928. **III.** 300 m. 2 Std. Kaum wiederholte Route von geringem Interesse, besonders wegen des brüchigen Gesteins.

● **353 Südgrat**
B. und Catullo Detassis, R. Cozzi, S. Petrolati, C. Zanini, 8. 7. 1962. **IV**, III. 20-m-Abseilstelle. 200 m, 2 Std. Abb. S. 197.

Zugang: Von der Alimontahütte auf bez. Weg an die SW-Kante, weiter über eine Schneerinne oder Geröll in die Bocchetta Molveno, 2729 m, 3/4 Std.
Route: An der SO-Seite des Gratturmes über Stufen, dann direkt an der Kante empor auf den Turm. 20 m nach N in die Scharte abseilen. Auf der gegenüberliegenden Seite gerade empor über zwei Terrassen. Rechts über einen Überhang (IV) in einen Kamin, der 10 m erklettert und dann nach rechts verlassen wird. Gerade weiter 35 m auf ein Schuttband. Linkshaltend auf eine Scharte zu und auf den Turm (Fünf-Herren-Turm); weiter über gestuften Fels auf den S-Gipfel.

● **354 Südwestwand, „Via Quintavalle"**
R. Cozzi, Catullo und Claudio Detassis, 13. 9. 1964. **IV** (1 SL), III + und leichter. Sehr empfehlenswerte Kletterei in bestem Fels; im Frühsommer naß! 250 m, 2—3 Std. Abb. S. 197.

Übersicht: Rechts des SW-Kanten-Fußes über schwarze Wand und Riß in den oberen, geneigten Wandteil.
Zugang: Wie bei R 351 an den Fuß der SW-Kante. Am tiefsten Punkt der schmalen SW-Wand, rechts der Kante in Fallinie eines Daches, befindet sich der E.
Route: Rechtshaltend gelangt man zu einem Riß in einem Pfeiler; 2 m nach rechts an den Fuß einer schwarzen Rinne. Durch die Rinne bis zu einer großen Terrasse. Linkshaltend über gut gestuften Fels auf einen kleinen Turm (Torre Raffaele). Man kann den Turm auch rechts umgehen. Über leichte Felsstufen zum Gipfel.

● 355 Westwand, Agostiniroute

S. Agostini, J. Battisti, August 1931. **IV** (2 Stellen), III+ und III. Klassische, oft begangene Route an sehr gutem Gestein. Besonders empfehlenswert, auch als Führungstour. 250 m. 2—3 Std. Abb. S. 197.

Übersicht: Die Route verläuft von links nach rechts über ein Riß- und Rampensystem durch die schmale W-Wand.
Zugang: Wie bei R 351 an die W-Kante.
Route: Einige Meter links der Kante durch einen Riß und eine Rißreihe empor zu Stand an Köpfl. Links der Rißrampe folgen, bis man unter eine Art kurzen Kaminüberhang gelangt (III). Den Überhang überspreizen (H), weiter durch engen Riß in einen Kamin mit Überhang, der links verlassen wird (IV, III). So gelangt man auf eine große Terrasse mit Block. (Hier kreuzt die Via Alimonta, R 356, die Agostiniroute). Immer dem Riß folgend, teilweise auch etwas links davon (III+), in schöner Spreizkletterei zu Stand im Schlußkamin, den man außen spreizend (III+) durchklettert. Rechts an Stufen nach 50 m (I) zum Vorgipfel.

● 356 Westwand, Alimontaroute

E. und F. Alimonta, 20. 8. 1975. **VI,** V, selten leichter. Direktroute durch die W-Wand, die die Agostiniroute auf dem Band in der Wandmitte kreuzt. Bis zum Band guter kompakter, ab dem Band brüchiger Fels. Erst im Spätsommer trocken. 220 m, 4—5 Std. Abb. S. 197.

Cima Molveno von der Vedretta degli Sfulmini (von Westen)

R 351	*Normalweg von Westen*	*R 355*	*Westwand, Agostiniroute*
R 353	*Südgrat*	*R 356*	*Westwand, Alimontaroute*
R 354	*Südwestwand, Via Quintavalle*	*R 357*	*Direkte Westwand*

351
353
357
356
355
354
Weg 305

● 357 Direkte Westwand
G. Lanfranconi, G. Ribaldone, 25. 7. 1963. **IV,** 1 SL A 1 und A 2, 14 H. Septembertour. 200 m. 5 Std. Abb. S. 197.

Übersicht: Der Anstieg verläuft mitten durch den gelben Abbruch links der Alimontaroute, R 356. Die Einstiegsseillänge ist fast immer naß. 2. SL A 1 und A 2, weiter durch nassen Kamin zu leichten Felsen.

● 360 Die Zwillinge (I Gemelli), 2691 m

Die Zwillinge sind zwei im oberen Teil in der Mitte durch einen Kamin voneinander getrennte Felstürme unweit der Alimontahütte. Man kann sie auch in Nähe des Winterraumes der Brenteihütte gut erkennen. Sie bilden den SW-Eckpfeiler des Spallone dei Massodi. Besonders bei nicht ganz sicherem Wetter bieten sie einladende Klettermöglichkeiten (bei Gewittergefahr allerdings unbedingt zu meiden). Von der Alimontahütte, die sich etwas oberhalb der Türme befindet, in 10 Min., von der Brenteihütte in gut ¾ Std. zu den E. Die meisten Routen ziehen durch die 150 m hohe W-Wand auf den linken, oberen Turm und den rechten, niedrigeren Turm. Erste Besteigung in den dreißiger Jahren.

● 361 Westwandkamin, Normalweg
S. Agostini. **III+**, 150 m. 1½ Std. Abb. S. 199.

Zugang: Von der Brenteihütte über Weg Richtung Alimontahütte, bis man ihn kurz unterhalb der Alimontahütte nach links verläßt. E links eines Daches unterhalb des Einschnittes, der die beiden Türme voneinander trennt. ¾ Std.
Route: Links des Daches durch einen Riß, weiter über eine Platte und einen weiteren Riß rechtshaltend über leichten Fels an den Beginn des Kamins. Im Innern des Kamins, oder zunächst rechts davon, empor bis in die Scharte. Links oder rechts auf den oberen oder unteren Turm.

● 361 A Abstieg

Auf der SO-Seite zunächst über leichte Felsen, dann zweimal abseilen in die Scharte, die die Türme vom Massodirücken trennt (AH). Nach S 10 m in einer Rinne hinab; links durch kleine Scharte hinter einen Turm. An leichten Felsen und Geröll zum Wandfuß.

I Gemelli, die Zwillinge, unweit der Alimontahütte

R 361 Westwandkamin, Normalweg
R 362 Westwand des Oberen Turmes
R 363 Nordwestkante, Via Carlo Greco
R 364 Westwand auf den Unteren Turm

364
361
362
363
361
364

● 362 Westwand des Oberen Turmes
C. Maffei, E. Vidi, 2. 9. 1951. **IV +**, IV, selten leichter. Ausgesetzte Freikletterei, 6 H. 1½ Std. Abb. S. 199.

Route: Wie bei R 361 zum Beginn des Kamins. Unterhalb von Klemmblöcken Quergang nach links um die Kante herum. 15 m gerade empor auf Absatz mit zwei Blöcken. Rechts des rechten Blocks zu einer Verschneidung, durch sie weiter etwas linkshaltend und gerade hoch bis zu bequemem Band. Links über einen Felsblock und weiter gerade bis zu einem Absatz hinauf. Durch eine Verschneidung und über leichte Felsen zum höchsten Punkt.

● 363 Nordwestkante, „Via Carla Greco"
G. Detassis, J. Aiazzi, A. Oggioni, 2. 9. 1954. **V +** mit A 1, IV. Erstbeg. 25 H. 150 m, 4—5 Std. Abb. S. 199.

Zugang: s. R 361.
Route: Nach der 1. SL Quergang nach links auf die Kante. Durch einen Riß an der Kante (A 1) empor, danach über kompakte, schwarze Platte zu Absatz. Rechts zu gutem Stand. Quergang nach links bis zu einem überhängenden schwarzen Riß rechts der Kante. An seinem Ende links halten und an der Schlußkante empor zum Gipfel.

● 364 Westwand auf den Unteren Turm
C. Maffei, E. Vidi, 2. 9. 1952. **IV +**, kaum leichter. Kletterei an bestem steilen Fels, lohnend. Erstbeg. 13 H. 150 m. 2—3 Std. Abb. S. 199.

Route: Am Wandfuß des rechten Turms in Wandmitte durch einen Riß zwischen gelbem überhängendem Fels zu Absatz (20 m, 2 H), 6 m gerade hoch (1 H), dann leicht rechtshaltend durch einen Riß zu Stand unter gelbem Fels (H). 6 m Quergang nach links auf einer Leiste und durch einen Riß auf ein Band. Auf dem Band ein paar Meter nach links, dann über eine glatte Platte zu einer Rinne (1 H) und zu einer Leiste. Um einen großen Felsblock herum 10 m nach rechts, über eine Wand (1 H) 10 m gerade hoch und 2 m nach links; weiter über eine Wandstelle und einen Riß (1 H). Durch eine Verschneidung, die nach 15 m links verlassen wird (1 H). Weiter über eine glatte Platte und einen Riß (1 H). Man gelangt zu einem Absatz mit Block. Durch den folgenden Riß zum Gipfel.

● 370 **Spallone dei Massodi,** 2999 m

Wichtiger Brentagipfel, der besonders von den Begehern des Bocchetteweges bestiegen wird, deren Ziel die Cima Brenta ist, oder von denen, die von der Brentei- oder Alimontahütte kommend, zur Tucketthütte hinübergehen. Während er für den Bergsteiger ein schöner Aussichtsberg ist, kann der Kletterer besonders an der SO-Wand auf seine Kosten kommen. Nach dieser Seite bricht der Gipfel mit einer fast 400 m hohen Wand ins Hochkar Busa degli Armi ab und stellt zusammen mit der Cima Baratieri, R 380, und der Punta Iolanda, R 390, einen beeindruckenden Karabschluß dar, der allerdings wenigen Kletterern bekannt ist. Nach NW fällt eine abgerundete, fast 300 m hohe Wand mit zwei mittelschweren Routen ins Auge. Im allgemeinen wird der Spallone dei Massodi auf dem Normalweg über den Abschnitt „Oliva Detassis" (Mutter des bekannten Brentaführers Bruno Detassis) des Sentiero delle Bocchette Alte von NW durch das Vallone dei Brentei erreicht.

● 371 Normalwege von Westen

Gesicherter Klettersteig mit stellenweise sehr luftigem Leiternsystem, der heute den Normalweg darstellt. 2¼ Std. von der Brenteihütte, 2 Std. von der Alimontahütte. Abb. S. 203.

a) Von der Brenteihütte zunächst Richtung NO, unter den Zwillingen vorbei ins Vallone dei Brentei. Über ein Schneefeld an den Beginn des Klettersteigs „Via Ferrata Oliva Detassis" und auf ihm zum Gipfel.
b) Von der Alimontahütte auf bez. Weg zunächst Richtung Bocca degli Armi bis direkt an den Fuß der W-Kante der Cima Molveno. Links empor und dem Klettersteig „Quintavalle" folgend auf die Schulter der Cima Molveno. 50 m hinab in die Bocca dei Massodi (südl. Scharte). Auf schmalem Band nach links auf den mittleren Teil der „Via ferrata Oliva Detassis" und weiter auf den Gipfel.

● 372 Nordwestwand

Catullo Detassis, G. Fossati Bellani, 9. 9. 1951. **IV** (2 Stellen), III, selten leichter. 300 m. 3 Std. Abb. S. 203.

Zugang: Wie bei R 371 a auf das Schneefeld im oberen Teil des Vallone dei Brentei; in Wandmitte fällt eine nach links hochziehende Rampe auf. Über sie verläuft der Anstieg.
Route: Über den leichten Vorbau in Richtung auf die Kaminrampe gerade hinauf, dann linkshaltend und links einer schwarzen Rinne über gestuften Fels zum Gipfel.

● 373 Nordwestkante

Claudio Detassis, R. Valentini, 24. 8. 1968. **V** (2 Stellen), IV und III. Im allgemeinen guter Fels, beste Zeit Ende August / Anfang September. 270 m, 3 Std. Abb. S. 203.

Zugang: Wie bei R 372 unter die NW-Wand, auf dem Schneefeld bis kurz unter seinen höchsten Punkt. E 10 m rechts der Kante. 1½ Std. von der Brenteihütte.

Route: Durch weiße Verschneidung 3 m und weiter 30 m gerade auf ein Band empor. Rechts durch 25-m-Rißverschneidung bis zu einem anderen Band unter einem Kamin. Durch den Kamin bis auf das nächste Band, auf dem man nach links zur Kante quert. An der Kante gerade hoch, über kleinen Überhang und durch eine Verschneidung weiter bis auf ein Band. Über kleine Überhänge (H) immer an der Kante entlang auf einen Turm. In eine Scharte hinab, weiter durch eine Verschneidung und über leichte Felsen rechtshaltend auf den Gipfel.

● **374** **Südwand, „Kaminroute"**

S. Agostini, E. Castiglioni, G. Kahn, 21. 7. 1928. **III,** selten leichter. Klassische Route längs des großen Rampenkamins im unteren Wandteil. 380 m, 2—3 Std. Abb. S. 207.

Vorbemerkung: Wie bei allen Routen an der S-Wand gilt als ausgezeichneter Stützpunkt die Pedrottihütte. Falls man aber auch die benachbarten, kaum besuchten Routen an der Cima Baratieri und Punta Iolanda kennenlernen möchte, empfiehlt es sich, im Hochkar der Busa dei Massodi das Zelt aufzuschlagen. Vom Spallone dei Massodi ist der beste Abstieg über den Bocchetteweg „Oliva Detassis" zur Brenteihütte, dann wieder zurück zur Pedrottihütte (2³/₄ Std.) und über den Orsiweg wieder ins Kar zurück. Die andere Möglichkeit ist: Vom Gipfel über den Bocchetteweg Richtung Bocca di Tuckett, dann auf dem Sentiero della Sega Alta unter der O-Wand der Cima Brenta entlang ins Kar Busa dei Massodi, 2¹/₂ Std.

Zugang: Von der Pedrottihütte auf dem Orsiweg unter den Wänden der Cima degli Armi Bassa entlang, immer dem Weg folgend ins Kar unter die S-Wände der oben erwähnten Gipfel. Der linke ist der Spallone dei Massodi. Man erkennt den im linken Wandteil hochziehenden markanten Kamin. 2 Std. E.

Route: Am tiefsten Punkt der Wand über einen geneigten Vorbau in den Kamin. Meist in seinem Grund immer gerade hoch; überhängende Stellen werden links an der Kante überwunden. Nach 6—7 SL verbreitert sich der Kamin zu einer Schlucht. An deren rechter Wand zum höchsten Punkt.

Spallone dei Massodi vom Vallone di Brenta gesehen

R 371 *Normalwege von Westen*
R 372 *Nordwestwand*
R 373 *Nordwestkante*

373
372
371
Brenteihütte

● 375 **Südsüdostwand, „Linke Route"**
P. Fox, M. Friederichsen, 7. 8. 1936. **IV+**, IV. Abwechslungsreiche, ausgesetzte Kletterei an gutem Fels. Die ersten 35 m decken sich mit R 373. 400 m, 4 Std. Abb. S. 207.

Zugang: Wie bei R 374 an den Wandfuß in Fallinie einer großen Verschneidung rechts eines Kamins im oberen Teil, durch den die Route verläuft.
Route: Durch eine Rißreihe an der Kante 35 m gerade empor. Linkshaltend, dann weiter gerade hoch in Richtung auf den Kamin links des Pfeilers (4 SL, III bis IV+). Weiter durch den Kamin; nach dessen Durchsteigung links über eine schwarze Wand, dann durch einen gelben Riß. Man gelangt unter eine große schwarze Verschneidung. Schräg links hoch; durch eine kleine Verschneidung links und weiter durch Kaminpassagen bis auf ein breites Band. Über die leichten Schlußfelsen zum Gipfel.

● 376 **Südsüdostwand, „Rechte Route"**
A. Dallago, M. Friederichsen, 18. 8. 1933. **VI** (eine Stelle), V und IV. Einige H, KK und Schlingen nützlich. Lohnend. 400 m, 4—5 Std. Abb. S. 207.

Übersicht: Die schwierigste Route an der S-Wand, die in Fallinie der großen Verschneidung verläuft und, von rechts kommend, den obersten Teil der Verschneidung benutzt.
Zugang: Wie bei R 374.
Route: Durch Rißreihe an der Kante 2 SL gerade hoch. Leicht linkshaltend durch einen seichten Riß zu einer Terrasse und wieder leicht linkshaltend durch Kaminpassagen auf eine zweite Terrasse. Über die Wand gerade hoch an den Fuß der gelben Riesenverschneidung. Rechtsquergang 5 m. Mit Steigbaumhilfe (VI, 3 H) über einen Überhang und zu Stand. Rechts auf die Kante, daran empor und wieder nach links zu einem Riß. Durch den Riß, dann leichter bis auf einen Absatz im Verschneidungsriß. Über einen Überhang empor (Steigbaum) nach links zu einem Felskopf. Leichter bis auf das Terrassenband unter dem Ausstiegskamin und durch ihn zum Gipfel.

● 377 **Südostkante**
M. Friederichsen, V. Neri, 30. 7. 1931. **V+** (eine Stelle), V und leichter. Abwechslungsreiche, interessante Kletterei. 380 m, 4—5 Std. Abb. S. 207.

Übersicht: Die S-Wand ist an der Kante von einem nach rechts emporziehenden Riß durchzogen, der sich auf Höhe der Verschneidung in der O-Wand verliert. Durch diesen Kamin verläuft die Route.

Zugang: Wie bei R 374; E bei einer Rippe rechts des großen Kamins.
Route: Über die Rippe und linkshaltend zu einer Terrasse. Weiter linkshaltend gelangt man zunächst in einen engen Kamin, der sehr schwierig links verlassen wird. Man quert in eine seichte Rinne nach links. Durch sie und weiter linkshaltend in die lange Kaminreihe; in ihr spreizend 5—6 SL empor. Schwierigste SL ist die anschließende Überwindung von Klemmblöcken. Linkshaltend auf die Terrasse unter dem Gipfel; durch den Schlußkamin zum höchsten Punkt.

● 380 Cima Baratieri, 2944 m

Mächtiger Felsgipfel zwischen Spallone dei Massodi und Punta Iolanda. Er ist der mittlere und schönste der drei Gipfel, die sich aus der Kette der Sfulmini heraus nach O vorschieben.

● 381 Normalweg von Süden und Westen

C. Garbari, N. Pooli, G. Zeni, 27. 8. 1895. **II.** Etwa 300 m, 1½ Std. Abb. S. 207.

Zugang: Wie bei R 374 in die Busa degli Armi. Die Cima Baratieri ist vom Spallone dei Massodi durch eine Geröll- bzw. Schneerinne getrennt. E bei dieser Rinne.
Route: Die Rinne hinauf bis zu einer Gabelung. Durch die rechte Rinne bis in die Scharte zwischen der Cima Baratieri (rechts) und dem Torre della Sega Alta (links). Rechts über einen Sporn, durch eine Rinne und über Platten gelangt man zu einer Scharte auf den Gipfelgrat. Durch die Scharte Richtung S, dann nach links und über leichte Felsen zum Gipfel.

● 381 A Abstieg auf dem Normalweg

II. 1 Std.

Vom Gipfel einige Meter nach S absteigen, dann nach rechts (W) in die Scharte zwischen den Gipfeltürmen. Durch die Scharte nach N. Über Platten, Rinne und Sporn linkshaltend in die Scharte zwischen Cima Baratieri und Torre della Sega Alta. Rinne links hinab in Hauptrinne zwischen Cima Baratieri und Spallone dei Massodi; durch die Rinne über Schnee und Geröll in die Busa degli Armi.

● 382 Südwestkante

M. Armani, E. Gasperini, 8. 8. 1936. **IV** und III. Elegante Kaminkletterei in einer Kaminreihe längs der Kante, empfehlenswert. 330 m; 3—4 Std. Abb. S. 207.

Zugang: Wie bei R 374 an den Fuß der Rinne zwischen Spallone dei Massodi und Cima Baratieri. Am Fuß der Kante befindet sich ein

Turm, an dessen rechter Seite ein Kamin hochzieht. Durch diesen Kamin und durch die anschließenden Risse verläuft die Route.
Route: Durch den Kamin und an gestuftem Fels immer gerade an der Kante empor. Wo die Kante sich aufsteilt, quert man auf einem schmalen Band nach links. Man gelangt zu einer gelben Verschneidung an der Kante. Durch den Kamin, der die rechte Verschneidungswand durchzieht, gerade hoch bis zum breiten Band in der Wandmitte. Vom Band über gestuften Fels gerade hoch, dann leicht linkshaltend zu einer Terrasse. Von der Terrasse gerade hoch (Ausweichmöglichkeit nach links zur Scharte des Torre della Sega) und über steilen gestuften Fels bei abnehmender Schwierigkeit zum Gipfel.

● 383 Südwand

E. Castiglioni, allein, 18. 7. 1929. **IV** und III. Die schönste Kletterroute an der Cima Baratieri, sehr abwechslungsreich, meist gutes Gestein; sehr lohnend. 350 m, 3—4 Std. Abb. S. 207.

Zugang: Wie bei R 374 zum Wandfuß und zu einem Kamin in Wandmitte, einige Meter links der Schlucht, die zwischen Cima Baratieri und Punta Iolanda herabzieht.
Route: Durch den steilen Kamin, weiter oben schräg rechtshaltend über gestuften Fels bis zu einer Kaminrinne und Rissen, die nach links hochziehen und ganz durchstiegen werden. Man gelangt auf das Band in der Wandmitte. Über dem Band fallen zwei schwarze Streifen auf. Am rechten 60 m in schöner, steiler Wandkletterei (IV) gerade empor. Weiter durch einen großen Kamin zu den leichten Gipfelfelsen.

Spallone dei Massodi, Cima Baratieri und Punta Jolanda von Südosten (Orsiweg)

Spallone dei Massodi

R 374 Südwand, Kaminroute
R 375 Südsüdostwand, Linke Route
R 376 Südsüdostwand, Rechte Route
R 377 Südostkante

Cima Baratieri

R 381 Normalweg von Süden und Westen
R 382 Südwestkante
R 383 Südwand
R 384 Südostkante
R 385 Ostsüdostkante, Groazkante

Punta Iolanda

R 391 Normalweg von Südwesten
R 392 Normalweg über die Ostwand
R 393 Südwand, Kaminroute
R 394 Direkte Südwand
R 395 Südostkante
R 396 Direkte Ostwand

376
375
377
381
382
383
391
374
376
385
384
392
396
395
394
393

● 384 Südostkante

E. Castiglioni, G. Leonardi, L. Pedrolli, 21. 7. 1942. **IV** (eine Stelle), III. 200 m, 1½ Std. Kurze, anregende Kantenkletterei, die auch bei der Ost / West-Überschreitung von Punta Iolanda und Cima Baratieri begangen wird. Abb. S. 207.

Zugang: Von der Punta Iolanda, 2815 m, in die Scharte zwischen Punta Iolanda und Cima Baratieri. Oder durch die Rinne zum Normalweg auf die Punta Iolanda aus der Busa degli Armi, R 374, in die Scharte.
Route: Aus der Scharte links in Schlucht und über Geröll und leichten Fels zu Klemmblöcken. Links davor auf Bändern bis direkt auf die SO-Kante. 35 m über die steile Wand bis unter roten Fels. Darunter ausgesetzter Quergang nach links zu einem zuerst nicht sichtbaren Kamin hinter der Kante. Durch den Kamin und die anschließende Verschneidung in ein Felsenfenster. Auf den Block über dem Felsenfenster; weiter an der Kante hoch und durch den folgenden Kamin bis zu den leichten Gipfelfelsen.

● 385 Ostsüdostkante, Groazkante

G. Groaz, R. Segalla, 4. 8. 1973. **V** (1 SL), III und leichter. Schöne Kletterei an ausgezeichnetem Fels. 200 m, 1½ Std. Abb. S. 207.

Zugang: Aus der Scharte zwischen Punta Iolanda und Cima Baratieri wie bei R 374.
Route: E 10 m links der Kante. Den leichtesten Stellen folgend rechtshaltend, bis man auf die Kante gelangt. An der Kante hoch, wobei man einem Überhang links ausweicht. Weiter an der Kante empor (V, H). Man erreicht eine Terrasse unter einem Überhang. 2 m nach links, gerade hoch und weiter zum Gipfel.

● 390 **Punta Iolanda,** 2815 m

Formschöner Gipfel, der niedrigste der drei Gipfel, die die Busa degli Armi nach NW begrenzen. Besonders die fast 300 m hohe S-Wand-Pyramide bietet für den Kletterer extremer Richtung zwei hochinteressante Anstiege, während die O-W-Überschreitung von Punta Iolanda und Cima Baratieri auch dem Normalverbraucher möglich ist.

● 391 Normalweg von Südwesten

Erstbegeher unbekannt, vermutlich 1908. **I.** 1 Std. Abb. S. 207.

Zugang: Wie bei allen Routen an der Punta Iolanda, aus der Busa degli Armi, R 374, an den Beginn der Rinne, die sie von der Cima Baratieri trennt.

Route: Zunächst durch die Rinne, dann rechts davon über steile Felsstufen in die Scharte zwischen Cima Baratieri und Punta Iolanda. Nach rechts über leichten Fels auf den Gipfel.

● **392** **Normalweg über die Ostwand, Fabbroweg**
V. Fabbro, G. Strobele, 1920. **II.** 200 m, 1 Std. Wenn der Normalweg von SW für den Abstieg geeigneter ist, so ist der Fabbroweg im Aufstieg zu empfehlen (ebenso für die O-W-Überschreitung zur Cima Baratieri). Abb. S. 207.

Zugang: Von der Pedrottihütte über den Orsiweg und den Sentiero della Sega Alta in die Scharte zwischen einem Felsturm rechts der O-Wand, Punta Mezzena; 1½ Std.
Route: Über gut gestuften Fels, leicht linkshaltend, in einen engen Kamin, der durchstiegen wird. Wo er sich schließt, steigt man nach rechts in einen Parallelkamin über; durch ihn bis zu seinem Ende in einer kleinen Scharte und von N (rechts) über leichte Felsen zum Gipfel.

● **393** **Südwand, „Kaminroute“**
C. und S. Soprano, 15. 8. 1932. **V**, IV. Klassische, ausgesetzte Route durch den tiefen Rißkamin, der die S-Wand im linken Teil durchzieht. Guter Fels. 290 m, 4—5 Std. Abb. S. 207.

Zugang: Aus der Busa degli Armi, s. R 374, dann an den Beginn des Risses.
Route: Zunächst einige Meter im Kamin empor, dann nach rechts in der Wand über kleine Überhänge zu einer Terrasse. Wieder im Kamin, über einen Klemmblock hinweg bis in eine Nische. über einen Rißüberhang und links bis auf ein schmales Band. Rechts queren, um erneut in den Kamin zu gelangen. Wo er sich wieder verengt, wird er nach links verlassen. Weiter zu einer Nische und an der Wand rechts steil empor; wo der Kamin sich wieder erweitert, wieder in ihn hinein. Durch den Kamin bis in eine Höhle und darin hinauf bis unter ein Dach; Quergang hinaus in einem Riß, der bis in eine zweite Höhle verfolgt wird. Rechts an der Wand empor bis auf ein schmales Band; man gelangt über das Band zu einer kleinen Nische unter einem Dach. Durch einen Riß neben dem Dach empor (H). Weiter durch den leichten Kamin bis zu den Gipfelfelsen rechts.

● **394** **Direkte Südwand**
A. Andreotti, G. Bozzi, M. Rossi, 16.8.1970. **VI** (1 Stelle), V. Erstbeg. 19 H, 10 belassen. Schöne Freikletterei, die auch im obersten Teil durch die S-Wand verläuft, stellenweise et-

was brüchig, schon früh im Sommer möglich. 260 m, 5 — 6 Std. Abb. S. 207.

Zugang: Wie bei R 374 an den Wandfuß, etwa 60 m rechts von R 393.

Route: E bei der Rißverschneidung. **1. SL:** Über teilweise überhängenden Riß empor (IV mit V+, 40 m). **2. SL:** Durch die Verschneidung an grauem Fels zu Stand unter gelber Verschneidung (40 m, IV). **3. SL:** Durch die etwas brüchige Verschneidung (VI) und nach links auf eine große Terrasse (40 m). **4. SL:** Rechtshaltend 15 m zu einem Riß, der zu kleiner Terrasse führt (25 m, V). **5. SL:** Linkshaltend durch kurze Verschneidung und weiter zu grauen Felsen (35 m, V+). **6./7. SL:** 40 m gerade empor (IV). Weiter 40 m gerade empor, rechtshaltend zu Terrasse (IV). **8. SL:** Durch ein Verschneidungssystem rechtshaltend zum Gipfel (IV, 40 m).

● 395 Südostkante

E. Castiglioni, M. Friederichsen, 22.7.1933, **V** und IV. Die Route verläuft über die breite Kante; schon im Frühsommer möglich. 260 m, 4 Std. Abb. S. 207.

Zugang: Wie bei R 374, weiter etwas rechts des tiefsten Punktes an der Kante zu einem Riß.

Route: Durch den Riß rechts der Kante, links des ersten Überhanges an der Kante, weiter nach links zu einer großen Nische. Wieder in den Riß zurück und 1 SL im Riß empor. Wo er endet, an Felsstufen 2 SL bis zu einer Felskanzel. Einige Meter gerade hoch, links auf schmales Band bis zu einer großen Höhle. Links aus ihr heraus durch einen feinen Riß zu Absatz. 2 m nach rechts zu einem schwierigen Riß (V+), durch ihn und über seinen Abschlußüberhang. 15 m durch eine leichte Rinne rechts über brüchige Wand und direkt weiter über leichte Felsen zum Gipfel.

● 396 Direkte Ostwand

L. Cottafari, P. Fox, M. Friederichsen, 24.8.1941. **VI** und V. Schwierigste Freikletterei durch den schwarzen Riß zwischen SO-Kante und Fabbroroute. Empfehlenswert. 250 m, 5 Std. Abb. S. 207.

Zugang: Wie bei R 374, weiter an den Wandfuß rechts unter die Falllinie des Risses.

Route: 1. SL: Von rechts nach links über eine schwarze Platte in den Riß hinein. **2. SL:** Im Riß empor unter Überhang, der an seiner rechten Seite überwunden wird. **3. SL:** Weiter in Rinne zu einer Verschneidung. **4. SL:** Durch die Verschneidung und einen anschließenden schwarzen Riß mit vorstehendem Block. **5. SL:** Direkt darüber (VI—) und durch eine weitere Engstelle in eine große Verschneidung. **6. SL:** Durch sie auf die Schulter (40 m). **7. SL:** Durch eine leichte Rinne auf den Gipfelgrat.

● **400** **Naso dei Massodi,** 2527 m

Dort, wo der Orsiweg oder der Sentiero della Sega Alta aus der Busa degli Armi auf den Sattel zum Übergang in den oberen Teil des Val Perse stößt, verläuft ein nach N steil abfallender Gratrücken. Der höchste Punkt ist der Naso dei Massodi. Für den Kletterer ist vielleicht die etwa 150 m hohe SO-Kante, R 401, von Bedeutung. Aber auch besonders für den Foto- und Panoramafreund der Brentagruppe bietet dieser Punkt einen atemberaubenden Ausblick auf einen großen Teil der Brentaberge. Abb. S. 214/215.

● **401** **Von Nordwesten**
¼ Std.

Vom Sattel in Nähe der Punta Mezzena in südöstl. Richtung ohne Schwierigkeiten zum höchsten Punkt, 2527 m.

● **402** **Südostkante**
F. Falconi, G. Pagani, W. Sgorbati, 7.7.1939.
IV. 150 m, 2—3 Std.

Zugang: Vom Orsiweg bzw. vom Sentiero della Sega Alta aus der Busa degli Armi hält man sich auf Grashängen südl. unterhalb des in R 400 beschriebenen Gratrückens. So gelangt man direkt ohne Schwierigkeit an den Fuß der Kante, ¼ Std.
Route: E 3 m rechts der Kante, über einige kleine Überhänge hinweg zu Absatz. Weiter in Richtung eines gelben Felskopfes. Unter dem Überhang quert man nach rechts in eine Nische. Hier ziehen zwei Kamine hoch. Durch den linken Kamin in Nähe der Kante hinauf. Oben wird der Kamin schwieriger, dann über den letzten Aufschwung direkt an der Kante zum höchsten Punkt.

● **405** **Castel Alto dei Massodi,** 2431 m

Der Castel Alto dei Massodi, dessen Gipfel durch einen leichten Schrofengrat mit dem Sockel des Naso dei Massodi verbunden ist, bietet nur nach NO bzw. O dem Kletterer eine Reihe von schwierigen und interessanten Routen. Die gut 600 m hohe NO-Wand stellt ein würdiges Gegenstück zu den SW-Wänden des Croz dell'Altissimo dar. Während der Fels des letzten Gipfels plattig und oft griffarm ist, zeichnen sich die Routen am Castel Alto dei Massodi durch ihre verblüffende Griffigkeit aus. Im oberen Wandteil sind an diesem Berg fast alle Routen etwas brüchig, aber auch leichter.

• 406 Normalweg

Ohne Schwierigkeiten. Von der Selvatahütte, R 75, 2 Std.; vom Rif. Croz dell'Altissimo, R 73, 2½ Std.; von der Pedrottihütte, R 53, in 2 Std. über den Orsiweg (Sentiero della Sega Alta). Abb. S. 214/215.

Route: Von S und O über Grashänge an den Fuß des Naso dei Massodi. Auf leichtem Grat zum höchsten Punkt.

• 407 Nordgrat

H. Steinkötter, allein, 30.6.1971. **V** (10 m), IV und III und leichter. 500 m, davon 200 leicht. 3 Std.

Zugang: Von der Croz-dell'Altissimo-Hütte, R 73, auf Richtung Selvatahütte, Weg 341. Über den Wildbach, dann einer Rinne folgend in Richtung N-Kante. Über Felsstufen gelangt man zu einem kleinen Wasserfall. Rechts davon über Grasstufen und Latschen in eine Geröllmulde. 100 m höher quert man die Rinne auf einer Geröllrampe und erreicht den eigentlichen Grat bei einer Zisterne in etwa 1900 m Höhe. 1 Std.

Route: Nach zwei Aufschwüngen gelangt man unter einen feinen, senkrechten Riß (10 m, V, 2 H). Danach linkshaltend und über eine gut gegliederte Wand 80 m (III und IV) hinauf. Auf Grasband nach links queren bis zu Blöcken auf dem Grat. In eine Rinne, dann rechts in einen Kamin (III) und auf eine breite Rampe. Über sie und schließlich auf den Grat in einen Einschnitt. Den letzten Aufschwung überwindet man wie folgt: 15 m gerade hoch, Quergang nach rechts auf Leiste um die Kante herum, wieder gerade hoch und rechtshaltend auf den leichten Gipfelgrat.

• 408 Nordostwand, „Via SAT"

R. Comper, H. Steinkötter, 11.6.1967. **VI—** (eine Stelle), V und IV. 12 H, 1 HK. Einige H, KK und Schlingen nützlich. Im allgemeinen guter, griffiger Fels. Lohnend. 600 m, 4—6 Std. Abb. S. 214/215.

Übersicht: Die Route, die schon im Frühsommer möglich ist, verläuft im rechten Wandteil, links großer charakteristischer Dächer.

Zugang: Von der Croz-dell'Altissimo-Hütte, R 73, auf Weg 340 Richtung Selvata- und Pedrottihütte und durch ein Bachbett zum E, der

100 m rechts des markanten Kamins in Wandmitte bei einem Geröllkegel liegt. ¾ Std.

Route: Vom Geröllkegel 10 m rechtshaltend auf Terrasse. Eine Art Riß 5 m hoch, Quergang rechts um die Ecke (IV—) und durch eine Rinne. Durch Riß in eine andere Rinne und auf geräumige Terrasse. Linkshaltend an kleingriffiger Wand empor in Richtung Dach, 15 m unterhalb Stand. Auf einem Band nach links queren bis zu Rissen. Durch den rechten Riß über einen Überhang (H) 4 m hoch und nach links in den linken Riß bis zur großen Geröllterrasse unter den Dächern (IV, V—). Auf der Terrasse 100 m schräg nach links bis zu Latschen. Links der Dächer in brüchigem Riß einige Meter empor und ausgesetzt nach rechts zu Stand in Nische (IV). Aus der Nische in anregender Kletterei einem feinen Riß folgend (V—) zu Stand auf Band. Über eine gutgriffige Wand zu Stand an einem Köpfl (IV+, III). 6 m durch einen Riß, Quergang nach rechts, gerade hoch unter ein Dach, nach links unter einen Überhang und durch Riß zu gutem Stand (IV, V+). Rechts durch überhängenden Riß, Quergang nach rechts, gerade hoch unter Dach und nach links zu dürftigem Stand (HK, V, VI—). Rechts um die Kante (H) zu geräumigem Grasplatz. Rechts durch Riß zu Stand unter grauer, senkrechter Platte. Links auf Platte, dann Quergang an Überhang (H) und frei rechts zu kleiner Latsche, weiter rechts queren und 3 m höher zu gutem Stand. Rechts an einem Überhang empor (A 1, V), über graue Platte rechtshaltend in einen Riß und in eine Nische. Rechts verlassen, nach links, und wieder leicht nach rechts zu Latschenplatz. 20 m linkshaltend zu Absatz unter Überhang. An kleingriffiger Platte Quergang nach rechts unter einem Dach (V), weiter auf eine Leiste, linkshaltend zu Stand in der Nähe eines 5 m hohen Pfeilers. Rechts an grauer Wand und wieder linkshaltend zu Schuttplatz (60 m). Rechts von Überhang über gestuften Fels auf Band (II, III). An grauer Wand empor, nach 2 SL zu Köpfl unter Überhang (III). Rechtshaltend auf Grat und wieder nach links zu geräumigem Absatz. 5 m nach links in Kamin, den man oben rechts verläßt; auf dem letzten Teil des N-Grates zum Gipfel.

● 409 Nordostwand, Maestriroute

L. Eccher, C. Maestri, 3.8.1956. **V+**, V. Erstbeg. 4 H. Einige H, KK und Schlingen empfehlenswert. Besonders auf den ersten 300 m schöne Kletterei an teilweise glattem, ausgewaschenem Fels. Meist erst ab August trocken. 600 m, 5 — 6 Std. Abb. S. 214/215.

Übersicht: Die Route verläuft in Wandmitte längs eines seichten, durch Überhänge unterbrochenen Risses.

Zugang: Von der Croz-dell'Altissimo-Hütte wie bei R 408 an den

410
411
407
412
410
409

Castel Alto dei Massodi (Nordostwand) und Naso dei Massodi

Naso dei Massodi

R 400 *Naso dei Massodi*

Castel Alto dei Massodi

R 407 *Nordgrat*
R 408 *Nordostwand, Via SAT*
R 409 *Nordostwand, Maestriroute*
R 410 *Nordostwand, Steinkötterroute*
R 411 *Nordostwand, Foxroute*
R 412 *Ostkante, Via del Rifugio*

Wandfuß. E am Fuß des Kamins in Wandmitte auf einem großen Schuttkegel (Latschen), den man von rechts erreicht. 3/4 Std.
Route: 40 m durch einen glatten Kaminriß hoch. Bei einem Überhang leicht rechts halten und wieder in den Riß zurück. Nach Umgehung einer Verschneidung 2—3 SL im Kaminriß empor. Über weniger steile Wandstellen und Rißreihen weiter. Man hält sich nun rechts über gestuften, etwas brüchigen Fels und gelangt zum N-Grat. Über ihn leicht zum Gipfel.

● 410 Nordostwand, Steinkötterroute
K.H. Mathies, H. Steinkötter, 23.7.1974. **VI** (3 Stellen) V+, V und IV. 15 H, 3 belassen. Für Wiederholer einige H, KK und Schlingen nützlich. Empfehlenswerte Route, abwechslungsreiche Kletterei an leider nicht immer gutem Fels. 600 m, 6—8 Std. Abb. S. 214/215.

Zugang: Von der Croz-dell'Altissimo-Hütte über Weg Richtung Selvahütte; vor den ersten Serpentinen des Weges rechts abbiegen durch ein Bachbett. Durch eine Rinne unterhalb der großen Verschneidung der Wand. Wo die Rinne geschlossen ist, nach links auf einen steilen Gras- und Latschenrücken; über ihn hinauf bis zu seinem Ende an der Wand. Nach rechts 20 m abseilen; so gelangt man zum Einstiegsband. 1 Std. von der Hütte.
Route: Vom Einstiegsband 20 m nach rechts. Durch eine Rinne nach links, 15 m bis auf ein Band 5 m unterhalb einer Latsche. Links der Latsche erklettert man eine schwarze, glatte Wand; zuerst links, dann gerade hoch und diagonal nach rechts (VI). 30 m über leichten Fels zu Stand auf Band unter einem Überhang. Rechts durch eine Verschneidung und Kamin. An seinem Ende über glatte schwarze Wand (V) bis unter eine überhängende kleine Verschneidung. Im Anschluß an ausgesetztem Quergang nach links (Latsche) gelangt man an den Fuß eines markanten Pfeilers, der links eine Verschneidung bildet. Durch die Verschneidung (V und VI—) zu gutem Stand links. Weiter gerade hoch bis einige Meter unterhalb des Daches, das die Verschneidung sperrt (VI). Rechts ausgesetzt, aber leicht um die Kante (III) an den Fuß eines vorher nicht sichtbaren Risses. Nach 2 SL durch Riß und Kamin zu gutem Stand hinter Blöcken hinter dem Pfeilerkopf. Man steht vor einer glatten und kompakten Wand. Rechts steigt man ein paar Meter ab und quert an glatter Platte (VI—). Weiter nach rechts queren, ein paar Meter gerade hoch und wieder nach links zu Stand. 30 m höher auf ein Schuttband. Darauf nach links zu einer Art Riß, der zu einem Kamin leitet (V). Weiter bis unter eine zweite kompakte Wand, die bei einem schwarzen Streifen überwunden wird (Schlinge, V+). Durch Kamin

auf das große Band, das die ganze Wand durchzieht. Auf dem Band 50 m nach rechts. 1 SL gerade hoch und schräg nach rechts (III, IV) bis an die rechte Kante. Über einen kleinen Überhang und links durch eine Rinne auf die Geröllschulter. Weiter linkshaltend durch feuchten Kamin, (1 Stelle V—) nach 3 SL zum Gipfel.

● 411 Nordostwand, Foxroute

P. Fox, F. Rizzi, 1938. **V.** Die Foxroute benutzt die Kamin- und Verschneidungsreihe links von R 410; erst im Spätsommer trocken. 600 m, 6—8 Std. Abb. S. 214/215.

Zugang: Von der Croz-dell'Altissimo-Hütte wie bei R 410 an den Fuß der Kamin-Verschneidungs-Reihe, die fast die ganze Wand durchzieht. 1 Std.

Route: Einige SL Kaminen und Verschneidungen folgend bis zu dem Punkt, wo diese nach links verlaufen. Auf einem Band nach rechts (V) und über eine weiß-schwarze Wand zuerst nach rechts und wieder nach links auf eine Terrasse. Durch einen Riß mit Überhängen und durch eine glatte Verschneidung zu breitem Band. Wieder rechts halten durch glatte Verschneidung; durch sie bis unter die großen gelben Überhänge. Quergang nach rechts, durch einen Riß bis in den Kamin, der vom Gipfel herabzieht. Im Kamin einige SL empor und in einen Parallelriß, bis dieser sich schließt. Nach links auf gestuftem Fels, dann durch eine Rinne und über leichte Schrofen zum Gipfel.

● 412 Ostkante, „Via del Rifugio“

C. Pisoni, H. Steinkötter, 22.7.1968. **VI—** (eine Stelle), V und IV. Anstieg im allgemeinen links der oft stark zerrissenen, latschenbestandenen O-Kante. Freikletterei, die Wiederholern großes Orientierungsvermögen abverlangt. Einige H, KK und Schlingen empfehlenswert. 650 m, 6 Std. Abb. S. 214/215.

Zugang: Von der Selvatahütte, R 75, auf dem Talweg 10—15 Min. hinab bis in ein Bachbett unterhalb einer großen Rinne. Durch die Rinne unter die graue Wand, die rechts — etwa 60 m links des O-Grates — von einer Verschneidung durchzogen wird. Diese Verschneidung leitet linkerhand in eine Kaverne in etwa 300 m Wandhöhe (schon vom Weg aus sichtbar).

Route: E etwa 100 m links der O-Kante. Zuerst über Felsstufen, dann über kurzen, abdrängenden Rißüberhang. Nach einer kleinen Verschneidung auf einen Pfeilerkopf. Über gestuften Fels schräg rechtshaltend zu grauen Felsen unterhalb eines senkrechten Felsgürtels. Rechts 1 SL empor, um in das erwähnte Verschneidungssystem zu gelangen.

In der Verschneidung linkshaltend empor in eine ausgewaschene Verschneidung und in eine kleine Nische unterhalb der Kaverne (3 SL, IV, V und VI—). Im Riß (H) aus der Nische und in die Kaverne; aus ihr rechts heraus und leicht auf eine Latschenschulter. Auf der Schulter links bis unter Felswand. Rechts durch einen Kamin, der auf eine Kante leitet; über sie auf den Turm. In eine Scharte hinab und nach links auf eine Leiste an der gegenüberliegenden gelben Wand queren. Das Band führt in eine große Schlucht hinauf, die links über Platten verlassen wird (III) wieder rechtshaltend gelangt man zu einer Kante links eines Kamins. Über die Wand links der Kante in ausgesetzter Kletterei empor, bis man rechts durch einen leichter werdenden Kamin bis auf ein Band klettert. Linkerhand durch einen nicht steilen, aber glatten Kamin zu einem Grat. Hinter dem Grat quert man unterhalb des Vorgipfels und gelangt nach etwa 100 m zum Gipfel.

● **413** **Südostwandverschneidung**
B. Laritti, E. Sommadossi, August 1974. **V+** (1 Stelle), V und IV. Anstieg durch den linken, zugänglichen Teil der SO-Wand. 550 m, 5 Std.

Zugang: Von der Croz-dell'Altissimo-Hütte dem Weg 341 in Richtung Selvatahütte bzw. Pedrottihütte bis unter die Wand folgen. Man steigt die zweite Geröllrinne gut 200 m hinauf bis zu einem großen Block. Links davon durch eine Rinne bis an den Wandfuß. ¾ Std.
Route: An gestuftem Fels 3 SL linkshaltend an den Fuß einer Verschneidung (II, III). Durch die 300 m hohe Verschneidung (III, IV, V, eine Stelle V+). Weiter durch einen Kamin neben einen Turm; absteigend gelangt man in die Scharte eines anderen gelben Turms. Durch eine Rinne bis auf einen Sattel. Links durch einen Kamin. Durch Risse und Kamine links, später rechtshaltend und über leichte Felsen zum Gipfel.

● **420** **Punte-di-Campiglio-Westgipfel,** 2969 m

Die beiden Gipfel der Punte di Campiglio bilden den westl. Eckpfeiler einer von W nach O emporziehenden, stark zerrissenen Kette, die in der Cima Brenta Alta ihre höchste Erhebung hat. Die etwa 3 km lange Kette bricht nach S mit steilen, wenn auch durch Bänder unterbrochenen Wänden ab und bietet dem Kletterer eine Fülle von, im westl. Teil fast ausschließlich schwierigen, zur Cima Brenta hin auch leichteren Routen. Für die Routen an den Punte di Campiglio sowie an der Cima Mandron ist der Sentiero SOSAT, ein Teilabschnitt des Bocchetteweges, der mitten durch die S-Wand und die W-Seite führt, für den Abstieg von großer Wichtigkeit. Dieser Teil des Bocchetteweges wird auch ständig als Übergang zur Tucketthütte benutzt. Kletterer mögen deshalb wegen Steinschlaggefahr besonders vorsichtig beim Begehen der Routen oberhalb dieses Weges sein. Erste Ersteigung der beiden Gipfel von N 1884 bzw. 1885 durch Falkner, H. Freytag, Dallagiacoma und Bonapace.

● 421 Normalanstieg auf den Westgipfel
II, I. 2 Std. von der Brenteihütte

Von der Brenteihütte auf dem SOSAT-Weg, R 85, bis auf die W-Seite der Punte di Campiglio, bis dort, wo ein langes horizontales Wegstück das Ende der Seilsicherungen darstellt. Man befindet sich vor einem begrasten Rücken. Darauf hält man sich ostw. ohne Schwierigkeiten, bis man auf einen Felsrücken stößt, der eine markante Schluchtrinne begrenzt. Auf dem Rücken, leicht linkshaltend empor (I). Eine kleine Rinne wird rechts überquert. (Beginn der großen Rinne, die die beiden Gipfel voneinander trennt). Jetzt hält man sich absteigend auf die Scharte zwischen östl. und westl. Punta zu, aus der man in westl. Richtung auf Steigspuren den W-Gipfel erreicht.

● 421 A Normalabstieg vom Westgipfel
Weg der Erstersteiger. **II,** I. 1½ Std. zur Brenteihütte. Da die Punte di Campiglio ausschließlich von Kletterern über die S-Wand bestiegen werden, soll hier nur der Abstieg beschrieben werden.

Route: Vom Gipfel zunächst nach O in die Scharte zwischen den beiden Gipfeln. Weiter an leichten Felsen auf den O-Gipfel zu bis zu einer Rinne, die gequert wird. Über Geröll in Richtung auf einen nach NW hinabziehenden Felsrücken, der parallel zur oben erwähnten Rinne läuft. Man gelangt so zum Schrofengelände oberhalb des SOSAT-Wegs, dem man Richtung Crozzon di Brenta folgt. Weiter ins Vallone dei Brentei und zur Brenteihütte.

● 422 Südwand, „Gelbe Wand“
A. Fischer, H. Steinkötter. 3.—4.9.1963. **A3, VI—,** V. Erstbeg. 40 H, 15 HK. Wiederholer: Einige H, große KK und Schlingen nützlich. Kurze, vorwiegend hakentechnische Kletterei, besonders geeignet bei unsicherer Witterung. 150 m, 6—8 Std. Abb. S. 223.

Übersicht: Der untere Teil der S-Wand besteht aus zwei gelben bzw. bräunlichen senkrechten bis überhängenden, 150 m hohen Wänden. Durch die linke Wand ist ein feiner Hakenriß richtungsweisend.

Zugang: Von der Brenteihütte über den Hüttenweg, Geröll und Schrofen an den Fuß der Wand bei einer senkrechten Verschneidung in der Wandmitte, links eines Felsblocks. $^1/_4$ Std.

Route: Durch Rißverschneidung (V+) dann nach rechts (III+) und durch Riß auf Kanzel an den Fuß des überhängenden Risses (VI—). Durch den Riß, über ein Dach und durch die Verschneidung zum Ausstieg (2—3 SL, A3 und VI—). Über Schrofen zum Sentiero SOSAT nach rechts (O) und auf ihm zur Brenteihütte.

● 423 Südwand, Detassiskamin

B. Detassis, S. Ruffo, August 1939. **VI,** V, IV. Im unteren Teil oft naß. Einige H, KK und Schlingen nützlich. 600 m. 8 Std. Abb. S. 223.

Übersicht: Die Route leitet durch den schwarzen Kamin rechts von R 422, dessen Erreichen äußerst schwierig ist, über den unteren Teil der S-Wand. Im oberen Teil zunächst durch überhängenden Kamin, dann Rißkamin auf den W-Grat, dann zum Gipfel.

Zugang: Von der Brenteihütte in wenigen Min. an den Wandfuß in Fallinie des schwarzen Kamins.

Route: Durch eine Verschneidung am rechten Rand des Wasserstreifens 15 m empor; am überhängenden schwarzen Riß weiter (3 H) und linkshaltend auf kleine Terrasse (H). 10 m Seilquergang nach rechts (4 H, VI) zu kleinem Absatz (H.). Rechts zunächst an schwarzem, dann gelbem Fels bis in Riß und schließlich in Nische (2 H). 30 m in Riß empor (VI) bis zu großem Block. An weniger schwierigem Fels in den oft nassen Kamin. Zunächst in seinem Grund 20 m empor, dann außen über Überhang (2 H). Weiter auf den Sentiero SOSAT. Gerade weiter durch gelben, überhängenden Riß. Schräg rechts durch einen leichten Kamin auf den W-Grat und zum Gipfel.

● 424 Südwand, „Pfeilerwand"

G. Comirelli, A. Sarchi, 9.—11.6.1983. A2, A3 und AE, VI. Hauptsächlich hakentechnische Route durch den rotgelben Pfeiler, rechts von R 423. Erstbeg. entfernten großen Teil der H. Wiederh. reichliches Hakensortiment mitnehmen. 220 m, vielleicht 2 Tage. Abb. S. 223.

Übersicht: Die Route ist durch zwei große Nischen in der Mitte der Pfeilerwand charakterisiert.

Route: Vom E am Wandfuß einem Riß folgen. 15 m einen anderen Riß hoch rechtshaltend bis zu Überhängen. Einige Meter nach links queren zu einem Riß und über einen Überhang; darüber leicht nach rechts und in einem Riß 25 m empor. Schräg rechts ansteigend gelangt man zur großen Nische im Zentrum der Wand. Rechts der Nische zu BH, über einen Überhang und weiter 10 m an grauem Fels empor. 15 m waagrechter Quergang nach links auf Platten. An stark überhängendem Fels empor, rechtshaltend, dann gerade in eine Nische hoch. 10 m linkshaltend, über einen Überhang zu Stand etwas rechts des schwarzen Streifens im oberen Teil der Wand. An gutem schwarzen Fels empor zu brüchigem Überhang. 15 m nach links queren und durch überhängenden Kamin. Weiter auf das Band mit dem Sentiero SOSAT.

● 425 Südwand, „Brunopfeiler" („Weg der Bergführeranwärter")
G. Giudicati, E. Salvaterra. Datum der Erstbegehung nicht bekannt. **V+**, V, IV. Erstbeg. 10 H. 240 m, 4 Std. Abb. S. 223.

Übersicht: Die Route verläuft links der Agostini / Neri-Route, R 426, mehr oder weniger auf der rechten Kante der senkrechten, teils überhängenden rot-gelben Wand (mit Nische in Wandmitte) zwischen Detassis- und Agostiniroute.
Route: E am Beginn der SW-Kante in der Nähe des Agostinikamins. **1. SL:** Von der Kante in Richtung eines Risses, der durchstiegen wird. Man gelangt auf eine Leiste. Von hier durch feinen, gelben Riß auf ein zweites Band; links halten an den Fuß einer gelben Verschneidung (45 m, V+, V, 1 H, 1 KK). **2. SL:** Die Verschneidung gerade hoch zu Stand (15 m, V—). **3. SL:** Weiter gerade hoch durch feinen Riß bis auf Leiste (H) und links zu Köpfl. 6 m gerade hoch und wieder nach rechts, bis es wieder möglich wird, schräg rechts hochzuklettern (45 m, V+, V, 4 H, 2 SH). **4. SL:** Quergang nach rechts in Richtung Kante und durch gelben Riß bis unter Überhang, nach dessen Überwindung man auf ein Band gelangt. Stand etwas links (40 m, V— und V+, 2 H und 1 SH). **5. SL:** Wieder nach rechts um die Kante herum (Schluchtseite) und gerade hoch bis auf ein Band; nun direkt an der Kante empor zum Beginn einer Rißverschneidung (50 m, IV und IV+, 1 Schlinge, 1 SH, Wandbuch). **6. SL:** Die Rißverschneidung empor und an deren Ende links einen kleinen Überhang überwinden zum Beginn einer weiteren kleinen Verschneidung, die auf ein Band leitet (35 m, IV+, V, 1 H, 1 Schlinge). **7. SL:** An leichtem Fels (15 m, II und I) gelangt man auf das Band mit dem Sentiero SOSAT; von dort in ½ Std. zur Brenteihütte.

Bemerkung: Obwohl diese Route Klettergartencharakter hat, wie übrigens auch R 422 und R 424, ist sie sehr lohnend, weil sie guten Fels aufweist und fast immer (auch nach Regentagen) trocken ist.

● 426 Südwand, „Kamin- und Kantenroute"
O. Gasperi, B. Moore, R. Vidi Juli 1931 für den Kamin. S. Agostini, V. Neri für die SW-Kante (Datum nicht be-

kannt). **V—**, IV, III. Interessante und abwechslungsreiche Kletterei, lohnend. Der Einstiegskamin ist nach Regentagen schnell trocken. 700 m. 5 Std. Abb. S. 223.

Zugang: Von der Brenteihütte in 10 Min. an den Fuß des Kamins, der den „Brunopfeiler", R 425, rechts begrenzt.
Route: Durch den Kamin, einige glatte Stellen überwindend, 5 — 6 SL empor bis auf den Sentiero SOSAT. Um auf die zweite Terrasse zu gelangen, erklettert man ein Kaminsystem unmittelbar links der SW-Kante. Auf der Terrasse rechts halten (bis einige Meter rechts der Kante). Direkt an der etwas geneigten Wand in schöner Kletterei empor und linkshaltend auf die Kante unter einen Überhang. Darüber hinweg (V—), dann an leichteren Felsen zum Gipfel.

● 426a Variante

Vom Sentiero SOSAT linkshaltend einer Reihe von Rissen und Kaminen folgend in schöner Kletterei auf den Grat und weiter zum Gipfel.

● 427 Südwand, Stegerroute

König Albert von Belgien, A. Bonacossa, H. Steger, 1933. **IV+**, IV, meist III. Lohnende, interessante Kletterei, die durch viele Bänder unterbrochen wird; fast immer trocken. Einige H, KK. und Schlingen empfehlenswert. 600 m, 4 — 5 Std. Abb. S. 223.

Übersicht: Fast in Gipfelfallinie durchreißt ein schwarzer, enger Kamin das untere Wanddrittel. Den Kamin erreicht man von rechts über ein 150 m langes Grasband, das bei einem am Wandfuß meist mit Schnee gefüllten Kamin ansetzt. Nach dem engen Kamin links durch Rinnen

Punte di Campiglio und Cima Mandron mit Brenteihütte von Süden

Punte-di-Campiglio-Westgipfel

R 422 Südwand, Gelbe Wand
R 423 Südwand, Detassiskamin
R 424 Südwand, Pfeilerwand
R 425 Südwand, Brunopfeiler
R 426 Südwand, Kamin- und Kantenroute
R 427 Südwand, Stegerroute
R 427a Steinköttervariante
R 427b Südwandvariante, Weg der Generationen

Punte-di-Campiglio-Ostgipfel

R 434 Südsüdwestverschneidung
R 435 Südsüdwestwand, Detassisroute
R 436 Südsüdwestwand, Aiazzi / Bonatti / Oggioni-Route
R 437 Covi / Pegorettiroute

Cima Mandron

R 443 Südkante (l. der Armaniverschneidung)

436
427a
434
435
423
427 b
443
427
426
434
SOSAT-Weg
427
436
425
426
424
422
423

zum Sentiero SOSAT. Von hier zwei Möglichkeiten zum Gipfel: links Originalroute, rechts Steinköttervariante.
Zugang: Von der Brenteihütte zunächst ein Stück auf dem Weg Richtung Alimontahütte, dann links über Grashänge an den Fuß des Kamins mit Schneeresten. Falls der Schnee keinen Zustieg auf das Band ermöglicht, rechts über eine Rißspur hinauf auf das Einstiegsband.
Route: Auf dem Band 150 m — die letzten 40 m ausgesetzt (II) — nach links bis zum engen Kamin. Im schwarzen, engen Kamin, manchmal mühsam empor (IV+). Linkshaltend über Felsstufen zu einer Kaminreihe. Durch diese (3 SL II, III) auf das erste, die ganze Wandflucht durchziehende Band, auf dem der Sentiero SOSAT verläuft. Nun in 3 SL leicht linkshaltend, dann gerade empor in Richtung auf eine Rampe rechts einer überhängenden Wand. Eine überhängende Wandstelle umgeht man rechts, dann gelangt man zwischen zwei Felsvorsprüngen (IV—, interessante Kletterei) auf die oberste Terrasse. Von ihr links über die Wand, auf die Kante und wie bei R 426 zum Gipfel.

● 427a Steinköttervariante
H. Steinkötter, allein, 1964. **IV**, 1 H. Abb. S. 223 und 229.
Route: Von der Rampe unterhalb des letzten Bandes nach rechts, dann auf Band unter die graue kompakte Wand, an ihr gerade empor, oben rechtshaltend auf die Kante und zum Gipfel.

● 427b Südwandvariante, „Weg der Generationen“
Catullo, B. Detassis, C. Maestri, E. Alimonta, Claudio Detassis, 26.8.1976. **V**, IV. Sehr guter Fels; im oberen Teil auf der Steinköttervariante, R 427a. Abb. S. 223 und 229.

● 430 Punte-di-Campiglio-Ostgipfel, 2876 m
Ähnlich wie beim W-Gipfel ist der Normalweg ohne großes Interesse für den Kletterer, dagegen sind die Anstiege R 432 und R 433, der letztere hakentechnisch, recht lohnend.

● 431A Abstieg vom Ostgipfel
1½ Std. zur Brenteihütte.

Cima Mandron und Punte di Campiglio von Nordwesten

Punte-di-Campiglio-Westgipfel
R 432 Nordwestwand
R 433 Nordwand, Maestriroute

Cima Mandron
R 442 Nordwand

433
442
432

Vom O-Gipfel zunächst nach N über Stufen und Geröll, bis man nach links (W) vor eine große Rinne gelangt. Nördl. dieser Rinne über einen Felsrücken hinab, bis man auf den Sentiero SOSAT stößt; auf ihm zur Brenteihütte.

● 432 Nordwestwand

L. Caldera, G.C. Martinelli, 1.9.1953. **IV.** Anstieg zwischen Normalweg und der gelben, nach N überhängend abbrechenden, dreieckigen Wand, R 433. 300 m, 2 Std. Abb. S. 225.

Zugang: Von der Tuckethütte, R 40, über den Sentiero SOSAT bis man diesen westl. der Blöcke verläßt, die sich unterhalb der dreieckigen N-Wand befinden. Rechts der NW-Kante erkennt man einen Kamin. Der Anstieg verläuft links davon. E in einem kurzen, etwa 15 m hohen Kamin. 1 Std.

Route: Durch den kleinen Kamin, dann etwas nach links in einen zweiten, ebenfalls kurzen Kamin; etwas rechtshaltend durch Risse auf eine Terrasse. An gelbem, kurzen Riß empor auf ein Band bis zu Felsblock. Weiter gerade hoch über Stufen und Risse bis zu großer Terrasse, die die ganze Wand durchzieht. Rechts an grauer Wand empor, weiter über leichte Felsen zum Gipfel.

● 433 Nordwand, Maestriroute

C. Baldessari, C. Maestri, 26.—29.7.1964. **V + / A2,** Ae, insges. 200 H, die fast alle noch stecken. Ausgesprochen ausgesetzter Anstieg mit schöner, schwieriger Freikletterei im unteren Wandteil; anstrengende, sichere Hakenkletterei im oberen Wandteil, lohnend. Da der untere Teil oft naß ist, erst ab Mitte August zu empfehlen. Der Anstieg ist von der Tuckett-hütte aus einzusehen. 300 m, 5—8 Std. Abb. S. 225.

Zugang: Von der Tucketthütte, R 40, über den Sentiero SOSAT wie bei R 432; links unter den grauen Vorbau, einige Meter rechts einer gelben Rißverschneidung, 1 Std.

Route: Einige Meter an grauem Fels empor, dann rechtshaltend und an ziemlich kompaktem Fels bis unterhalb eines Risses, der einen rotbraunen Felsgürtel durchzieht (2 SL, V und V +). Auf dem Band Ausweichmöglichkeit nach rechts! Durch diesen Riß in schöner Kletterei auf ein breites Band unter gelber, überhängender Wand (V). Den H folgend gerade empor, dann etwas rechtshaltend zum Ausstieg (A2 und Ae). Jetzt entweder gerade weiter und schließlich rechtshaltend, bis man auf den Anstieg R 432 stößt, oder nach einigen Metern Aufstieg in westl. Richtung queren, bis es möglich ist, über Stufen abzusteigen. Einmal abseilen.

● 434 Südsüdwestverschneidung

M. Andreolli, R. Bazzi, J. Casiraghi, 9.9.1973. **V+**, V, IV. Großzügige Freikletterei an gutem, etwas glattem Fels. 550 m; Verschneidung: 200 m. 5—7 Std. Abb. S. 223 und 229.

Übersicht: Von der Brenteihütte fallen 4 markante Risse bzw. Verschneidungen auf, die den obersten, 200 m hohen Teil der SW-Wand durchziehen. Während die Route durch die am weitesten links emporziehende Verschneidung verläuft, benutzt sie im unteren Teil zunächst den Sentiero SOSAT und hält sich dann nach rechts in der Schlucht zwischen den beiden Gipfeln der Punte di Campiglio.
Zugang: Von der Brenteihütte zum Sentiero SOSAT. Hinter der Leiter noch 200 m dem Weg folgen, über eine Rinne hinweg, die zwischen den beiden Spitzen der Punte di Campiglio herabzieht. Nach weiteren 150 m gelangt man in einer weiteren Rinne zum E. (E auch gemeinsam mit R 427b.)
Route: Durch eine leichte Rinne bis auf ein breites Terrassenband, auf dem man 100 m nach rechts quert. In der Rinne über einen Klemmblock (1 H, IV+) bis zur Terrasse unter der Verschneidung empor. Direkt oder etwas links der Verschneidung (50 m, IV) empor. Über ein Dach (V) und nach 20 m zu Stand auf Absatz. In der Verschneidung bis unter großen Überhang, links 3 m unterhalb queren und wieder nach rechts zu Stand im Riß (25 m, V). 35 m in der Verschneidung hoch (V+ und V). Rechts durch einen Riß und über kleine Überhänge (40 m, IV, IV+). Durch eine leichte Rinne und durch Felsloch zu Schuttplatz (40 m, II). Über leichte Felsen zum Gipfel.

● 435 Südsüdwestwand, Detassisroute

B. Detassis, C. Scotoni, 8.8.1941. **VI**, V, IV. Da der Kamin im Innern oft naß und außerdem sehr dunkel ist, empfiehlt es sich, eine Stirnlampe mitzuführen! Begehungen am besten im September. Einige H, KK und Schlingen nützlich. 550 m, 5—7 Std. Abb. S. 223 und 229.

Übersicht: Die Route benutzt einen tiefen, von der Hütte nicht als solchen erkennbaren Kamin, der durch die Rinne zwischen den beiden Punte di Campiglio erreicht wird.
Zugang: Von der Brenteihütte bis zu den Beton-Wasserbehältern oberhalb der Hütte. Oberhalb davon linkshaltend an den Fuß der Wand. ½ Std.
Route: Links durch eine Verschneidung 1 SL empor und über einen gelblichen Felsgürtel bis auf den Sentiero SOSAT. Oberhalb der Terrasse klettert man links einer Schulter empor, hält sich dann links.

Durch eine Verschneidung links von Überhängen gelangt man auf ein breites Band. Links querend erreicht man die Rinne zwischen den beiden Gipfeln der Punte di Campiglio. Durch die Rinne (eine Stelle IV+) mit Klemmblock bis auf die Terrasse unterhalb der 200 m hohen Schlußwand. Durch die zweite Verschneidung von links 2 SL empor bis unter ein Dach. Über das Dach (VI) und durch den Kamin im Innern, bei einem Dach außen und wieder im Innern (Stirnlampe!) durch ein Felsloch. Man gelangt so nach einigen Metern in eine Höhle unter einem weiteren Überhang (VI). Durch ein Felsloch zu leichten Felsen und zum Gipfel.

● 436 Südsüdwestwand, Aiazzi / Bonatti / Oggioni-Route
J. Aiazzi, W. Bonatti, A. Oggioni, 6.9.1949. **VI,** V, IV. Erstbeg. 40 H, 12 belassen. Auch bei diesem Anstieg konzentrieren sich die Hauptschwierigkeiten im oberen Teil; Verlauf durch die 3. Verschneidung von links. Einige H, KK und Schlingen nützlich. 500 m. 6—7 Std. Abb. S. 223, 229.

Zugang: Von der Brenteihütte wie bei R 427 zum E der Stegerführe E gemeinsam.

Route: Rechts des Einstiegskamins 40 m auf ein Band, auf ihm 40 m nach rechts. Schräg rechts einem Überhang ausweichend gelangt man auf ein Band. 30 m links wird eine Kaminrinne erklettert, bis man unter Überhänge gelangt. Hier quert der Sentiero SOSAT. Auf dem Band linkshaltend schräg hoch unter eine kurze schwarze Verschneidung. Durch sie empor (VI). Man erreicht eine Rinne, die die beiden Gipfel der Punte di Campiglio trennt. Die Rinne empor, bis es möglich ist, sie rechts auf einem Band zu verlassen. Am Ende des Bandes in Fallinie der Verschneidung gerade weiter an den Fuß der Verschneidung. An ihr empor zum Gipfel.

Punte di Campiglio (Nördlicher Gipfel) und Cima Mandron (Oberer Teil) von Süden

Punte-di-Campiglio-Westgipfel

R 427a Steinköttervariante
R 427b Südwandvariante, Weg der Generationen

Punte-di-Campiglio-Ostgipfel

R 434 Südwestverschneidung
R 435 Südsüdwestwand
R 436 Südsüdwestwand, Aiazzi / Bonatti / Oggioni-Route
R 437 Südsüdwestwand, Covi / Pegoretti-Route

437
436
435
434
427 a
427 b
437

● 437 **Südsüdwestwand, Covi / Pegoretti-Route**
E. Covi, M. Pegoretti, 14. 8. 1983. **VI—,** V. Route durch eine überhängende Verschneidung (die vierte von links, oder erste von rechts). Elegante Freikletterei an sehr gutem Fels. Wenige H, mehrere KK und Schlingen empfehlenswert. 220 m. 3 Std. Abb. S. 223, 229.

Zugang: Von der Brenteihütte wie bei R 434 auf das Band unter den Verschneidungen.

Route: Man folgt immer dem Riß und der Verschneidung. Die beiden großen Dachüberhänge werden durch einen Kamin im Verschneidungsgrund überwunden.

● 440 **Cima Mandron,** 3040 m

Die Cima Mandron ist der mittlere Gipfel der W-O-Kette von den Punte di Campiglio zur Cima Brenta. Nach S bricht sie mit fast 700 m hohen Wänden ab, durch die eine Reihe von lohnenden Kletterrouten verlaufen. Nach N dagegen ist die Wand gestufter, flacher und nicht so hoch. Ein Übergang zur Cima Brenta Occidentale und Cima Brenta nach O, und zu den Punte di Campiglio nach W ist mit keinerlei Schwierigkeiten verbunden.
Die Cima Mandron wurde von O über den O-Grat zum ersten Mal durch L. Purtscheller, J. Reichl, K. Schulz mit A. Dallagiacomo am 6. 8. 1886 erreicht.

● 441 **Normalweg von Norden**
I und leichter. Über die Vedretta di Brenta Superiore. 2 — 3 Std. von der Tucketthütte. Abb. S. 261.

Übersicht: Von der Tucketthütte, R 40, fällt eine Schneezunge auf, die zwischen Cima Mandron und Cima Brenta Occidentale nach N zum Sentiero SOSAT herabzieht. Über diese Zunge führt der Weg (der auch der Normalweg auf die Cima Brenta Occidentale ist, R 461), in die Mulde zwischen Cima Brenta Occidentale links und Cima Mandron, rechts. Bei guten Schneeverhältnissen ist der Normalweg landschaftlich sehr zu empfehlen, während in fortgeschrittener Jahreszeit der Anstieg R 441 Ab vorzuziehen ist.
Zugang: Von der Tucketthütte auf dem Sentiero SOSAT, der nach einigen hundert Metern links verlassen wird.
Route: Zunächst über Felsstufen, rechts (westl.) des untersten Schneefeldes, an Wasserfällen entlang auf das Schneefeld (maximale Neigung 30 Grad), an dessen östl. Rand hochgestiegen wird. In der Nähe des Verbindungsgrates zur Cima Brenta Occidentale nach rechts über leichte Felsen zum Gipfel der Cima Mandron.

● 441 A Abstieg am Normalweg
Zwei Möglichkeiten, je nach Schneeverhältnissen. Etwa 2 Std.

a) Bei guten Schneeverhältnissen und entsprechendem Schuhwerk über die Vedretta di Brenta Superiore (Normalweg von N).
b) Bei fortgeschrittener Jahreszeit und mit Kletterschuhen quert man vom Gipfel der Cima Mandron an der N-Seite Richtung W, um auf den „Abstiegsrücken“, vgl. R 421 A, zu gelangen, der nordwestl. der Punte di Campiglio zum Sentiero SOSAT herabzieht. Dieser Abstieg ist auf jeden Fall zu wählen, wenn man zur Brenteihütte muß.

● 442 Nordwand
Catullo Detassis, C. Bettoni, 31.8.1975. **II**, stellenweise auch Schnee oder Firn, Pickel ratsam, lohnend. 300 m, 3 Std. Abb. S. 225.

Zugang: Von der Tucketthütte auf dem Sentiero SOSAT bis dorthin, wo man am besten linkshaltend über Stufen und Hänge zur gelben, dreieckigen N-Wand der Punta di Campiglio gelangen kann.
Route: Links einer Rinne über Felsstufen, dort, wo es am besten geht, senkrechten Felsgürteln ausweichend, ohne besondere Schwierigkeiten über zahlreiche Terrassen direkt zum Gipfel.

● 443 Südkante (links der Armaniverschneidung)
H. und V. Steinkötter, 16.—17.7.1967. **VI** (eine Stelle) V+, V und leichter. Erstbeg. 10 H, 2 HK, einige Schlingen. Interessante Route an ausgesetztem steilen und festem Fels. Südl. der hellgelben, im unteren Teil überhängenden Verschneidungswand. Routenverlauf nach dem zweiten Grasband links hinter einer gelben Wand durch versteckten Kamin. 650 m. 5—7 Std. Abb. S. 223.

Zugang: Auf dem Weg zum Sentiero SOSAT E rechts der ersten Leiter des Sentiero SOSAT. ½ Std. von der Brenteihütte.

Route: Vor der ersten Leiter über gutgestufte Wand in eine Gufel (II, III). Links über kleinen Überhang zu kurzem Kaminstück (IV, III). In gleicher Richtung durch Kamin bis unter einen Rißkamin (III, I). Im Innern des Kamins an zwei Klemmblöcken vorbei, dann an seiner Außenseite in geräumige Nische (III, IV). Ausgesetzt links aus dem Kamin hinaus in den Spalt, der den Pfeiler vom Massiv trennt (V—, 1 H). Über eine schwarze Wand, leicht rechtshaltend, klettert man in Richtung auf einen kurzen, überhängenden Riß zu Stand 10 m unterhalb desselben (III, II). 5 m an gelbem Fels hinauf, Quergang nach links in den Riß, durch ihn bis zu gutem Stand an einem Köpfl (V, 1 HK).

Rechts auf ein 5 m höher gelegenes Band, das 20 m nach rechts verfolgt wird (II). Über kurzes Wandl (V—), dann rechtshaltend zum äußersten rechten Ende des Bandes zum Beginn des zweiten Aufschwungs (III, I). 20 m direkt empor, dann 3 m Quergang nach rechts zu schwarzem Schuppenriß, der erklettert wird; 3 m höher zu Stand (VI, A1, 7 H, 2 Schlingen, ✓ SL). Rechts in eine Art Verschneidung (H); in leichteres Gelände, gerade hoch zu Stand auf Band im Wasserstreifen (V, III+). Links an schwarzer Wand gerade hoch, Rißspuren folgend, bis zu geräumiger, von unten kaum zu erkennender Nische (H). Über Nischenübergang, den Riß gerade hoch bis in Geröllkessel (1 HK, V+, V). Rechts durch Kamin und gerade weiter (II, III). Linkshaltend bis in kleine Scharte (II, III—); (von hier ist die Brenteihütte wieder sichtbar). Gerade weiter bis unter eine kleine Wand (II). Über sie (IV), leicht rechtshaltend, bis unter die gelbe Wand des dritten Aufschwungs (III, I; Biwak der Erstbeg.). Die Wand über dem Biwakplatz ist vermutlich nur mit mehreren H zu erklettern; deshalb wichen die Erstbeg. nach links bis in die Schlucht aus, Stand. Zwischen Schneerinne und Fels in der Schlucht zu H; Quergang nach rechts und, wieder linkshaltend, zu Stand auf Band (III). Schräg rechts über Bänder und Stufen 2 SL bis an den Fuß eines Kamins (III, III+, H). Im Kamin bis in Nische, rechts davon über Wandstufe zu gutem Stand (III, IV). Über senkrechte Wandstufe gerade weiter, dann über Stufen bis unter engen Kamin (V—, III, II). Durch den meist nassen Kamin rechts des Klemmblocks und weiter linkshaltend über Felsstufen zum Ausstieg (II, IV, III—). Weiter über leichtes Gelände, den nordwestl. gelegenen Turm rechts über Bänder umgehen und in die Scharte dahinter. Über Wandstufen, leicht linkshaltend. Durch Rinnen und kleine Absätze gelangt man schließlich auf den Gipfel der Cima Mandron.

● **444 Südverschneidung**

M. Armani, E. Gasperini, M. Lubich, 26. 7. 1936. **V+.** Klassische Kletterei, die allerdings im unteren Verschneidungsteil durch Felsausbrüche (auch in jüngster Zeit) stark durch Steinschlag bedroht ist. Der Anstieg durchzieht die ganze Verschneidung oder die Wand rechts davon. 650 m, 5—6 Std. Abb. S. 234/235.

● **445 Südwand**

G. Bianchi, V. Neri, 12. 8. 1930. **V** und IV. Sehr schöne klassische, abwechslungsreiche Kletterei rechts der großen S-Verschneidung. Beste Zeit Ende August und September, sonst manchmal etwas naß. 650 m, 4—5 Std. Abb. S. 234/235.

Zugang: Von der Brenteihütte auf bez. Weg Richtung Alimontahütte

bzw. Sentiero SOSAT. Wo dieser links abzweigt, folgt man ihm bis unmittelbar unter die Verschneidung, E, ½ Std.
Route: 2 SL in der Verschneidung empor bis auf ein Geröllband, auf dem man nach rechts zu einem schwarzen, etwas nassen Kamin quert. Durch den Kamin bis unter einen Überhang. Rechts aus dem Kamin heraus auf einen Absatz, weiter gerade empor in engem Kamin bis zu Felsblock oberhalb der ersten Wandterrasse. 2 m an der Wand oberhalb des Blockes empor, rechts um die Kante (V), linkshaltend leichter bis unter einen gelben überhängenden Kamin. Durch ihn (V) und nach links auf einen Absatz. Ausgesetzt an einer Wand empor in eine Nische. Linkshaltend auf ein Band, das in einen Kamin leitet. Durch ihn auf die zweite Terrasse. Auf der Terrasse etwa 50 m nach rechts bis zu einer nach links hochziehenden Rinne queren. Durch die Rinne, bis man zunächst gerade, dann linkshaltend zum Gipfelgrat gelangt.

● 446 Südwand, „Weg der Jugend"
C. Corn, R. Feller, 15. 9. 1974. **VI—**, V, IV. Lohnende Freikletterei an kompaktem schwarzen Fels. 600 m, 5—6 Std. Abb. S. 234/235.

Übersicht: In der stark gegliederten S-Wand fällt eine geneigte, dreieckige, etwa 250 m hohe, von schwarzen Streifen durchzogene Wand auf. Die Wand fußt auf einem breiten Band, das an seinem östl. Ende in eine Schlucht hinter einem mächtigen gelben Vorbau verläuft. Der Zustieg zur dreieckigen Wand ist durch die Schlucht gegeben. Rechts der Schlucht sieht man einen, im oberen Teil sehr eleganten, Turm, den Campanile Caigo, der auf einem großen Grasband fußt.
Zugang: Von der Brenteihütte auf dem Weg Richtung Alimontahütte. Wo der Weg rechts abzweigt, geht man im Tal (Vallone dei Brentei) weiter, bis man linkerhand über einen Grat links einer Schnee- bzw. Geröllrinne (I) auf das „Grasband" gelangt. Der Campanile Caigo ist links durch eine Schluchtrinne begrenzt. Zunächst rechts davon über ei-

Folgende Doppelseite:
Cima Mandron, Campanile Caigo und Torre Mandron von Süden

Cima Mandron
R 444 Südverschneidung
R 445 Südwand
R 446 Südwand, Weg der Jugend
R 446 a Südkante, Via del Barbacan
R 452 Südwand, Armani / Gasperini-Kamin
R 452 a Variante

Campanile Caigo
R 449 A Abstieg vom Campanile Caigo
R 450 Südwand
R 451 Südostwand

Torre Mandron
R 453 Südostgrat

Cima Brenta Occidentale
R 461 Normalweg von Süden

446
444
445

449A
450
46 a
452 a
453
452
451
446
461

ne gestufte Wand schräg linkshaltend in den teilweise mit Schnee gefüllten Kamin (Quergang, IV). In der Schlucht über Schnee, dann über Geröll empor bis auf ein Band, auf dem man linkshaltend unter die dreieckige schwarz-graue Wand gelangt. Auf dem Band nach 100 m zum E. 1½ Std.
Route: Über Wandstufen 60 m empor zu Stand auf Band (IV) unter engem, senkrechten Riß. Am Riß hinauf, über zwei Überhänge bis zu großem Überhang (V+, 4 H). Den Überhang links überwinden und wieder nach rechts in den Riß, weiter an senkrechtem Fels bis zu schmalem Band mit Köpfln (V). Nach einem Überhang hält man sich links (IV) zu Stand auf Band bei einer Sanduhr. 20 m gerade weiter über kleine Überhänge und rechtshaltend zu schwarzen Wasserstreifen und in Nische (40 m, 2 H, V). Am Nischenüberhang empor (V+, 2 H), nach 8 m weiter durch den Riß, der sehr griffig wird; an ihm 30 m empor zu leichten Felsen. Leicht über den Grat zum Gipfel.

● **446a Südkante, „Via del Barbacan"**
Siehe Nachtrag S. 442.

Campanile Caigo

Schlanker eleganter Turm, der sich an die Cima Mandron anlehnt und dessen S- bzw. SO-Wand interessante und lohnende Kletterrouten aufweist. Er wurde zum erstenmal von M. Armani, E. Gasperini, M. Lubich am 16. 8. 1936 von der Scharte aus erstiegen, die er mit der Cima Mandron bildet. Anstiegsmöglichkeiten durch den östl. oder westl. Kamin. Letzterer ist kaum zu empfehlen, da er oft naß und moosig ist (Detassiskamin).

● **448 Normalweg**
II, I. 1 Std. von der Cima Mandron.

Der leichteste Weg: Von der Cima Mandron, R 440, in SO-Richtung über Schrofen absteigend in eine Rinne, die in die Scharte leitet, durch die der Campanile Caigo von der Cima Mandron getrennt wird (I und II). Aus der Scharte an steiler Felswand und Stufen auf das Ringband von der SW-Seite auf die W-Seite zum Gipfel.

● **449 A Abstieg vom Campanile Caigo**
1 Std. Abb. S. 234/235 und S. 238.

Vom Gipfel auf das Ringband 20 m unterhalb des Gipfels und von SO auf die SW-Seite, dann nach N. Hier abseilen und wieder auf die S-Seite. An einer Nische vorbei („Pensione Detassis"), dann in die Schluchtrinne, die den Sockel des Campanile nach W begrenzt. Einmal abseilen.

● 450 **Südwand**

H. und V. Steinkötter, 10.—11. 7. 1966. **VI—/A 2,** V, IV, selten leichter. Erstbeg. 35 H, 4 HK, die fast alle stecken. Ausgesetzte Route an steilem Fels, immer trocken. 400 m, 4—6 Std. Einige H, KK und Schlingen empfehlenswert. Abb. S. 234/235.

Zugang: Von der Brenteihütte wie bei R 446 auf das Grasband unterhalb des Turms.
Route: Rechts der Kaminschlucht, die den Turmsockel links begrenzt, an griffigem Fels empor und Quergang in die Schlucht. In ihr zunächst leicht empor, dann nach rechts über Stufen zu einer schönen Nische („Pensione Detassis"). Rechts der Nische etwa 60 m schräg links empor zu einem schmalen Band unter der gelben, überhängenden Wand (bis hier III und IV). 10 m leicht linkshaltend empor, 5 m gerade hoch, dann 2 m nach rechts und wieder links halten; H folgen bis zu kleinem Absatz (VI—, A 2). 4 m gerade hoch, nach links und wieder nach rechts in eine Verschneidung, die rechts zu Stand verlassen wird (VI—). Rechts an einem Überhang empor (A 2) und nach links unter überhängenden Riß (VI—). In schöner Freikletterei den Riß 30 m empor (VI—, V, 1 H, 1 HK) bis dorthin, wo er sich schließt. 6 m Quergang nach links, dann 6 m gerade hoch auf ein Band (III, IV). Über einen Überhang auf einen Absatz; rechts zu verstecktem H und an schwarzem Überhang empor, weiter rechtshaltend (VI—/A 2), und nach 5 m nach rechts zu kleiner Nische (H). Quergang nach rechts und 15 m an gutgriffigem Fels in eine weitere Nische (V—). Nochmals nach rechts, 5 m empor zu Band und an kleiner, überhängender Wand empor zum Ringband. Über leichte Felsen nach 15 m zum Gipfel.

● 451 **Südostwand**

H. und V. Steinkötter, 28. 8. 1966. **VI** (2 Stellen), V, IV. 7 H, 1 HK. Schöne Freikletterei an gutem, steilem Fels. 400 m. 4—5 Std. Abb. S. 234/235.

Zugang: Wie bei R 446 auf das Grasband unter dem Turm. Rechtshaltend bis zu einem feinen Riß, einige Meter links der O-Kante. 1½ Std. von der Brenteihütte.
Route: s. Skizze S. 238.

● 452 **Südwand, auf die Cima Mandron, Armani/Gasperini-Kamin**

M. Armani, E. Gasperini, 16. 8. 1936. **V**, IV. Schöne Kaminkletterei. 500 m, 4—5 Std. Abb. S. 234/235.

Übersicht: Rechts (östl.) des Campanile Caigo fällt ein Kamin auf, der in die Scharte zwischen dem Campanile und der Cima Mandron hoch-

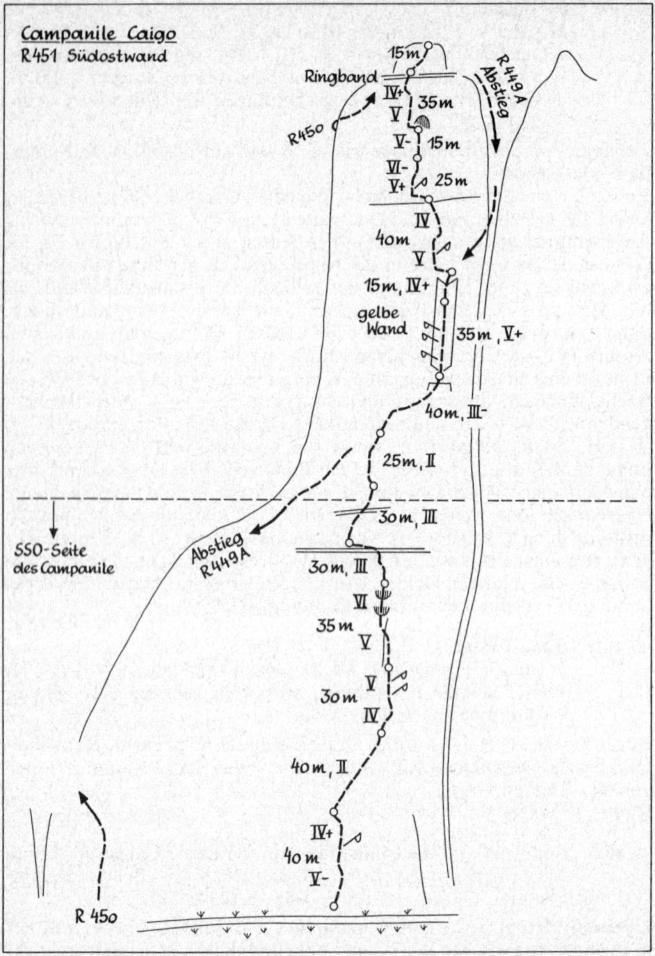
Campanile Caigo
R451 Südostwand
15m
Ringband
R449A
Abstieg
IV+
35m
V
R450
V-
15m
VI-
V+
25m
IV
40m
V
15m, IV+
gelbe
Wand
35m, V+
40m, III-
25m, II
30m, III
SSO-Seite
des Campanile
Abstieg
R449A
30m, III
VI
35m
V
V
30m
IV
40m, II
IV+
40m
V-
R 450

zieht. 50 m rechts davon sieht man im oberen Teil einen schönen, gradlinigen Kamin, den Armani / Gasperini-Kamin.
Zugang: Wie bei R 446 auf das Grasband unter dem Campanile Caigo.
Route: Zunächst im glatten Kamin 3 SL in Spreizkletterei empor. Unter einen Klemmblock und rechts über rißdurchzogene Wand rechts der Rinne zu Geröllband (IV, V—). Gerade mehrere SL den Kamin in schöner Spreizkletterei empor, dabei werden einige Überhänge überklettert (IV, V). Man gelangt in eine Scharte hinter einem Turm. Von hier an gestuftem Fels empor zum Gipfel.

● **452 a Variante**
III. Abb. S. 234 / 235.

Rechts des Armani / Gasperini-Kamins verläuft noch ein Kamin, der empfehlenswert ist.

● **453 Torre Mandron (Torre Stella)**

Turm südöstl. der Cima Mandron.

● **454 Südostgrat**
B. Detassis, M. Foresti, 8. 9. 1966. **V**, IV, III. Erstbeg. 5 H. Empfehlenswerte Kletterei an der Schluchtkante zwischen Cima Mandron und Cima Brenta Occidentale. 400 m, 5 Std. Abb. S. 234 / 235 und 245.

Zugang: Wie bei R 446 auf das Grasband unterhalb des Campanile Caigo. Leicht ansteigend wird ein Geröllband in östl. Richtung bis in eine Schlucht verfolgt. 1¼ Std.
Route: An der Kante 15 m empor (IV, IV+) zu Stand an Sanduhr. 25 m gerade weiter (IV+), 3 m Quergang nach rechts, dann auf ein Band. Auf dem Band 5 m nach links zur Kante und an dieser empor zu Absatz mit Felskopf. 3 m rechts, weiter empor zu Terrasse auf der Kante. An der Kante 3 SL empor in Amphitheater. Darin 1 SL nach rechts auf überdachtem Band, das zum Grat leitet. Um zum Grat zu gelangen, steigt man 10 m in eine Rinne ab. Durch sie ohne Schwierigkeiten zu großem Felskopf rechts. Über den Grat bis zu breiter Terrasse. Von der Terrasse durch einen Kamin (III+) bis in eine Höhle. Durch die Höhle gelangt man nach einigen Metern auf eine Terrasse. Durch einen Kamin (II) zu Terrasse. Nach 3 weiteren SL kommt man zur gelben Wand des Turmes. Durch den Kamin rechts hoch (II), zwischen den Turm und einen Gendarm. Um den Turm herum in eine Rinne und in die Scharte zwischen Turm und Cima Mandron. Durch die Verschneidung (V) auf den Gipfel.
Abstieg: Nach N vom Gipfel abseilen, dann in nordwestl. Richtung auf die Cima Mandron. Weiterer Abstieg s. R 441 A.

● 460 Cima Brenta Occidentale, 3150 m

Die Cima Brenta ist der zweithöchste Brentagipfel. Nach W entsendet sie einen 2 km langen Grat mit den Gipfeln Cima Brenta Occidentale, Cima Mandron und den beiden Punte di Campiglio. Nach O bricht eine überhängende Wand ins Valle delle Seghe ab. Nach N und NW fällt sie mit einer für die Brenta respektablen Eisrinne und einem Hängegletscher ab. Durch einen unschwierigen Grat ist die Cima Brenta Occidentale mit dem Hauptgipfel verbunden. Als leichtester Anstieg gilt die Vedretta di Brenta Superiore von NW mit Stützpunkt Tucketthütte, s. auch R 441. Dieser Normalweg ist nur bei guten Schneeverhältnissen im Sommer oder im Spätsommer und dann unbedingt mit Grödeln zu begehen. Von der Tucketthütte in 2—3 Std. zum Gipfel.

● 461 Normalweg von Süden

E. T. Compton, A. de Falkner, A. Dallagiacoma, M. Nicolussi, 22. 7. 1882. **II.** Obwohl dieser Anstieg anstrengend und von der Kletterei her eintönig erscheint, ist er landschaftlich zu empfehlen. Wenn man nicht zur Cima Brenta überwechseln will, um über den Normalweg auf die Cima Brenta, R 475, den Bocchetteweg und zur Brenteihütte absteigen will, stellt der Normalweg von S einen guten und relativ schnellen Abstieg dar. 3½ Std. Abb. S. 234/235 und 245.

Zugang: Von der Brenteihütte wie bei R 446 auf das Grasband unterhalb des Campanile Caigo.

Route: Ostw. ansteigen und über die Schlucht, welche die Cima Mandron von der Cima Brenta Occidentale trennt. Man befindet sich unter einem Turm (Campanile dei Brentei, R 462). Durch die Rinne und rechts davon über Felsstufen bis auf ein großes Band unter gelber Wand. Linkerhand 80 m höher auf ein anderes Band und auf ihm immer nach rechts queren unter gelben, überhängenden Wänden. Man gelangt so in eine Mulde mit etwas splittrigem Fels. Darin empor über Bänder und Wandstufen zum Gipfel.

● 461 A Abstieg nach Süden

II. 2½ Std. zur Brenteihütte.

Vom Gipfel in einer Mulde nach S (Brenteihütte), solange absteigen, bis man nach rechts auf einem Band queren kann, (Unterschlüpfe). Achtung: Nicht zu tief gerade absteigen! Auf dem Band bis zu seinem Ende. Leicht über Stufen auf ein 80 m tiefer liegendes breites Band. In der Nähe einer Schlucht über eine Felsrampe im Zickzack hinab in eine Rinne. Man gelangt so in die Rinne, die zwischen Cima Mandron und Cima Brenta Occidentale herabzieht. Die Rinne wird überschritten.

Auf einem Geröllband queren und absteigen, bis man südl. einer markanten Rinne auf einen Felssporn ins Vallone dei Brentei gelangt.

● 462 Campanile dei Brentei

An die Cima-Brenta-Occidentale-Südwand angelehnter Turm. Die Besteigung auf dem Normalweg ist von geringer Bedeutung: Über R 446, dann aus der Scharte zwischen dem Campanile und dem Massiv über eine steile Wand und einen Kamin zum Gipfel (IV, III, 3 Std.) Abb. S. 245.

● 463 Normalweg
IV, III, 3 Std. Anstieg von untergeordneter Bedeutung.

● 464 Südwestwand, „Via Mario Bisaccia“
Bruno, Catullo, Claudio Detassis, U. Lorenzi, 10. 9. 1975. **V** und IV. Ausgesetzte elegante Kletterei an sehr gutem Gestein. 250 m, 4—5 Std. Abb. S. 245.

Zugang: Wie bei R 446 unter den Campanile Caigo, weiter über ein ansteigendes Band in die Rinne zwischen Cima Mandron und Cima Brenta Occidentale, E.
Route: In der Rinne empor bis zu einer Gabelung. 20 m den rechten Riß weiter, bis er sich verengt. Rechts durch einen Riß von links nach rechts (7 m, V) empor, dann Rissen entlang nach links bis zu Absatz unter Überhang. Direkt am Überhang empor (V) und nach Erkletterung anderer kleiner Überhänge zu einer Terrasse oberhalb großer, gelber Dächer. Auf der Terrasse nach rechts. An einem Überhang empor und durch einen 6 m hohen Riß. 40 m auf gutgestuftem Fels bis auf ein Band. Quergang 10 m nach rechts. Rechts eines gelben Sporns durch einen Riß (40 m, 2 H, V) zu gutem Stand an 2 H. Weiter durch den Riß bis unter ein großes Dach (das schon von unten gut sichtbar ist). Rechts am Dach empor (V) und zu Stand nach 25 m. An grauer Wand weiter, links eines Risses und ausgesetzt auf die W-Kante, daran empor bis unter ein Dach. 3—4 m Quergang nach links, 8 m weiter zu einer Terrasse. Über eine graue Wand (IV) zum Gipfel.

● 465 Westkante
G. Giudicati, A. Ongari, E. Salvaterra, 1. 8. 1982. **V+** und **A 0**, V, IV. 200 m, 4½ Std. Abb. S. 245.

Zugang: Zum E wie bei der „Via Bisaccia“, R 464; 15 m links davon E der W-Kante unterhalb einer Verschneidung.
Route: 1. SL: In Fallinie einer kleinen Verschneidung 30 m gerade über gelben Fels (2 H) empor, über den folgenden Überhang (3 H) bis in die Verschneidung zu Stand darüber (40 m, V + , 2 Stellen A 0). **2. SL:** Et-

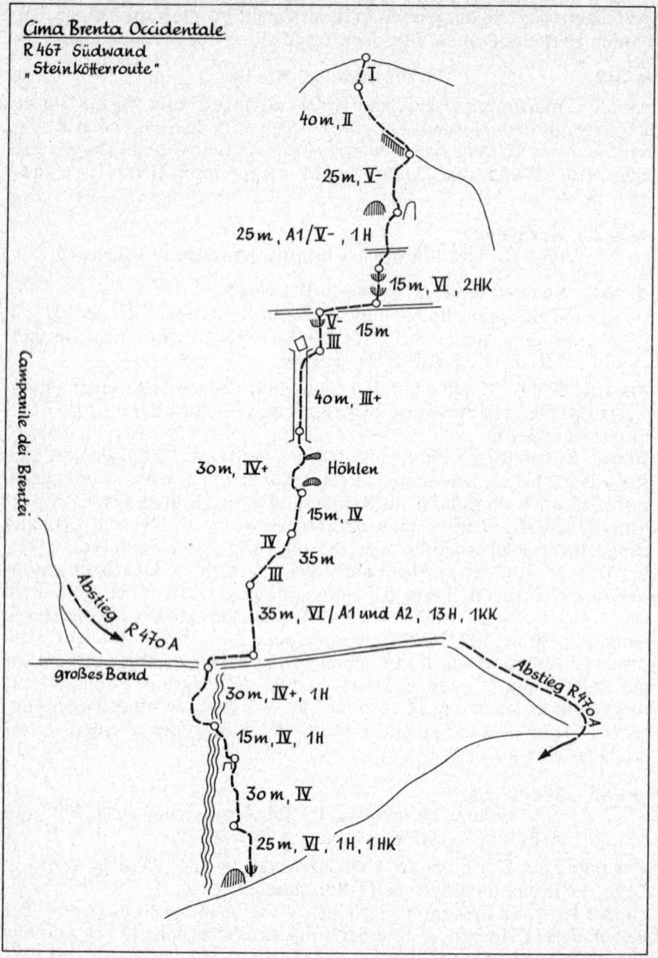
Cima Brenta Occidentale
R 467 Südwand
„Steinkötterroute"
I
40 m, II
25 m, V-
25 m, A1/V-, 1 H
15 m, VI, 2 HK
V-
15 m
III
40 m, III+
30 m, IV+
Höhlen
15 m, IV
IV
35 m
III
35 m, VI / A1 und A2, 13 H, 1 KK
Campanile dei Brentei
Abstieg
R 470 A
großes Band
Abstieg R 470 A
30 m, IV+, 1 H
15 m, IV, 1 H
30 m, IV
25 m, VI, 1 H, 1 HK

was linkshaltend zu Stand auf der Kante, links des Daches, das gut von der Brenteihütte zu sehen ist (40 m, IV+, V, 1 H). **3. SL:** Über die Kante empor, ein paar kleine Überhänge werden überklettert; so gelangt man auf eine kleine Leiste (45 m, V+, 1 Schlinge). **4. SL:** Weiter über eine gelbe Wand und zum Schluß über einen Überhang auf den Gipfel (30 m, V, 1 H).

● 466 Ostwand, „Via della Sorpresa"
G. Giudicati, F. Lorenzin, P. Betta, 2. 7. 1983. **VI**, V. Einige H, KK und Schlingen empfehlenswert. Im Frühsommer meistens naß. 230 m, 4 Std. Abb. S. 245.

Übersicht: Die Route folgt dem auffallenden Rißkamin, der die ganze Wand durchzieht. Das große Abschlußdach wird links vermieden.
Zugang: Wie bei R 446 auf das Grasband; weiter ansteigend zur Rinne zwischen Cima Mandron und Cima Brenta Occidentale. Über die Rinne und wie beim Normalweg von S, R 461, noch etwas empor an den Fuß des O-Wand-Kamins (Steinmann).
Route: Im Kamin immer empor, das Dach links umgehen zum Gipfel.

● 467 Südwand, Steinkötterroute auf die Cima Brenta Occidentale
H. und V. Steinkötter, 11. und 12. 9. 1966. **VI**, A 1 und **A 2**, V, IV. Erstbeg.: 17 H, 4 HK. Für Wiederholer einige H, KK und Schlingen empfehlenswert. Abwechslungsreiche, vielseitige Kletterei an besonders im oberen Teil griffigem Fels. Erst spät im Sommer zu machen, selten trocken! 300 m, 6—8 Std. Abb. S. 245.

Zugang: Wie bei R 461 bis 30 m unterhalb des großen Bandes. E einige Meter rechts einer Nische an Überhang.
Route: s. Skizze S. 242.

● 468 Südpfeiler, Gadottipfeiler
G. Cantaloni, F. Gadotti, G. Stanchina, 4.—5. 8. 1974. **V+**, **A 2** (1 Stelle), V, IV. Ausgesetzte, anhaltend schwierige Freikletterei an steilem festem Fels. Erstbeg. 13 H. 200 m, 6—7 Std. Abb. S. 245.

Übersicht: Der Pfeiler erhebt sich als schlanker Turm am Beginn der Bandquerung auf dem Normalweg (von S), R 461, auf die Cima Brenta Occidentale.
Zugang: Wie bei R 446 und 461 zum Beginn des Pfeilers, oberhalb des großen Bandes. E in Pfeilermitte.
Route: 1. SL: Leicht rechtshaltend, über einen Überhang zu Stand auf Band (40 m, V). **2. SL:** Durch eine Verschneidung, dann über ein Dach

bis an den Fuß eines kleinen Pfeilers (25 m, V+). **3. SL:** Auf dem Pfeiler hält man sich auf den Wasserstreifen zu, einige Meter gerade hoch, 5 m nach links über ein kleines Dach zu gutem Stand auf Band (40 m, V+, 1 H). **4. SL:** Einige Meter nach links; gerade hoch unter Überhang (40 m, V+). **5. SL:** Am Überhang empor und gerade weiter zu Stand unter gelbem Fels (40 m, IV). **6. SL:** Links durch eine gelbe Verschneidung, die nach einigen Metern links verlassen wird, um in einen Riß zu gelangen. Weiter in freier Kletterei (40 m, A 2, V+, 12 H). **7. SL:** 4 m nach rechts, dann über Überhang und weiter an leichterem Fels (40 m, V, IV+). Über Stufen zum Gipfel.

● 469 Südgrat, Detassisroute
IV und III. Schöne Freikletterei. 250 m. Abb. S. 245.

● 470 A Abstieg
vom Campanile dei Brentei

Vom Gipfel in die Scharte zwischen Turm und Cima-Brenta-Occidentale-Massiv. Jetzt nicht nach W (Normalweg), sondern nach O in leichter Rinne abklettern auf ein Band unter gelber Wand, die vom Anstieg R 467 durchzogen wird. Auf dem Band nach O und in eine Rinne bzw. auf ein Band. Jetzt wie beim Abstieg R 461 A weiter zur Brenteihütte.

● 475 Cima Brenta, 3150 m

Der zweithöchste Berg der Brentagruppe ist ebenso wie die Cima Tosa ein phantastischer Aussichtsberg und bietet sogar von drei Seiten relativ leichte, wenn auch nicht zu unterschätzende Zugänge:
1. Über die Cima Brenta Occidentale, s. R 461.
2. Über die Vedretta di Brenta Superiore s. R 460. Der Übergang von der Cima Brenta Occidentale zur Cima Brenta ist etwa 300 m lang und

Cima Brenta Occidentale mit Cima Brenta Occidentale-Südpfeiler und Cima Brenta

Torre Mandron

R 453 *Südostgrat*
R 462 *Campanile dei Brentei*
R 464 *Südwestwand, Via Mario Bisaccia*
R 465 *Westkante*
R 466 *Ostwand, Via della Sorpresa*

Cima Brenta Occidentale

R 467 *Südwand, Steinkötterroute*
R 468 *Südpfeiler, Gadottipfeiler*
R 469 *Südgrat, Detassisroute*

Cima Brenta

R 461 *Normalweg von Süden (auf Cima Brenta)*
R 476 *Südsüdwestwand*
R 477 *Südwand*
R 478 *Südostkante*

470A
475
478
469
461
477
470A
468
453
465
467
476
466
464
462
461

über Bänder, einen leichten Felsgrat und Schnee zu erreichen. Erste Besteigung 1871 durch D. W. Freshfield, M. C. Tuckett und H. Devouassould.
3. Über das Garbariband.
a) Von der Tucketthütte und dem Sentiero delle Bocchette Alte auf das Garbariband, anschließend nach W (I).
b) Von der Brenteihütte (oder Alimontahütte) auf dem Sentiero delle Bocchette Alte und auf das Garbariband, weiter wie a).
Empfehlenswert ist die Überschreitung von der Brenteihütte aus über den Normalweg von S, R 461, auf die Cima Brenta Occidentale (evtl. Abstecher zur Cima Brenta) mit Abstieg über die Vedretta di Brenta Superiore hinab zum Sentiero SOSAT und zur Tucketthütte, vgl. R 441. Bei guten Schneeverhältnissen 5—6 Std. von Hütte zu Hütte. Steigt man zum Garbariband ab, so verläßt man die Cima Brenta zunächst in nordöstl. Richtung, geht am oberen Rand der Eisrinne entlang (R 484) zu einem kleinen Felssattel und gelangt auf das 150 m tiefer gelegene Garbariband. Weiter auf dem Bocchetteweg nach N zur Bocca di Tuckett und zur Tucketthütte. 5—6 Std.
Eisenleiter-Freunde steigen von der Brenteihütte das Vallone dei Brentei empor und erreichen über das Teilstück „Oliva Detassis" des Sentiero delle Bocchette Alte den Spallone di Massodi, 2999 m. Von hier hinüber zur Spalla di Brenta; man folgt nun absteigend dem Bocchetteweg und gelangt auf das Garbariband (Tafel). Von hier direkt von O auf die Cima Brenta.

● **476 Südsüdwestwand**

Catullo Detassis, G. Fossati-Bellani, B. Detassis, E. Bozzi, 30. 8. 1953. **V**— (1 Stelle), IV und III. 450 m, 4 Std. Abb. S. 245.

Zugang: Von der Brenteihütte durch das Vallone dei Brentei auf das oberste Schneefeld (Vedretta dei Brentei). E dort, wo das Geröll am höchsten in die SW-Wand hinaufreicht, 1½ Std.
Route: Durch einen von rechts nach links hochziehenden Riß auf die erste Terrasse. An leichterem Fels gerade empor auf ein zweites Band. 10 m links auf dem Band zu einem schwarzen senkrechten Wasserstreifen. Links des Streifens 25 m empor und nach rechts unter gelbe Überhänge (H) bis zu einer Kanzel mit gegliedertem Fels oberhalb davon. Gerade weiter zu einer Nische und rechts davon am rechten Rand einer Rinne empor. So gelangt man auf ein großes Band, das die ganze Wand durchzieht. Auf diesem Band 40 m nach links, um in einen stellenweise nassen Kamin zu gelangen. Der ganze Kamin wird durchstiegen; Ausstieg durch ein Felsenfenster. Weiter auf den Grat und zum Gipfel.

● 477 **Südwand**
T. Beltrami, G. Giudicati, F. Lorenzin, M. Pedretti, 17. 7. 1982. **V**, IV. Kurze lohnende Kletterei zwischen Detassisroute, R 476, und Castiglioni-SO-Kante, R 478. Einige H vorhanden. 150 m, 2 Std. Abb. S. 245.

Zugang: Von der Brenteihütte, wie bei R 478 auf das Band, das von der Massodischulter (Spallone dei Massodi) hinab in die S-Wand leitet. E bei einer grauen Verschneidung. 3 Std.
Route: 10 m die Verschneidung empor, Quergang 3 m nach rechts, weiter gerade hoch und über einen Überhang (H) bis zu gutem Stand. Linkshaltend durch eine Verschneidung und gerade weiter zu großer Sanduhr; wieder etwas linkshaltend und 50 m gerade hoch auf den Vorgipfel. Über den leichten Grat oder südl. davon zum Gipfel.

● 478 **Südostkante**
E. Castiglioni, G. Leonardi, G. Pisoni, 26. 7. 1932. **III+**. Ausgesetzte Kletterei an festem Fels, trotz langen Zustieges zu empfehlen. 2 H vorhanden. 130 m, 1 Std. Abb. S. 245.

Zugang: Von der Brenteihütte zunächst durch das Vallone di Brentei zum Sentiero delle Bocchette Alte mit Via ferrata Oliva Detassis und auf den Spallone dei Massodi, 2999 m, von wo man einen einmaligen Blick auf die gegenüberliegende Kante hat. Weiter den Leitern und Seilen folgen, bis man direkt an den Kantenfuß gelangt. E rechts des Sporns, der der eigentlichen Kante vorgelagert ist. 3 Std. von der Brenteihütte.
Route: Durch eine Rinne und über gestuften Fels nach rechts auf einen Absatz am Beginn der Kante (II). 2 SL — kleiner Stand — direkt an der Kante oder etwas rechts davon sehr ausgesetzt empor, oben an 2 H links um die Kante herum, einige Meter in die S-Wand und gerade empor auf den leichten Grat zum Vorgipfel. Zum Hauptgipfel teils direkt am Grat, teils südl. unterhalb auf Bändern.

● 479 **Ostwand**
B. Detassis, M. Franceschini, M. Stenico, 27. 7. 1947. **VI** (einige Meter), V—, IV. Großzügige, ausgesetzte Freikletterei an der allgemein wenig aufgesuchten O-Wand, schon im Juli möglich. Einige H, KK und Schlingen nützlich. 450 m bis zum Garbariband, eventuell 150 m zusätzlich zum Gipfel, 5—6 Std. Abb. S. 248.

Übersicht: Die 600 m hohe O-Wand weist in der Mitte einen gewaltigen, gelben Wandausbruch auf, der links von einer Kante und rechts (N) von einem Kamin begrenzt wird. Die O-Wand-Routen münden alle

Weg 305
479
480
481
482
Weg 303

auf dem Garbariband, auf dem man — dem Bocchetteweg folgend — zur Tucketthütte absteigt. Die hier beschriebene Route hält sich in der Nähe der Kante im linken Teil der Wand.
Zugang: Von der Tucketthütte, R 40, auf Weg 303 in die Bocca di Tuckett. Eine Schnee- oder Geröllrinne hinab, an einem Sporn vorbei auf dem Orsiweg direkt an den Kantenfuß. E an der Kante bei weißlichem Fels, 1¼ Std.
Route: Die Platte hinauf und nach etwa 50 m zu einer Terrasse. Durch einen Riß schräg rechts hinauf und nach einigen Metern um die Kante herum unter ein kleines Dach. Über das rißdurchzogene Dach, weiter über leichten Fels auf das Band, das die ganze Wand durchreißt. Über Felsstufen bis unter den oberen, steilen Teil der Kante. Rechtshaltend unter schwarze Wand. Die Wand empor und durch die anschließende Verschneidung zu Stand auf kleiner Terrasse. Links halten in einer Rißverschneidung und einem Riß zu Absatz (V). Einige Meter nach rechts in Verschneidung (VI) zu gutem Stand. Gerade weiter bis unter einen gelben Überhang und rechts an den Fuß eines Kamins. Rechts halten durch Risse zu einem Absatz. Der letzte Kantenaufschwung wird rechts direkt erklettert. Man erreicht das Garbariband. Auf diesem entweder auf dem Normalweg rechts (N) zum Gipfel (150 m, I und II) oder auf dem Sentiero delle Bocchette in die Bocca di Tuckett und zur Ausgangshütte.

● 480 Ostwand, Via Verona
F. Baschera, C. Dal Bosco, M. Navasa, 13.—17. 7. 1964. **A 3,** A e, **VI—**, V, IV, nie leichter. Hauptsächlich hakentechnischer Anstieg durch den längsten gelben Wandausbruch der ganzen Brentagruppe. Wegen eines möglichen Wasserfalls etwas unter dem Garbariband nicht zu früh im Sommer zu begehen. Erstbeg. 150 H, 18 BH, 15 HK, mehr als die Hälfte der H stecken. Wiederholer müssen noch mit 1 bis 2 Biwaks rechnen. 470 m bis Garbariband. Abb. S. 248.

Zugang: Wie bei R 479 unter der Wand entlang bis zum E links der Wandmitte bei einer Reihe von Kaminen und Verschneidungen.
Route: In den Verschneidungen und Rissen etwa 80 m hinauf (III und IV). Nun ansteigender Quergang nach rechts, 50 m zu großer Terrasse.

Cima Brenta, Ostwand, vom Orsiweg

R 479 Ostwand
R 480 Ostwand, Via Verona
R 481 Ostwand, La Sorpresa
R 482 Ostwand, Armaniroute

Über Platten in einem kurzen Kamin 40 m empor (III) zu einer Grotte. Nun über die letzten 50 m des Sockels hinauf. Weiter nach rechts zu grauem Pfeiler. Nach 25 m erreicht man den Pfeilerkopf. Von dort nach rechts zum Beginn der Hauptschwierigkeiten. Rechtshaltend (V, VI) zu einer Terrasse. Am äußersten rechten Ende der Terrasse schräg rechtshaltend zu BH und weiter rechts über ein Dach. Quergang nach rechts 10 m zur Dachkante, schräg links und wieder rechts zu einer großen Verschneidung (A 3, VI—). In der Verschneidung zu zwei schmalen Terrassen, weiter mittels BH auf ein schmales Band. Nach rechts auf ein breites Band unter der großen Verschneidung. Zuerst in der Verschneidung empor (VI und A 2), dann nach links über schwarzen Fels (IV). 1 SL gerade hinauf; die letzten 60 m in teilweise brüchigem Fels (V) zum Garbariband und weiter auf dem Bocchetteweg zur Tucketthütte. Bemerkung: Falls die Ausstiegsverschneidung vereist oder sehr naß sein sollte, kann man auch weiter links aussteigen (V+; Variante der ersten Winterbegeher).

● 481 Ostwand, „La Sorpresa" („Die Überraschung")

V. Chini, F. Furlani, 21. 8. 1983. **VI** (2 Stellen), V und IV, kaum leichter. Sehr lohnender Weg an gutem Fels in atemberaubender Felslandschaft. Erstbeg.: 10 H, einige KK und Schlingen. 600 m, 7 Std. Abb. S. 248.

Zugang: Von der Tucketthütte wie bei R 479 auf Weg 303 zur Bocca di Tuckett, dem Weg folgend zum E ungefähr in Wandmitte, links einer gelben überhängenden Wandflucht, die auf schwarze Platten fußt. E bei einer kleinen Terrasse (H).

Route: Schräg links an einer schwarzen Platte empor auf ein Band, das 10 m nach links verfolgt wird (45 m, IV+, 1 Stelle, V). Rechts an einer schwarzen Verschneidung bis fast zu ihrem Ende empor, sie dann rechts verlassen und an der Kante hoch auf Band mit Sanduhr (50 m, IV+). Auf einem Band 15 m nach rechts unter eine Art Dach, an ihm empor und weiter in den Kamin zu Stand an RH (50 m, IV+, III). In schöner Kletterei im Kamin weiter zu Stand auf Absatz mit Köpfl (45 m, IV). Einige Meter nach rechts weiter durch eine kleine schwarze Verschneidung, dann an grauer Wand empor zu einem Band mit Felskopf (45 m, IV, III+). Im Riß zu einer Nische empor, dann wird ein kleiner Überhang überklettert. An gutgestuftem Fels zu einem weiteren Band unter gelber Wand (50 m, IV, III). Hier Beginn der Hauptschwierigkeiten. Auf dem Band Quergang nach rechts bis rechts einer großen Nische und am den Fuß eines gelbgrauen Risses (H). Den Riß empor, an seinem Ende 5—6 m Quergang bis unter eine Kanzel (30 m, VI, A 0, 1 H, 2 KK). Auf die Kanzel (Steine), einige Meter nach links queren,

4 m an einer Schuppe abklettern und an der folgenden Schuppe wieder empor. Hangelquergang nach links (30 m, IV, V) zu gutem Stand. An einer kleinen gelben Wand empor in Richtung auf eine kleine Verschneidung mit einer Schuppe an ihrem linken Ende. Die Verschneidung empor, links queren, an der Schuppe hoch bis zu einem Absatz mit großem Felskopf am Beginn einer schwarzen Verschneidung (35 m, VI—, V+, 1 H, 1 KK). An schwarzen Felsstufen rechts halten, dann in die Verschneidung zu einem Absatz (50 m, IV+). Weiter in der Verschneidung, bis sie sich zum Kamin erweitert; darin hoch bis zu einer Sanduhr (40 m, V, anstrengend). Wieder in den Kamin zu einem Klemmblock, weiter im engen Kamin zu einer schönen Terrasse fast am Ende der Verschneidung (45 m, IV+, V, anstrengend, 1 H, Sanduhr). 3 m im Kamin weiter, dann links 15 m an schwarzen Platten hoch. Weiter an einer gelben Platte wieder nach rechts auf die Kante (40 m, V, H). Vom Stand 20 m an steiler Platte hoch und 15 m diagonal nach links bis auf die andere Seite einer oft nassen Rinne (50 m, V, IV, 1 KK). Durch eine grau-schwarze Verschneidung nach links und weiter gerade hoch an ausgezeichnetem Fels zu Nische unter schwarzem Fels (35 m, V, SH). Rechts 6 m empor zu einer schmalen Leiste, auf ihr nach links, dann durch einen schwarzen Riß und über Platten hinauf bis unter ein großes Band (50 m, V+, H). Auf das große Band und an senkrechtem, griffigem Fels bis unter einen kleinen Überhang (50 m, III, IV, H). Über den Überhang links empor, dann über Felsstufen zum Garbariband und Abstiegsweg (30 m, IV, III+).

● 482 Ostwand, Armaniroute

M. Armani, M. Friederichsen, 28. 9. 1936. **V**, IV kaum leichter. Großzügige Freikletterei durch den Kamin, der die gelbe O-Wand nördl. begrenzt, unmittelbar rechts von R 481. Wiederholer: Einige H, KK, Schlingen nützlich. 470 m (bis zum Band), 5—7 Std. Abb. S. 248.

Zugang: Wie bei R 479 an den Wandfuß, etwas links der markanten Kaminreihe.

Route: Über steile, aber gutgriffige Wand von links nach rechts in die lange Kaminreihe. Mehrere SL in schöner Spreizkletterei empor, bis man unter einen Pfeilerkopf gelangt (V). Darüber direkt weiter an senkrechter Wand (V). Die Kletterei wird jetzt leichter. Nach einigen SL auf das Garbariband (III, IV) und zum Abstieg.

● 483 Ostwand, Agostiniroute

M. Agostini, A. Moser, 13. 7. 1930. **IV.** Logische Route mit einer allerdings nicht immer idealen Linienführung. 450 m, 4 Std.

Zugang: Von der Tuckethütte in die Bocca di Tuckett. Die Rinne nach O hinab und hinter einem markanten Sockel nach links zum E. 1¼ Std.
Route: Über leichte Kamine, Wandstufen und Bänder linkshaltend einige SL bis zu einer Nische. Hier steilt sich die Wand auf. Über der Nische in einen Kamin mit Block. Links aus dem Kamin und weiter bis unter einen Überhang. Bei einem Klemmblock wieder nach rechts in den Kamin und durch ihn auf das erste Band. Auf dem Band etwa 2 SL nach links bis zu dem linken der beiden Kamine oberhalb des Bandes. Durch ihn und rechtshaltend zu breiter Terrasse mit großer Nische. Rechts der Nische an einem Pfeiler empor und dann nach links, um hinter einer Kante in den Kamin zu gelangen. Im Kamin oder auf dessen rechter Seite bis auf ein Band. Über die steile, gutgriffige Wand empor bis zu einem Überhang, unter dem man nach links quert. An leichterem Fels zum Bocchetteweg und Abstieg.

● 484 Nordwandrinne, Eisanstieg

M. C. Tuckett, L. Lauener, S. Siorpaes, 22. 6. 1872. **35** bis **48 Grad.** Im Frühsommer einladende Eistour, am besten zu verbinden mit dem Übergang auf die Cima Brenta Occidentale und Abstieg auf der Vedretta di Cima Brenta Superiore. 400 m, etwa 2—3 Std., bei guten Verhältnissen — oder seilfrei — auch weniger. Abb. S. 253.

Zugang: Von der Tuckethütte in 50 Min. unter die Rinne.
Route: Im unteren Teil hält man sich etwas links, dann meist in der Mitte, um oben schräg links in einen Sattel zum Ausstieg zu gelangen; rechts leicht zum Gipfel.

● 485 Nordkante

F. Zapparoli, Manzoni, 23. 8. 1935. Die Route benutzt eine Art von Riß-Rampen-System von rechts nach links und verläuft durch die Wand zwischen N-Wand-Rinne, R 484 und dem N-W-Hängegletscher, R 486. Kaum lohnend, naß und gefährlich.

● 486 Nordwand, Hängegletscher

G. und L. Groaz, R. Segalla, 21. 8. 1974. **VI** und V (Eis). **IV** (Fels), 70 m (nur der Hängegletscher). Einige H, Eisschrau-

Cima Brenta, Nordwandrinne und Zentraler Bocchetteweg
R 484 Nordwandrinne

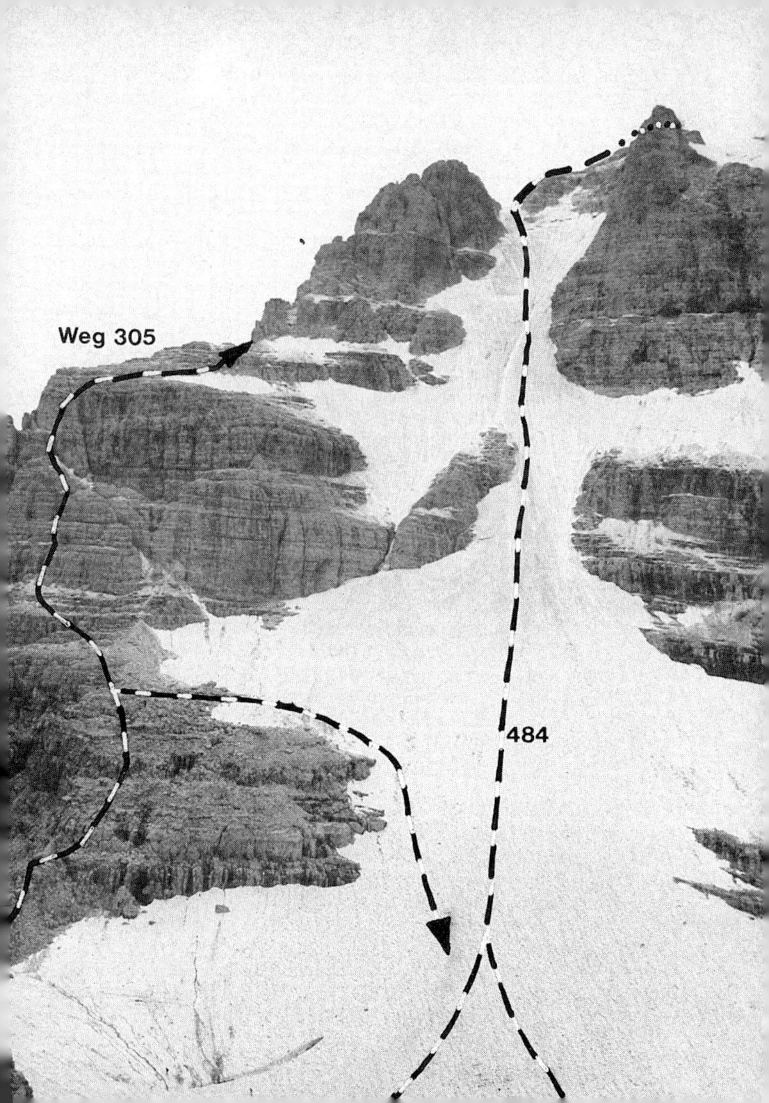
Weg 305
484

ben sowie Eisausrüstung erforderlich. Von einer Sommerbegehung ist abzuraten; möglicherweise beste Zeit: Oktober oder Winter. 4—5 Std. Abb. S. 258/259.

Übersicht: Die Route verläuft von rechts nach links durch den teilweise senkrechten Hängegletscher.

Zugang: Von der Tucketthütte auf Weg 303 bis zu den Felsen, links unterhalb des Hängegletschers.

Route: Man hält sich unter dem Gletscher zunächst nach rechts, um ihn dann schräg linkshaltend zu überwinden. Nach 2 SL in steilem Eis wird der Gletscher flach; aus der oberen Mulde entweder nach links auf den Hauptgipfel oder rechts auf den Grat und zum Gipfel der Cima Brenta Occidentale.

● **487 Nordwand der Cima Brenta Occidentale**

U. Battistata, N. Delvai, 28. 7. 1933. **IV.** Interessanter, auch landschaftlich lohnender Anstieg an der runden N-Wand des Hängegletschers. 350 m, 3—4 Std. Abb. S. 258/259.

Zugang: Von der Tucketthütte die Vedretta di Brenta empor und rechts in die Fallinie des N-Wand-Pfeilers halten. E bei einem nach links hochziehenden Kamin. 1 Std.

Route: Durch den Kamin auf ein breites Schneeband. 2—3 SL an leichterem Fels gerade empor bis unter die steile Wand. Rechts an Felsstufen um die Kante herum. Durch eine graue Verschneidung (IV) nach 1 SL auf einen Absatz. 10 m Quergang nach links, 5 m nach links abklettern zu einem Rißsystem, das nach links zieht. 35 m dem Riß folgen, sehr ausgesetzt (IV) bis zu einem Band in der Nähe des Hängegletschers. 40 m gerade an hervorragendem Fels empor (IV) bis unter gelben Fels. Links über einen Überhang und über leichte Felsen gelangt man zu einem Band. Auf dem Band 5 m nach links. Man steigt zur Rinne ab, die den Vorgipfel vom Gipfel trennt. 15 m in die Rinne abseilen. Über brüchige Wand auf das Gipfelplateau der Cima Brenta Occidentale.

● **490 Kienetürme (Torri di Cima Brenta),** 3030—2931 m

Die Cima Brenta Occidentale entsendet nach NW einen stark zerrissenen Grat, der in der Punta Massari seinen Eckpfeiler hat. Nach NO fällt der Grat mit steilen Kanten auf die Vedretta di Brenta Inferiore ab. Die Zacken des Grates werden nach dem Kletterer Kiene „Kienetürme" genannt. Man unterscheidet insgesamt 15 Türme. Auf den 15., 13., 12., 10. und 7. Turm — von NO gezählt — führen interessante, ganz zu Unrecht kaum begangene, lohnende Routen. Eine Überschreitung von der Punta Massari, R 500, zur Cima Brenta Occidentale ist möglich und wurde auch schon im Winter durchgeführt (1984).

● **491 A Abstiege**

Die Abstiege verlaufen alle nach SW auf die harmlose Vedretta di Brenta Superiore, auf der man zum Sentiero SOSAT gelangt und über den man die Tuckettthütte, den besten Stützpunkt für alle Routen an den Kienetürmen, erreicht. Abb. S. 261.

In der Folge werden die Anstiege an den Kienetürmen (auch Torri di Cima Brenta genannt) von der Cima Brenta Occidentale zur Punta Massari beschrieben.

● **492 Nordostkante des 1. Turmes,** 3030 m
M. Andreolli, J. Casiraghi, 28. 7. 1974. **IV** (2 SL), III und II. Teilweise brüchig. 280 m, 2—3 Std. Abb. S. 258/259.

Zugang: Von der Tuckettthütte über die Vedretta di Brenta Inferiore direkt unter die Kante.
Route: 60 m empor auf Schutterrasse. An senkrechter Wand 10 m (1 H) empor, bei einer Nische 5 m nach links, weiter durch einen gestuften Riß zu gelbroter Nische. Weiter durch den Riß und über die Kante bis zu einer großen Terrasse. 4 SL an leichten Felsen bis unter einen Steilaufschwung zu Stand auf einem Band 30 m links der Kante. Durch einen senkrechten Riß und über einen Überhang (1 H, IV) gelangt man auf ein Band, auf dem man 20 m nach rechts quert. Durch einen brüchigen Riß (III+) in eine kleine Scharte. Ein Aufschwung leitet wieder auf die Kante (IV) und weiter zum Gipfel.

● **493 Nordostkante des 2. Turmes,** 3026 m
G. Graffer, M. Pilati, 19. 7. 1934. **V**, IV, kaum leichter. Eine der lohnendsten und ausgesetztesten Routen an der höchsten aller Kienetürme-NO-Kanten, guter Fels. Einige H und Schlingen nützlich. 330 m, 4—5 Std. Abb. S. 258/259.

Zugang: Von der Tuckettthütte zum Wandfuß rechts der Kante.
Route: E 30 m links eines Risses. Durch einen Kamin auf das erste Band. 4 m rechts des Risses bei einem Felskopf 15 m gerade hoch. Quergang nach links, den Riß überspreizend, in eine Verschneidung, der man 50 m folgt. Die Verschneidung links verlassen und linkshaltend auf die Kante. In schöner und ausgesetzter Kletterei 60 m direkt an der Kante empor zu Absatz. 15 m schräg nach links und wieder nach rechts auf die Kante. An ihr 20 m empor, bis zu roten Felsen. Auf einen Felszacken (5 m, 1 H). Quergang nach rechts in der Wand zu einem Riß. Durch den Riß und über einen Überhang, dann wieder nach links in die Wand zu kleinem Stand direkt an der Kante. Etwas links der Kante 10 m empor, dann wieder nach rechts in eine Rinne zum Gipfel.

● 493 a Einstiegsvariante
M. Andreolli, G. Bozzi, J. Casiraghi, 11. 8. 1974. **III.** Abb. S. 258/259.

Direkt an der Kante 120 m empor bis zur Terrasse, bei der von rechts die Originalroute heraufzieht.

● 494 Nordostkante des 3. Turmes, 2990 m
B. und C. Detassis, 1. 8. 1951. **V+** (1 Stelle), V und IV. Wohl die schönste, aber auch schwierigste Kletterei an den Türmen, sehr ausgesetzt an ausgezeichnetem Fels. Erstbeg. 18 H, 1 HK. Die Erstbeg. kletterten teilweise etwas links der Kante. R. Bazzi und J. Casiraghi fanden am 22. 8. 1973 eine Direktvariante, die hier zusammen mit der Route der Erstbegeher beschrieben wird. 280 m, 4—5 Std. Abb. S. 258/259.

Zugang: Von der Tucketthütte zu einem Rißkamin rechts der Kante.
Route: Durch den Rißkamin schräg rechts hoch auf ein Band (IV). 20 m auf dem Band nach links queren. Weiter gerade hoch durch eine kleine rißdurchzogene Verschneidung (30 m, V und II) zu Stand auf breitem Band. Durch eine gelbe Verschneidung in Nähe der Kante 40 m empor (IV und V) bis unter ein großes gelbes Dach, unter dem man nach links auf einen Absatz auf der Kante gelangt. 3 SL direkt an der Kante empor (III, 1 Stelle IV) bis unter einen Überhang. 3 m nach links und durch einen Riß über den Überhang (V). Weiter zu einem kleinen Band etwas links der Kante. 10 m gerade weiter und wieder nach rechts auf die Kante queren. An ihr ausgesetzt gerade empor (IV) bis zu einem rötlichen Schlußüberhang, der an seiner linken Seite überwunden wird (V, V+). Man befindet sich auf einer großen Terrasse unter dem Schlußturm. Auf der Terrasse nach links und durch eine Schuttrinne auf den Gipfel.

● 495 Nordwestwand und Kante des 4. Turmes, 2931 m
C. Andreolli, G. Gallarati Scotti, S. Serafini, 31. 8. 1951. **V** (1 SL), IV. Mit Ausnahme des glatten Einstiegkamins interessante Route. 250 m. 3—4 Std. Abb. S. 258/259.

Zugang: Von der Tucketthütte auf dem Weg auf die Vedretta und an den Wandfuß, rechts der Gipfelfallinie. E bei einem Kamin.
Route: Durch den oft nassen und glatten Kamin empor (2 H, V). Nach 20 m durch den rechten Kamin auf eine Terrasse. Man hält sich an leichteren Felsen 2 SL nach links auf die Kante zu. Links der Kante durch einen kurzen Kamin bis zu einem Band unter der steilen Schlußwand. An ihr zunächst gerade empor. Linkshaltend gelangt man nach etwa 25 m zu einem Absatz und weiter linkshaltend an kompakten Fels

(2 H). Dann senkrecht 10 m gerade hoch zu Stand an einem Felskopf. 7 m nach rechts zu einer Sanduhr queren, dann durch einen leicht überhängenden Riß (H) in ausgesetzter schöner Kletterei zum Gipfel.
Abstieg: Nach SW in eine Rinne abseilen und auf dem Abstiegsband Richtung Vedretta di Brenta Superiore; auf dieser und dem Sentiero SOSAT zur Tuckettthütte.

● 496 Nordostwand des 5. Turmes
O. Gaspari, G. Piccone, R. Vidi, 26. 8. 1939. **IV**, III. Schöne Kletterei, besonders im ersten und letzten Drittel. 200 m, 3 Std. Abb. S. 258/259.

Zugang: Wie bei R 495 auf das Geröllband unterhalb der Türme. E etwa 100 m rechts des E von R 495 (Kamin mit weißem großem Felsblock).
Route: Im Kamin hinauf. Nach Überwindung eines Überhangs rechts an die Kante und an einer Nische vorbei auf ein Band. Über eine steile Felsstufe (brüchig); dann 3—4 SL leicht linkshaltend bis unter die gelbe Schlußwand. Rechts durch einen gelben Riß und etwas brüchig (IV) zu Absatz. Links auf die Kante und an ihr direkt empor zum Gipfel.
Abstieg: Zunächst Richtung Bocca di Tuckett durch einen Spalt hinab auf einem Geröllband in die Scharte und durch einen leichten Kamin auf der S-Seite hinab auf ein Band (Abstiegsband) zur Vedretta di Brenta Superiore, zum Sentiero SOSAT und zur Tuckettthütte.

● 500 Punta Massari, 2846 m

Die Punta Massari erhebt sich als wuchtiger Eckpfeiler am Eingang zur Vedretta di Brenta Superiore. Ihre außerordentlich gute Felsbeschaffenheit erlaubte die Eröffnung wirklich lohnender Routen. Besonders wenn am gegenüberliegenden Castelletto Inferiore zu viel Kletterbetrieb ist, stellt die Punta Massari mit ihrem relativ bequemen Abstieg über die Vedretta di Brenta Superiore ein willkommenes Ziel dar. Ganz zu Unrecht werden ihre Routen selten wiederholt. Da der Abstieg über

Folgende Doppelseite:
Cima Brenta Occidentale vom Beniniweg aus gesehen, mit Kienetürme und Punta Massari

Cima Brenta

R 487 Nordwand, Hängegletscher

Kienetürme

R 492 Nordostkante des 1. Turmes
R 493 Nordostkante des 2. Turmes
R 493 a Einstiegsvariante
R 494 Nordostkante des 3. Turmes
R 495 Nordwestwand, Nordwand des 4. Turmes
R 496 Nordostwand des 5. Turmes

Punta Massari

R 502 Nordostwand
R 503 Nordostwand, Maestriführe

486
487
492
493a
493
494

495
496
502
503

ein ziemlich steiles Schneefeld führt, sollten — besonders im Spätsommer — im Rucksack Grödel nicht fehlen.

● 501 Normalweg
Unschwierig. 1½ Std. von der Tucketthütte.

Von der Tucketthütte, R 40, zunächst über den SOSAT-Weg, R 85, auf die Vedretta di Brenta Superiore (R 441), die man dort verläßt, wo linkerhand ein Felsband unterhalb der Gipfelzacken der Kienetürme ersichtlich ist. Auf diesem Band (1. Unterbrechungsstelle) quert man bis zum aussichtsreichen Gipfel.

● 501 A Abstieg
1¼ Std.

Vom Gipfel quert man an der SW-Seite so lange auf einem Geröllband (eine Unterbrechungsstelle) Richtung SO, bis man bei Bändern auf die Vedretta di Brenta Superiore stößt. Auf ihr hinab, dann linkshaltend und dem untersten Abbruch in Blockgelände ausweichen. Weiter gerade hinab zum Sentiero SOSAT und zur Tucketthütte.

● 502 Nordostwand
M. Armani, L. Miori, 1932. **IV.** Schöne ausgesetzte Kletterei an gutem Fels durch einen Riß, der in die Scharte östl. der Punta Massari mündet. 170 m, 2—3 Std. Abb. S. 258/259.

Zugang: Von der Tucketthütte auf das Geröll- bzw. Schneeband in Falllinie der Scharte. E bei einem Kamin.
Route: Durch den Kamin (IV), dann gerade hoch bis unter den überhängenden Riß, der von der Scharte herabzieht. Zunächst durch eine Rinne schräg rechtshaltend, dann 20 m (III+) im Riß empor bis unter gelben Fels. 10 m Quergang nach links (IV, H) in den Riß. In ihm 2 SL ausgesetzt empor in die Scharte; nach einigen Metern rechts zum Gipfel.

● 503 Nordostwand, Maestriführe
C. Maestri, allein, 17. 6. 1966. **IV.** Empfehlenswerte, schöne Freikletterei. 160 m, 2 Std. Abb. S. 258/259.

Punta Massari und Kienetürme von Westen

Punta Massari

R 504 Nordwestkante
R 505 Westwand
R 506 Westwand, Costanziroute
R 507 Südsüdwestwand

Cima Mandron

R 441 Normalweg von Norden

Kienetürme

R 491 A Abstiege

Cima Brenta
Cima Mandron
491A
507
506
504
505
441

Zugang: Wie bei R 502 auf die Terrasse. Der E ist 15 m rechts der Armaniroute.
Route: An grauem Fels 50 m empor bis auf ein Band. Weiter gerade hoch und linkshaltend in der Fallinie von rötlichen Felsen, die von einem Riß geteilt sind. Man gelangt zu einer kleinen grauen Verschneidung. Gerade hoch an senkrechter Wand, dann etwas rechtshaltend auf einer rißdurchzogenen Rampe. Wo es möglich wird, wird sie links verlassen. Über schwarzen Fels zum Gipfel.

● **504 Nordwestkante mit Serafini-Ausstiegsvariante**
G. Ferrari Spalla, G. Murari, 1926. Variante: G. Alimonta, S. Serafini, R. Vidi. **IV+** (Variante), IV und III. Wohl die schönste Kletterei an der Punta Massari, guter Fels. Ab Mitte August immer trocken, empfehlenswert. Einige H, KK und Schlingen nützlich. 270 m, 3—4 Std. Abb. S. 261.

Zugang: Von der Tuckethütte auf dem Sentiero SOSAT. Wo dieser weiter nach rechts quert, über Stufen und Schneereste gerade empor und von rechts auf den Vorbau. Steigspuren folgend gelangt man an den Fuß eines nach links hochziehenden Kamins. Rechts davon, bei grauem Fels, der E. 1 Std.
Route: Gerade 25 m empor an brüchigem Fels an den Beginn eines nach rechts hochziehenden grauen Risses. Im Riß in schöner Kletterei 2 SL empor (III, IV—, 3 H). Der Riß endet rechts auf schwarzem Fels. An Stufen linkshaltend empor; wo sich die Wand aufsteilt, links der Kante an griffigem Fels auf ein Band mit Rißüberhang (III—). Einige Meter gerade hoch, dann links aus dem Riß heraus und an schwarzem, kompaktem Fels empor, auf eine Leiste nach links und wieder nach rechts, dann wieder nach links zu RH (IV—). Schräg links nach 20 m Stand unter einer senkrechten kurzen Verschneidung (III). An der Verschneidung hoch (H), weiter einige Meter direkt hoch zu H, links um die Kante und zu gutem Stand in Nische (IV+). Links aus der Nische heraus über Felsstufen und Bänder zum höchsten Punkt (100 m, II und I).

● **505 Westwand**
G. Alimonta, F. Miglio, 16. 8. 1958. **IV**, III. Kaum wiederholte Route. 250 m. 2—3 Std. Abb. S. 261.

Zugang: Wie bei R 504 auf das Einstiegsband. Auf dem Band 30 m nach rechts zu Riß.
Route: Gerade 2 SL empor an das linke Ende eines Bandes. Weiter durch einen Riß, etwas rechtshaltend nach 60 m auf ein schmales Band. Auf dem Band einige Meter nach rechts und an einem kompakten Riß empor zu Stufen und den leichten Gipfelfelsen.

● 506 **Westwand, Costanziroute**
C. Costanzi, G. Stanchina, 7. 7. 1968. **V+** und V. Erstbeg. 40 H, die alle stecken. Ausgesetzte Route an kompaktem Fels. 250 m. 5 Std. Abb. S. 261.

Zugang: Wie bei R 505 auf das obere schmale Band an die Wand.
Route: Auf dem Band nach rechts, wo eine kompakte Wand den Durchstieg vermittelt (120 m); gute Standplätze. H weisen die Route.

● 507 **Südsüdwestwand**
M. Andreolli, R. Bazzi, J. Casiraghi, 30. 7. 1972. **VI—** (eine Stelle), V. Lohnender, ausgesetzter Anstieg an ausgezeichnetem Fels. Erstbeg. 12 H, 1 HK. 150 m, 3 Std. Abb. S. 261.

Zugang: Von der Tucketthütte über den Sentiero SOSAT und Stufen auf die Vedretta di Brenta Superiore, bis man auf einem Band, das die ganze Wand durchreißt, nach links das Schneefeld verläßt. Auf dem Band nach links zum E 10 m links zweier großer gelber Nischen. 1½ Std.
Route: 15 m an grauem Fels auf ein Band (1 H). Über eine Platte, dann 20 m schräg rechts hinauf (1 H, IV); gerade empor auf ein anderes Band. Nun nicht links zu den H (Verhauer!), sondern 50 m auf dem Band nach rechts zu einem Steinmann. Über einen Überhang empor, links aus einer Nische heraus (V+, 1 H) und an leichterem Fels zu Stand in einer Nische. Rechts die Nische über bauchige Platten verlassen; man gelangt in einen Riß (V), dem man bis unter einem auffallenden Überhang folgt (1 H). Der Überhang wird an einem Riß erklettert (V+, 1 H, 1 HK) zu Stand rechts. 10 m schräg rechts eines Pfeilers empor. Einige Meter nach links (IV) und weiter in eine Nische. Von hier direkt empor zum Gipfel (III).

3. Zentraler Teil — Nördliche Gipfel
(auch Grostèmassiv genannt)

Im folgenden werden die Klettermöglichkeiten zwischen Bocca di Tuckett im S und Passo del Grostè im N beschrieben. Obwohl das Grostèmassiv dem Kletterer nur wenige hohe Wände bietet, gibt es doch eine Reihe von lohnenden Routen nicht weit entfernt von der Seilbahn nahe des Grostèpasses und auch in unmittelbarer Nähe der Tucketthütte. Besonders im Winter ist ein Übergang von der Bergstation am Grostèpaß zur Tucketthütte ein idealer Zustieg.

● 510 **Castelletto Inferiore,** 2601 m

Eleganter Felsturm, der mit seiner steilen, mehr als 250 m hohen S-Wand zur Tucketthütte abbricht. Die Kieneroute, R 518, dürfte die schönste, aber auch die meistbegangene Route an diesem Gipfel sein. Im Winter und im Frühsommer sind viele Routen an der S-Wand schon möglich.

● 511 **Normalweg von Süden, Via Heinemann**

R. Gasperi, Heinemann, 20. 8. 1909. **III—,** II. Interessanter, wegen seiner Ausgesetztheit nicht zu unterschätzender Anstieg, der manchmal auch im Abstieg begangen wird. 250 m, 1½ Std. Abb. S. 267.

Übersicht: Die S-Wand wird im linken Teil von einem markanten Kaminriß durchzogen, der den Durchstieg auf ein Band am Beginn des mittleren Drittels der Wand ermöglicht. Auf dem Band wird nach rechts gequert, und zwar bis dorthin, wo es möglich ist, ansteigend auf das obere Band zu gelangen, auf dem man zu einer markanten Felsnase gelangt. Oberhalb dieser Nase erreicht man den Grat und den Gipfel.
Zugang: Von der Tucketthütte auf Steigspuren in 5 Min. zum E.
Route: Den Kamin gerade hoch bis auf ein Schuttband am Fuß des Turmes links (Figlio del Castelletto Inferiore), etwa 3 SL, manchmal abgespeckter Fels II mit III—), gute Standplätze. Nun auf dem Band immer horizontal nach rechts (O) an einem Kamin vorbei (Gasperikante, R 515) und um einen Pfeiler herum. Man klettert nun in Richtung eines Kamins, der westl. des zentralen Wandteils der S-Wand verläuft. Im Kamin oder links davon empor und nach einigen Metern nach links auf eine Felsrippe. Nach 1 SL den Kamin queren, um auf die Wand rechterhand zu gelangen; man steigt dabei eine Art Rampe empor. Gerade hoch an steiler Wand, an guten Griffen um eine Felsrippe herum und auf ein Band. Weiter über gestuften Fels bis auf das Band, das unterhalb des letzten Wanddrittels die ganze Wand durchzieht. Auf dem Band nach rechts, bis es möglich wird, schräg rechtshaltend an gutem Fels oberhalb einer markanten Felsnase (Maestriausstieg, R 519) den Grat zu erreichen, über den der Gipfel erreicht wird.
Abstieg: Wenn auch oft der Abstieg nach S vorgenommen wird (oberes Band bis zu seinem äußersten Ende nach W queren, Steinmänner und Spuren; weiter bis in Fallinie des Einstiegskamins, dann zum Wandfuß — vielleicht letzte SL abseilen), ist nachfolgend auch der leichtere Abstieg nach N beschrieben.

● **512 A Abstieg nach Norden**

¾ Std.

Vom Gipfel zunächst Steigspuren und Steinmännern bis zu einem Band unterhalb der markanten Felsnase folgen, (eine Steilstelle). Auf dem Band auf die O-Seite, an einer Gedenktafel vorbei und weiter horizontal den Spuren folgend auf ein Band an der N-Seite. Auf diesem queren bis zu einer Abseilstelle von 15 m oberhalb des Gerölls am Wandfuß. Spuren folgen in NW-Richtung zum Hüttenweg, der die Graffer- mit der Tucketthütte verbindet; auf dem Weg in ¼ Std. zur Tucketthütte.

● 513 Südwestverschneidung
G. Petrucci, Q. Scalet, 7. 8. 1953. **V**+ (1 SL), IV. Erstbeg. 3 H. KK zu empfehlen. 120 m, 1½ Std. Abb. S. 267.

Zugang: Wie bei R 511 auf das erste Band.
Route: Einige Meter rechts erklettert man einen kurzen Aufschwung und nach weiteren 35 m (IV) gelangt man in die Verschneidung. Im Riß 20 m empor (V+) zu Stand. Nochmals 20 m gerade hoch (V+) zu gutem Stand. Nach etwa 2 SL auf die W-Schulter und leicht zum Gipfel.

● 514 Pacificokante
H. Pacifico, N. Vellat, 11. 9. 1941. **V**, IV. Die Pacificokante ist die steile Kante rechts der SW-Verschneidung. Ausgesetzte, genußreiche Kletterei. 120 m; 3 Std. Abb. S. 267.

Zugang: Wie bei R 511 auf das erste Band.
Route: Auf diesem nach rechts, um den überhängenden Kantenteil herum und, wo es möglich wird, von rechts nach links auf die Kante. Zunächst durch einen Riß empor und dann 1 SL direkt an der Kante bis in eine gelbe Nische. 3 m von einem H gerade hoch, Quergang nach links, direkt zur Kante und nach 1 SL auf ein Geröllband. An einem überhängenden kurzen Riß empor und weiter zu einer Terrasse. An schwarzer Wand hoch, dann nach links und wieder direkt an der Kante empor auf die Schulter auf den Normalweg.

● 515 Gasperikante, „Via Mitzi“
M. Bamstraller, E. Cavaglia, O. Gasperi, 27. 8. 1935. **III**+ (1 Stelle), III. Vielseitige, lohnende Kletterei zwischen Pacificokante, R 514, und „Via Heinemann“, R 511. 120 m, 1½ Std. Abb. S. 267.

Zugang: Wie bei R 511 auf das erste Band, das nach O gut 100 m verfolgt wird. Man befindet sich unter einem Kamin, der unmittelbar längs der Kante verläuft.
Route: Zunächst über Stufen in den Kamin. Darin oder links davon ausgesetzt empor (III) und rechts der Kante. Weiter im Kamin oder an der steilen Wand empor. Man gelangt auf ein Band unter einem gelben

Überhang. An senkrechter Rampe (III +) gerade hoch und leichter auf die Schulter. Von hier entweder nach O auf dem Band und auf der Heinemannroute, R 511, zum Gipfel, oder den obersten Teil auf der W-Kante, Gasperivariante, R 516, (II und III) zum Gipfel.

● 516 Gasperivariante

III und II. Interessante und lohnende Variante zu R 515. 1 Std. Abb. S. 267.

Route: Vom E zur Gasperikante noch 15 m rechts auf dem Band und im Kamin (gemeinsam mit Heinemannroute, R 511). Nach 20 m nicht nach rechts (R 511), sondern im griffigen Kamin empor bis auf das Band, auf dem der Normalweg quert. Man steht vor einem tiefen Kamin, der auf dem W-Grat ausläuft. Durch ihn und auf die N-Seite; auf dem Grat und durch einen kleinen Kamin an der N-Seite auf ein Band unter dem überhängenden Gipfelblock; hier quert man wieder auf die S-Seite in einer Rinne, die zu einer kleinen Scharte führt. Vor der Scharte erklettert man den engen und schwierigen Kamin (III) bis auf einen Absatz. Von hier mit einem Spreizschritt auf die Kante und weiter zum Gipfel.

● 517 Südwand, Alimonta / Vidi-Route

G. Alimonta, R. Vidi, 23. 6. 1945. **V**, IV. Erstbeg. 13 H. Schöne Freikletterei an gutem Fels, lohnend. 250 m, 4 Std. Abb. S. 267.

Zugang: Von der Tucketthütte unter die Wand wie zur Heinemannroute, R 511. An der Wand entlang nach O bis zu einem Verschneidungskamin. E an der Kante links des Kamins (Kieneroute, R 518).
Route: An der Kante über einen Überhang empor, etwas nach rechts halten durch einen gelben Riß und wieder auf die Kante. Weiter gerade

Castelletto Inferiore und Castelletto di Mezzo von Süden

Castelletto Inferiore

R 511	*Normalweg von Süden*
R 513	*Südwestverschneidung*
R 514	*Pacificokante*
R 515	*Gasperikante, Via Mitzi*
R 516	*Gasperivariante*
R 517	*Südwand, Alimonta / Vidi-Route*
R 518	*Südwand, Kieneroute*
R 519	*Nasenroute*

Figlio del Castelletto Inferiore

R 521	*Südwand*
R 522	*Südwand (unterer, oberer Teil)*
R 525	*Torre Zisa, Torre Lidia, Torrione Est, Castelletto Basso di Mezzo, Castelletto di Mezzo*
R 531	*Südwand, Via Sybilla*
R 532	*Südsüdwestverschneidung, Oggioniverschneidung*

518
517
516
511
514
513
515
532
525
519
531
518
517
511
521
522

hoch zu einer Nische. Links an glatter Wand empor und an leichteren Felsen auf das große Terrassenband. Man erkennt einen senkrechten Riß in Nähe der Kante, die die zentrale S-Wand westl. begrenzt. Im Riß 40 m empor zu einem Absatz. An grauer Wand gerade empor zu gelben Felsen und 4 m nach links in den Kamin. Durch ihn und über den folgenden Abschlußüberhang. 5 m nach links und auf das Band, bei dem die Heinemannroute gekreuzt wird. Direkt an der Kante empor und durch einen gelben Riß; man gelangt so auf den letzten Absatz, auf dem die Kieneroute von rechts einmündet. Rechts durch den gelben Riß auf den Gipfel.

● 518 Südwand, Kieneroute

E. und K. Kiene, 22. 8. 1910. **V** (1 Stelle), IV, III. Sehr oft wiederholte, lohnende Route; eine der schönsten der ganzen Brentagruppe. 260 m, 2—3 Std. Abb. S. 267.

Zugang: Wie bei R 517 zum Kamin, E.
Route: Im Kamin empor, rechts am Überhang weiter und über die folgende Platte (IV, V), dann leichter auf die große Schutterrasse. Man befindet sich unter einer seichten Verschneidung. Leicht rechtshaltend, dann direkt hoch (25 m, IV—). Nun nach rechts, dann gerade hoch, wieder nach links (III) oder direkt in Verschneidung empor (1 H, IV+). 25 m weiter gerade empor (IV—) auf ein Band und nach weiteren 30 m auf das Band des Normalanstiegs. 2 SL im Kamin empor (III und IV—), dann links 35 m im Kamin zu einem Spalt. An der gegenüberliegenden Wand ein paar Meter empor und Quergang nach links (2 H, IV—) zu einem Absatz 20 m unter dem Gipfel. Spreizschritt auf die Kante und gerade hoch zum Gipfel (IV+, III).

● 519 Nasenroute

G. Bozzi, C. Maestri, 31. 7. 1966. **VI—,** V und **A 3,** Ae. Anstieg durch die glatte, graue Wand rechts der Kieneroute mit Ausstieg direkt über die markante „Nase“. Einige H mitführen. 250 m, 4—5 Std. Abb. S. 267.

Zugang: Von der Tucketthütte auf dem Weg zur „Via Sybilla“, R 531, über Geröll etwa 50 m links eines Turms rechterhand (Torre Zisa) den Vorbau hinauf. E bei einem großen Felsblock.
Route: Vom Block gerade empor (IV), dann linkshaltend, um wieder gerade emporzuklettern (V, 1 H). Man klettert auf einen rötlichen Überhang zu, der überklettert wird (3 H, VI). Leicht rechtshaltend (1 H) gerade hoch auf das Band unter der „Nase“. Rechts um die Kante zu einer Gedenktafel (Abstiegsroute nach N). Von hier wird der Dachüberhang (5 H, 12 BH) direkt überwunden.

● 520 Figlio del Castelletto Inferiore

Felsturm westl. des Castelletto Inferiore, durch einen Kamin vom Castelletto getrennt. (Normalweg: Heinemannroute, R 511).

● 521 Südwand

1933 wurde der obere Teil erklettert, während 1948 der untere erschlossen wurde. Genauere Daten nicht bekannt. **V** und IV. 200 m, 2—3 Std. Abb. S. 267.

Zugang: Wie bei der Heinemannroute, R 511, zum Kamin.
Route: 15 m links des Einstiegskamins zum Normalweg und über Platten zu einem Band. Ein folgender Überhang (H) wird an griffigem Fels erklettert. Einige Meter weiter zu Stand in einer Nische. Links über einen Überhang, im Riß weiter und anschließend an Platten und Riß gelangt man auf das obere Band. Weiter durch den Riß in der Kante (2 H). Dann nicht im Kamin, sondern durch einen engen Riß (V) zu einem Absatz. Nun leichter in Wandkletterei auf einen Turm. Links durch einen Riß sehr ausgesetzt zum Gipfel empor.
Abstieg: Zunächst nach N, dann in die Scharte zwischen Figlio und Castelletto Inferiore. Nun durch eine Rinne und einen Kamin auf dem Normalweg, R 511, zum Wandfuß.

● 522 Südwand (unterer und oberer Teil)

Durch den unteren und oberen Teil verlaufen einige interessante Routen (IV bis VI). Keine näheren Angaben vorhanden. Abb. S. 267.

● 525 Torre Zisa, Torre Lidia, Torrione Est, Castelletto Basso di Mezzo

Diese vier Felstürme erheben sich östl. des Castelletto Inferiore. An den 100 m hohen S-Wänden gibt es einige kurze Routen (IV bis VI), die allerdings von untergeordneter Bedeutung sind. Abb. S. 267.

● 530 Castelletto di Mezzo, 2571 m

Massiver Felsabbruch zwischen Castelletto Inferiore und seinen östl. Nebentürmen und dem Castelletto Superiore. Von NO leicht zu erreichen. Lediglich an der S-Wand gibt es einige lohnende Anstiege.

● 531 Südwand, „Via Sybilla“

B. Dallagiacoma, G. Ferrari Spalla, G. Murari Bra, 6. 9. 1935. **IV**, III +, selten leichter. Ausgesprochen schöne, elegante und ausgesetzte Kletterei an gutem Fels, lohnend. 200 m, 2 Std. Abb. S. 267 und 271.

Zugang: Von der Tuckethütte auf dem Steig unter den Wänden des Castelletto Inferiore und den Türmen östl. davon, bis zu der Rinne, die westl. des Castelletto di Mezzo herabzieht. E rechts der Rinne bei einem einzementierten H. ½ Std.
Route: Vom H 20 m empor (III) bis zu einem RH und 20 m schräg nach rechts (3 H, IV) zu gutem Stand. Man klettert durch eine gelbe Verschneidung (H) bis auf ein Band. Auf dem Band nach rechts um eine Kante herum zum Fuß einer Verschneidung. Durch die Verschneidung an sehr griffigem Fels mit guten Standmöglichkeiten 4 SL empor (4 H, III+), bis zum Ausstieg nach links (IV—).
Abstieg: Zunächst in nordöstl. Richtung auf Bändern und Terrassen noch ansteigend, dann in eine Geröllrinne, die östl. des Castelletto di Mezzo wieder ins Tal zum Wandfuß und zum Hüttenweg führt. ½ Std. bis zur Tuckethütte.

● 532 **Südsüdwestverschneidung, Oggioniverschneidung**
J. Aiazzi, A. Oggioni, 16. 9. 1954. **VI—**, V. 33 H; selten wiederholte, anhaltend schwierige Route mit einem ausgesetzten Quergang. 200 m, 5—6 Std. Abb. S. 267 und 271.

Zugang: Wie bei R 531 zum Beginn der Querung auf dem Band, dem man jedoch nur etwa 10 m bis zu einem Block folgt. E.
Route: An rotgelbem Fels etwas linkshaltend auf einen schwarzen Riß zu. Durch den Riß und H folgend zu einem Überhang linkerhand. Stand unterhalb der Verschneidung. In der Verschneidung empor bis zu zwei übereinanderliegenden Leisten. Delikater Quergang (eventuell Seilquergang) nach rechts auf den Leisten zur Kante. An der Kante frei an festem Fels empor zum Ausstieg.

● 533 **Südwand, Detassiskamin**
B. Detassis, R. Costazza, Z. de Grande, E. Lomazzo, 9. 8. 1939. **IV**. Interessante Kaminroute im rechten Teil der Wand, rechts der gelben Überhänge. 200 m, 3 Std. Abb. S. 271.

Castelletto di Mezzo von Süden

Castelletto di Mezzo

R 531 Südwand, Via Sybilla
R 532 Südwestverschneidung
R 533 Südwand, Detassiskamin
R 534 Südwand, Via Gianantonio Giacomini
R 535 Südwand, Costanzi / Stanchina-Route
R 536 Südwand, Via K 2

Castelletto Superiore

R 541 Normalweg

532
531
541
534
535
536
531
533
Weg 303

Zugang: Von der Tucketthütte auf dem Weg 303 Richtung Bocca di Tuckett, dann nach links über Geröll zum E in Fallinie des Kamins. ½ Std.
Route: Zunächst etwa 60 m den Vorbau gerade hinauf in Richtung einer Verschneidung unterhalb eines Bandes unter gelben Überhängen. Auf dem Band 4 m nach links, einige Meter senkrecht weiter zu einem kleinen Band und einer kleinen Terrasse unter einer gelben Wand. 5 m Quergang nach rechts zu einem Kamin, der sich gabelt. Durch den rechten Kamin bis in eine Nische. Der Kamin gabelt sich ein zweites Mal. Dieses Mal erklettert man den linken Ast (Klemmblock). In schöner Kletterei durch den Kamin zum Ausstieg.

● **534** **Südwand, „Via Gianantonio Giacomini"**
G. B. Maffina, V. Piotti, 22. 7. 1965. **VI—**, A 1. Schwierige Freikletterei zwischen Detassiskamin, R 533, und „Via Sybilla", R 531, mit etwas kompliziertem Wegverlauf. 14 H. 200 m, 4 Std. Abb. S. 271.

Zugang: Wie bei R 533 zum E 20 m links der Detassisroute.
Route: Durch einen feinen Riß auf ein breites Band (IV). Anschließend weiter auf ein Band. Gerade hoch unter rote Überhänge, 10 m nach links und durch eine rote Verschneidung hoch. Dann nach rechts über eine Kante queren und weiter schräg rechtshalten zu Absatz. 3 m empor in eine Nische mit weißem Fels, 2 m nach rechts (1 H) und gleich wieder nach links, um in eine andere Nische zu gelangen. Man ist so über einer gelben Verschneidung. 15 m in der Verschneidung empor, dann rechts an der Kante weiter zu kleinem Band. Quergang nach rechts zu einer Nische. Man erklettert das Dach oberhalb der Nische (A 1) und gelangt zu einem Grasabsatz. An gelber Wand empor (H) und rechts Dächer umgehend zum Ausstieg.

● **535** **Südwand, Costanzi / Stanchina-Route**
C. Costanzi, G. Stanchina, 20.—22. 9. 1968. **A 2,** A 1 und Ae. Fast ausschließlich künstliche Kletterei: 118 H, 32 BH, 4 HK, die alle belassen wurden. 200 m. Wiederholer etwa 6 Std. Abb. S. 271.

Zugang: Wie bei R 531 zum E, 40 m rechts der „Via Sybilla", R 531.
Route: 25 m an gelber Wand empor. Bei einem Absatz 7 m nach links, an schwarzen Streifen hoch (10 m, A 1) und weiter zu Stand in einer Nische. 2 m nach rechts auf das Band (A 1) der „Via Sybilla" zum Einstiegsblock. 5 m gerade hoch (A 1), Quergang nach links und 10 m leicht gerade hoch in einem gelben Riß (H). 25 m an überhängendem Fels empor zu Stand. Weiter durch einen Riß (A 1) zu Absatz. An senk-

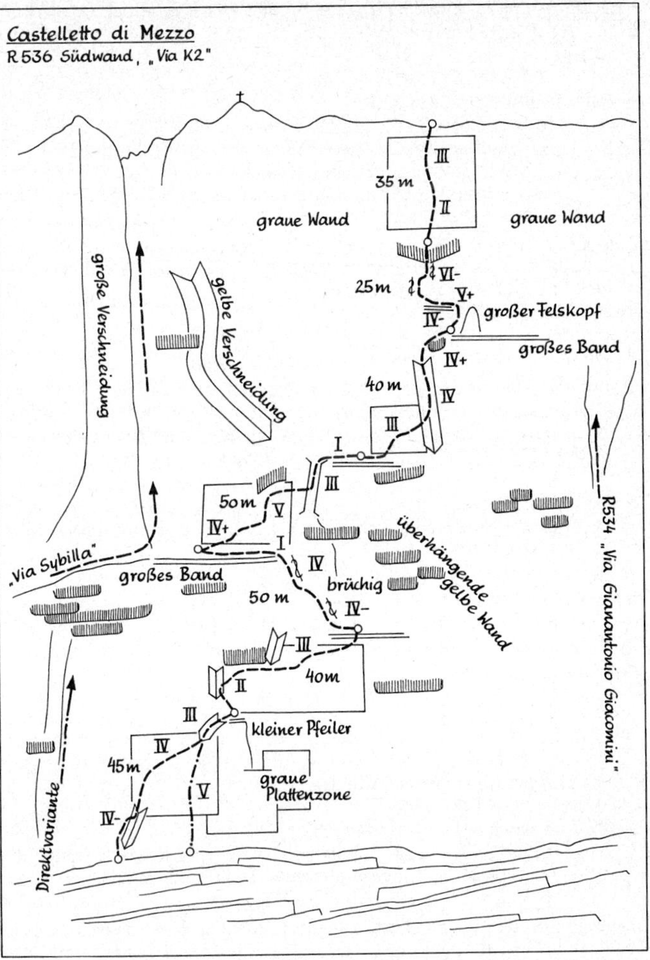

Castelletto di Mezzo
R 536 Südwand, „Via K2"
graue Wand
graue Wand
35 m
III
II
25 m
VI-
V+
IV-
großer Felskopf
großes Band
IV+
40 m
IV
III
I
große Verschneidung
gelbe Verschneidung
50 m
V
IV+
III
I
IV
„Via Sybilla"
großes Band
brüchig
50 m
IV-
überhängende gelbe Wand
III
40m
II
III
kleiner Pfeiler
IV
45 m
V
graue Plattenzone
IV-
Direktvariante
R534 „Via Gianantonio Giacomini"

rechter Wand über kleine Dächer zu Stand links eines Blockes. 10 m gerade hoch (A 1), 5 m frei zu einem Band und an leichten Felsen zum Ausstieg.

● 536 Südwand, „Via K 2“

M. Giordani, F. Zenatti, G. Manica, D. Zenatti, P. Cipriani, R. Manfrini, 9. 10. 1983. **VI—**, V+ (1 SL), sonst IV+, IV und III. Erstbeg. 1 H, einige KK und Schlingen. Schöne klassische Freikletterei an meist gutem und griffigem Fels; überwiegend sehr gute Standplätze. 200 m. 3—4 Std. Abb. S. 271.

Zugang: Wie bei R 531, dann wie bei R 535; man hält sich auf Bändern nach rechts, um in die Fallinie der großen, von einem Dach abgeschlossenen Verschneidung zu gelangen. 35 Min. E.
Route: s. Skizze S. 273.

● 540 Castelletto Superiore, 2700 m

Besonders von der Tucketthütte aus betrachtet, auffallend schön geformter Felsturm, der nach SO mit einer nur etwa 25 m hohen Steilstufe auf die Hochfläche abbricht. Nach W entsendet der Berg dagegen eine 250 m hohe Wand ins Tal. Abb. S. 275.

● 541 Normalweg

II. Als Abstecher von der „Via Benini“ aus empfehlenswert. 1 Std. Abb. S. 271.

Route: Wenn man auf dem Bocchetteweg-Abschnitt „Via Benini“ aus der Bocca di Tuckett auf die Hochfläche gelangt, erreicht man leicht absteigend nach W einen Sattel an der O-Seite des Turmes. Von hier über gestuften Fels in schöner Kletterei (II) auf den Turm. Abseilen möglich.
Oder: Von der Tucketthütte zunächst dem Weg 303 folgen und am Castelletto di Mezzo vorbei. Dann dem Weg links folgen, später eine Geröllrinne empor, um von N auf den Sattel an der NO-Seite zu gelangen. 1 Std. von der Hütte (dieser Weg ist auch der Abstiegsweg und bietet keine Orientierungsschwierigkeiten).

● 542 Westwand

E. und K. Kiene, September 1910. **IV** (1 Stelle), III. Lohnende Kletterei an der abgerundeten W-Wand, allerdings etwas brüchig. 250 m, 2 Std. Abb. S. 275.

Zugang: Von der Tucketthütte zunächst auf dem Weg Richtung Bocca di Tuckett, Weg 303, der dort, wo er zur Vedretta rechts abzweigt, links

Castelletto Superiore und Cima Sella von der Tuckethütte

Castelletto Superiore
540 Castelletto
542 Westwand

Cima Sella
R 546 Normalweg

verlassen wird. Links über Schrofen zum E rechts der großen Kaminschlucht bei einem breiten Band.
Route: Hinter einer Kante durch einen Kamin empor, der von rechts nach links hochzieht. Nach dessen Durchsteigung an gutgestuftem Fels auf eine höher gelegene Terrasse. Über eine steile, gutgriffige Wand, dann nach rechts und auf die S-Seite. Dann hält man sich wieder nach links über eine Felsplatte, über der sich ein kleines Dach befindet. Links am Dach vorbei und durch einen feinen Riß auf die Kante und zum höchsten Punkt.

● 545 Cima Sella, 2917 m

Schöner Aussichtsberg direkt gegenüber der Cima Brenta und durch die Bocca di Tuckett von dieser getrennt. Durch die S-Wand ziehen — außer dem Teilabschnitt „Via Benini" des Bocchetteweges zwei interessante Routen.

● 546 Normalweg
2 Std. von der Tuckethütte, R 40. Abb. S. 275.

Von der Tuckethütte in die Bocca di Tuckett auf Weg 303, 1 Std. Links auf den Bocchette-Teilabschnitt Benini auf die N-Seite der Cima Sella, über dessen N-Flanke man ohne Schwierigkeit den Gipfel erreicht.

● 547 Südkante

P. Amadeo, N. Arnaldi, A. Chiodi, 31. 7. 1934. **IV**, III. Ausgesetzte, genußreiche Kletterei an gutem Fels, wenig begangen, aber zu empfehlen. 270 m, 3 Std. Abb. S. 277.

Zugang: Von der Tuckethütte auf Weg 303 in die Bocca di Tuckett. 1 Std.

Route: Von der Scharte auf ein nach rechts auf die Kante hochziehendes Band. Über einen kurzen Aufschwung in eine gelbe, 20 m hohe Verschneidung. An ihr empor bis unter einen Überhang, dann ausgesetzt nach rechts, einige Meter gerade hoch und wieder nach links zu Stand auf einem Band. Zunächst gerade weiter, dann an gestuftem Fels etwas rechts auf der Kante empor. Man gelangt so unter den letzten, etwa 70 m hohen Aufschwung. Von hier auf ein 6 m höher gelegenes Band. Einige Meter auf diesem nach links. An steiler Rinne wieder nach rechts, wodurch die Überhänge umgangen sind. Mit Steigbaum über einen kleinen Überhang und auf einen Absatz. Weiter an steiler Wand empor zu einem Geröllabsatz. An der SO-Kante zum Gipfel.

● 548 Südostkante

E. Castiglioni, M. Piane, 7. 8. 1942. **V**, IV. Interessante, ausgesetzte Kletterei direkt an der Kante links des gelben Torre delle Val Perse. 330 m, 4 Std. Abb. S. 277 und 281.

Zugang: Von der Tuckethütte in die Bocca di Tuckett; durch eine Rinne hinab zum E links des tiefsten Punktes am Fuß der Kante. 1 Std. 10 Min.

Route: Auf einem Band nach rechts auf die Kante zu einer schwarzen Verschneidung (V—). Durch die Verschneidung und nach rechts auf einer Leiste zum Beginn von Rissen, die linkshaltend unter einen großen Überhang führen. Weiter etwas nach links, dann durch einen Riß auf die erste Kantenschulter. An der Kante immer gerade empor mit guten Standplätzen auf Bändern. Über einen schwarzen Felsgürtel. Weiter links durch eine Rinne, um so einer gelben Wand auszuweichen, dann

Cima Sella und Torre delle Val Perse von der Cima Brenta

Cima Sella

R 547 Südkante
R 548 Südostkante
R 550 Torre delle Val Perse
R 551 Direkte Südostkante

550
551
Beniniweg
547
548
Weg 303

wieder auf die Kante. Gerade über gestuften Fels bis in die Nähe der Scharte zwischen Cima Sella und Torre delle Val Perse. Linkshaltend an senkrechter Wand empor, an gutgriffigem Fels über kleine überhängende Felsstufen. Dann hält man sich immer weiter links auf die Kante zu und auf dieser bis auf das Band unterhalb des letzten Aufschwungs. Ausweichmöglichkeit in die leichte S-Wand. Direkt an der Kante empor und bis zu einem Band leicht rechts halten; ausgesetzt (V) weiter linkshaltend, direkt über einen Überhang in einen kurzen Kamin. Darin empor bis auf ein Band und nach links auf die Kante; zuletzt über einen kleinen Überhang zum Gipfel.

● 550 Torre delle Val Perse, 2884 m

Ein sehr kühner gelber Felsturm, der an die Cima Sella mit seiner O-Seite angelehnt ist. Als die bedeutendste Route gilt die Direkte SO-Kante, die das Val Perse im oberen Teil beherrscht. Abb. S. 277.

● 551 Direkte Südostkante

M. Furlani, F. Corn, 7.—8. 9. 1983. **VI/A 3,** V, kaum leichter. Teils äußerst schwieriger Anstieg durch die gelbe, mehrmals überhängende Kantenwand. Erstbeg.: 40 H, 5 BH, die alle stecken; dennoch Mitnahme von einigen H, KK und Schlingen ratsam. 300 m. Etwa 16 Std. Abb. S. 281.

Übersicht: Der Torre delle Val Perse fußt auf einem grauen Felssockel, der links von einer Kaminrinne durchzogen wird. Durch die Rinne gelangt man nach 20 m zu einem H am Beginn einer auffallenden Verschneidung. Hier E.

Route: Rechts der Rinne über senkrechte Platte in die Verschneidung, in ihr empor zu kleinem Absatz mit 2 SH (40 m, V+, IV+, 1 H). Durch eine kleine graue Verschneidung rechts der beiden Dächer bis zu einem Absatz mit großem Block; an schwarzer Verschneidung hoch bis zu einem Band (40 m, IV, IV+). Weiter an grauem und schwarzem Fels empor bis zu dem Band, an dem der graue Fels aufhört (45 m, V+, IV, 2 H). Durch eine gelbe Verschneidung 20 m zu einem kleinen Band (20 m, V+, VI). Durch kleine Verschneidung bis zu großem H, links hinab an senkrechter Platte und zu einem kleinen Absatz (30 m, VI, VI+, 4 H). Frei durch die Verschneidung zu einem Überhang, darüber hinweg, dann durch einen Riß bis unter ein Dach. 5 m ablassen und Pendelquergang 4 m nach rechts in einen Riß; in ihm empor zu Band unter dem ersten großen Dach (40 m, VI+, A 2, V+, 5 H). An geneigter Wand nach links bis zu schräger kleiner Verschneidung, die zu einer Kanzel direkt an der Kante leitet (30 m, IV+, V+, 2 H). An dem Kantenüberhang empor, dann nach rechts in die Mitte der O-

Wand queren. 2 m empor zu einem Absatz (25 m, A 3, VI, 6 H). In freier Kletterei die senkrechte gelbe Platte bis zu schmalem Band empor; darauf 10 m nach links zu kleinem Stand (VI+). Die Wand ist nun überhängend und ohne Risse: Mittels 6 H und 5 BH am Überhang empor und frei weiter zu einer Terrasse links des Daches, das die ganze O-Wand durchzieht (30 m V+, Ae, A 3, VI). Auf einem kleinen Band nach rechts, dann abklettern und in die Wandmitte, einige Meter empor zu einem Absatz mit H (40 m, IV+, sehr ausgesetzt). Links an senkrechter Wand empor und links unter eine schwarze Verschneidung (35 m, VI, IV, 1 H). Durch die Verschneidung (Klemmstein und Sanduhr) und an gestuftem Fels zu kleinem Band (40 m, VI, V, 1 H). Rechts an der Kante empor zum Gipfel (40 m, IV, III+).

● 552 A Abstieg

E. und K. Kiene im Aufstieg, 20. 8. 1910. **II** und I.

Über Stufen, ein Band und eine Rinne gelangt man in die Scharte zwischen Torre delle Val Perse und Cima Sella. Auf schmalem Band zur S-Kante und auf leichten Bändern durch die S-Wand hinab (II, I).

● 555 Campanile di Vallesinella, 2946 m

Der Campanile di Vallesinella erhebt sich nach W (Tucketthütte) mit einer kurzen, gelben Wand oberhalb der Vedretta di Vallesinella und nordöstl. der Cima Sella. Von S ist er leicht von der Bocca Alta di Vallesinella, 2875 m, zu erreichen (I). Seine stark zerrissene, fast 500 m hohe SO-Wand aus dem Valle delle Perse bietet eine kaum bekannte, mittelschwierige Kletterei.

● 556 Südostwand

H. Leitgeb, R. Melchiori, 31. 8. 1930. **III,** selten leichter. Meist Kamin- und Rißkletterei an der stark gegliederten Wand bzw. am Grat. Nicht immer gutes Gestein. 500 m, 4—5 Std. Abb. S. 281.

Zugang: Von der Tucketthütte auf Weg 303 in die Bocca di Tuckett. Auf Geröll nach O gerade die Rinne hinab; unterhalb des Torre delle Val Perse bis an den Fuß des Felssporns, der am tiefsten ins Geröll herabzieht. Zum E 1¼ Std.

Route: Von einem Band auf den Rücken und weiter hoch auf eine Terrasse. Rechtshaltend zu einem Riß, dem man in Richtung einer Kaminreihe folgt, die zu einer Art Schulter führt. Nun rechts halten über gestuften Fels zu drei auffallenden Kaminen. Durch den mittleren bis zu einem großen Überhang, den man an seiner Außenseite spreizend erklettert; weiter im Kamin leichter zu einem Absatz. Durch einen Riß auf ein Band. Rechts über einen Pfeiler bis zu gelber Wand; Quergang nach links auf schmalem Band und in den Kamin, der ganz durchstiegen wird. Von einer Schutterrasse ohne Schwierigkeiten zum Gipfel bzw. zur Bocca di Val Perse und somit zum Abstieg auf dem Bocchetteweg-Abschnitt „Sentiero Benini" in die Bocca di Tuckett und zur gleichnamigen Hütte.

● 560 Rocca delle Val Perse, 2907 m

Bei der Rocca delle Val Perse handelt es sich um die letzte mächtige, fast 400 m hohe Kante, die direkt östl. der Cima Sella bzw. der Cima delle Val Perse liegt. Wie auch alle anderen Berge, die sich an die erwähnten Gipfel anschließen, bricht dieser Berg nur nach S, SO und O mit oft zerrissenen Kanten und Wänden ab, während sein Gipfel von N verhältnismäßig leicht zu erreichen ist. Von den Routen an der Rocca delle Val Perse dürfte der SO-Grat am lohnendsten sein.

● 561 Südostgrat

E. Bozzi, B. Detassis, G. Fossati Bellani, 18. 8. 1948. **IV**, oft III. Im allgemeinen guter Fels (mit Ausnahme der ersten beiden SL). Landschaftlich sehr schön. 400 m, 4—5 Std. Abb. S. 281.

Zugang: Von der Tuckethütte auf Weg 303 in die Bocca di Tuckett, 2648 m, dann linkshaltend auf dem Weg und über Geröll hinab zum E bei einem Kamin, der direkt in der Kante eingebettet ist. 1 Std. 20 Min.
Route: 25 m im Kamin hoch, diesen nach rechts verlassen und in einem anderen Kamin bis auf eine Terrasse. Einige Meter gerade hoch, dann wieder nach links direkt über dem E. Leicht linkshaltend, bis man in eine Rinne gelangt. In ihr 30 m empor. Wo sie nach links abbiegt, gerade hoch bis zu der Stelle, an der der Fels schwierig wird. Auf einem Band 6 m nach rechts und durch Kamine bis auf eine große Terrasse. Über einige Felstürme hinweg, einige werden direkt erklettert, andere werden umgangen. Die Kante wird nun senkrecht. 20 m gerade hoch, auf einem Band nach rechts und durch einen Kamin auf den Gipfel.

Cima Sella, Torre delle Val Perse, Campanile di Vallesinella und Rocca delle Val Perse vom Orsiweg

Cima Sella

R 548 Südostkante

Torre delle Val Perse

R 551 Direkte Südostkante

Campanile di Vallesinella

R 556 Südostwand

Rocca delle Val Perse

R 561 Südostgrat

548
551
556
561
Weg 303

● 562 A Abstieg
2 Std.

In NW-Richtung leicht zur Bocca Alta di Vallesinella; zunächst Schrofen queren, dann durch eine Rinne zu einer Art Amphitheater, in dem man auf den Bocchetteweg-Abschnitt „Sentiero Benini“ stößt. Auf diesem nach links (S) in die Bocca di Tuckett und zur Hütte.

● 565 Cima delle Val Perse, 2811 m

Der Gipfel, der nach S mit einer 400 m hohen, fast senkrechten Wand abbricht, bietet ebenso wie die benachbarte Cima Roma eine Reihe interessanter, keineswegs leichter Anstiege, die vielleicht wegen des relativ langen Zu- und Abstieges kaum begangen werden. Die Cima delle Val Perse ist wie auch die Cima Roma, von N leicht zu erreichen. Für den Kletterer, den die Anstiege an den S-Seiten interessieren, ist dagegen der Abstieg an der SW-Seite zu empfehlen, weil dadurch wieder die Bocca di Tuckett erreicht werden kann.

● 566 Normalweg
2½ Std. von der Grostè-Seilbahn.

Wie bei R 570. Statt auf dem „Schneefeld“ links zur Cima Roma zu steigen, hält man sich rechts, ohne Schwierigkeit zum höchsten Punkt.

● 566 A Abstieg
2½—3 Std. zur Tucketthütte. Abb. S. 285.

Aus der Scharte zwischen dem Gipfel und dem Ende der SSO-Kante nach W auf das große Schuttband, das den oberen Teil der Wand durchzieht. Auf ihm etwa 200 m hinab; dann nach links über leichte Felsstufen etwa 100 m auf ein tiefer gelegenes Band abklettern, das ebenso nach rechts verfolgt wird; man gelangt so ins Val delle Perse. Auf dem Weg hinauf zur Bocca di Tuckett und zur Tucketthütte.

● 567 Südsüdwestverschneidung
P. Fox, M. Friederichsen, 1940. **V** (2 Stellen), III. 400 m; 3½ Std. Abb. S. 285.

Zugang: Von der Tucketthütte durch die Bocca di Tuckett auf dem Weg und über Geröll, das obere Val delle Perse hinab zum E etwa 40 m links eines markanten Vorbaus. 1½ Std.
Route: Vom höchsten Punkt des Gerölls bzw. Schneekegels etwa 50 m gerade empor und nach rechts schräg ansteigen. Dann wieder nach links in einen nach links hochziehenden Kamin, der bis zum Diagonalband durchstiegen wird. Auf dem Band nach rechts zum Gipfel oder gleich nach links zum Abstieg, R 566 A.

● 568 Südsüdostkante

M. Friederichsen, P. Graffer, 18. 8. 1940. **V**, IV. Elegante und ausgesetzte Kletterei, teilweise an brüchigem Fels; trotzdem lohnend. Einige H, KK und Schlingen empfehlenswert. 400 m, 5—6 Std. Abb. S. 285.

Zugang: Wie bei R 567, weiter an der Wand entlang und nach 200 m zu einer Kaminschlucht zwischen Cima delle Val Perse und Cima Roma. Hier E, 1¾ Std.
Route: In der Schlucht 2 SL empor. Nach links um die Kante herum queren. Man gelangt zu einer Nische. Von ihr durch eine senkrechte Verschneidung zu einem Schuttabsatz. Durch den Kamin in der Kante; dort wo er sich schließt, verläßt man ihn links und steigt hinauf auf eine weitere Terrasse. 1 SL etwas rechts der Kante. Nach weiteren 2 SL hält man sich nach links bis zu einem auffallenden Überhang. Der Überhang wird zuerst an seiner linken Seite, dann rechts erklettert. Man erreicht eine Felsstufe. Direkt an der Kante in einer überhängenden Verschneidung empor; dann links von einem Überhang, weiter bis zu einer folgenden Terrasse. Jetzt mit abnehmenden Schwierigkeiten direkt an der Kante empor zum Gipfel oder zur Scharte nach links (W) auf das Abstiegsband. Siehe R 566 A.

● 570 Cima Roma, 2837 m

Wie die benachbarten Gipfel Cima delle Val Perse im W und Cima della Vallazza im O ist dieser Berg von N leicht zu erreichen. Im allgemeinen vom Grostèpaß als Skitour (März, April) mit einladender Abfahrt zum Tovelsee. Die senkrechte S-Wand stellt dagegen höchste Anforderungen an den Kletterer.
Als Abstieg nach S ist das „Diagonalband" durch die S-Wand der Cima delle Val Perse zu wählen.

● 571 Normalweg von der Grostè-Bergstation

2—2½ Std. von der Grostè-Bergstation, 3 Std. von der Grafferhütte. Sehr früher Aufbruch anzuraten. Unschwierig, jedoch Orientierungsvermögen erforderlich. Nur bei sicherem Wetter zu empfehlen. Vom Gipfel hervorragende Aussicht, besonders nach S.

Von der Bergstation der Grostè-Seilbahn (½ Std. oberhalb der Grafferhütte) folgt man zunächst dem bez. Weg, der zum Bocchetteweg (Abschnitt Sentiero Benini) leitet. Wo dieser beginnt, verläßt man ihn und hält sich ostw., später südostw. Dabei werden mehrere Rinnen und Rücken, teilweise absteigend, gequert, bis man in eine Mulde mit Geröll gelangt (Steigspuren). Direkt auf die höchste Erhebung zuhaltend (die benachbarten Gipfel Cima delle Val Perse und Cima della Vallazza sind um 25 m niedriger), gelangt man zu einem Schneefeld unterhalb des Gipfelaufbaus. Man hält sich von hier auf einen kleinen Sattel westl. des Gipfels zu und von dort nach O auf den Gipfel.

● 572 Südwand und Südkante, Armaniroute

M. Armani, L. Scartezzini, August 1935. **IV.** Schöne, abwechslungsreiche Kletterei an teilweise gutem, teils brüchigem Fels durch den linken Teil der Wand bzw. an der Kante. 430 m, 4 Std. Abb. S. 285.

Zugang: Wie bei R 567 unter die Wände. Von der Schlucht, R 568, einige Meter rechts zum E.

Route: Durch einen Kamin auf ein Band. Auf diesem nach rechts zu einem anderen Kamin. Durch den zweiten, kurzen Kamin auf Felsstufen weiter und mehrere SL gerade empor auf das Band in der Wandmitte. Auf diesem Band 20 m nach links und einer Kaminreihe folgend nach 3 SL auf ein Band, auf dem man nach rechts an die Kante gelangt. Nun an der Kante bedeutend leichter 5 SL empor zum Gipfel.

● 573 Direkte Südwand

V. Chini, R. Pellegrini, M. Pilati, 27. —28. 8. 1972. **V+, A 2,** V, IV, kaum leichter. Schwierigster Anstieg auf die Cima Roma, ausgesetzte Kletterei an steilem, gutem Fels, lohnend. Für Wiederholer sind einige H, KK und Schlingen empfehlenswert. 430 m, 6—8 Std. Abb. S. 285.

Zugang: Wie bei R 572; der E befindet sich 50 m weiter rechts.

Route: Erst einen Sockel hinauf und durch einen nach links hochziehenden, überhängenden Riß empor zu Verschneidung. In freier Kletterei an ausgezeichnetem Fels über einige Überhänge ein paar SL empor zu den Dächern in der Wandmitte. Unter ihnen 30 m nach rechts queren; wo der Fels es erlaubt, 10 m linkshaltend empor zu einer Verschneidung, die durchstiegen wird. 80 m an grauem Fels weiter zu einem Absatz. Gerade hoch zu einem Sporn und zum Grat. Auf ihm wie bei R 572 zum Gipfel.

Cima delle Val Perse, Cima Roma und Cima della Vallazza vom Orsiweg

Cima delle Val Perse

R 566 A Abstieg
R 567 Südsüdwestverschneidung
R 568 Südsüdostkante

Cima Roma

R 572 Südwand und Südkante, Armaniroute
R 573 Direkte Südwand
R 574 Südostverschneidung
R 575 Cima della Vallazza

566a
567
568
572
573
574
575

● 574 Südostverschneidung
C. und O. d'Accordi, R. Mosna, 7. 8. 1971. **IV.** Guter Fels, kaum wiederholt. 400 m, 4 Std. Abb. S. 285.

Zugang: Wie bei R 567 unter die Wand. An ihr weiter über eine Geröllrampe hoch an den Beginn der Schlucht, die zwischen Cima Roma und Cima della Vallazza herabzieht (von der Tucketthütte 2 Std., von der Croz-dell'Altissimo-Hütte 3 Std., von der Pedrottihütte über den Orsiweg („Sentiero della Sega Alta") 2½ Std..
Route: In der Rinne etwa 150 m empor (eine Stelle III). Nach links auf ein Band und auf die S-Seite bis zu einer Kaminverschneidung; in ihr 40 m (IV, 1 H) empor zu einem Klemmblock. Durch ein Felsloch in eine Nische. Durch ein zweites Felsloch in einen kurzen Kamin (III) und auf einen Geröllabsatz. 20 m in einer Rinne mit Geröll empor und weiter im Kamin. Auf einer Leiste nach links und 40 m hoch auf ein breites Band (IV). Wieder etwas rechts halten auf ein Band bis fast in den Verschneidungswinkel. 2 SL in der Verschneidung empor (IV) bis auf ein breites Band. Nach 2 weiteren SL (IV, III) in eine Scharte rechts des Gipfels. Nach links zum höchsten Punkt.

● 575 Cima della Vallazza, 2810 m

Die Cima della Vallazza erhebt sich östl. der Cima Roma. Da die Felsbeschaffenheit nicht sehr gut ist und dazu noch die Wände auf der S- und O-Seite von mehreren Bändern durchzogen sind, sind die Routen von sehr geringem Interesse — besonders neben der benachbarten Cima Roma, an der wesentlich bedeutsamere Routen erschlossen worden sind. Abb. S. 285.

● 579 Torrione di Vallesinella, 2462 m

Der Torrione di Vallesinella ist der SW-Ausläufer des Castello di Vallesinella, der zum Weg von der Tucketthütte zum Grostèpaß, Weg 316, mit einer etwa 180 m hohen, schönen Felswand abbricht. Besonders wegen der Hüttennähe, 20 Min. zum E von der Tucketthütte, und des leichten Abstiegs sind die Routen an ihm besonders beliebt.

● 580 Normalweg
30—40 Min. von der Tucketthütte.

Von der Tucketthütte, R 40, auf dem Weg zur Grafferhütte, um den Castelletto Inferiore herum, gelangt man zu großen Blöcken, etwa 100 m vom Wandfuß des Torrione entfernt. Hier wird der Hüttenweg rechts (ostw.) verlassen. Man steigt in eine Art Hochkar empor, das bald linkerhand verlassen wird. Über den leichten, begrasten, teils schrofigen Südrücken bald auf den höchsten Punkt.

● **580 A Abstieg**
Abb. S. 289.

Vom Ausstieg der Routen in südl. Richtung über einen Schrofenhang hinab ins Tal zwischen Torrione di Vallesinella und Castelletto Inferiore. Gemeinsam mit der Abstiegsroute des Castelletto Inferiore auf den Hüttenweg und zur Tucketthütte. ¾ Std.

● **581 Nordwestkante**
M. Andreolli, J. Casiraghi, 24. 9. 1972. **IV.** Kantenführe rechts der gelben N-Wand. 180 m, 2 Std. Abb. S. 289.

Route: Der E befindet sich bei einem Kamin in der Kantenfallinie (H am E). Im Kamin empor auf die Terrasse, die in die W-Wand leitet. 30 m nach rechts. Linkshaltend an schuppenartigem Fels empor und auf gestuftem Fels zur Kante. Gerade hoch 1 SL bis auf eine Terrasse zu schwarzer Felswanne. 10 m senkrecht empor, dann links durch einen Riß und über einen Überhang zu Stand (2 H). Einige Meter nach links auf die Kante; auf dieser zuerst ausgesetzt, dann leichter zum Gipfel.

● **582 Westwand**
B. Dallagiacoma, B. Detassis, Z. de Grandi, 17. 7. 1941. **IV.** Schöne Kletterei an bestem Fels durch einen Riß im linken Teil der W-Wand. 180 m, 2½ Std. Abb. S. 289.

Route: E links des Risses. 30 m an gutem Fels empor. Man gelangt so in den Riß, dem man folgt. Wo der Riß ausläuft, weiter gerade hoch bis auf ein Band. 6 m nach rechts und im Riß empor. Durch eine Art Felsfenster empor, weiter durch den nun leichteren Riß zum Gipfel.

● **583 Westwand, Gasperiroute**
A. Bozzano, O. Gasperi, A. Vidi, 25. 8. 1925. **III.** Abwechslungsreiche Kletterei, die erste durch die Wand gelegte Route. 180 m. 1½ Std. Abb. S. 289.

Route: E am tiefsten Punkt in Wandmitte. Ausgesetzt an kleingriffiger Wand 20 m empor. In der Folge über einen kleinen Überhang. Rechtshaltend auf einem schmalen Band, dann durch einen kurzen Kamin. Weiter an leichten Felsen und über eine etwas brüchige Wandstufe mit kleinem Überhang bis auf schmales Band. Auf dem Band nach links; weiter an einem Überhang empor und durch einen Kamin nach links bis zu einer geräumigen Terrasse. Nach rechts, dann auf eine höhere Terrasse. Von einem guten Felskopf an der senkrechten Wand empor; weiter durch eine Verschneidung auf eine Terrasse. An leichtem Fels zum Gipfel.

● 584 Südwestkante, „Bogaroute"

M. dell'Oro, O. Viganò, 15. 8. 1952. **V+**. Schwierige Freikletterei, einige H, KK und Schlingen nützlich. 180 m, 3—4 Std. Abb. S. 289.

Route: E direkt an der Kante links eines Kamins. 15 m an der Kante an glattem Fels empor. Vom Standplatz 6 m nach links (H). Nach weiteren 15 m gelangt man zu einem guten Standplatz (1 H). 12 m gerade an der Kante empor, dann durch einen Riß mit Blöcken zum nächsten Stand. 30 m weiter gerade hoch an griffigem Fels. Durch eine überhängende Verschneidung (1 H) und noch 10 m weiter zu Stand. Über eine schwarze Wand und einen Riß mit einem Felsloch auf ein Band zwischen zwei Felslöchern. Durch das rechte Loch über einen Überhang (1 H). Linkshaltend zu Blöcken. Zwischen ihnen zu den leichten Gipfelfelsen.

● 585 Südwestwand, Viganòroute

A. Crosta, A. Pagani, O. Viganò, 21. 8. 1948. **V** (eine Stelle), IV—. Wenig lohnende Route an oft nassem und glattem Fels. 180 m, 3 Std. Abb. S. 289.

● 586 Südsüdwestwand

R. Bazzi, M. Jelmini, 20.7.1964. **V**, IV und III. 20 H, 10 belassen, 180 m. 4 Std. Abb. S. 289.

Route: E einige Meter rechts der Viganòroute; 4 m rechts hinauf (H) bis zu einem Block. Weiter gerade hoch zu H in einer Nische. Von der Nische ab hält man sich nach links über einen Überhang (V) zu einem Absatz. Durch eine kleine Verschneidung, dann 2 SL weiter zu einer Höhle. Durch einen kurzen Kamin und über leichte Felsen hinauf zum Gipfel oder nach rechts zum Abstieg.

● 590 Castello di Vallesinella, 2782 m

Felsmassiv, das sich nordöstl. an den Torre di Vallesinella anschließt und nach N bzw. NO mit senkrechten und überhängenden Wänden in das Val dei Camosci abbricht. Während durch diese Wände schwierige und schwierigste Kletterrouten führen, ist der Gipfel von SO leicht zu erreichen.

Torrione di Vallesinella von Westen

R 581 Nordwestkante
R 582 Westwand
R 583 Westwand, Gasperiroute
R 584 Südwestkante, Bogaroute
R 585 Südsüdwestwand, Viganòroute
R 586 Südsüdwestwand
R 580 A Abstieg

580 A
586
585
584
583
582
581
Weg
316

● 591 Normalweg
Leicht. 1½ Std.

Route: Von der Tucketthütte zunächst wie auf dem Normalweg zum Castelletto Superiore, R 541; statt rechts abzuzweigen, steigt man bis zur Vedretta di Vallesinella Superiore hinauf. Linkshaltend (westw.) gelangt man auf einen Sattel zur Vedretta di Vallesinella Inferiore. Von hier nordwestw. rasch zum Gipfel.

● 592 Ostnordostwand
B. Detassis, P. Graffer, S. Ruffo, 2. 9. 1940. **VI,** V+. Anhaltend schwierige Freikletterei. Erstbeg. 30 H, 10 belassen. Sehr interessanter Anstieg, am besten erst im September zu unternehmen. Einige H, KK und Schlingen empfehlenswert. 230 m. 6—7 Std. Abb. S. 291.

Übersicht: Die gelbe Wand wird östl. durch einen Kamin begrenzt; an der rechten Kaminkante verläuft die Maestriroute, R 593. Links des Kamins erhebt sich eine überhängende gelbe Wand, die von einem teilweise nassen Riß durchzogen wird; dieser und eine gelbe Verschneidung bilden den Wegverlauf.
Zugang: Von der Tucketthütte auf dem Weg 316 zur Grafferhütte unter der W-Wand des Torrione di Vallesinella entlang, dann nach rechts und über Geröll und Spuren unter der N-Wand des Castello di Vallesinella entlang ins Val dei Camosci. 1 Std.
Route: E bei einer nach rechts hochziehenden Verschneidung. Die Verschneidung empor und weiter gerade hoch zu einem Absatz. Einige Meter nach links über einen Überhang auf einen anderen Absatz. Über einen weiteren Überhang, danach nach links in eine gelbe Verschneidung. Links halten zu schwarzen Rissen rechts eines roten Risses. Im nassen Kamin auf den Gipfel.

● 593 Nordostwand / Nordostkante, „Via Bruna“
B. Bettoni, C. Maestri, 7. 8. 1970. **IV** (1 Stelle), III. Schöne Freikletterei ohne ZH. 300 m, 3—4 Std. Abb. S. 291.

Castello di Vallesinella und Torre Monza von Norden

Castello di Vallesinella

R 592 Ostnordostwand
R 593 Nordostwand / Nordostkante, Via Bruna
R 594 Direkte Nordostwand
R 595 Nordwand

Torre Monza

R 600 Torre Monza
R 601 Nordwand

600
594
595
592
593
601

Zugang: Wie bei R 592 an den Fuß des Kamins. Die Route verläuft über die rechte Kaminkante.
Route: An der Kante gerade hoch. Wo sie schwieriger wird, quert man nach links in den Kamin, den man ganz durchklettert. Auf schmalem Band nach links (IV). Einige Meter gerade hoch, wieder in den Kamin und auf dem Grat nach links zum Gipfel.

● 594 Direkte Nordostwand
E. Bonvecchio, R. de Stefani, B. Fontana, B. Loss, 29.—30. 6. 1968. **A 2,** A e, **VI,** V. Hauptsächlich hakentechnischer Anstieg mit einigen schwierigen Freikletterpassagen. Keine Wiederholung bekannt. Erstbeg.: 150 H, 20 BH, 40 HK, Alle H wurden angeblich belassen. Wiederh.: Hakensortiment, große KK bzw. Bongs sowie Schlingen erforderlich. 300 m, 8—12 Std. Abb. S. 291.

Zugang: Wie bei R 592 unter die Wand (unterhalb der Wand sind auch gute Zeltmöglichkeiten). Mit Zeltgepäck ist der Zugang von der Grostè-Seilbahn zu empfehlen. Von der Bergstation auf Weg 316 zum Wandfuß am Beginn des Val dei Camosci; 3/4 Std.
Route: E bei schwarzen Felsen; 35 m gerade hoch (III, IV). 25 m an gelben Felsen empor. 10 m Quergang nach rechts, 30 m eine gelbe überhängende Verschneidung empor bis unter ein Dach. Rechts über das Dach in einen Riß und nach 25 m zu Stand auf schmaler Leiste. Weiter zu einem dreieckigen Dach, links davon empor zu einem Geröllband und 35 m Quergang nach links bis unter einen Überhang. Rechts daran empor und weiter zu einer großen Nische (30 m, Wandbuch). Links aus der Nische heraus und Rissen bis zu Absatz folgen, 40 m. Man befindet sich links unterhalb schwarzer Felsen. Nun gerade empor, 30 m. Rechtshaltend zu kompaktem Fels, 35 m zu Stand auf einer Terrasse. (Biwak der Erstbeg.) Etwas rechts empor und an senkrechter schwarzer Wand weiter, 40 m. Durch einen Kamin 2 SL empor zu den Gipfelfelsen (III und IV).

Blick vom Weg Tucketthütte zur Grafferhütte nach Osten.
V. l. n. r.:

1 Cima del Grostè
2 Campaniletto dei Camosci
3 Campanile dei Camosci
4 Cima Falkner
5 Castello di Vallesinella

1
2
3
4
5

● 595 **Nordwand**
E. Bonvecchio, R. de Stefani, B. Loss, 2.—3.7.1968. **A2**, Ae, **VI**, V. Erstbeg. 145 H, 4 BH, 40 HK, die alle stecken sollen. Bis heute sind keine Wiederholungen bekannt. Obwohl auch dieser Anstieg vorwiegend hakentechnischen Charakter hat, ist dennoch die Freikletterei nicht zu unterschätzen. 300 m, 8—12 Std. Abb. S. 291.

Zugang: Entweder wie bei R 592 oder R 594 den Sockel empor bis zur gelben Wand. 15 m nach rechts zu gutem Stand. Durch eine weiße Verschneidung und rechtshaltend zu einem Riß, 35 m. Man folgt dem Riß bis zu einer Nische, 20 m. Rechts empor zu schwarzer Kanzel, 40 m. 30 m durch den nächsten Riß zu Stand auf einem Band. 15 m überhängend empor, dann in einem Rißkamin, 30 m, bis unter eine gelbe Verschneidung (Wandbuch). Durch die Verschneidung nach 35 m zum Biwakplatz der Erstbegeher. Links auf einen Pfeiler und wieder in die Verschneidung, 35 m. Weiter in eine Nische unter einem Dach. Über das Dach durch einen breiten Riß (große HK bzw. Bongs). Weiter durch Verschneidungen über dem großen Dach und an etwas brüchigem Fels empor, 30 m. Nach etwa 80 m (IV) auf das Gipfeldach und leicht zum Gipfel.

● 600 **Torre Monza**

Die N-Wand des Castello di Vallesinella wird rechts von einem erst gelben, später schwarzen Kaminriß durchzogen. Der Kamin mündet in einer Scharte zwischen dem Castello (links) und einem etwa 25 m losgelösten Turm, dem Torre Città di Monza. Abb. S. 291.

● 601 **Nordwand**
B. Detassis, G. Fossati Bellani, S. Colombo, L. Vidi, 14.9.1947. **V** und IV. Lohnende Kaminkletterei. 9 H. 260 m, zusätzlich 40 m auf den Gipfel des Castello di Vallesinella, 4—5 Std. Abb. S. 291.

Zugang: Wie bei R 592 oder R 594.

Route: Im Kamin gerade hoch und über einen Klemmblock; dann nach links an die Wand; wieder in den Riß zurück, über Überhang zu Stand und Quergang nach rechts. Rechts an einem Riß empor — ein Überhang wird umgangen — und auf einen Absatz. Im manchmal engen Kamin weiter empor zu Stand. Durch eine Verschneidung nach rechts und an anschließender gutgriffiger Wand zu einem breiten Geröllband. Wieder nach links in den Kamin. In ihm 3 SL, meist spreizend, empor in eine Scharte. Am Castello di Vallesinella durch einen gutgriffigen Kamin zu den leichten Ausstiegsfelsen.

• 605 Cima Falkner, 2999 m

Höchster Gipfel des Grostèmassivs. Für den Kletterer sind besonders die Routen durch die SW-Wand von Bedeutung. An der O-Wand verläuft, ähnlich wie bei der Cima Brenta, der Teilabschnitt „A. Benini" des Bocchettewegs vom Übergang Grostèpaß zur Bocca di Tuckett. Über den Normalweg wird die Cima Falkner kaum bestiegen, deshalb ist lediglich der Abstieg von Bedeutung.

• 606 Normalweg

3 Std. von der Tucketthütte bzw. von der Grafferhütte. Abb. S. 297.

Von der Grafferhütte (R 30) bzw. Tucketthütte (R 40) auf dem Beniniweg (R 83) bis in die Geröllmulde südsüdöstl. der Cima Falkner. Von hier durch eine steile Rinne hinauf (Achtung Steinschlag!), bis man in eine oft mit Schnee ausgefüllte Scharte gelangt. Von hier links (W) haltend, auf einem breiten Rücken zum Gipfel.

• 607 Südwestwand, Detassisroute

B. Detassis, F. Ferretti, S. Serafini, 21.6.1947. **V**, IV. Erstbeg. 12 H. Einige H, KK sowie Schlingen nützlich. Schöne Route ab August, manchmal naß. 350 m, 5—6 Std. Abb. S. 297.

Zugang: Von der Tucketthütte auf dem Weg wie bei R 591 auf die Vedretta di Vallesinella Inferiore. Unter den Wänden der Cima Grostè entlang zum E, 50 m oberhalb des tiefsten Wandpunktes bei einem Wasserstreifen. 1½ Std.

Route: Von rechts nach links einem Riß auf die erste Schutterrasse folgen. Darauf 15 m nach links und auf einen großen Felsblock. An schwarzer Wand, die leichten Stellen ausnutzend, zu einem Absatz. 2 m an überhängendem Riß empor (II). Einem Handriß horizontal nach rechts (H) zu Absatz folgen; 3 m hoch zu einem Band. Auf dem Band nach rechts zu einer Verschneidung; durch sie zu einem Riß und rechtshaltend auf die zweite Terrasse, die die ganze Wand durchzieht. Auf der Terrasse nach rechts zu einem Felskopf. Um ihn herum zu einem leichten Riß. An ihm empor, zunächst gerade hoch, dann linkshaltend in Richtung auf eine charakteristische gelbe Kante. Man gelangt so auf die dritte Terrasse. Durch den gelben Riß und teils an der Kante weiter bis unter eine schwarze Wand. Darunter Quergang nach links in einen Kamin und in ihm auf eine Geröllterrasse. Weiter im folgenden Verschneidungskamin zu Felskopf, in kleine Scharte und dann über Felsstufen zum Gipfel.

● 608 Westwand

M. Andreolli, J. Casiraghi, U. Lorenzini, G. Villa, 31.7.1975. **V+**, V, IV. 6 H. Wegen Schneeschmelze oft naß, nur spät im Sommer trocken, Hauptschwierigkeiten in der ersten Wandhälfte. 6 H. 350 m, 5—6 Std. Abb. S. 297.

Zugang: Wie bei R 592 und R 607.
Route: Wie bei der Detassisroute auf die erste Terrasse. Vom Block nicht nach links, sondern gerade weiter, dann leicht nach rechts durch einen seichten Riß. Am Ende nach rechts auf die erste Terrasse. 20 m nach links queren, durch eine 30 m hohe Verschneidung empor, dann nochmals etwa 20 m auf Bändern nach links und an einem Riß mit rötlichem Fels auf einen Absatz unterhalb des Pfeilers. Man befindet sich unter einem nach links hochziehenden Riß. Im oft nassen, überhängenden Riß bis auf die zweite Terrasse. Man gelangt zu einer gelb-grauen Rißverschneidung. Durch sie auf einen Absatz, nach rechts durch eine leichte Rinne, die oben von einem Block gesperrt ist. Unter den Block und weiter in eine Scharte. Weiter durch Rinnen leicht zum Gipfel.

● 610 Campanile dei Camosci, 2926 m

Eleganter Gipfel nördl. der Cima Falkner mit einigen schönen, wenn auch nicht langen Klettereien. Nördl. des Campanile dei Camosci erhebt sich die kühne Felsnadel, der Campaniletto dei Camosci, von der Cima Grostè durch eine markante Scharte getrennt. Die meisten Anstiege führen von S bzw. O auf den dreigipfeligen Campanile.

● 611 Normalweg, Ostwand

II, kurze Kletterei. Wird auch als Abstieg begangen. 130 m, 1 Std. Abb. S. 299.

Übersicht: Die O-Wand wird durch ein Schuttband geteilt, auf dem der Sentiero Benini verläuft. Die Anstiege von O sowohl für die Cima Falkner als auch für den Campanile dei Camosci beginnen bei diesem Band.
Zugang: Von der Bergstation der Grostè-Seilbahn auf dem Sentiero Benini über die Bänder durch die O-Wand der Cima Grostè unter der Bocchetta dei Camosci vorbei bis zu einer markanten Rinne, die links von einer rötlichen Wand emporzieht. E. 1 Std.

Cima Falkner von Westen

R 606 A Abstieg (Normalweg)
R 607 Südwestwand, Detassisroute
R 608 Westwand

606A
608
607
607

Route: Durch die Rinne zu breitem Absatz, dann rechts durch einen Riß, der oben nach rechts verlassen wird; über gestuften Fels auf den Vorgipfel und über den kurzen Grat zum Gipfel.

● 612 Ostwand

R. Liefmann, allein, 5.9.1910. **II.** Etwas schwieriger als der Normalweg, guter Fels, abwechslungsreiche Kletterei. 130 m. 1 Std. Abb. S. 299.

Zugang: Wie bei R 611 bis etwa 60 m links des Normalweges dorthin, wo der Schnee am höchsten heraufreicht, zum E.
Route: Durch einen steilen Kamin 50 m empor. Weiter gerade hoch auf den Vorgipfel und Gipfel.

● 613 Direkte Ostwand

C. Bettoni, Catullo Detassis, 28.9.1970. **III.** Vom Band des Sentiero Benini in nahezu direkter Linie zum Hauptgipfel. 140 m, 1½ Std. Abb. S. 299.

Zugang: Wie bei R 611 unter die O-Wand und einige Meter vor der Bocca Alta dei Camosci zum Fuß eines Kamins.
Route: Durch den engen Kamin mit einer Engstelle und weiter gerade empor bis zum Gipfel.

● 614 Südostkante

L. Delago, A. Menapace, A. Pilati, 2.9.1968. **IV.** 200 m; 1½ Std. Abb. S. 299 und 300/301.

Zugang: Wie bei R 611 unter die Bocca dei Camosci; etwa 100 m ein Schneefeld bzw. Schrofen nach O hinab, dann den Vorbau Richtung S queren und auf einem Schneefeld hinauf bis zum Beginn der Rinne zwischen Cima Falkner und Campanile dei Camosci.

Route: Rechts der Rinne 2 SL empor bis auf den Sentiero Benini; direkt an der Kante gerade empor bis zum Gipfel.

Campanile dei Camosci, Campaniletto dei Camosci und Bocca del Campaniletto von Osten

Campanile dei Camosci

R 611 Normalweg, Ostwand
R 612 Ostwand
R 613 Direkte Ostwand
R 614 Südostkante

Campaniletto dei Camosci

R 621 Normalweg

614
613
612
611
Beniniweg
621

Cima Falkner, Campanile dei Camosci, Campaniletto dei Camosci und Cima del Grostè

Campanile dei Camosci
R 614 Südostkante

Campaniletto dei Camosci
R 621 Normalweg

621
Beniniweg

● 615 Westwand

M. Andreolli, J. Casiraghi, E. Colombo, G. Villa, 31.8.-1975. **IV.** Elegante Kletterei mit allerdings langem Zustieg; da man als Stützpunkt allgemein die Graffer- oder Tucketthütte wählt, empfiehlt es sich, wegen des langen Zustieges, noch die eine oder andere Route an der O-Wand „mitzunehmen". 150 m, 2 Std.

Zugang: Vom Weg, der von der Grafferhütte zur Tucketthütte führt, Weg 316, in das Val dei Camosci. Dann Steigspuren folgend auf die Vedretta di Vallesinella Inferiore. Man steigt ein Drittel der Rinne zur Bocchetta dei Camosci empor. Schließlich gelangt man rechts durch eine kleine Rinne auf die Geröllterrasse unter der Wand zum E. Von der Tucketthütte 2¼ Std.

Route: In Wandmitte durch einen Riß und nach rechts 2 SL empor bis auf ein Band. 20 m nach rechts zu senkrechtem Riß. Nach 40 m zu einer Nische und weiteren 35 m zum Gipfel.

● 620 Campaniletto dei Camosci, 2863 m

Der Campaniletto dei Camosci ist eine elegante Felsnadel zwischen Campanile dei Camosci und der Cima Crostè, die man sogar gut trotz der Entfernung von der Straße unterhalb von Madonna di Campiglio (nördlich) erkennen kann.

● 621 Normalweg

H. Barth, Steck, 1910 (von O). **III** und II, 100 m. ¾ Std. Abb. S. 299 und 300/301.

Zugang: Wie bei R 611 über den Sentiero Benini zum Fuß der Rinne, die aus der Bocchetta dei Camosci herabzieht.

Route: 50 m die Rinne hinauf in die Scharte. Aus der Scharte an der O-Seite auf ein Band nach S bis fast zur SO-Kante. Nun nach rechts eine Geröllrinne leicht hinauf. Kurz vor ihrem Ende nach links in eine rißdurchzogene Verschneidung; nach rechts auf die N-Kante. Auf einem Band etwa 15 m nach links zu überhängendem Riß. Durch den Riß und über einen Überhang (III). Links durch einen leichten Kamin auf eine Scharte und nach wenigen Metern zum Gipfel.

● 622 A Abstieg

Auf dem Normalweg; Abseilen möglich.

● 623 Südostkante

M. Andreolli, J. Casiraghi, 1973. **V+**, V. 100 m. Nähere Einzelheiten nicht bekannt.

● 624 **Westwand**
M. Andreolli, J. Casiraghi, 1972. **V+**, V, IV. 130 m. Nähere Einzelheiten nicht bekannt.

● 630 **Cima del Grostè,** 2901 m

Das Grostèmassiv trägt den Namen nach diesem wuchtigen Berg, der zwar nicht der höchste ist, aber einen mächtigen nördl. Abschluß vor dem gleichnamigen Paß darstellt. Nördl. des Grostèpasses erstreckt sich in einer mehrere Kilometer langen Kette der nördliche Zug der Brenta.
Auf die Cima del Grostè führen sowohl leichte, „aussichtsreiche" Anstiege von N und W, als auch — besonders durch die 300 m hohe SW-Wand — lohnende, nicht zu unterschätzende Routen.

● 631 **Normalweg von Norden**
I (Fels), sonst Schnee- bzw. Firn- und Geröllanstieg durch die etwa 250 m hohe N-Flanke. 1½ Std. Abb. S. 304/305.

Zugang: Von der Grafferhütte zur Bergstation der Grostè-Seilbahn, ½ Std.
Route: In südl. Richtung über den Sentiero Benini auf die Vedretta del Grostè, einem Schneefeld an der NO-Seite. In Fallinie zieht ein Schneefeld schräg nach links empor. Man folgt diesem bis in einen Sattel, dann nach rechts (W) auf Felsstufen und durch einen Riß auf den Gipfel. Von der Grafferhütte insgesamt 3 Std.

● 632 **Normalweg von Nordosten**
H. Arlberg, A. Dallagiacoma, 13.8.1892. **II,** besonders bei Verfirnung des Normalweges von R 631, geeignet. 250 m, 2 Std. Abb. S. 304/305.

Zugang: Wie bei R 631 auf die Vedretta del Grostè.
Route: Rechts durch eine Rinne auf eine breite Terrasse, auf der man sich nach links hält. Unter steiler Wand auf Bändern nach links queren. Dann nach rechts durch eine Rißrinne auf die nächste Terrasse. Zuerst etwas nach links, dann rechts durch einen engen Riß auf die Gipfelterrasse und nach links zum Gipfel.
Für den **Abstieg** gibt es auf dieser Route keinerlei Orientierungsschwierigkeiten.

● 633 **Nordwand, Maestriführe**
C. Maestri und Gef., 1965. **III,** II. Über Bänder und Wandstufen an der runden N-Wand empor. Etwa 200 m, 1½ Std. Abb. S. 304/305 und 307.

Cima del Grostè

R 631 Normalweg von Norden
R 632 Normalweg von Nordosten
R 633 Nordwand, Maestriführe

633
Beniniweg

● 634 Nordwestverschneidung, „Via del 13. Festival"
C. Maestri, allein, 1964. 4—5 Std.; naß, teilweise brüchig, durch die etwa 160 m hohe Verschneidung, nicht lohnend. Abb. S. 307.

● 635 Nordwestwand, „Deserto dei Tartari"
U. Lorenzi, C. Maestri, 18.8.1975. **A2,** A1, V. Erstbeg. 70 H. Alle H vorhanden. 180 m. 4—5 Std. Abb. S. 307.

Übersicht: Die Führe verläuft durch die Riesenverschneidung links der NW-Kante.
Zugang: Wie für R 631 von der Bergstation der Grostè-Seilbahn über Weg und Geröll in 1/2 — 3/4 Std. zum E.
Route: E 30 m links der W-Kante. Über plattigen Fels in eine überhängende Verschneidung. Auf der Höhe eines Pfeilers Quergang von 25 m nach links auf den Pfeilerkopf und gerade hoch zum Gipfelplateau.

● 636 Westkante, „Himmelsleiter"
C. Baldessari, C. Maestri, 15.—16.5.1956. **A2,** Ae, VI. Erstbeg. 50 BH, 40 H. Vorwiegend Hakenkletterei mit kurzen, aber äußerst schwierigen Freikletterstellen. Sehr ausgesetzt. Das ganze Jahr hindurch zu machen. 190 m, 4 Std. Abb. S. 307 und 309.

Zugang: Wie bei R 631.
Route: Vom Kantenfuß durch eine kleine Scharte 5—6 m hinab zum Beginn der Kletterei. Links an der Kante empor zu Absatz unter einer Verschneidung in der Kante. Durch die Verschneidung zu einem Absatz. Über den folgenden Überhang und nach rechts queren; über leichte Felsen zum Gipfel.

● 637 Südwestwand, Pisoniroute
G. Buccella, G. Pisoni, 26.6.1938. **IV+.** Lohnende Freikletterei durch die gestufte SW-Wand. 300 m. 5—6 Std. Abb. S. 309.

Übersicht: Der Anstieg verläuft zunächst in Fallinie der W-Kante, R 636. Auf dem Band quert er dann 50 m nach rechts und durch einen Kamin zum Ausstieg.

Cima del Grostè vom Grostèpaß

R 633 Nordwand, Maestriführe
R 634 Nordwestverschneidung, Via del 13. Festival
R 635 Nordwestwand, Deserto dei Tartari
R 636 Westkante, Himmelsleiter

633
634
635
636

Zugang: Vom Weg Grafferhütte — Tuckettūtte, Weg 316, ins Val dei Camosci. Man hält sich links zum grauen Wandfuß. E bei einem leichten, nach rechts hochziehenden Kamin, links in Fallinie eines großen, ovalen schwarzen Wandflecks.
Route: Zuerst durch den Kamin, dann in einem zweiten Kamin rechtshaltend empor. Auf einem Kriechband unter großen gelben Überhängen nach rechts in eine Nische. An der Kante eines Felsblocks empor auf den Block. Dann linkshaltend in die Rinne. Man erreicht die Terrasse am Beginn der W-Kante (Ausweichmöglichkeit). Auf dem Band 50 m nach rechts. Einige Meter oberhalb beginnt ein steiler Kamin mit schwierigen Stellen. Durch den Kamin auf Geröllabsätze. Durch einen leichten Riß auf die Gipfelfläche.

● 638 Südwestwand, D'Accordi / Depaoli-Route
C. und O. d'Accordi, G. Depaoli, 13.7.1969. **V** (eine SL), IV. Schöne Kletterei durch ein Verschneidungs- und Rißsystem, etwa 100 m rechts der Pisoniroute. 2 H. 280 m, 4 Std. Abb. S. 309.

Zugang: Wie bei R 637. E bei einer großen schwarzen Verschneidung, die man von rechts erreicht.
Route: 2 SL in der Verschneidung empor zu Band. 20 m nach rechts. Durch einen Riß, danach nach links. Weiter in Riß und leichter nach rechts zu einer Verschneidung, 15 darin empor und etwas nach rechts. Dann durch einen Kaminriß und zu einem Band. Rechts des höchsten Punktes des Bandes Steigbaum über ein Dach (1 H). Nach links zu einer kleinen Nische (1 H). Über einen kleinen Überhang und durch Kamin an der Außenseite empor (V). 15 m gerade hoch (V) zu leichterem Fels. Rechtshaltend durch eine Rinne auf das Gipfelplateau.

● 639 Südwestwand, Gasperiroute
E. dall'Era, O. Gasperi, R. Vidi, 4.9.1934. **III+.** Leichteste Route durch die SW-Wand. 250 m, 3½ Std. Abb. S. 309.

Zugang: Wie bei R 637 zum E 80 m oberhalb des E von R 638.

Cima del Grostè, Südwestwand

R 636	*Westkante, Himmelsleiter*	*R 639*	*Südwestwand, Gasperiroute*
R 637	*Südwestwand, Pisoniroute*	*R 640*	*Südwestwand*
R 638	*Südwestwand, D'Accordi / Depaoli-Route*		

636
637
638
639
640

Panorama vom Monte Spinale nach Osten

1 *Cima del Grostè*
2 *Campaniletto dei Camosci*
3 *Campanile dei Camosci*
4 *Cima Falkner*
5 *Castello di Vallesinella*
6 *Campanile di Vallesinella*
7 *Cima Sella*
8 *Cima Brenta*
9 *Cima Brenta Occidentale*
10 *Punta Massari*
11 *Cima Mandron*
12 *Punte di Campiglio*

13 Punte di Campiglio
14 Cima Margherita
15 Cima Tosa
16 Crozzon di Brenta
17 Fracingligruppe

a zur Grafferhütte
b Tuckettütte
c Brenteihütte
d Casineihütte

Route: Links zu steilem Kamin. Danach etwas linkshaltend über eine 20 m hohe Wandstelle. Ausgesetzt auf einen Absatz nach etwa 25 m. 5 m nach links; rechts einer Verschneidung empor in eine Nische. Um den Überhang herum und durch einen Kamin 30 m empor und an leichtem Fels zu einem Geröllband, das die Wand durchzieht. Auf dem Band 75 m nach rechts und zu einer Schlucht. 15 m abseilen; über gestuften Fels zu einem Kamin; über die Schlußfelsen zum Gipfelplateau.

● **640** **Südwestwand**

M. Andreolli, R. Bazzi, F. Miglio. **IV+** (eine Stelle), sonst III. Route durch den rechten Teil der Wand; teilweise brüchiger Fels, wenig lohnend. 240 m. 3½ Std. Abb. S. 309.

● **650** **Corna Rossa,** 2350 m

Westl. der Cima Grostè und südwestl. der Hochfläche brechen nach SW eine Reihe von Felskanten mit einer Höhe von 150 bis 250 m ab. Gemessen an den meisten Brentarouten haben diese Anstiege natürlich Klettergarten-Charakter, weil sie, abgesehen von ihrer Höhe, sehr schnell von der Grafferhütte, R 30, und der Gipfelstation der Grostè-Seilbahn zu erreichen sind. Durch ihre S-Lage kann man an ihnen schon sehr früh im Jahr klettern. Besonders die Freiklettereien sind zu empfehlen, da der Fels meist ausgezeichnet ist. Zum Wandfuß — bester Zugang für alle Routen an den Corna-Rossa-Felsen — gelangt man durch eine Rinne von N zwischen dem 4. und 5. Turm. Als Stützpunkt dient entweder die Gipfelstation der Seilbahn auf den Grostèpaß, oder besser die Grafferhütte; von dort ¼ Std. zur Rinne. Nachstehend sind die lohnendsten Routen an der Corna Rossa beschrieben.

● **651** **Corna Rossa, Direkte Südwand**

M. Andreolli, J. Casiraghi, 6. 10. 1973. **V+**, A 1. Ausgesetzter Anstieg an steilem Fels. 240 m, 6—7 Std. Abb. S. 313.

Übersicht: Die Corna Rossa bricht nach SW mit einer gelben Verschneidung ab, die von einem riesigen Überhang abgeschlossen ist. Die schmale S-Wand rechts neben der Verschneidung weist grauen steilen Fels auf. Die Route verläuft mitten durch diese graue Wand.

Corna-Rossa-Türme

R 651 *Corna Rossa, Direkte Südwand*
R 652 *Corna Rossa, Südostkante*
R 653 *Zweiter Turm (SAT-Turm), Südostkante*
R 654 *Dritter und Vierter Turm (Lanceriturm)*
R 655 *Siebter Turm, Südkante*

zu den Einstiegen
655
654
653
652
651
Maestriroute

Zugang: Von der Grafferhütte in südl. Richtung in die Scharte zwischen dem 3. und 4. Turm. Durch die Rinne hinab; absteigend und zweimal 20 m zum Wandfuß abseilen. 1 Std.
Route: E etwa 50 m links der SW-Kante bei einem Felsvorsprung. Schräg linkshaltend an schwarzem Fels, dann über weißem Fels empor zu einem Band (50 m, IV). Weiter links halten bis unter eine Verschneidung mit Gras; 15 m in der Verschneidung hoch, über einen Überhang (IV) und dann nach links unter schwarzen überhängenden Fels; 10 m nach links (III) und durch einen Riß und über einen Überhang bis auf einen Pfeilerkopf (V, V+). Durch die folgende Verschneidung, dann rechts davon (V, A 1). An kompakter Wand gerade empor zu einer Leiste (V+). An einer Platte gerade hoch (V+, A 1); dann etwas rechts durch eine gelbe Verschneidung (V+, A 1), weiter nach rechts an schwarzer Platte empor und leicht (II) zum Gipfel.

● 652 Corna Rossa, Südostkante
B. Detassis, N. Vidi, 1946. **V** (2 Stellen), IV+. Lohnende Freikletterei. 3 Std. Abb. S. 313.

Zugang: Wie bei R 651.
Route: Direkt an der östl. Begrenzungskante der Corna Rossa 15 m empor; ein paar Meter nach links und gerade hoch zu Stand (IV). 30 m etwas rechts halten bis zu einem Dach an der Kante. Über das Dach (IV) und weiter zu einem Absatz nach 30 m. Links der Kante an steiler Wand empor (IV+) und wieder nach rechts an der Kante weiter, 35 m. An der Kante (III) gut 1 SL empor bis unter eine schwarze Verschneidung. Durch diese (IV+) nach 20 m zu Stand. Durch eine rötliche Verschneidung (V) bis unter Überhänge, unter ihnen (III) nach links bis zum Gipfel.

● 653 Zweiter Turm (SAT-Turm), Südostkante
B. und N. Detassis, 20. 9. 1942. IV, III. Die Route verläuft über die rechte Kante des zweiten Turmes. 3 Std. Abb. S. 313.

Zugang: Wie R 651.
Route: In der Nähe der Rinne rechts des Turms durch einen Rißkamin. 25 m schräg nach links (III), dann an Stufen direkt auf die Kante (SW-Kante). Wieder rechtshaltend durch einen Riß und eine schwarze Verschneidung auf die SO-Kante (35 m, III, IV). Auf einem Band einige Meter nach links (III), dann einen Riß gerade hoch und wieder rechtshaltend zu Stand an der Kante bei einer Latsche (IV, 25 m). Durch eine rote Verschneidung rechts der Kante, dann über ein kleines Dach (IV) zu Stand an der Kante. Direkt an der Kante 20 m empor (III, IV) auf ein Band, 10 m unter Überhängen (Verhauer-H oberhalb!). Quergang

von etwa 8 m nach links, über einen kleinen Überhang (IV) und wieder nach rechts auf die Kante. Nach 50 m an der Kante auf den Gipfel.

● 654 Dritter und Vierter Turm (Lancieriturm) Südostkante; Überschreitung vom Vierten auf den Dritten Turm

4. Turm, SO-Kante: M. Andreolli, R. Bazzi, J. Casiraghi, 17. 6. 1973. **V**, IV. 3. Turm, S-Wand: T. Celva, C. Maestri, 14. 7. 1972. **IV+**, III. Überschreitung: 3—4 Std. Abb. S. 313.

Übersicht: Der 4. Turm fällt besonders wegen seiner schlanken, freistehenden Form auf. Sein Gipfel ist wesentlich niedriger als die aller anderen Türme. Beim Abstieg zu den Einstiegen führt die Abstiegsrinne unmittelbar östl. an dem Turm vorbei.
Der 3. Turm erscheint wie ein großer Felskeil zwischen dem 2. und oberen Teil des 4. Turms. Die Überschreitungsführe verläuft an der SO-Kante des 4. Turmes entlang. Vom Gipfel seilt man 40 m ab und erklettert die S-Wand des 3. Turmes.
Zugang: Wie bei R 651. Dort, wo man das zweite Mal 20 m abseilt, zum E.
Route: Einige Meter gerade hoch, 2 m nach rechts; weiter durch eine Verschneidung (III). Oberhalb der Verschneidung etwas nach links und über ein paar gutgriffige kleine Überhänge (IV+) bis auf die Kante. Über einen Klemmblock und eine gelbe Verschneidung (III) zu einem Absatz. Weiter über einen kleinen Überhang (III+) zu einer Latsche. Von ihr an der Kante entlang bis unter den Schlußüberhang. 10 m Quergang nach links und durch eine Verschneidung auf den Gipfel.
Weiter zum 3. Turm: Vom Gipfel 40 m abseilen und links zum 3. Turm. Von links nach rechts empor (III, V). An der Wand etwa 2 SL (IV+, IV) empor zu einem abstehenden Felsblock. Weiter empor auf ein Band (III) mit Wandbuch in einer Nische. Linkshaltend zum Gipfel (IV).

● 655 Siebter Turm, Südkante

M. Andreolli, J. Casiraghi, F. Miglio, 8. 10. 1972. **IV** (1 Stelle), III+. 2 Std. Abb. S. 313.

Zugang: Wie bei R 651 zur Rinne, dann queren zwischen die Rinne von Turm 7 und Turm 8.
Route: An der Kante und etwas links davon auf einen Grasabsatz. Links in schöner Wandkletterei empor, dann wieder nach rechts an die Kante, bis sie sich aufsteilt. 2 m nach rechts und auf die Kante (IV). Von einer Terrasse gelangt man mittels eines Spreizschritts zu leichten Felsen und zum Gipfel.

II. Nördlicher Hauptkamm

Obwohl die nördl. Brenta — gemessen an ihren zahlreichen Gipfeln — fast ein Drittel der gesamten Brenta einnimmt, bietet sie nur wenig lohnende Klettermöglichkeiten. Der Hauptgrund dafür ist das oft sehr brüchige, grasdurchsetzte Gestein und die teilweise langwierigen Zugänge von Hütten und anderen Unterkünften zu den Einstiegen selbst. Nur einige Klettereien sind lohnend, als solche gelten: Die S-Wand des Torre Schober, die Wände an der Cima della Pozza, Il Frate, die Cima del Tov, die Cima Maria Luisa und der Pilastro Caterina. Außer diesen Routen ist die Wanderung von der Grafferhütte über die Biwakschachtel Bonvecchio (Centenario) ins Val Meledrio, wie sie bei R 80 beschrieben wird, zu empfehlen, da sie einen hervorragenden Einblick in die oben aufgeführten Wände und Kanten bietet.

● 660 **Torre Schober,** 2569 m

Es handelt sich um einen westl. der Cima Vagliana verlaufenden Felsgrat, der im Torre Schober gipfelt. Von N ist er leicht über einen Schrofengrat zu erreichen. Für den Kletterer ist lediglich die S-Wand von Interesse.

● 661 Normalweg
1 Std.

Von der Grafferhütte (R 30) auf dem Weg zur Biwakschachtel „Centenario SAT", R 81. Bis zu den großen Geröllhängen unterhalb der Pietra Grande (W-Abbrüche). Links ist die senkrechte S-Wand sichtbar. Man folgt dem Weg, bis er oberhalb der Geröllhänge scharf nach rechts ansteigt. Von hier über einen Gras- bzw. Schrofenrücken in 5 Min. zum Gipfel.
Abstieg: in umgekehrter Richtung; vom Gipfel ist der Hüttenweg ersichtlich.

● 662 Südwand
A. Andreotti, B. Allemand, T. Pedrotti, H. Steinkötter, Oktober 1971. **V, A 1** (1 Stelle); Erstbeg.: 9 H. Allgemein guter, plattiger Fels mit brüchigem Ausstieg. 200 m, 3 Std.

Zugang: Auf dem Weg von der Grafferhütte zur Biwakschachtel Bonvecchio (Centenario) quert man westl. unterhalb der Pietra Grande einen großen Geröllhang. Linkerhand fällt ein mehrzackiger Grat auf, der in der Nähe des Sattels westl. der Cima Vagliana, 2861 m, zum Torre Schober ausläuft. Die S-Wand-Route verläuft durch die Wand mitte. Zum E gelangt man am besten durch Absteigen vom oben genannten Sattel. 1 Std. von der Grafferhütte.

Route: s. Skizze S. 317.

● 665 Cimon della Pozza, 2824 m

Wuchtiger Gipfel südwestl. der Biwakschachtel Centenario (Bonvecchio). Mit dem Hauptkamm durch einen Schrofengrat verbunden. Nach NW bricht der Cimon della Pozza mit einer gewaltigen, 600 m hohen, fast senkrechten Wand in die Conca della Prigione ab. Durch diese 600 m hohe Wand, die man am besten von der Straße durch das Meledriotal zum Passo Carlo Magno sehen kann, führt bis jetzt nur ein Anstieg. Besonders im rechten Wandteil scheint es noch Möglichkeiten zu lohnenden Routen zu geben.

● 666 Normalweg / Abstieg über den Südostgrat
Ohne Schwierigkeiten. ½ Std. Abb. S. 319.

Route: Von der Biwakschachtel Bonvecchio auf dem Weg nach S zum Grat zwischen Cima Sassari und Cimon della Pozza. Über diesen ohne Schwierigkeiten nach W zum Gipfel.

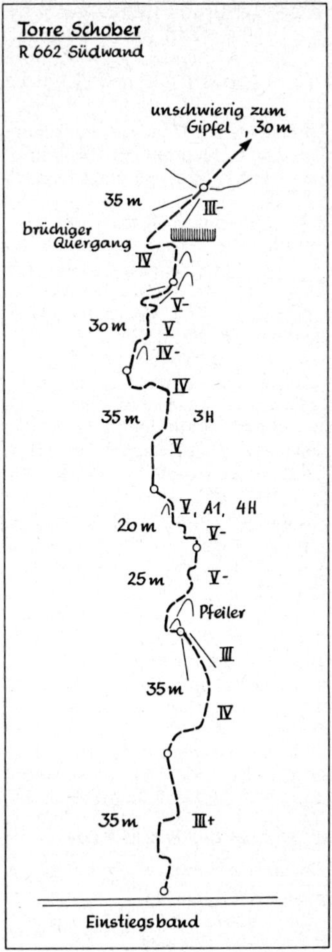

● 667 Nordwestwand
U. dell'Eva, G. Stanchina, 22. 8. 1971. **VI,** V und IV, Stellen A 1; Erstbeg.: 30 H und 3 HK; alles steckt. Wiederholer: einige H, KK und Schlingen nützlich. 600 m, 6—7 Std. Abb. S. 319.

Übersicht: In Wandmitte erkennt man einen großen Pfeiler links der Riesenverschneidung mit Kamin. Die Route verläuft zunächst auf diesem Pfeiler, hält sich dann rechts, um über den W-Grat zum Gipfel zu streben.

Zugang: Von der Talstation der Grostè-Seilbahn auf dem Grostèpaß auf einer befahrbaren Straße bis zur Malga Mondifrà, 1632 m. 100 m östl. der Alm in ein kleines Tal, Weg Nr. 334, in ihm empor bis zu einer kleinen Straße, bei der der Weg scharf nach links abzweigt. Weiter ansteigend auf Weg 334 (guter Steig) gelangt man in ein Tal, indem man den rotweißen Markierungen folgt; so erreicht man die Scharte Mondifrà basso, 2250 m; 1½ Std. von der Alm. Aus der Scharte gelangt man in den oberen Teil des Vallone di Centonia, danach wird ein Schneefeld gequert; weiter über Geröll und Grashänge empor zur W-Wand des Cimon della Pozza; in der Folge gelangt man zu der schmalen Rinne (Schneerinne) und schließlich an den Fuß der N-Wand des Cimon della Pozza oder der W-Wand des Frate (R 672). 2 Std. ab Malga Mondifrà.

Route: In Fallinie eines losgelösten Pfeilers 2 SL (2 H, IV) in einem Kamin und einer Verschneidungsreihe empor zu einem großen Felsblock, 5 m gerade hoch, 15 m auf einer Leiste nach rechts und an einer Verschneidung empor (2 H, VI). 10 m in der Verschneidung weiter (1 HK), dann Quergang nach links in eine kleinere Verschneidung. Ausgesetzt darin empor zu gutem Stand (2 H, VI). Schräg links über einen Klemmblock in einem Kamin, durch den der Turm von der Wand getrennt ist, an brüchigem Fels zu Stand, (V,2 H). Rechts halten zu einem engen Kamin, durch ihn zu Stand auf einem Klemmblock (V+). Weiter im Kamin und auf den Felsturm (1 H, V+). Links durch eine 10-m-Verschneidung (1 HK, VI) an etwas brüchigem Fels auf ein bequemes Band (V). Auf dem Band nach links und durch eine Verschneidung auf ein Geröllband (III). 2—3 SL an schrofigem Fels rechtshal-

Il Frate und Cimon della Pozza

Cimon della Pozza

R 666 *Normalweg / Abstieg über den Südostgrat*
R 667 *Nordwestwand*
R 668 *Nordwand, Via Gadotti-Zandonella*

Il Frate

R 672 *Westwand*

666
672
668
667

tend empor zu einem Turm. Rechts am Turm vorbei zu einer Scharte zwischen Turm und Wand (III). Die Wand empor bis zu einem brüchigen Kamin (V+). 5 m in künstlicher Kletterei (A 1) und 30 m weiter zu gutem Stand (V+). 30 m weiter auf die W-Seite und in leichter Kletterei zum Gipfel.

● **668 Nordwand „Via Gadotti-Zandonella“**
R. Depretis, U. d'ell'Eva, G. Stanchina, 13. — 14. 8. 1979. V+ IV, A 1 (eine Stelle). Erstbegeher 16 Std., 17 H und 3 KK. 7 H stecken. Für Wiederholer einige KK, H und Schlingen erforderlich. 550 m, 12 Std. Abb. S. 319.

Übersicht: Die N-Wand wird links des Pfeilers von einer Kaminreihe durchzogen. Die Route benutzt diese, um im oberen Teil auf die NW-Kante zu stoßen. Teilweise brüchiger Fels.
Zugang: Wie bei R 667 bis unter die W-Wand des Frate. Rechts Schneerinne queren zu einem schwarzen, nassen Riß, der die N-Wand durchreißt, E.
Route: Rechts des Risses an glattem Fels, rechtshaltend zu Grasband (40 m, V). Auf dem Band 10 m nach rechts und in eine Verschneidung bis zu ihrem Ende zu unbequemem Stand (40 m, V, etwas brüchig). Links 5 m oberhalb des Standplatzes auf Band nach links und 40 m zu Stand unter Verschneidung (III). Nicht durch die brüchige Verschneidung, sondern zuerst rechts davon und erst nach 25 m in die Verschneidung. In ihr empor zu Stand (40 m, V+). Weiter 30 m durch die Verschneidung, dann in eine versteckte Höhle links zu Stand (40 m, V+, 2 H). Aus der Höhle links heraus und auf Band links 15 m queren; einen Aufschwung gerade hoch; so gelangt man zu einer großen Geröllrampe (40 m, V—). 40 m an leichtem Fels und Geröll schräg nach links. Durch einen Riß hinauf, bis man zu einem bequemen waagrechten Band gelangt (40 m, III). Auf dem Band nach rechts und an seinem Ende an einem Riß 10 m empor (40 m, IV). An leichten Felsen weiter zum Beginn einer Rampe aus rotem Fels (80 m). Durch eine schwach ausgeprägte Verschneidung an H empor leicht linkshaltend zu bequemem Stand auf Absatz unter einer Verschneidung (40 m, A 1, IV, 7 H, 3 KK). Senkrecht an gutem Fels durch die Verschneidung hoch zu schlechtem Stand rechts der Verschneidung an bemoosten Felsen (40 m, V). Wieder nach links zur Kante (2 H und über einen Block hinweg bis zu guter Terrasse unter rißdurchzogenem Fels (20 m, IV+). Senkrecht hoch bis zu roten brüchigen Felsen; nach links queren, um die Kante herum und in eine große Verschneidung hinein. Weiter an die Wand links zu einer geneigten Platte (40 m, 1 H, V). Senkrecht 10 m hoch, rechts zu einem Geröllband und wieder gerade hoch zur NW-

Kante, wo man einen nasenförmigen Turm vor sich hat (30 m, IV). Leicht nach etwa 1/2 Std. auf dem leichten Grat zum Gipfel. Nach S auf den Claudio-Costanzi-Weg, R 81, und zur Biwakschachtel Bonvecchio.

● 670 Il Frate (auch Pilastro Secondo), 2678 m

Freistehender Turm nördl. des Cimon della Pozza. Seine W-Wand ist 400 m hoch; durch sie verlaufen äußerst schwierige Routen. Von SW über den SO-Grat ist er auf einem nicht leichten Normalweg zu erreichen. Als angenehmer Stützpunkt dient die Biwakschachtel Bonvecchio (Centenario).

● 671 Normalweg, Südostgrat

H. Graaz, W. Kurtze, 16. 7. 1936. **III.** 1 Std. von der Biwakschachtel Bonvecchio.

Zugang: Man steigt von der Biwakschachtel in die Mulde zwischen Cima Sassara und Cimon della Pozza. Von dort absteigend nach N in die Mulde Conca della Prigione. In ihr nach links absteigend gelangt man zum Sattel zwischen dem nördl. Vorgipfel des Cimon della Pozza und dem Frate (Pulpito).

Route: Zum Grat durch Verschneidungen, Kamine und etwas brüchiges Gestein bis zu gutem Fels. Auf der O-Seite durch eine Rinne; dann wieder nach links und wieder auf dem Grat bis zum Gipfel.

● 672 Westwand

M. Andreolli, J. Casiraghi, 20. 8. 1974. **VI/A2** (1 Stelle), V+. Erstbeg.: 27 H, 1 BH, 3 HK. Für Wiederholer einige H, KK und Schlingen empfehlenswert. 400 m. 8—10 Std. Abb. S. 319.

Übersicht: Durch die W-Wand ziehen zwei Routen, von denen die erste lediglich eine Einstiegsvariante darstellt (ein Versuch von B. Detassis und N. Vidi, IV und V). Während dieser Versuch am Beginn des oberen Drittels scheiterte, legten M. Andreolli und J. Casiraghi eine Route durch die Wand, die zunächst den rechten Teil der Wand berührt und etwa in Wandmitte in die markante Verschneidung einmündet.

Zugang: Wie bei R 667.

Route: In der Schneerinne rechts des Wandfußes zunächst 2 SL empor; man gelangt zu einer senkrechten Riß-Verschneidung. Gerade empor und über eine glatte Platte aus rötlichem Fels, durch einen überhängenden Riß (V—). Man hält sich in leichterem Gelände links und gelangt zu der erwähnten Rißverschneidung. 50 m in dieser Verschneidung an gutem Fels empor (V) und an gestuften Fels gerade weiter (IV) bis zu stärker gestuftem Felsen. Linkshaltend (II) bis zu einer Terrasse in Wandmitte bei einem Felskopf. Etwas links, dann wieder nach rechts zu einer Nische (IV). Links aus ihr heraus und etwa 100 m an kompakten Felsen gerade hoch (IV) in eine Rinne; so gelangt man zu einer rotschwarzen, überhängenden Verschneidung. Durch den Verschneidungsriß 50 m bis unter das Dach empor (V+). Über das Dach hinweg (VI/A2) und weiter durch den folgenden brüchigen Riß (V+) 1 SL weiter. So gelangt man zur Schulter an der N-Kante. Nach 2 SL (II) durch ein Felsenfenster zum Gipfel.

● 675 Cima del Tov, 2608 m

Die Cima del Tov befindet sich 2 km nordwestl. der Biwakschachtel Bonvecchio. Die N-Abstürze, die man schon im Abstieg vom Passo di Pra Castron, R 80, hinab ins Val Meledrio und zur Malga Scale bewundern kann, erreichen eine respektable Höhe von gut 300 m und beherrschen das Landschaftsbild. Abb. S. 325.

● 676 Normalweg

Unschwierig. 3—4 Std., mühsam. Großes Orientierungsvermögen erforderlich.

Über die Malga Centónia (Abzweigung Paßstraße, ca. 8 km nördl. des Passo Carlo Magno) ins Valle di Centónia bis oberhalb der Waldregion, danach hält man sich nordw. und gelangt in ein enges Tälchen („Tovo largo"). Im Tovo largo empor über steile Grashänge bis zum Felsenfuß des Pulpito; weiter hält man sich nach NO, quert eine Schlucht bis in einen Sattel, hinter dem man in den Pozzon (große Mulde) gelangt. Vom Pozzon aus ohne Schwierigkeit zum etwa 150 m höher gelegenen Gipfel.

● 676 A Abstieg

Der Normalweg ist für den Kletterer nur im Sinne des Abstieges wichtig. 2 Std.

Nach W über Stufen und steile Grashänge zu einer Geröllrinne und weiter zur Malga Scale, 1563 m (verfallene Alm).

● 677 Nordkante des Vorgipfels

P. Pancera, S. Pangrazzi, 23.7.1972. **V**, IV. Schöne Kletterei an allgemein gutem Fels. Einige H, KK und Schlingen nützlich. 300 m. 3 Std. Abb. S. 325.

Zugang: Die Straße zwischen Carlo-Magno-Paß und Dimaro verläßt man bei Kilometer 8,5 (vom Paß) und gelangt über ein Sträßlein zur Malga di Presson Bassa, 1292 m. Bei einer Gabelung nach links talabwärts und über den Wildbach Meledrio bei 1213 m. Weiter auf bez. Steig zur Malga Scale am Auslauf des Val del Vento, 1563 m. Die halbverfallene Alm bietet dürftige Übernachtungsmöglichkeiten. Von der Alm weiter auf bez. Weg das Val del Vento hinauf bis zu einer Engstelle unterhalb der N-Kante in etwa 2000 m Höhe. Man verläßt den Weg, steigt über Schrofen und Hänge rechtshaltend auf einem großen Band zu einem Absatz links eines Kamins. 3 Std., von der Alm etwa 1½ Std.

Route: Vom Absatz 80 m gerade hoch. Ein paar Meter nach links auf glatter Platte und zu Stand (IV). Eine weitere SL gerade empor (IV). 30 m schräg links weiter (V, 2 H) zu einem Band. 10 m schräg rechts halten leicht empor, über eine brüchige Wandstelle zu einem Grasband (III). Gerade weiter auf einen Felsturm (40 m, V, 2 H) und auf den höchsten Punkt der Kante. Über den Verbindungsgrat zum Hauptgipfel und Abstieg nach W.

● 678 Nordwand / Nordwestgrat

C. Costanzi, G. Stanchina, 15.8.1965. **IV+**, III. Teilweise brüchiger Fels. 300 m, 4 Std. Abb. S. 325.

Zugang: Von der Malga Scale, R 677, auf bez. Weg das Val di Vento hinauf. An einer Quelle vorbei und nach rechts an den Fuß der Wand in Fallinie einer Rinne in Wandmitte. 1½ Std.

Route: 2 SL an kleiner Wand im rötlichen Fels empor (III, IV, IV+). Leicht rechtshaltend 60 m an schrofigem Fels (II) weiter, wieder in die Rinne zurück und absteigend zum linken zweier Kamine. Nun 40 m im Kamin empor (IV+) und nach weiteren 40 m unter einem Klemmblock hindurch. Ansteigende Querung von 60 m nach rechts (III) zu einem großen Band. Auf ihm ganz nach rechts, 10 m gerade hoch (IV), dann an leichtem Fels auf die W-Kante bei einem Gratturm. Möglichkeit über den Grat auf den Vorgipfel und zum Hauptgipfel.

● 679 Nordwand, „Weg der Freunde“

G. Bezzi, U. dell'Eva, G. Stanchina, 1971. **VI** (1 Stelle), V+. Einige H, KK und Schlingen empfehlenswert. 300 m, 10 Std.; Abb. S. 325.

Zugang: Wie bei R 678 zum gleichen E.

Route: 5 SL empor wie bei R 678 bis zum Beginn der erwähnten ansteigenden Rechtsquerung. Einen Riß durch ein Wändchen empor zu einem Band (20 m, V+, 3 H), und 10 m nach rechts. Zunächst 40 m an gestuftem Fels empor und durch die anschließende rötliche Verschneidung (30 m, IV). 10 m nach links und schräg rechts empor zu einem Kamin. Im Kamin 10 m weiter (V+, 4 H), dann durch eine Verschneidung 30 m weiter (V) auf einem Band mit Gras bis unter eine große Höhle. In der Höhle 1 SL (V) empor; wo sie sich zu einem Kamin verengt, wird sie nach rechts verlassen (VI). Schwieriger Quergang zu Klemmblöcken im Kamin und 5 m gerade hoch. Aus dem Kamin ein paar Meter nach rechts und 25 m eine Wand gerade empor (4 H). Vom letzten H wieder nach links in den Kamin zu Stand (VI); wieder nach rechts zum H (20 m,V), und gerade hoch zu Blöcken. Schräg linkshaltend 30 m (IV) zum Gipfel.

● 685 Cima Maria Luisa, 2421 m
Pilastro Caterina

Westl. der Cima del Tov, durch eine Rinne voneinander getrennt, erheben sich zwei schöne Gipfel: die Cima Maria Luisa und der Pilastro Caterina. Nach N bietet dieser Berg zwei interessante Kletterrouten über die N-Kante und den benachbarten N-Pfeiler (Pilastro Caterina).

● 686 A Abstieg
2 Std.

Vom Gipfel westw. über Schrofen bis in eine Rinne unter die Wände ins Val di Vento und zur Malga Scale.

● 687 Cima Maria Luisa, Nordkante
G. Cantaloni, F. Gadotti, G. Stanchina, 13.8.1974. **VI** und **A 2** (Stellen), V+. Erstbeg. 21 H, 7 belassen; Wiederholer: einige H, KK und Schlingen erforderlich. Kletterei an gutem, plattigem Fels, lohnend. 370 m, 8—10 Std. Abb. S. 325. Von einer Erstbesteigung ist nichts bekannt, so daß es sich bei der Begehung über die N-Kante höchstwahrscheinlich auch um eine Erstbesteigung handelt.

Zugang: Wie bei R 677 zur Malga Scale, auf bez. Weg unter der N-Wand der Cima del Tov, R 678, entlang, dann die Geröllrinne zwischen Cima Maria Luisa und Pilastro Caterina empor zum E.
Route: 40 m links der Rinne (II) empor, etwas linkshaltend nach einer weiteren SL zu Stand. Durch eine kurze Verschneidung und links aus ihr hinaus (35, IV). Links halten zur Kante und an einer Platte empor

Cima del Tov und Cima Maria Luisa
Cima del Tov

R 675 *Cima del Tov*
R 677 *Nordkante des Vorgipfels*
R 678 *Nordwand, Nordwestgrat*
R 679 *Nordwand, Weg der Freunde*

Cima Maria Luisa, Pilastro Caterina

R 687 *Cima Maria Luisa, Nordkante*
R 688 *Pilastro Caterina, Nordwand*

Nördl. Vorgipfel: Cima del Tov
Cima del Tov
Cima Maria Luisa
Pilastro Caterina
679
678
677
679
678
687
688

(37 m, V+, A1, 6 H). Rechts einige Meter an einem Überhang empor (35 m, V+, A1, 4 H). Dann wesentlich leichter bis unter eine senkrechte Wand (25 m, III). In der Wandmitte etwas rechtshaltend hoch, dann durch einen markanten Riß (40 m, V+, A1, 7 H. Rechts halten bis unter eine feuchte Verschneidung (40 m, III+). Durch die Verschneidung (40 m, VI, III, 3 H). 10 m nach rechts, dann gerade hoch (35 m, IV, II). Nach ein paar Metern 5 m nach rechts durch eine Verschneidung und durch einen brüchigen Kamin bis in eine Höhle (40 m, IV, IV+). Rechts eine Grasrampe empor (40 m, IV, II). Links zu schöner Verschneidung (35 m, II). Durch die Verschneidung (V) und leichter nach 2 SL (III, I) über den Grat zum Gipfel.

● 688 Pilastro Caterina, Nordwand

B. Mochen, P. Panciera, G. Stanchina, 15.8.1974. **V+**, 1 Stelle **A1**, IV. Erstbeg. 15 H, 2 HK, davon 4 H und 1 HK belassen. 350 m, 6 Std. Abb. S. 325.

Zugang: Wie bei R 677 und R 687 unter die Wand. E 120 m unterhalb der N-Wand der Cima Maria Luisa.

Route: 50 m oberhalb des tiefsten Punktes des Pfeilers über gestuften Fels empor. Nach 35 m zu einem Absatz mit Gras und Sträuchern. Nach rechts zu kleiner Verschneidung; durch sie, dann nach links und durch einen Kamin (30 m, V). Nach links, dann wieder nach rechts durch eine schwarze Verschneidung bis unterhalb eines Daches (35 m, V, A1). Auf eine Terrasse unter dem Dach (2 H, 1 HK); nach rechts auf Gras und durch Sträucher zum Pfeilerfuß. An brüchigem Fels empor, (35 m, III und IV). An kompakter Wand über die Kante des Pfeilerfußes auf einen Block (35 m, IV und V). Vom Block aus nach links in den Riß im Pfeiler (30 m, V+). Anstrengend im Riß weiter bis zu einem anderen Block und unter ihm nach rechts zu einer Terrasse (25 m, V+). Links über die Wand an der Pfeilerkante empor (V, IV, 80 m). In der Folge über dem Grat (II) zum Gipfel.

III. Südlicher Teil

Nachfolgend werden alle Berge beschrieben, die südl. der Cima Tosa als Hauptkamm oder Nebenkamm verlaufen. Von der Cima d'Ambiez bis zum Cimon di Cresole; von der Punta dell'Ideale zu den Casteitürmen und von der Cima Polsa zur Östlichen Ceda.

● 690 **Cima d'Ambiez,** 3102 m

Jedem Brenta-Kletterer schlägt das Herz schneller, wenn er auf dem Brentariweg, R 91, in der Bocca della Tosa plötzlich der O-Wand der Cima d'Ambiez gegenübersteht. Wie keine andere Wand in der Brentagruppe vereint sie Klettereien im dritten Grad wie auch extrem freie und hakentechnische Routen. Auch wegen der Felsbeschaffenheit — es gibt kaum eine brüchige Stelle in einem Dutzend Führen — ist das Klettern an dieser Wand ein Hochgenuß. Als störend erweist sich allerdings der Brentanebel, der häufig das Val d'Ambiez emporzieht. Im N wird die Cima d'Ambiez durch die Bocca d'Ambiez und von der Cima Tosa, im W von der Fracingli-Kette R 960, durch die Bocca dei Camosci und im S von der engen Scharte zwischen Cima d'Ambiez und Denti d'Ambiez getrennt.

● 691 Normalweg von Süden
II, ausgezeichneter Fels. 300 m, 2 Std. Abb. S. 331 und 341.

Übersicht: Der am häufigsten begangene Normalweg ist der von S über das Einstiegsband unter der SO-Wand der Cima d'Ambiez und der Denti d'Ambiez.
Zugang: Von der Agostinihütte, R 60, auf Weg 358 bis an die Vedretta d'Ambiez; links unter der S-Wand auf einem breiten Schuttband zu einer Rinne. In ihr hinauf in die Scharte zwischen Denti d'Ambiez und Cima d'Ambiez. Auf der westl. Seite E. 1 Std.
Route: Durch eine schräge Rinne auf ein Band. Über steile, gutgriffige Wandstufen empor bis zu einer breiten, seichten Rinne (mehrere Steinmänner). Durch die Rinne in eine kleine Scharte. Dem S-Grat folgend leichter zum Gipfel.

● 691 A Abstieg
II (stellenweise). $1^1/_2$ Std.

Vom Gipfel über den leichten S-Grat (viele Steinmänner) zu einer kleinen Scharte, dahinter in einer Rinne hinab, schräg rechtshaltend über griffige Felsstufen (Steinmänner); schließlich linkshaltend (O) in eine kurze Rinne und in die Scharte zwischen Cima d'Ambiez und Denti d'Ambiez. Die Geröllrinne hinab auf das Band unterhalb der SO-Wand und auf den Weg zur Agostinihütte.

● 692 Südostwand, Fox / Stenico-Route

P. Fox, M. Stenico, 1939. **V+**, V. Durchwegs schöne Freikletterei, fast immer trocken, Hauptschwierigkeiten auf den ersten beiden SL. Die meistbegangene Route an der Cima d'Ambiez. Einige KK und Schlingen empfehlenswert. 350 m, 4 Std. Abb. S. 331 und 341.

Übersicht: Die konvexe SO-Wand wird in ihrem linken Teil von zwei Wasserstreifen durchzogen, in Fallinie zweier großer Wandschuppen, die die beiden Ausstiegsmöglichkeiten bilden.

Zugang: Wie bei R 691 auf das Einstiegsband bis 20 m unterhalb eines Felsblocks bei einem seichten Riß. $^{3}/_{4}$ Std.

Route: Vom Band über Stufen hinauf zu einem Block (20 m, II). Durch die Verschneidung 1 m links des Blocks 10 m empor und an senkrechtem Fels weiter; auf einer Leiste 2 m nach rechts und durch eine zweite Verschneidung zu Stand (V+, 20 m, 4 H). Gerade weiter in einen Riß zu schlechtem Stand nach 15 m (V, 3 H). Weiter gerade hoch durch eine seichte Verschneidung und in Wandkletterei zu gutem Stand (40 m, V—, V, 4 H). 3 m gerade hoch (V), Quergang nach links (V) und durch einen Riß links zu Stand auf einem Band (20 m, 4 H). Durch eine kleine gelbe Verschneidung, aus ihr nach rechts zu einem Absatz (15 m, V—, 3 H). Auf Platten rechts halten (20 m, IV+, 1 H). Man befindet sich unterhalb von zwei Rissen gleicher Schwierigkeit: durch den linken in 2 SL zum S-Grat, durch den rechten nach 3 SL auf den Grat (beide Möglichkeiten IV+, V, einige H).

● 693 Südostwand „Via Vienna"

K. Kosa, J. Pfeffer, G. Straub, 29. 7. 1973. **VI** (eine Stelle), V+, V. Großartige Freikletterei in ausgezeichnetem Fels. Routenverlauf zwischen R 692 und R 694. 350 m, 4 Std. Abb. S. 331.

Zugang: Von der Agostinihütte auf das Band unter SO-Wand. E etwa 30 m links des auffallenden, 20 m breiten Daches.

Route: 1. SL: Unter ein kleines Dach gerade hinauf, links daran vorbei und rechts ansteigend zu Stand (V—, 40 m, 3 H). **2. SL:** Links vom Stand über einen Überhang auf ein Band, weiter durch kurze Risse und Rechtsquergänge zu Stand auf schmaler Leiste (VI—, 37 m, 8 H). **3. SL:** Vom Stand links 4 m empor, 4 m Quergang nach rechts; weiter ziemlich gerade aufwärts, bis man rechtsquerend eine Höhle erreicht (VI, dann IV+, 33 m, 4 H). **4. SL:** Links der Höhle gerade aufwärts bis unter eine graue Verschneidung. Durch diese bis an ihr Ende und dann nach links zu Stand bei kleiner Höhle (V—, 33 m, 1 H). **5. SL:** Rechts der Höhle gerade aufwärts in herrlicher Plattenkletterei zu Stand auf einem Band (V—, dann IV +, 40 m, 2 H). **6. SL:** Vom Band linkshaltend auf das nächste schrofige Band (IV +, 38 m, 1 H). **7. SL:** Gerade aufwärts durch einen Riß bis zu einem schmalen Band (IV—, 30 m). **8. SL:** Auf dem Band 4 m nach links; zunächst gerade, dann in einer Rechtsschleife über einen Überhang hinweg zu Stand auf einem großen Band. (V +, 34 m, 2 H, 1 Sanduhr). **9. SL:** Links einige Meter aufwärts, rechts über zwei Überhänge auf das nächste Band (V—, 30 m, 2 H). **10. SL:** Durch den folgenden Kamin und über kleinere Absätze gerade empor auf ein Schuttband (III +, 40 m. Gemeinsam mit R 694). Gerade weiter über schrofiges Gelände ohne besondere Schwierigkeiten zum Gipfelgrat.

● 694 Südostwand Aste / Salice-Route

A. Aste, F. Salice, 29. 7. 1952. **VI—**, V. Großartige Freikletterei an bestem Fels. Erstbegeher: 6 H. Einige KK und Schlingen ratsam. Die Route verläuft ab dem Band in Nähe der „Via Vienna", R 693, und benutzt den Ausstiegskamin gemeinsam mit dieser. 350 m, 5 Std. Abb. S. 331.

Zugang: Wie R 692.

Route: E in der Mitte des Vorbaus bei einem großen, gelben Dach. Schräg nach links hoch zu einem Kamin, der links des Daches verläuft. An senkrechter kleiner Wand empor, dann durch einen nach rechts hochziehenden Riß und durch einen kurzen Kamin; so gelangt man auf das sogenannte Einstiegsband unter der eigentlichen Wand. 15 m gerade hoch an etwas brüchigem Fels, weiter durch einen schwarzen, überhängenden Riß bis unter ein Dach, 40 m. Über das Dach und nach einigen Metern 4 m nach rechts querend zu einem Köpfl. Weiter 40 m an Platten mit Rißspuren und kleinen Überhängen; dann quert man 2 m nach rechts in eine schwarze Verschneidung. Durch sie und an gestuftem Fels leichter bis zu einem großen Band unter gelben und schwarzen Dächern. Nach dem ersten Überhang hält man sich etwas nach links und überwindet den folgenden Überhang; weiter durch eine schwarze Verschneidung. Weiter an schwarzen Platten und kleinen Überhängen zu einem Absatz unter rot-gelben Überhängen. 5 m Quergang nach rechts 4 m hinauf zu einem Band. Zwischen roten Überhängen empor, durch eine schwarze Verschneidung und rechtshaltend auf einer Platte zu einem Band. Jetzt durch einen gelben Kamin (gemeinsam mit „Via Vienna"), durch ihn und über kleinere Absätze gerade hoch auf ein Schuttband. Über leichtes Gelände auf den S-Grat und zum Gipfel.

● 695 Ostsüdostwand

M. Girardi, M. Stenico, August 1941. **VI**, V+, V. Großzügige Freikletterei längs des hellgrauen Wandteils links von R 697. Nach einer großen Linksquerung nach zwei Dritteln der Wandhöhe verläuft die Route entlang der großen Wasserstreifen. Einige H, KK und Schlingen empfehlenswert. 350 m, 7 Std. Abb. S. 331.

Zugang: Wie bei R 691 auf das Einstiegsband, 20 m links des E der „Via della Concordia", R 697.

Route: Vom E links von R 697 durch einen feinen Riß und über kompakten Fels zu H. Weiter 25 m an kompaktem, hakenabweisendem Fels empor bis zu einem kurzen Band. Einige Meter nach links und 35 m gerade empor (3 H). 2 m nach rechts und rechtshaltend 20 m zu kleinem Absatz. Wieder nach links über eine senkrechte Platte, durch einen Riß 10 m empor und frei weiter 20 m zu Stand auf einem Band. Wieder etwas nach rechts zu einer großen schwarzen Verschneidung. Durch sie 50 m empor zu einem anderen Absatz. Nach links auf einem schmalen Band, 4 m abklettern und an überhängender Wand gerade hoch zu dem großen Band, das die ganze Wand durchzieht. Auf dem Band 50 m ausgesetzt nach links und zu einem 40 m höher gelegenen Absatz. Gerade hoch in Richtung gelb-schwarzer Überhänge. An einem feinen Riß gerade hoch zu einem breiten Absatz. 40 m weiter über Platten und Felsbäuche, 10 m an kompakten schwarzen Felsen. Danach leicht linkshaltend und wieder rechtshaltend gelangt man zu einem langen Kamin, durch den man in anstrengender Kletterei den Gipfelgrat erreicht.

● 696 Ostwand, „Weg der Befriedigung" („Via Mariella Cornella")

A. Bosetti, E. Orlandi, L. Rigotti, E. Salvaterra, 7. 7. 1982. VI, V+, V, selten leichter. Einige H, KK und Schlingen nützlich. Großartiger Anstieg mit bestechend eleganter Linienführung. Anhaltend schwierigste Freikletterei an kompaktem Fels, der Hakenschlagen nur selten ermöglicht. Wohl die

Cima d'Ambiez von Süden

R 691 Normalweg von Süden
R 692 Südostwand, Fox / Stenico-Route
R 693 Südostwand, Via Vienna
R 694 Südostwand, Aste / Salice-Route
R 695 Ostsüdostwand
R 696 Ostwand, Weg der Befriedigung (Via Mariella Cornella)
R 697 Ostwand, Via della Concordia

697
695
696
694
693
691
692
697
696
695
696
692
694

schwierigste Freikletterei an der Cima d'Ambiez und eine der schönsten der gesamten Brentagruppe. 350 m, 3—4 Std. Abb. S. 331 / 333.

Übersicht: Die ganze O-Wand wird in ihrem südl. Teil von einem breiten Wasserstreifen durchzogen, der bis zum Einstiegsband herabzieht. Der Routenverlauf wird durch einen feinen, unterbrochenen Riß gegeben, der unmittelbar im unteren Teil nördl. davon verläuft. Auf den ersten 50 m ist der rechte E empfehlenswert.

Zugang: Wie bei R 691 von der Agostinihütte zum Einstiegsband.

Route: 1. / 2. SL: Unmittelbar am Wasserstreifen (20 m rechts des Daches über dem Einstiegsband) 2 SL gerade hoch (zweimal 25 m; A 2, VI, V+) zu Stand auf Pfeilerkopf. Hierhin gelangt man auch, wenn man 20 m weiter rechts bei der Stenico / Girardi-Route einsteigt und schräg links emporklettert (50 m, IV, V). **3. SL:** Gerade weiter durch einen Riß zu kleinem Band, auf ihm 3 m nach links und über Platten rechtshaltend wieder in den Riß (45 m, V, V+). **4. SL:** Weiter dem Riß zu Stand auf kleiner Terrasse folgend (35 m, V). **5. SL:** Links am Dach empor durch einen feinen Riß, nach kurzem, ausgesetztem Quergang wieder im Riß weiter in herrlicher Kletterei bis auf das erste Band in Wandmitte (40 m, VI, V+). **6. SL:** Weniger schwierig bis auf das große Band unterhalb der großen Plattenflucht (40 m, IV, V). **7. SL:** Schräg rechtshaltend gelangt man zu einem alten H (Versuch von M. Stenico). Über einen Überhang zu einem weiteren alten H. Danach 3 m nach links und über eine Platte in eine seichte Nische (unbequemer Stand, 40 m, V+, VI). **8. SL:** 15 m gerade hoch auf kleines Band und schräg rechtshaltend in eleganter Kletterei in eine große Nische (35 m, V+, VI). **9. SL:** Rechts aus der Nische, durch eine überhängende Rißverschneidung 10 m empor und nach kurzem Rechtsquergang gerade weiter über griffigen Fels zu gutem Stand (45 m, V+, V). **10. SL:** Zunächst linkshaltend, dann gerade hoch über Platten und kleine Überhänge, Risse und Verschneidungen (45 m, V). **11. SL:** Immer gerade hoch, durch eine Kaminverschneidung bis unter die letzte senkrechte Wand (45 m, IV, V). **12. SL:** 20 m bedeutend leichter weiter zu den Gipfelfelsen (20 m, IV—, II).

Cima d'Ambiez, Südostwand

R 696 Ostwand, Weg der Befriedigung (Via Mariella Cornella)
R 697 Ostwand, Via della Concordia
R 698 Ostwand, Unmittelbare Ostwandüberhänge
R 699 Ostwand, Helmut-Albrecht-Weg
R 700 Ostwand, Via San Marco

696
697
698
699
700

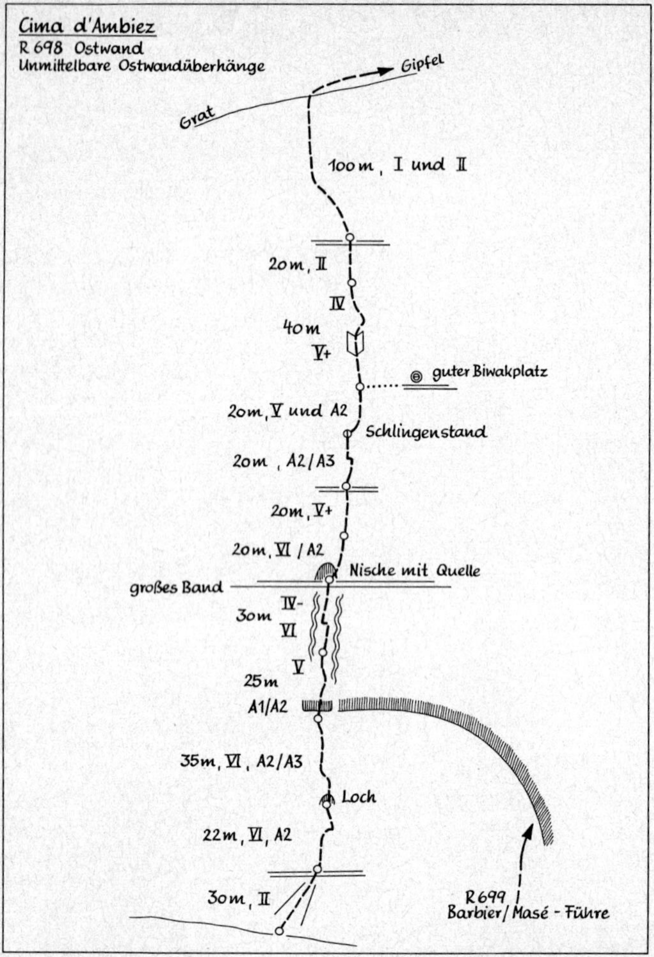
Cima d'Ambiez
R 698 Ostwand
Unmittelbare Ostwandüberhänge
Gipfel
Grat
100 m, I und II
20 m, II
IV
40 m
V+
guter Biwakplatz
20 m, V und A2
Schlingenstand
20 m, A2/A3
20 m, V+
20 m, VI / A2
Nische mit Quelle
großes Band
IV-
30 m
VI
V
25 m
A1/A2
35 m, VI, A2/A3
Loch
22 m, VI, A2
30 m, II
R 699
Barbier/Masé - Führe

● 697 Ostwand „Via della Concordia"

J. Aiazzi, A. Aste, A. Miorandi, A. Oggioni, 1955. **V+, A 2** (auch frei möglich, dann VI). Lohnende klassische Kletterei, im unteren Teil im Frühsommer teilweise naß. Einige H, KK und Schlingen empfehlenswert. 350 m, 5 Std. Abb. S. 331 und 333.

Übersicht: Die O-Wand wird etwa 50 m links des Riesendaches im mittleren Teil von einem teils gelben, teils schwarzen (nassen) Riß durchzogen. Durch diesen Riß und den folgenden, von feinen Rissen durchzogenen Überhängen verläuft die „Via della Concordia".
Zugang: Wie bei R 691 auf das Einstiegsband; E 15 m links einer nach rechts hochziehenden Rinne (E von R 698).
Route: Über eine graue Platte auf ein Band, dann schräg rechts einen feinen senkrechten Riß empor (V+). Man quert 10 m nach links (nicht zu hoch, Verhauer!) an gutgriffigem Fels; weiter links querend gelangt man auf die andere Seite des „nassen Risses" (IV, V). Links der Rißrinne an trockenem Fels empor (25 m, V, IV). Wieder auf die rechte Seite der Rinne zu Stand. 2 SL in Rißverschneidung gerade hoch zu einem guten Stand auf einem Band unter den Überhängen (IV). Weiter durch einen gelben, kurzen Kamin (V+, IV, 20 m). Jetzt nicht gerade hoch (H), sondern nach rechts unter die Überhänge queren; darüber hinweg zu Stand (16 m, V, A 1). Einige Meter weiter gerade hoch, dann wieder nach links und schließlich über einen nassen Überhang (20 m, V+, A 2). In einem Kamin und anschließend in gelben Verschneidungsrissen empor (80—90 m, IV, V, A 2) zu gutem Stand rechts am Ende der Hauptschwierigkeiten. An grauem Fels 40 m gerade hoch zu einem breiten Band (IV+, V). Nach 50 m auf den S-Grat (II) und nach rechts zum Gipfel.

● 698 Ostwand, Unmittelbare Ostwandüberhänge

C. Barbier, D. Hasse, H. Steinkötter, 30.—31. 7. 1966. **VI/A 1** bis **A 3,** V. Erstbegeher 40 Std.; 65 H, 1 BH, 19 HK. Hakensortiment, große KK, Schlingen und Bongs empfehlenswert. Eine der technisch schwierigsten Kletterführen der Brentagruppe mit äußerst schwierigen Freikletterpassagen. 350 m, etwa 20 Std. Abb. S. 333.

Übersicht: Die Route verläuft links des „gebogenen Daches", einem schwarzen Wasserstreifen folgend (Wasser in der Höhle unter dem großen Überhang). In der Folge ist der Fels nur noch überhängend, bietet aber ausgezeichnete Standplätze. Oberhalb des Bandes ist ein Rückzug durch Abseilen nicht mehr möglich.

Zugang: Wie bei R 691 auf das Einstiegsband zu einer nach rechts hochziehenden leichten Rinne in Fallinie der großen Überhänge.
Route: s. Skizze S. 334.

● 699 Ostwand, „Helmut-Albrecht-Weg"
C. Barbier, T. Masé, 14. u. 16. 8. 1961. **VI, A 2,** V. Erstbeg. 50 H. Wenige H stecken. Hakensortiment, KK und Schlingen erforderlich. Extreme Route, die besonders im oberen Teil schön ist. 350 m, 10—12 Std. Abb. S. 333.

Übersicht: Dort, wo das Einstiegsband zu allen durch die SO-Wand ziehenden Routen auf die Vedretta d'Ambiez stößt, steht man unter einem riesigen Dach. Durch den rechten Teil des Daches zieht ein überhängender Riß, der den Durchstieg vermittelt. Im oberen Wandteil verläuft die Route teils in freier, teils in Hakenkletterei durch Risse und Verschneidungen gerade empor.
Zugang: Von der Agostinihütte wie bei R 691 zum Beginn des Bandes.
Route: Einige Meter im Kamin hoch, links über eine Rippe, dann wieder in den Kamin, einige Meter darin hoch (1 H), Quergang nach links und gerade hoch zu kleinem Stand unter dem Dach. Das Dach wird links überwunden. Nach Rechtsquerung um die Kante gelangt man in eine Nische (10 H, 3 HK). 20 m durch den Riß und über zwei Überhänge (VI, 4 H, 1 HK, 1 Schlinge). Leicht rechtshaltend über gestuften Fels auf das große Band. 20 m gerade hoch in Richtung auf die gelben Überhänge. 15 m in seichter Verschneidung hoch zu einem Absatz (1 H). Über eine Wandstufe bis zu gelber überhängender Verschneidung, die erklettert wird (8 H). Weiter durch einen überhängenden Riß zu Stand nach 5 m. Man quert 5 m waagrecht nach rechts (1 H), schräg linkshaltend (6 H, 1 HK) und wieder im Riß hoch (1 KK, 1 H), bis zu Stand auf einem Band. Über die gelben Dächer (8 H) und nach 8 Metern (1 H, 1 Schlinge) bis in eine Nische. Durch einen überhängenden Riß (2 H) und durch einen griffigen Riß bis auf das zweite Band. Eine Verschneidung hinauf bis zu einem Band mit einer Platte. Über eine überhängende Wandstelle (5 H), dann linkshaltend zum Gipfelgrat.

● 700 Ostwand, „Via San Marco"
H. und V. Steinkötter, 18. 9. 1967. **VI** mit **A 3** und A 2, V, IV. Fast alle H stecken; Wiederholer: einige H, KK und Schlingen empfehlenswert. Besonders im oberen Teil schöne Kletterei. 350 m. 8—10 Std. Abb. S. 333.

Übersicht: Rechts von R 699 bricht die O-Wand überhängend auf die Vedretta d'Ambiez ab. Etwa 50 m rechts der Barbier / Masé-Route vermittelt ein überhängender gelber Riß den Zugang zu den grauen Felsen

des großen Bandes. Vom Band ab hält sich die Route meist gradlinig längs eines schwarzen Wasserstreifens, im obersten Teil mitten durch den Pfeiler in Gipfelfallinie.
Zugang: Von der Agostinihütte zum E 50 m rechts der Barbier / Masé-Route, 3/4 Std.
Route: Einen feinen, überhängenden Riß an H und frei empor, 25 m. Rechts durch eine stark überhängende Verschneidung zu gutem Stand. 10 m gerade hoch, Quergang nach links und 5 m höher zu Stand. Durch einen überhängenden Riß, zuerst etwas links, bis in die Rinne, 40 m (schwierigste SL). Leicht die Rinne hoch bis auf ein Band, auf dem man 10 m nach links quert. Über graue Wand 2 SL hinauf bis zu Stand bei großem Felsschild. Durch einen Riß auf das Schild zu Stand. Über schwarze, glatte Platte 7 m gerade hoch, Quergang nach rechts und über anschließenden Überhang zu Stand bei Sanduhr. 10 m durch einen kurzen Riß gerade hoch bis auf eine Leiste; Quergang nach links zu einer Nische und über einen Überhang zu gutem Stand. Leicht linkshaltend über eine gutgriffige, steile Wand, später etwas rechtshaltend und weiter gerade hoch zu Stand. Über Stufen zum Fuß eines gelben überhängenden Risses. 40 m durch einen feinen, überhängenden Riß, fast immer in freier Kletterei; am Ende rechts zu Stand. 2 m nach rechts und gerade weiter durch eine Rinne zu den Gipfelschrofen. Nach 2 SL (I und II) direkt auf den Gipfel.

● 701 Ostwand, Haupt / Lömpel-Route
G. Haupt, K. Lömpel, 26. 7. 1909. **IV—** (1 Stelle), III+. Klassische Kletterei an ausgezeichnetem Fels; erst ab August trocken. 300 m. 2½ Std. Abb. S. 338.

Übersicht: Die O-Wand ist in ihrem weniger steilen Teil stark durch Rinnen, Rampen und Bänder gegliedert. Die Route beginnt dort, wo ein breites Band von der Vedretta d'Ambiez in die O-Wand zieht; nach 150 m folgt sie einer Rißrampe, quert nach rechts, erreicht über ein Rißsystem das obere Band und quert wieder nach rechts zum Gipfel.
Zugang: Von der Agostinihütte auf dem Weg auf die Vedretta d'Ambiez, bis dorthin, wo es möglich ist, auf dem Band nach links in die O-Wand zu queren, 50 Min.
Route: Auf dem Band etwa 150 m nach links bis zu einer nach rechts hochziehenden Rißrampe. An der rechten Rißkante 2 SL empor bis zu einem Band. Auf dem Band 40 m nach rechts zu einem Kamin. 2 SL im Kamin empor. Jetzt nicht gerade weiter, sondern nach links, 30 m, zu einem auffallenden Felskopf unter einer schwarzen Wand. 60 m an dieser schwarzen Wand, erst etwas links, dann leicht rechts empor (IV—) bis auf das letzte Band unter Überhängen. Auf dem Band 50 m

701
702
701
701
701
702
703 704
Bocca
d'Ambiez
122
zur
Agostini-
hütte
zur
Pedrotti-
hütte

nach rechts (hier stößt man auf die Castiglioniroute, R 704). Links an kleinem Überhang empor und über die Schlußwand zum Gipfel.

● 702 Ostwand, Kaminroute

E. Orlandi, M. Bazzanella, 10. 8. 1979. **IV,** III. Eine Route, die die Haupt / Lömpel-Route, R 701, mehr oder weniger begradigt und im oberen Teil mit ihr gemeinsam zum Gipfel führt. 280 m, 3½ Std. Abb. S. 338.

Zugang: Wie bei R 691 zum Wandfuß bis in Fallinie eines sehr markanten, nach links hochziehenden Kamins, der sich über das Einstiegsband der Haupt / Lömpel-Route als Riß bis zum Wandfuß fortsetzt.
Route: 60 m den Riß hoch auf das genannte Band (III und IV). In dem Schrägkamin hoch zu Stand unter einem Klemmblock. Durch den Kamin bis zum Band, wo die zweite Querung von R 701 rechts endet (III+). Jetzt hält man sich schräg links, überwindet einen kleinen schwarzen Überhang und klettert bis an den Fuß des großen, nach rechts geöffneten Kamins (80 m, IV, V, II). Leicht rechtshaltend durch Rißspuren bis auf das Band unter Überhängen (100 m, III und IV). Auf dem Band rechtshaltend zu den Ausstiegsfelsen von R 701 bzw. von R 704.
Bemerkung: Der „große Kamin" kann auch direkt erklettert werden (bis V+), weicht aber oben dem Überhang auf dem Band zu R 701 aus.

● 703 Nordostkante

V. Appoloni, E. Orlandi, F. Pedrini, M. Soffsotto, 6. 7. 1980. **IV.** Interessante Route, die im Gegensatz zu der benachbarten Castiglioniroute immer trocken ist. Sie verläuft an der linken Verschneidungskante. Ausgezeichneter Fels. Standplätze immer an Felsköpfeln oder Sanduhren. 300 m, 2½ Std. Abb. S. 338.

Zugang: Wie bei R 704; kurz vor der Rinne gelangt man unterhalb einer großen Nische zum E. 50 Min.
Route: E rechts der Höhle; mehr oder weniger direkt an der Kante entlang auf eine Kanzel und weiter zu einem Band. Oben Überhängen ausweichend zum Band, an dem die Haupt / Lömpel-Route, R 701, von links hochkommt. Auf ihr zum Gipfel.

Cima d'Ambiez, Ostwand

R 701 Ostwand, Haupt / Lömpel-Route
R 702 Ostwand, Kaminroute
R 703 Nordostkante
R 704 Nordostverschneidung

Cima Tosa

R 122 Normalweg von Süden, Via Migotti

● 704 Nordostverschneidung

E. Castiglioni, G. Leonardi, 7. 7. 1942. **III.** Elegante Kletterei durch den rechten Teil der NO-Wand, allerdings häufig naß. 280 m, 2 Std. Abb. S. 338.

Zugang: Von der Agostinihütte bis zum Einstiegsband der Haupt / Lömpel-Route, R 701. 50 m weiter rechts oberhalb zum Fuß einer Kaminverschneidung, die schräg nach links hochzieht und den Durchstieg vermittelt. 50 Min.

Route: Entweder über den Schnee in die Verschneidung oder von rechts über eine Wand. An der linken Verschneidungswand 50 m empor. Dann in die Verschneidung durch einen Riß und dann im Kamin weiter. Durch eine Rinne gelangt man auf einen Nebengrat und auf das Band der Haupt / Lömpel-Route, R 701. Weiter wie dort zum Gipfel.

● 710 Denti d'Ambiez, 2840 m

Als Denti d'Ambiez werden die 5 schlanken Türme bezeichnet, die unmittelbar südl. der Cima d'Ambiez liegen. Der Torre d'Ambiez ist der südlichste, auf den die interessantesten, hier beschriebenen Routen verlaufen. Besonders bei nicht ganz sicherem Wetter, da in unmittelbarer Hüttennähe, als „Ausweichziele" geeignet.

● 711 Normalweg, Südwand

M. Armani, E. Gasperini, 1938. **III+** (1 Stelle), III. Interessante Genußkletterei durch die S-Wand rechts des Kamins, lohnend. 200 m, 1½ Std. Abb. S. 345 und 369.

Zugang: Von der Agostinihütte zunächst auf dem Weg „Ettore Castiglioni", Weg 321, auf den Rücken oberhalb der Agostinihütte. Über Schrofen bis an den Fuß eines großen, schwarzen Kamins, den man schon in Hüttennähe sehen kann. Hier E. 20 Min. ab Hütte.

Route: Rechts des Kamins durch einen kleinen Kamin zu einem Steinmann (II), 2 m nach rechts, durch einen kurzen senkrechten Riß (III+) und wieder etwas nach links. Weiter über eine steile Wand an guten Griffen empor. Durch kurze Risse und Wandstellen weiter gerade hoch. Spreizend über einen Überhang, dann in die Gipfelscharte und auf den höchsten Punkt.

Denti d'Ambiez Ostwand und Cima d'Ambiez

Cima d'Ambiez

R 691 Normalweg von Süden
R 692 Südostwand, Fox / Stenico-Route

Denti d'Ambiez

R 714 Ostverschneidung

692
691
692
714

● 712 Überschreitung der Türme im Abstieg
III+ und II. 1 Std.

Die Überschreitung der Türme ist besonders gut als Abstieg möglich: Vom Gipfel wenige Meter hinab in eine Scharte zwischen dem Turm (Torre) und dem 4. Zahn (Dente). Leicht nach O absteigen und auf einem Band hinüber auf den 4. Zahn. Weiter in die Scharte zwischen dem 4. und 3. Zahn. Auf den Gipfel des dritten Zahnes, III+, II. Durch einen steilen Kamin, II, nach W abklettern unten durch eine Rinne und in die Scharte zwischen 3. und 2. Zahn. Weiter nach W absteigen in die nächste Scharte. In gleicher Richtung in die Scharte unmittelbar südl. der Cima d'Ambiez. Durch eine Geröllrinne auf dem Band unter der SO-Wand der Cima d'Ambiez entlang zum Weg und zur Agostinihütte.

● 713 Westwandriß
E. Gasperini, G. Pisoni, 20. 7. 1941. **III.** Lohnende Riß- und Kaminkletterei an ausgezeichnetem Fels. 200 m, 1 Std. Abb. S. 345.

Zugang: Von der Agostinihütte auf den Weg „Ettore Castiglioni", Weg 321, und ins anschließende Geröllkar an den Fuß der W-Wand. ½ Std. Über den Vorbau hinweg auf ein Band unterhalb einer Nische in Fallinie des Torre d'Ambiez und des 4. Zahns.
Route: Über Stufen in die Nische unter einen Überhang. Über den Rißüberhang spreizend hinweg in den leichter werdenden Kamin (den man auch leichter von rechts erreichen kann). Im Kamin in schöner Kletterei empor. Zum Schluß durch ein glattes Kaminstück und in die Scharte zwischen 4. Zahn und Torre d'Ambiez, schließlich auf den Hauptgipfel.

● 714 Ostverschneidung
M. Armani, E. Gasperini, 11. 7. 1938. **V** (1 Stelle), IV+, IV. Ausgesetzte Kletterei an gutem Fels; einige KK und Schlingen nützlich. 230 m, 3 Std. Abb. S. 341.

Zugang: Von der Agostinihütte auf Weg 358 empor bis direkt unter die Verschneidung. 20 Min.
Route: Von links nach rechts zum Riß; an ihm empor zu kleinem Stand (35 m, IV). Über eine glatte Wand (V) in leichteres Gelände. Weiter durch eine Verschneidung (IV). Nach einer weiteren SL (IV, IV+) gelangt man auf ein bequemes Band. Auf dem Band einige Meter nach rechts in einen Kamin bzw. eine Verschneidung und nach 3 SL zum Gipfel (IV, IV+).

● 720 Cima Bassa d'Ambiez, 3017 m

Die Cima Bassa d'Ambiez erhebt sich unmittelbar südwestl. der Cima d'Ambiez und ist von letzterer durch eine steile Schluchtrinne getrennt. Nach S ist ihr ein schöngeformter Turm vorgelagert.

● 721 Normalweg über den Südwestgrat
II (und leichter), 2½ Std.

Zugang: Von der 12-Apostel-Hütte zunächst auf dem Übergangsweg zur Agostinihütte bis unter den der Cima d'Agola westl. vorgelagerten Gipfel (Cima Bassa d'Agola). Darunter quert man über Geröll, später über den oberen Teil des Gletschers (Vedretta d'Agola) in Richtung eines etwa 60 m hohen Felsturmes zu; etwas oberhalb davon befindet sich die Bocca d'Agola, 2886 m. In die Bocca d'Agola kann man ebenso gelangen, wenn man von der Agostinihütte über den Klettersteig E. Castiglioni in die Bocchetta dei Due Denti hinaufsteigt, dann zunächst dem Weg folgt und rechts (nördl.) ebenso um den Wandfuß der Cima Bassa d'Agola herum auf die harmlose Vedretta d'Agola gelangt. **Aus der Bocca d'Agola** quert man über ein Schneefeld bis zum Gratbeginn der Cima Bassa d'Ambiez. Man erklettert die leichten Felsen und hält sich durch Rinnen etwas links des Grates; auf einem Band weiter nach links in eine Rinne bis auf den Grat. Meist links (NO) des Grates gerade empor bis in einen Einschnitt und zum Gipfel. (Aus der Bocca d'Agola ½ Std.).

● 721 A Abstieg über den Südwestgrat

Vom Gipfel nach S in eine Scharte und weiter auf den südl. Vorgipfel. Meist auf der Seite der Vedretta d'Agola dem Grat in SW-Richtung folgen. Man gelangt zu einer Geröll- und Schrofenrinne; in ihr hinab auf ein Band. Weiter hinab durch Rinnen und über Felsstufen auf die Vedretta d'Agola. Man quert in südl. Richtung, in die Bocca d'Agola, 2886 m. Aus dieser Scharte in SO-Richtung einer Rinne und Steigspuren folgen — bei Hartschnee am besten auf den Felsen bleiben — und in das Geröllkar unterhalb der Cima d'Agola und zum Hüttenweg „Ettore Castiglioni".

● 722 Südostverschneidung
E. Castiglioni, G. Pisoni, 6. 9. 1942. **VI** (eine Stelle), V +, V. Großzügige, ausgesetzte Kletterei in Rissen und Verschneidungen; Wiederholer: einige H, KK und Schlingen nützlich. 250 m, 4 Std. Abb. S. 345.

Übersicht: Die Route verläuft durch die gelbe Wand in Fallinie des Vorgipfels (gut einzusehen vom Normalweg der Cima d'Ambiez).

Zugang: Von der Agostinihütte auf dem Weg „Ettore Castiglioni", Weg 321, in das Kar unterhalb der Cima Bassa d'Ambiez; durch die Rinne zwischen Cima d'Ambiez und Cima Bassa d'Ambiez in Fallinie einer großen Verschneidung, E. 1 Std.
Route: Leichte Felsstufen empor, über einen Überhang zum Fuß der Verschneidung. Auf Bändern nach links, um eine Kante herum und die gelbe Wand empor in Richtung der großen Überhänge zwischen den Verschneidungen. Unter den Überhängen nach rechts über eine Platte, dann weniger schwierig zu einem Band unter anderen Überhängen. Durch einen überhängenden gelben Riß (VI), dann auf die Kante, um in die Verschneidung zu gelangen. In der Verschneidung in prächtiger Kletterei empor bis unter die Dächer. Unter ihnen Quergang nach links auf die Kante. An ihr sehr ausgesetzt über zwei Aufschwünge hinweg. Danach hält man sich auf einem Band nach rechts, in einen Kamin hinein und durch ihn in die Scharte zwischen Vorgipfel und Gipfel. Nach rechts zum höchsten Punkt.

• 723 Südturm-Südwand

D. Hasse, H. Steinkötter, 22. 8. 1972. **V+**, **A 3** und A 2. Erstbeg. 31 H, fast alles belassen. Interessante Kletterei an fast immer gutem Fels. 250 m, 6—7 Std. Abb. S. 345.

Übersicht: Der S-Turm ist ein schöngeformter, teils gelber Turm mit einem grauen, vom eigentlichen Turm durch einen Kamin getrennten Vorbau. Die Route verläuft im rechten Teil des Vorbaus und mitten durch die S-Wand des eigentlichen Turms.
Zugang: Von der Agostinihütte auf dem Weg „Ettore Castiglioni", R 321, wie bei R 722 bis an den Wandfuß; 15 m rechts des tiefsten Punktes am Vorbau ist der E. 1 Std.
Route: Etwa 15 m oberhalb des Rißbeginns befindet sich ein Absatz, der von rechts her über eine kleingriffige Wand (12 m, V+, 2 H) erreicht wird. Links queren, am Beginn leicht ansteigend, an H vorbei zum erwähnten Riß, dem man 15 m folgt (VI—, Schlinge) zu Stand im Kamin. Weiter schräg rechts bis auf einen Absatz (20 m, III) zu Stand rechts oberhalb einer Nische. Eine Wandstufe hinauf (IV—) und weiter zu einem Absatz an der SO-Kante des Vorbaus (III, II, 35 m). Auf einem Geröllband etwa 5 m nach links queren und über steile, griffige

Cima Bassa d'Ambiez, Cima d'Ambiez, davor Denti d'Ambiez, Südwände (vom Weg Agostinihütte – 12-Apostel-Hütte gesehen)

Denti d'Ambiez

R 711 Normalweg, Südwand
R 713 Westwandriß

Cima Bassa d'Ambiez

R 722 Südostverschneidung
R 723 Südturm-Südwand

711
722
713
723
711

Wand (IV, eine Stelle V—) bis in eine Scharte, die den Vorbau von der eigentlichen S-Wand trennt (40 m). Aus der Scharte in einer Schleife von rechts nach links, über einen Überhang und schräg rechts empor zu einem Band unter Überhängen (IV, V, 1 H); weiter H und einer Rißspur folgend zu Nische mit zwei großen Sanduhren (25 m, 9 H, V und A 2). Schräg links empor (12 m, 1 H, V) zu Stand unter einem Überhang (H). Hinauf unter ein Dach, rechts H folgen und nach links zu Riß, den man rechts verläßt; 5 m höher Stand bei einem Bändchen, H (15 m, 8 H, A 3, V). Gerade weiter, einen Überhang überkletternd und nach einer Rißfolge zu bequemem Stand bei einem Felsköpfl (15 m, 8 H, A 2, V). Auf dem Band 3 m nach links über eine Wandstufe und linkshaltend auf ein Band, bei einer Rißspur hinauf und nach rechts unter einen Überhang, der bei einem Riß überwunden wird, zu Stand auf einem Band (20 m, 1 H, Schlinge, V und V+). Schräg rechts über eine griffige Wand zu einem Ringband (40 m, III). Rechtshaltend auf den höchsten Punkt (II).

• 730 **Cima d'Agola,** 2959 m

Die Cima d'Agola ist der Gipfel, der sich südl. an die Cima Bassa d'Ambiez anschließt und von ihr durch die Bocca d'Agola, 2886 m, getrennt wird. Sie ist die höchste Erhebung der nach S bis zum Cimon di Crésole reichenden Kette. Nach SO bricht sie mit 300 m hohen rißdurchzogenen, senkrechten Plattenwänden ins Kar ab. Auf dieser Seite befinden sich die interessantesten Anstiege.

• 731 Normalweg

I, keine Orientierungsprobleme. 20 Min. aus der Bocca d'Agola.

Aus der Bocca d'Agola, 2886 m, s. R 720, direkt auf einem steilen, 80 m hohen Grat zum höchsten Punkt.

• 731 A Abstieg über den Nordnordostgrat

I. **1½** Std. bis Hütte.

Vom Gipfel in nordnordöstl. Richtung dem Grat folgend in die Bocca d'Agola, 2886 m. Aus ihr in südöstl. Richtung wie bei 721 A und zur Agostinihütte.

• 732 Ostwandpfeiler

M. Bazzanella, E. Orlandi, F. Pedrini, C. Carè, 2. 9. 1979. **VI,** V. Interessante Route in gutem Fels, besonders schöne Kletterei in der 90-m-Verschneidung. 8 H, 2 HK. 280 m, 4—5 Std. Abb. S. 349.

Übersicht und Zugang: Wie bei R 733 zum E dieser Route, 40 Min. Rechts erkennt man einen gewaltigen Kamin, der den Anstieg kennzeichnet.
Route: 1. SL: Über Felsstufen an den Fuß des Kamins (50 m, II und III). **2. SL:** In den glatten Kamin hinein — am Ende wird ein Klemmblock überwunden — bis zu gutem Stand (40 m, IV+ und VI). **3. SL:** Durch einen Riß rechts des Kamins bis zu einer Kanzel (VI—, 2 HK und 1 H stecken); links spreizend wird ein Überhang überwunden, bis man zu einem nach rechts hochziehenden Riß gelangt. Durch den Riß (V, IV) gelangt man zu einer kleinen Terrasse (2 H). Weiter gerade hoch bis zum Sattel des O-Pfeilers (V, IV, 50 m). **4. SL:** Man hält sich in der Folge an der Wand links und gelangt durch einen Riß zu einer Terrasse (1 H, III, III+, 40 m). **5. SL:** Über Wandstufen bis zu einem großen Schuttband (40 m, II, III). **6./7. SL:** Durch einen nach links hochziehenden Riß bis zu kleinem Band (15 m, III, IV); leicht rechtshaltend, über einen Überhang (IV+) auf die leichten Gipfelfelsen und zum Gipfel, 50 m.

● 733 Direkte Südostwand

D. Hasse, S. Hebestreit, C. Hebestreit, H. Steinkötter 24. 8. 1972. **V+, A 2.** Schöne Platten- und Verschneidungskletterei; lohnend. 27 H. Wiederholer: einige H, KK sowie Schlingen nützlich. 300 m, 5 Std. Abb. S. 349.

Übersicht: Im linken Teil der SO-Wand, rechts neben der Schmitt/Pfleger-Route, R 734, zieht ein flaches Verschneidungssystem geradewegs zum Gipfel; sein Zugang ist von einer überhängenden Wandzone gesperrt.
Zugang: Von der Agostinihütte auf dem Weg „Ettore Castiglioni“, Weg 321, bis kurz vor die erste Leiter der Via ferrata. Rechts ein Schuttkar hinauf, dann Schrofen nach links erklettern (III—) bis zu einem Söller unter dem Einstieg, 40 Min.
Route: Etwa 8 m rechts des Söllers auf eine Rampe, die leicht ansteigend zur Kante leitet. An 5 H vorbei zu einem Dach, unter ihm mittels 4 H Quergang und in einem Rechtsbogen (5 H) nach rechts, schließlich frei hinauf nach rechts zu Stand bei einer Rinne (35 m, IV, A 1, A 2, IV, 14 H). Etwa 5 m leicht links aufwärts und rechts hinüber, Spreizschritt nach rechts unter Rinne (4 H); diese wird bis zu ihrem Ende verfolgt, rechterhand Wandstufe hoch (1 H) und schrägem Plattenriß folgen zu Pfeilerchen, über dem ein Riß (2 H) zu Stand bei Rißgabelung führt (40 m). Den rechten Riß immer gerade empor (40 m, V, V+, 2 H und Schlingen) zu Stand 4 m rechts. Über eine Wandstufe hinauf bis unter rißdurchzogenen gelben Fels (III). Weiter über eine graue Platte

(V+, 2 H) nach links zu einer Rinne und durch sie zu einem Schuttband (40 m). Man steht unter einer glatten grauen Wandstufe, durch deren linken Teil ein Riß leitet. Von links her in flachem Bogen (1 H) zu dem genannten Riß, der zu einem scharfen Grat führt (V). Über diesen (II) zum breiten Gipfelgrat (40 m) und zum Gipfel.

● 734 Südostwand

S. Pfleger, K. Schmitt, 16. 8. 1935. **V** (anhaltend). Interessante und schwierige Freikletterei an meist glattem, aber festem und für die Cima d'Agola charakteristischen Fels. KK und Schlingen empfehlenswert. 250 m, 4 Std. Abb. S. 349.

Übersicht: Durch die S- bzw. SO-Wand ziehen zwei nach links gebogene Kamine; durch den rechten (der linke ist der Fox/Friedrichsen-Kamin, 1942, V und VI), verläuft die Schmitt/Pfleger-Route.
Zugang: Zum E wie bei R 733 bis zum Fuß des nach links hochziehenden Kamins.
Route: Man hält sich unterhalb der gelben Platten und gelangt so zu einem Einschnitt. 25 m durch den Kamin, der wie eine Steilrinne aussieht. Im oberen Drittel des Kamins wird ein Überhang überwunden (V, H). Dann links um die Kante zu Stand. Durch die steile Rinne links bis zu einer glatten Rampe (V), über die man rechts zum Fuß des Kamins gelangt. In schöner, meist Spreizkletterei, 100 m in ihm hinauf (V). Über den gestuften Fels zum südl. Vorgipfel und weiter leicht auf den Hauptgipfel.

● 740 Due Denti, 2870 m

Die Due Denti sind zwei Felszacken, in denen die plattige Wand zwischen der Via ferrate „Ettore Castiglioni" und der Cima d'Agola gipfelt. Durch die O-Wand ziehen zwei Routen, die klassische Diagonalroute und die „Direkte Ostwand".

● 741 Ostwand, Diagonalroute

IV, 3 Std.

Cima SUSAT, Due Denti und Cima d'Agola

R 94 Via ferrata Ettore Castiglioni (Agostinihütte – 12-Apostel-Hütte)

Cima d'Agola

R 732 Ostwandpfeiler
R 733 Direkte Südostwand
R 734 Südostwand

Cima SUSAT

R 746 Ostwand, Via Colonia
R 747 Ostwand

Due Denti

R 742 Ostwand, Blumenweg

733
732
734
94
747
742
Weg 321
746

Zugang: Wie R 742.
Route: Man steigt auf der Via ferrata Ettore Castiglioni, R 94, 80 m empor und folgt rechts einem Rampenriß, der in die Scharte unmittelbar südl. der Cima d'Agola mündet.

● 742 Ostwand „Blumenweg" („Via Catullo Detassis")
G. Paganini, E. Salvaterra, 2. 7. 1982. **VI—**, V +, **A 1,** selten leichter. Ausgezeichneter Fels; Sportkletterei an Platten und feinen Rissen. Fast alle H stecken. KK und Schlingen nützlich. 250 m, 5 Std. Abb. S. 281.

Übersicht: Wegverlauf durch einen feinen Riß durch die O-Wand, der zum rechten der beiden Zähne (Due Denti) hochzieht.
Zugang: Von der Agostinihütte über den Weg „Ettore Castiglioni" zur ersten Leiter. E einige Meter rechts der Leiter.
Route: 1. SL: Leicht rechtshaltend in einen nach rechts hochziehenden Riß. Im Riß empor fast bis zu seinem Ende, einige Meter unter grauen Überhängen (40 m, IV—, IV). **2. SL:** Nach links queren (1 H) bis in den Riß, der richtungsweisend ist. Über einen Überhang und weiter zu gutem Stand (V, V +, A 1, 3 H, 25 m). **3. SL:** Einige Meter gerade weiter, dann rechts in der Wand zu einer Sanduhr mit Schlinge. Von hier durch eine Rißspur in den Hauptriß, über einen Überhang zu Stand links (30 m, V, V +, V—, 2 H). **4. SL:** Gerade weiter zu schmalem Band und von einem H 2 m nach rechts; gerade weiter zu weiteren H, von ihnen nach links wieder im Riß 10 m weiter zu Stand auf einem Absatz (40 m, V, V +, VI—, 4 H). **5. SL:** Jetzt nicht im gelben Riß weiter, sondern linkshaltend auf die Kante; an ihr weiter und im Riß zu Stand bei Felsstufen (45 m, IV +). **6. SL:** An brüchigem Fels gerade hoch und rechts auf die Kante bis zu ihrem Ende (50 m, III +). **7. SL:** Einige Meter durch die Rinne, dann links auf die Kante zum Gipfel (30 m, II).
Abstieg: s. R 745

● 745 Cima SUSAT, 2890 m

Dieser nach O mit einer schönen Wand abbrechende Gipfel, erhebt sich unmittelbar links der Via ferrata „Ettore Castiglioni", R 94, die auch den Zustieg und den raschen Abstieg zum Normalweg und außerdem den Übergang zur 12-Apostel-Hütte darstellt. Die Scharte hat ebenso auch wichtige Bedeutung für den Abstieg von den Due Denti, die ein paar Meter nördl. davon aufragen.

● 745 Normalweg
10 Min. aus der Bocca dei Due Denti. Unschwierig.

Von der Agostinihütte (R 60) über den Castiglioniweg (R 94) in die

Scharte unmittelbar nördl. der Cima SUSAT (Bocca dei Due Denti). Über leichte Felsen und Geröll zum Gipfel.

● 746 Ostwand, „Via Colonia“
D. Siegers, H. Steinkötter, 3.—4.7.1968. **VI,** A 2, **A 3** und Ae. Erstbeg: 80 H und 10 HK. Fast alles steckt. Wiederholer: einige H, KK und Schlingen nützlich. Sehr ausgesetzt, meist sichere Standplätze. 300 m, 7—10 Std. Abb. S. 281.

Übersicht: Die O-Wand wird in der Mitte von einem feinen überhängenden Riß durchzogen, der rechts des nach links hochziehenden Kamins verläuft.
Zugang: Von der Agostinihütte auf dem Weg „Ettore Castiglioni“, Weg 321, bis an den Wandfuß unterhalb einer großen Nische in 70 m Höhe zum E, 40 Min.
Route: s. Skizze S. 351.

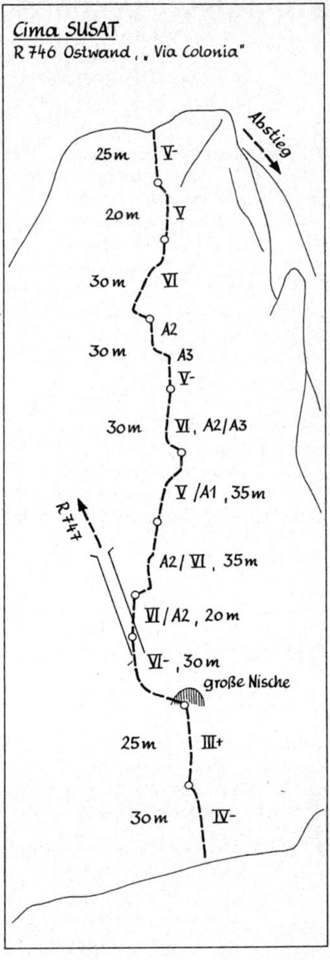

• 747 Ostwand

M. Armani, G. Giuliano, 1933. **VI—**, V. Ausgesetzte Freikletterei an Kaminen und steilen Platten, manchmal etwas brüchig. Die Route verläuft links der „Via Colonia", R 746. Einige H, KK und Schlingen empfehlenswert. 300 m, 5—6 Std. Abb. S. 343.

Zugang: Von der Agostinihütte wie bei R 746, zum gleichen E wie „Via Colonia", oder etwas links davon.
Route: 2 SL empor in eine Nische (III, IV—). Links durch den etwas brüchigen Riß spreizend empor (VI—). Weiter über einen Rißüberhang (VI—) und durch den Riß, bis es möglich wird, ihn links — ausgesetzt — zu verlassen. Weiter linkshaltend auf ein Band, an grauer Platte empor und in einen nach rechts hochziehenden Riß. Nach links durch einen leichten Kamin. Danach rechtshaltend zum Gipfel.
Abstieg: Nach N über Schrofen in die Bocchetta dei Due Denti, weiter über die Via ferrata „Ettore Castiglioni", R 94.

• 750 Cima Pratofiorito, 2900 m

Die zweigipflige Cima Pratofiorito befindet sich südl. der Cima SUSAT, mit der dieser Gipfel durch einen zackigen Grat verbunden ist. Nach W (leichtester Normalweg) stellt sie eine relativ unauffällige Erhebung dar, während die O-Wände mit meist plattigen, 300 m hohen, senkrechten Wänden ins Val d'Ambiez abbrechen.

• 751 Normalweg

Stellen **I.** 1½ Std.

Von der 12-Apostel-Hütte (R 65) auf dem Castiglioniweg, unterhalb der Cima SUSAT nach rechts (SO) über Schneefelder auf den leichten Grat (Stellen I) und zum höchsten Punkt. Abb. S. 353.

• 751 A Abstieg 1

¾ Std. Abb. S. 353.

Route: Vom S-Gipfel auf Geröll- bzw. Schneebändern in nordwestl. Richtung, dann weiter auf Schneefeldern nach W, wieder in nördl. Richtung um den W-Hang der Cima SUSAT herum und hinauf in die Bocchetta dei Due Denti zur Via ferrata „Ettore Castiglioni".

• 752 A Abstieg 2 nach Osten über die Rampe

E. Castiglioni, G. Leonardi. **II.** Dieser Abstieg ist besonders Kletterern zu empfehlen, die nicht über die Schneefelder an der W-Seite queren wollen. 1½ Std.

Vom N-Gipfel auf die NO-Seite in eine leichte Schrofenrinne, die

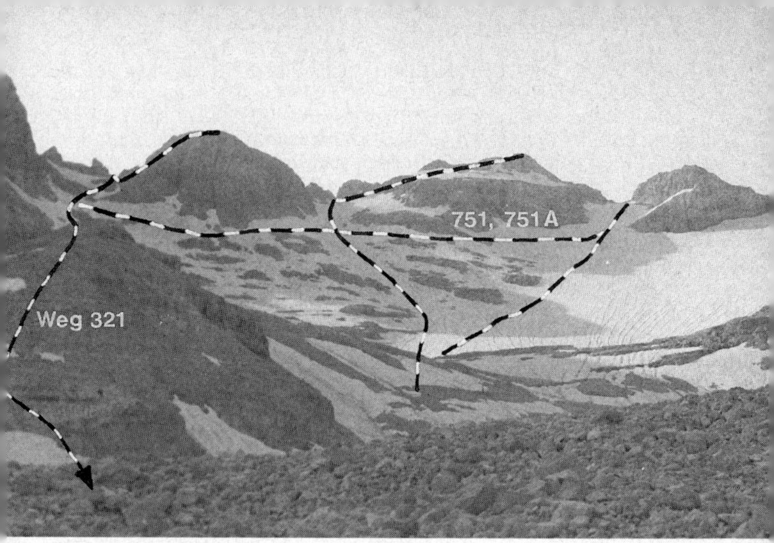

Due Denti, Cima SUSAT, Cima di Pratofiorito sowie östlicher und westlicher Passo del Vallon von der 12-Apostelhütte

Cima Pratofiorito *R 751 Normalweg* *R 751 A Abstieg 1*

rechtshaltend zu einer Rampenrinne wird, die die ganze Wand durchzieht. Die ganze Rampe hinab. Ein Felsloch wird über eine charakteristische Felsbrücke überschritten. An einer steilen gelben, aber gutgriffigen Platte hinab, an einer Nische vorbei, weiter durch kurze Rinnen bis vor einen Abbruch. 15 m abseilen zum Wandfuß.

● 753 Nordgipfel, Ostwand, linke Route
E. Castiglioni, G. Leonardi, G. Pisoni, 29. 6. 1942. **IV,** III. Schöne Kletterei an sehr gutem, kompaktem Fels; lohnend. 300 m, 4 Std. Abb. S. 355.

Übersicht: Die Route verläuft zuerst in Fallinie des Trichters zwischen N- und S-Gipfel, dann durch die O-Wand; hauptsächlich Riß- und Kaminkletterei.

Zugang: Von der Agostinihütte unter den O-Wänden der Cima SUSAT querend zum Wandfuß in Fallinie des großen Trichters zwischen S- und N-Gipfel. 3/4 Std.

Route: Rechts des Trichterauslaufes über Platten in Richtung auf die große Rinne in der O-Wand. Durch einen kurzen Kamin und oben rechts aus ihm hinaus auf die Wand. An einer glatten Felsrippe empor, weiter zu einer Kanzel rechterhand. Durch eine kurze Rinne, dann wieder in die Hauptrinne. Durch einen schwierigen Riß und in schöner Spreizkletterei Rissen und Rinnen folgend zum Gipfelgrat östl. des N-Gipfels.

● 754 Nordgipfel, Ostwand, rechte Route
Erstbegeher unbekannt. **IV** (1 Stelle), III. 300 m, 2 Std. Abb. S. 355.

Zugang: Wie bei R 753 zum gemeinsamen E.
Route: In der Rinne gerade empor zu einem Kamin, 20 m darin weiter und unterhalb eines Klemmblocks auf einer glatten Platte (IV) nach rechts. Über einen Überhang, *nicht* im Kamin weiter, sondern links an der Wand hoch. An steilen, seichten Rissen empor, die zu Kaminen werden. Die Kaminreihe und benachbarte Rippen einige SL hoch bis zum Trichterauslauf. Von rechts nach links in den Trichter und gerade hoch zum Gipfelgrat.

● 755 Südostwand, „Via Aurora" (Giorgio-Corradini-Gedächtnisweg)
E. Orlandi, E. Salvaterra, 5. 9. 1985. **VI+, A 2,** VI. Sehr ernste Route mit anhaltenden großen Schwierigkeiten an im allgemeinen gutem, kompaktem Fels, der den Gebrauch von Klemmkeilen und Friends ermöglicht. Außer Klemmkeilen und Friends Hakensortiment mitnehmen. Der Großteil an H steckt. 360 m, Wiederholer 6—8 Std.

Zugang: Wie bei R 753 zum E, zusammen mit der Asteroute, R 756, bei einer Rampe. Die Rampe leicht 70 m empor (II, III).
Route: Gleich links durch eine Rißreihe empor bis zur Querung von R 756 und weiter durch Parallelrisse (40 m, 1 H) empor. Man gelangt auf einen Pfeilerkopf zu gutem Stand (40 m, IV+). 5 m gerade empor bis unter die großen gelben Überhänge und weiter 3 m nach rechts (H). Über eine rißdurchzogene kleine Wand an kleinen Griffen hoch (1 H, V+) bis zu Überhängen, die in Spreizkletterei (2 H, VI—) überwunden

Cima Pratofiorito, Südgipfel (l.) und Nordgipfel von Osten

R 753 Nordgipfel, Ostwand
R 754 Nordgipfel, Ostwand
R 756 Südgipfel, Ostwand

756
755
753
754

werden (40 m, V+, VI—). Vom Stand 10 m nach links auf eine Platte, über eine schwierige Wand zu schwarzen Überhängen (1 H, VI—) und äußerst schwierig (1 H) zu einem kleinen Absatz (25 m, IV, VI—, A 2). Links weiter auf einer Platte, nach einem Überhang in eine Verschneidung und an deren Ende zu gutem Stand (4 H, 20 m, VI / A 1). Auf einem Band 8 m nach rechts und an Schuppen empor (1 H); dann hält man sich leicht links (1 H) und gelangt zu einer kleinen Wand; daran empor, danach 6 m auf die Kante zu und weiter 10 m gerade hoch bis zum Fuß der gelben Wand (2 H, 40 m IV, V). Die Kante entlang bis unter eine Reihe von Überhängen und Dächern, die sich in der senkrechten Wand verlieren (1 H). Sehr ausgesetzter Quergang nach rechts; zuerst um die Kante herum (4 m, 1 H, VI+), dann an den Fuß eines Risses (4 m, 1 H, A 1). An einem Überhang empor (A 2); durch den anschließenden Riß gelangt man in eleganter Kletterei in eine markante Verschneidung, 10 m oberhalb. Durch die Verschneidung zu schönem Absatz an der ausgesetzten Kante (2 H, 45 m, V / VI+, A 2 / V+). Weiter durch die Verschneidung, bis zu einem großen Dach (2 H). Dann 3 m nach rechts queren, an Platten in heikler Kletterei auf die Kante zu bis zu folgendem Überhang (1 H, 30 M, V+, VI—, V). Direkt über den Überhang (1 H) und weiter durch die Verschneidung zu den Gipfelfelsen (15 m, V+, IV). Felsstufen folgend nach weiteren 30 m auf den S-Gipfel der Cima Pratofiorito.

● **756 Südgipfel Ostwand**

A. Aste, F. Susatti, 31. 7. — 1. 8. 1953. **VI—** (eine Stelle), V+. Erstbeg. 70 H; 30—40 H stecken und genügen. Wiederholer: einige H, KK und Schlingen empfehlenswert. 320 m, 5—6 Std. Abb. S. 355.

Übersicht: Der Anstieg verläuft mitten durch die O-Wand. Im oberen Teil ist ein Verschneidungssystem richtungsweisend.
Zugang: Von der Agostinihütte wie bei R 753 unter die Wand. E direkt am Vorbau. ¾ Std.
Route: Den Vorbau 2 SL empor (III). 2 SL auf Leisten nach rechts (IV, IV+) zu einer Terrasse. 6 m gerade hoch bis unter ein großes Dach. Durch den Riß unter das Dach. 6 m nach links und in eine Nische. Links aus der Nische heraus in einem Rißüberhang nach 20 m zu dürftigem Stand (V+, VI, A 1, ↗SL). 10 m weiter zu gutem Stand auf einem kleinen Absatz (V+). Nach rechts hinab zu einem Band und unter die große Verschneidung. In der Verschneidung empor (35 m, V+, A 1). Am Überhang links vorbei bis zu einem schwarzgelben Überhang (15 m V+, A 2). Nach rechts auf eine Platte, über die Kante und wieder nach links zu Stand auf Graspolster oberhalb des Überhangs (15 m,

V). An einem glatten Riß empor; anschließend gelangt man in eine Verschneidung; rechtshaltend zu einer Terrasse (V +, A 2, IV). Nach 50 m an etwas brüchigem Fels (III +) zum Gipfel.

● 760 **Le Tose,** 2863 m

Eine fast 2 km lange Kette, die sich südl. an die Cima Pratofiorito anschließt und im S zum Passo Parol, 2680 m, reicht. Durch die O-Wände führen einige interessante, kaum begangene Routen, teils im guten, teils im schlechten Gestein. Auch die „versteckte" W-Wand des Hauptgipfels ist von einem gewissen alpinen Interesse.

● 761 Hauptgipfel — Nordgipfel, Normalweg über den Nordgrat von Osten

E. Castiglioni, G. Leonardi, im Abstieg, 8. 7. 1942. **III+** (1 Stelle), II. 300 m, 3 Std. Abb. S. 358/359.

Übersicht: Unmittelbar nördl. des Hauptgipfels befindet sich ein Vorgipfel, P. 2821. In der Fallinie der Scharte zwischen diesem und dem Hauptgipfel zieht eine Schluchtrinne durch die O-Wand, die den Durchstieg von O vermittelt.
Zugang: Von der Agostinihütte unter der O-Wand der Cima Pratofiorito entlang, Geröll queren und auf das breite Geröllband zwischen Vorbau und O-Wand bis zu Rinne. E links (südl.) der Rinne 50 Min.
Route: Über Schrofen links der Rinne empor, dann nach rechts in sie hinein. In der glatten, aber nicht schwierigen Rinne weiter. Wo sie breiter wird, nach rechts auf eine Rippe zwischen zwei Rissen. Immer gerade hoch bis unter Überhänge. Durch einen kleinen Riß linkerhand (III +) gelangt man in die obere Rinne. In ihr empor bis 20 m unterhalb der Scharte. Nach links in eine steile Rinne zu den Gipfelfelsen des Vorgipfels und weiter über den schmalen Grat zum Hauptgipfel.

● 761 A Abstieg auf dem Normalweg

1½ Std.

Vom Gipfel über Grat nach N, nach rechts (NO) in die Rinne hinab zur großen O-Wand-Rinne; wo diese abbricht, seilt man kurz ab. Weiter in der Rinne abklettern. Unten rechts (südl.) halten, um Abbrüchen auszuweichen.

● 762 Südgipfel, Ostwand

G. Pisoni, M. Stenico, 1943. **V**, selten leichter. Richtungsweisend ist ein großer Riß, der den oberen Wandteil in der Mitte durchzieht. Hauptschwierigkeiten auf den ersten 200 m. 300 m, 3—4 Std. Abb. S. 358/359.

Cimon de Crésole, Passo di Parol und Le Tose, die westlichen Begrenzungsgipfel des Val d'Ambiez

Le Tose

R 761	*Hauptgipfel – Nordgipfel, Normalweg über den Nordgrat*
R 762	*Südgipfel, Ostwand*
R 763	*Südgrat*
R 765	*Hauptgipfel, Direkte Ostwand*
R 766	*Mittelgipfel, Ostwand*

Cimon di Crésole

R 771	*Ostgrat*
R 772	*Ostflanke*

Zugang: Von der Agostinihütte (oder Cacciatorihütte) an den Wandsockel, 50 Minuten von der Agostinihütte, 1 Std. von der Cacciatorihütte.
Route: Von links nach rechts einen leichten Kamin empor. So gelangt man nach 100 m auf ein Band, das durch die ganze Wand zieht. 25 m an einer kleinen Verschneidung empor zu Stand. Durch eine folgende Verschneidung (V) gelangt man in einen brüchigen Riß. 10 m darin empor zu H (V). Quergang nach links und durch einen folgenden Riß zu weiteren zwei Rissen. 20 m zuerst im linken dieser Risse empor, dann im rechten über eine geneigte Platte. Im Riß einige SL bei abnehmenden Schwierigkeiten gerade hoch (V—, IV, III). Über leichte Felsen zum S-Gipfel.
Abstieg: Über den Mittelgipfel zum Hauptgipfel, dann wie bei R 761 A (III+ und leichter).

● 763 **Südgrat**

II. Nicht als Abstiegsweg geeignet, da man von Passo di Parol, 2680 m, auf den 100 m höheren Vorgipfel des Cimon di Cresole, R 770, steigen müßte, um über dessen O-Grat (I) die Mulde östl. des Passo di Parol im Val d'Ambiez zu erreichen. Die ganze Überschreitung von Cimon di Cresole 2855 m — Passo di Parol, 2680 m — Le Tose (S-, Mittel-, und Hauptgipfel) mit Abstieg durch die O-Wand (R 761 A), stellt ein einmaliges alpines und landschaftlich schönes Unternehmen dar. 3 Std. vom Passo di Parol. Abb. S. 358/359.

Route: Vom Passo di Parol auf der W-Seite zu einer Schneerinne, die vom Grat des S-Gipfels herabzieht. Durch sie bis unter einen Block. Links auf die Wand und, wo es möglich ist, wieder in die Rinne zurück. In der Rinne empor zu Gabelung und weiter durch die linke Wand und durch einen Kamin. Um einen Überhang herum auf den Grat und zum S-Gipfel. Weiter über den Mittelgipfel und N-Gipfel-Vorgipfel zum Hauptgipfel.

● 764 Hauptgipfel, Westwand

V. Bramani, E. Gasperini, G. Pisoni, M. Stenico, 25.8. 1946. **V** (1 Stelle), IV. Interessante, kaum begangene Tour in einem abgelegenen wilden Brentawinkel, lohnend. Erst ab Ende August oder Anfang September. Einige H, KK und Schlingen empfehlenswert. 300 m, 4 Std.

Zugang: Von der Agostinihütte zunächst über die Via Ferrata Ettore Castiglioni in die Bocchetta dei Due Denti, 2859 m, 1 Std. Aus ihr hinab, absteigend nach W an den Fuß der W-Flanke der Cima SUSAT queren, weiter unterhalb der Cima Pratofiorito entlang in den ersten Sattel westl. davon (Passo Orientale del Vallon, 2870 m). Von hier in das Hochtal Busa del Vallon. Links die Geröllhänge querend gelangt man zu einem Schuttkegel, über den man an den Beginn eines Kamins stößt. 2 Std. von der Agostinihütte. Abb. für den Zugang S. 353.

Route: Durch den Kamin bis auf ein Band unter dem ersten Plattengürtel. Man quert nach links zu einem zweiten Kamin, der bis zu seinem Ende durchstiegen wird. Durch einen waagrechten Riß nach rechts zu großer Platte auf einer Terrasse. Auf die Platte; von ihr gerade an einer großen, glatten Platte empor und zu den großen Überhängen des zweiten Plattengürtels. Von hier sehr ausgesetzt 50 m nach rechts und rechtshaltend zu einem großen Riß; in ihm in Richtung einer kleinen Scharte. Von der Scharte wählt man den linken zweier Kamine. Man gelangt in eine Rinnne mit einem nassen Überhang, der erklettert wird. So erreicht man den langen Riß zum nördl. Vorgipfel.

● 765 Hauptgipfel, Direkte Ostwand

S. Pfleger, K. Schmitt, 21.8.1935. **V** und IV. Außerordentlich schöne Kletterei an gutem Fels, die dem etwas brüchigen Vorbau nicht ausweicht. 550 m (mit Vorbau), 5 Std. Abb. S. 358/359.

Zugang: Von der Agostinihütte (oder von der Cacciatorihütte) zum tiefsten Punkt des Vorbaus, den man ohne nennenswerte Schwierigkeiten erklettert (falls der Fels zu brüchig erscheint, wird der Vorbau nördl. umgangen). Man gelangt auf das Geröllband unter der steilen plattigen Wand. Links der Rinne des Normalweges, R 761, quert man bis zu einem runden Pfeiler. Südl. des Pfeilers liegt der E. 1 Std.
Route: Durch die Risse, die der Pfeiler mit der Wand bildet, hinauf bis zu einem großen Überhang. Rechts wird der Überhang umgangen; man

quert oberhalb des Überhanges bei einem H nach links. Weiter im Kamin empor, wo er sich gabelt, in den rechten Ast. Man gelangt auf den Pfeilerkopf. Rechtshaltend zu gelbem und überhängendem Fels; durch einen gelben Riß rechterhand 1 SL empor bis unter gelben Fels. Quergang nach links in eine Nische, dann durch einen Riß mit schwierigem Einstiegsüberhang. In der Folge hält man sich links und gelangt zu den leichten Gipfelfelsen.

● 766 Mittelgipfel, Ostwand

E. Castiglioni, G. Leonardi, 8.7.1942. **IV** E), sonst III. Route von untergeordneter Bedeutung in Fallinie der N-Scharte des Mittelgipfels. 300 m, 3 Std. Abb. S. 358/359.

● 770 Cimon di Crésole, 2855 m

Der Cimon di Crésole oder auch Corno di Senaso genannt, erhebt sich südl. des Passo di Parol. Mit seinem Vorgipfel sieht der Berg von der Agostinihütte wie ein Horn aus. Daher auch der zweite Name „Corno" di Senaso. Wichtige Kletterrouten gibt es an diesem Berg nicht, da er nach fast allen Seiten mit schrofigem Gelände abbricht, während die steilen Wände oft ziemlich brüchig sind. Interessant erscheinen seine O-Flanke und der O-Grat.

● 771 Ostgrat

I und Gehgelände. Für den Auf- und Abstieg geeignet, vor allem aber für die Überschreitung zum Hauptgipfel der Tose, landschaftlich sehr schön. Im Winter nach mehreren Schönwettertagen bietet der Anstieg durch die O-Flanke, 650 m, mit ihren bis zu 50° steilen Schneerinnen ein einmaliges Erlebnis. 2½ Std. Abb. S. 358/359.

Zugang: Von der Cacciatorihütte, R 78, auf dem Weg in den Geröllkessel unterhalb der NO-Wand. Links im Kessel zieht ein steiles Band mit Wegspuren zum Grat empor.
Route: Über Band auf Grat, auf ihm oder links neben ihm über Rinnen und Rippen bis auf die erste große Gratschulter. Weiter am manchmal luftigen Grat entlang, Aufschwüngen an der S-Seite ausweichend zum Vorgipfel, 2779 m. Von hier kann man zum Passo di Parol absteigen, vgl. R 763. Vom Vorgipfel über Schuttgrat zum Gipfel.

● 772 Ostflanke

I. M. Brazzali, H. Steinkötter, Februar 1982. Nur als Winterbegehung interessant, da alle Rinnen mit Hartschnee gefüllt sind. Abb. S. 358/359.

783
776
778
779
793
794
778
zur
Bocca
d'Ambiez
zur
Agostinihütte

● 775 Punta dell'Ideale, 2950 m

Formschöner Turm, der sich unmittelbar südl. der Bocca della Tosa, 2845 m, erhebt, und mit senkrechten Kanten und Wänden auf die Vedretta d'Ambiez abbricht.

● 776 Normalweg von Norden

C. Garbari, N. Pooli, 28.8.1895. **III—**, II. 100 m, 1 Std. aus der Bocca della Tosa. Abb. S. 362.

Zugang: Von der Agostinihütte über den Brentariweg, Nr. 358 und 304, in die Bocca della Tosa, 1 Std. oder von der Pedrottihütte über Weg 304 und den Brentariweg in 1½ Std.

Route: Aus der Bocca auf einem schmalen Band nach links, dann 25 m gerade hoch in eine Geröllrinne. In ihr empor in die Scharte zwischen dem Dito dell'Ideale und der Punta dell'Ideale. An steiler Felsstufe empor zu einer Felsleiste und rechtshaltend auf ein breites Band. Man gelangt in einen Kamin an der NW-Seite. In ihm empor, bis man durch dessen rechten Ast zum Gipfel gelangt.

● 776 A Abstieg

Entweder über den Normalweg, oder besser durch Abseilen im oberen Teil. 1 Std.

Vom Gipfel auf den Grat hinab bis zu einer Scharte, in deren Nähe sich zwei AH befinden. 20 m hinab auf ein Band abseilen, weiter in die Scharte zwischen Dito dell'Ideale und Punte dell'Ideale. Durch eine Geröllrinne 30 m zu einer kleinen Scharte, dann links (N) abklettern oder abseilen in die Bocca della Tosa.

● 778 Westkante

A. Corn, A. Dalsass, L. Pedrotti, M. Stenico, 25.6.1943. **V** und IV. Schöne und ausgesetzte Kletterei an meist festem Fels. 250 m, 3—4 Std. Abb. S. 362.

Übersicht: Von der oberen Vedretta d'Ambiez ist der Wegverlauf gut auszumachen. Im unteren Teil verläuft die Route durch eine zunächst

Punta dell'Ideale und Campanile Steck aus der Bocca d'Ambiez

Punta dell'Ideale

R 776 Normalweg von Norden
R 778 Westkante
R 779 Südwestkante

Campanile Steck

R 793 Westwand, Südwestkante
R 794 Westwandriß

geneigte, sich später aufsteilende, rißdurchzogene Plattenwand, um nach 150 m auf die eigentliche Kante zu stoßen, der man zum Grat folgt.
Zugang: Von der Agostinihütte auf Weg 358 Richtung Brentariweg unter die Kante rechts der Rinne, die aus der Bocca della Tosa herabzieht.
Route: Über leichte Felsen in Richtung auf eine 40 m lange, steile Verschneidung. Durch sie empor, oben etwa 8 m nach rechts zu einer bequemen Terrasse. Senkrecht hoch auf ein Band und wieder mit kurzer, nach rechts ansteigender Querung direkt auf die Kante. Den überhängenden Felsen wird in ausgesetzter, schwieriger Kletterei (V) nach rechts ausgewichen. Im folgenden schrägen Riß weiter, danach senkrecht hoch und über kleine Überhänge, bis man wieder nach links auf die Kantenschneide gelangen kann. Über diese in eleganter, aber weniger schwieriger Kletterei auf den Gipfel.

● 779 Südwestkante
M. Armani, M. Pilati, G. Pisoni, 30.7.1939. **IV.** Wohl die schönste Kletterei an der Punta dell'Ideale, wird mit Recht öfter begangen. 250 m, 3—4 Std. Abb. S. 362.

Übersicht: Die Route verläuft meist durch die Kaminrinne unmittelbar in Fallinie der ersten Scharte südl. der Punta dell'Ideale. Danach wickelt sich die Route an der Kante bzw. der schmalen S-Wand ab.
Zugang: Wie bei R 778 unter die W-Wand der Punta dell'Ideale.
Route: Über plattige Felsstufen in die erwähnte Kaminrinne. In ihr empor, links durch Risse an Überhängen vorbei und weiter durch ein enges Felsenfenster in die Scharte. An leichtem Fels empor zu einem Band und weiter auf eine gelbliche Verschneidung zu, die einige Meter rechts der Kante hinaufzieht. Quergang nach rechts und parallel zur Verschneidung. 20 m gerade hoch, dann wieder ausgesetzter Quergang nach links und in einen seichten Kamin oberhalb der Verschneidung. Weiter nach links queren und in schöner ausgesetzter Kletterei zum Gipfel.

● 780 Direkte Ostwand
D. Hasse, H. Steinkötter, 25.8.1972. **VI, A2,** V. Erstbeg. 14 H, 1 HK. Wiederholer: einige H sowie Schlingen empfehlenswert. Ausgesetzte Kletterei. 250 m, 4—5 Std. Abb. S. 365.

Campanile Steck und Punta dell'Ideale von Osten

Punta dell'Ideale
R 780 Direkte Ostwand

Campanile Steck
R 795 Vorgipfel-Ostwand, Via Agnese

780
795

Übersicht: Die Route durchzieht die schroffe, zum Teil überhängende gelbe O-Wand links der Schlucht zwischen Punta dell'Ideale und Tosamassiv.
Zugang: Von der Agostinihütte dem Palmieristeig, Weg 320, folgen, bis man in das Hochtal einbiegen kann, das zwischen Castei Meridionali und Ceda Bassa liegt. Im Hochtal hinauf, über Schutt, Geröll und Firn an den Wandfuß südl. der Schlucht, die zwischen Punta dell'Ideale und Tosamassiv herabzieht. 1 Std.
Route: Links der Schlucht 80 m hinauf (Stellen III—) zu einem breiten Band unter der gelben Steilwand. Rechts eines großen Blocks durch den rechten zweier überhängender Risse 25 m hoch zu Stand auf Schuttabsatz (A1, A2, V+, 6 H). Den Riß weiter hoch zum nächsten Band (10 m, V) und nach links zu Stand. Nun (🔑 SL) nach links mit Hakenhilfe um die Kante zu Stand an Sanduhr über einem markanten Pfeilerchen (10 m, A2, 7 H, 1 K). 2 m hinauf (1 H) und Quergang nach links (VI) zu einer steilen Rinne in grauem Fels. Durch sie (V) bei 2 Sanduhren nach rechts und über die Kante (IV) zu Stand, 25 m. Durch eine anschließende Rinne 2 SL von je 25 m (II und III) einen Überhang empor (V) zum O-Grat und auf ihm zum Gipfel.

● 782 Dito dell'Ideale

Schlanker Felsturm, der sich an die Punta dell'Ideale an seiner N-Seite anschmiegt, von Bedeutung lediglich der Normalweg.

● 783 Normalweg
G. Graffer, R. Videsott, 24. 7. 1927. **IV**, interessante Kletterei, 90 m. 1 Std. Abb. S. 362.
Zugang: Wie bei R 776 in die Bocca della Tosa.
Route: 35 m eine Rinne hinab Richtung Vedretta d'Ambiez zu einem Riß. Im Riß schräg links empor zu Kante. Weiter linkshaltend und Rissen folgend zu Absatz. Leichter zu einem engen Kamin in der Nähe der Kante; links durch ihn bis unter eine steile, kompakte Wandstufe. Unter ihr quert man nach rechts bis fast zur Kante; nun gerade hoch und sehr ausgesetzt in Richtung eines rötlichen Felsens zum Gipfel.
Abstieg: Durch Abseilen in die Scharte zwischen Dito und Punta dell'Ideale, dann wie bei R 776 A.

● 790 Campanile Steck, 2850 m

Dieser Turm erhebt sich etwa 150 m südl. der Punta dell'Ideale; weiter südl. des Campanile Steck befinden sich die Casteitürme. Die Routen am Campanile Steck werden im allgemeinen weniger geklettert, obwohl der Turm durchaus ersteigungswert ist; überwiegend guter Fels.

● 791 Normalweg von Süden

III (eine Stelle), II. Richter und Steck, 1910. Etwas brüchiger Fels. 200 m, 2 Std.

Zugang: Von der Agostinihütte den Vedretta d'Ambiez empor bis zum Fuß der Rinne in Fallinie der Scharte unmittelbar südl. des Campanile Steck, 1 Std.
Route: An einer glatten Platte hoch (♂), weiter auf schmalem Band nach links und wieder auf einem höheren Band nach rechts. Über etwas brüchige Felsen auf ein weiteres Band, über einen Überhang und rechtshaltend zum Gipfel.

● 792 A Abstieg

Stellenweise **I.** 1 Std.

Am besten folgt man dem N-Grat (Richtung Punta dell'Ideale), weiter über Felsstufen an der O-Seite ins Hochtal zwischen den Casteitürmen und der Cima Ceda Bassa. Man stößt auf den Palmieriweg, auf dem die Agostinihütte erreicht wird.

● 793 Westwand / Südwestkante

A. Corn, G. Pisoni, 28.6.1943. **V**, IV. Teilweise, besonders im unteren Teil, anstrengende Rißkletterei, im Frühsommer oft naß. 200 m, 2 Std. Abb. S. 362 und 369.

Zugang: Von der Agostinihütte bis an den Fuß des auffallenden Kamins im rechten Teil der W-Wand.

Route: Im Kamin links empor zu einem Riß. An ihm weiter und eine Verengung außen überwindend (V) einige Meter schwierig weiter, dann zu leichteren Felsen. Später, nach Überwindung einer weiteren schwierigen Stelle, verbreitert sich der Riß und man gelangt an die SW-Kante. An ihr in sehr schöner Kletterei an vielen Griffen, kleine Überhänge überwindend, zum Gipfel.

● 794 Westwandriß

M. Armani, C. Fedrizzi, E. Gasperini, 14.8.1938. **IV.** Interessante Rißkletterei durch den Diagonalriß in die W-Wand. 200 m, 2 Std. Abb. S. 362.

Zugang: Von der Agostinihütte an den Fuß des Risses.
Route: Dieser wird in eleganter, schwieriger Kletterei ganz durchstiegen. Man gelangt zum Grateinschnitt nördl. des Turmes. Rechtsquergang zu einem Klemmblock und in ausgesetzter Kletterei direkt zum Gipfel.

● 795 Vorgipfel-Ostwand, „Via Agnese"
E. Orlandi, G. Orlandi, 7.9.1979. **IV+**, IV. Elegante sehr ausgesetzte Kletterei, besonders auf den letzten 3 SL. 240 m, 2 Std. Abb. S. 365.

Übersicht: Der Vorgipfel bricht mit einer steilen, grauen Wand in das Hochkar nach O ab. Die Route verläuft fast immer in der Mitte der sich zum Gipfel zu stark verjüngenden Wand.
Zugang: Von der Agostinihütte auf dem Palmieriweg und um die Casteitürme herum zum Wandfuß, 40 Min.
Route: 1. SL: Unmittelbar rechts der schwarz-gelben, überhängenden Wand der Casteitürme quert man eine Rinne und über Geröll, weiter über einen kleinen Vorbau bis zu einer kleinen Verschneidung (40 m, II, III). **2. SL:** Durch die Verschneidung bis zum Fuß eines gelben Überhanges (35 m, III). **3. SL:** Spreizschritt nach links, dann nach rechts weiter gerade empor, bis zu einem Band unter einer senkrechten, teils überhängenden, aber sehr griffigen Wand (40 m, IV und III). **4. SL:** Zunächst durch kurze Kaminstücke, dann in offener Wand in eleganter Kletterei bis zu einer Kanzel (40 m, IV+, IV). **5. SL:** Weiter in Wandmitte bis zu einer Schuppe, von der man sich leicht rechts hält; über einen Überhang (H), darüber zu Stand (35 m, IV, IV+). **6. SL:** Leicht linkshaltend — kleine Überhänge werden direkt überklettert — gelangt man auf den Vorgipfel (40 m, IV, IV+). Übergang zum Hauptgipfel durch Absteigen und Spreizschritt möglich.

● 800 Torre Zanlucchi

Der Torre Zanlucchi ist der erste markante Turm südl. des Campanile Steck. Auf der W-Seite bricht er mit einer senkrechten Wand ins obere Ambieztal ab.

● 801 Westwand, „Via Maria"
M. Bazzanella, E. Orlandi, C. Cané, 9. 9.1979. **V, A1** (eine Stelle), IV. Freikletterei. 210 m, 3—4 Std.

Punta dell'Ideale, Campanile Steck, Torre Zanlucchi (Casteitürme) und Cima Ceda Occidentale vom E. Castiglioni-Weg

Denti d'Ambiez
R 711 Normalweg, Südwand

Campanile Steck
R 793 Westwand, Südwestkante

Torre Zanlucchi
R 802 Westwand
R 803 Westverschneidung, Westkante
R 804 Westverschneidung, Via del Rifugio Agostini
R 805 Südkante, Via Nora

Punta dell' Ideale
Campanile Steck
Casteitürme
Torre Zanlucchi
Westl. Cima Ceda
793
802
803
804
805
711

Zugang: Von der Agostinihütte auf Weg 358 das Ambieztal hoch bis man rechts über Geröll, etwa 100 m unterhalb der Vedretta d'Ambiez, nach O zum Beginn des Bandes queren kann, wo der Torre Zanlucchi ist.
Route: Über den steilen Restschnee steigt man rechtshaltend auf eine Schulter. **1. SL:** Rechts der gelben Überhänge, von denen man links durch einen Riß bis zu einem Absatz hochklettert (40 m, IV, III). **2. SL:** Auf einen überhängenden Riß zu, an ihm empor und auf ein schmales Band (20 m, IV+, V). **3. SL:** 3 m nach links auf die Kante und auf eine Kanzel, weiter durch einen feinen Riß bis zu einem Band (20 m, A1, V, IV, III). **4. SL:** An der Kante empor und über eine Rinne zu einer Terrasse (40 m, III, II). **5. SL:** An einem schwarzen Wandl weiter hoch, auf ein Band und rechtshaltend hinauf (40 m, IV, III). **6. SL:** An einem Riß gerade hoch und weiter an grauem Fels bis zum Gipfel (50 m, II, und IV).

● 802 Westwand

A. Corn, G. Pisoni, 1943. **IV+.** Interessante Kletterei, schon früh im Sommer möglich. 220 m, 1½ Std. Abb. S. 369 und 373.

Zugang: Von der Agostinihütte über die Vedretta d'Ambiez oder unterhalb durch Geröll auf das breite Band unter die Wand in Fallinie zweier parallel verlaufender Risse.
Route: Nach einigen Metern Wandkletterei hält man sich auf den rechten Riß zu. Bevor man ihn jedoch erreicht, schräg nach links an kleinen Verschneidungen empor (IV+). Man gelangt zu einer kleinen Nische mit Absatz; guter Stand. Über einen Überhang anstrengend empor. Nach 5—6 m und einer schwierigen Rechtsquerung gelangt man in den rechten Riß. Durch ihn bis auf ein breites Band. Weiter hält man sich links einer Rinne und gelangt unter einen Sporn. Direkt an ihm empor und 2—3 m auf der anderen Seite hinab in eine Scharte. Weiter unter einen gelben Überhang. Durch den Riß, der ihn teilt, und weiter im Riß empor bis zu Klemmblock. Rechts weiter und direkt zum Gipfel.

● 803 Westverschneidung / Westkante

R. Fait, F. Pedrotti, 1955. **V**, III, 2 H. Besonders in den unteren beiden SL anspruchsvolle Freikletterei, lohnend. 200 m, 2 Std. Abb. S. 369 und 373.

Zugang: Wie bei R 802. 15 m rechts davon E bei einer Verschneidung.
Route: Durch die Verschneidung unter zwei auffallenden Dächern. Das erste Dach wird rechts an der Wand (schwierigste Stelle) zu gutem Stand überwunden. Durch eine kurze gelbe Verschneidung links und

durch einen Kamin über zwei Klemmblöcke; den Kamin links verlassen zu Stand. Einige Meter im Kamin weiter, weiter nach rechts ausgesetzt auf die Kante und daran empor bis zu einem Band. 5 m nach links, durch einen schwarzen Kamin und dann an der W-Kante empor zum Gipfel.

● 804 **Westverschneidung, „Via del Rifugio Agostini"**
E. und G. Orlandi, M. Bazzanella, 15.9.1979. **IV+**, IV durchgehend. 2 H und 2 HK belassen (für den Abstieg durch Abseilen). Schöne klassische Kletterei an gutem, griffigem Fels; lohnend. 200 m, 2—3 Std. Abb. S. 369 und 373.

Zugang: Von der Agostinihütte auf das Band unter der Wand und nach rechts bis zu einer großen Rinne.
Route: 1. SL: Durch die Verschneidung an gutem Fels bis zu Stand zwischen zwei Nischen (40 m, III). **2. SL:** Zuerst nach links, dann über Platten und sehr ausgesetzt, aber griffig, zu einer Terrasse unterhalb einer schwarzen Verschneidung (40 m, IV, IV+, Sanduhren). **3. SL:** Durch die Verschneidung (im Riß), dann spreizend zu Stand an deren Ende (40 m, IV). **4. SL:** Vom AH 10 m Quergang zur Rißverschneidung. **5. SL:** Durch die Verschneidung, dann zur Kante (40 m, IV+, IV). **6. SL:** Nach 20 m (II) zur Gipfelterrasse.

● **804 A Abstieg**
Vom Gipfel 40—50 m abklettern bis zur Terrasse der 4. SL. Ab hier bis zum Wandfuß abseilen.

● 805 **Südkante, „Via Nora"**
E. Orlandi, allein, 5.—9.1.1984. **VI, A3**, V+. Interessanter Anstieg, zunächst rechts der Kante in hauptsächlich freier Kletterei an feinen Rissen. Fast alle H stecken. Für Wiederholer: mittlere und kleine KK erforderlich. Möglicherweise an einem Tag zu wiederholen. 300 m. Abb. S. 369 und 373.

Zugang: Von der Agostinihütte in ¼ Std. zum E etwas rechts oberhalb der Wasserstelle.
Route: 1. SL: 30 m an grauer Wand empor zum Beginn der eigentlichen Kante (IV). **2. SL:** 15 m vom Band zu einer Kanzel am Beginn des gelben Risses rechts der Kante (IV). Weiter im Riß empor über zwei Überhänge bis zu einer kleinen Terrasse mit Sanduhr (45 m, V, V+, VI). **3. SL:** Im überhängenden Riß weiter, einmal schräg hinauf, dann gerade hoch und über einen Überhang zu abschüssigem Stand (30 m, V+, VI). **4. SL:** Durch einen breiten Riß und über einen Überhang

auf einen abgesprengten Pfeilerkopf. Über einen Überhang empor bis unterhalb des großen Daches (30 m, VI, V, VI). **5. SL:** Einige Meter schräg nach links sehr ausgesetzt an Dach empor, dann den Überhang erklettern und an senkrechter Wand weiter zum Fuß einer Kaminverschneidung; so gelangt man auf das obere Band (30 m, V, V+). **6. SL:** An der Wand rechts der Kante zunächst an einem seichten Riß empor, danach an einer überhängenden Platte weiter und schließlich direkt auf die Kante (30 m, V, V+). **7. SL:** Direkt an der Kante hoch, weiter durch eine kurze Verschneidung und an gestuftem Fels weiter auf die große Terrasse (30 m, III, V). **8./9. SL:** Zunächst durch eine Verschneidung, dann weiter an kurzer senkrechter Wand empor zu den leichten Gipfelfelsen. Nach 50 m leichter Kletterei an der Kante zum höchsten Punkt.

● 810 Casteitürme

Die sechs Casteitürme erheben sich unmittelbar südl. des Campanile Steck und brechen nach W steil ab. Besonders bei unsicherem Wetter können die Klettereien an ihnen als willkommene Ausweichziele angesehen werden. Aus der Vielzahl von Routen — teilweise mit Klettergartencharakter — wird hier die wichtigste beschrieben.

● 811 Südlicher Casteiturm, Südwand

M. Armani, U. Battistata, E. Gasperini, 14.7.1938. **IV,** III. Außerordentlich schöne Kletterei an gutem Fels durch die von einem Band durchzogene S-Wand. Der Routenverlauf ist von der Agostinihütte klar zu erkennen. 300 m, 2 Std. Abb. S. 373.

Zugang: Von der Agostinihütte zunächst durch eine Rinne empor, die den südlichsten Casteiturm vom Crozzet del Rifugio trennt. E.
Route: Über das erste Schuttband gerade weiter, dann aber nicht in der Rinne weiter, sondern an steilem Fels links davon, an kurzen Rissen und Felsschildern empor. Nach einer schwierigen Stelle gelangt man auf das große Schuttband. Ausweichmöglichkeit zur Vedretta d'Am-

Castei Meridionale

Torre Zanlucchi

R 802 *Westwand*
R 803 *Westverschneidung, Westkante*
R 804 *Westverschneidung, Via del Rifugio Agostini*
R 805 *Südkante, Via Nora*

Casteitürme

R 811 *Südlicher Casteiturm, Südwand*

Crozzet del Rifugio

R 816 *Westkante*

802
803
804
805
811
816

biez. Auf dem Band nach links bis in Kantennähe. An der nun steilen, von Rissen durchzogenen Wand sehr ausgesetzt und in eleganter Kletterei einige SL empor zu den leichten Gipfelfelsen.

• 815 Crozzet del Rifugio

Auffallender Felsgrat, der mit einer schönen W-Kante der Agostinihütte gegenüber südl. der Castei Meridionali (Südliche Casteitürme) abbricht. Besonders als Eingehtour bei unsicherem Wetter geeignet.

• 816 Westkante

E. Gasperini, A. Miori, 11.7.1937. **IV**, III. 180 m. 1½ Std. Abb. S. 373.

Zugang: Von der Hütte über Geröll und Trittspuren an den Fuß der großen Schlucht zwischen Crozzet und Casteitürmen; dann rechts zu einer Reihe von Verschneidungsrissen. E.
Route: Durch Verschneidungen und Risse empor zu einem Absatz direkt an der Kante. In ausgesetzter, teils schwieriger Kletterei direkt hoch zum Gipfel.
Abstieg: Durch die Schluchtrinne zwischen Crozzet und Casteitürmen. ½ Std.

• 820 Cima Ceda Occidentale (Westliche Ceda), 2766 m

Die beiden Cedagipfel (Cima Ceda Occidentale und Cima Ceda Orientale) erheben sich zwischen der Pozza di Tramontana im N und dem Talabschluß in Richtung NO des Val d'Ambiez. Während sich die interessanten Kletterrouten der Östlichen Ceda an deren N-Wand befinden, weist die Westliche Ceda an ihrer SW-Seite eine ganze Menge von lohnenden Anstiegen auf. Besonders begrüßenswert ist der jeweils leichte Abstieg bei beiden Bergen.

• 821 Normalweg

I. 2 Std. von beiden Hütten.

Zugang: Von der Pedrotti-Hütte wie bei R 843 unter die Wände der Ceda.
Route: In die Scharte empor, die die beiden Cedagipfel voneinander trennt, dann über den Grat rechts (O-Grat) und über Stufen leicht zum Gipfel.
Von der Agostinihütte folgt man dem Palmieriweg, Nr. 320, bis man bei großen Blöcken in die Schluchtrinne emporsteigt, die südl. zwischen den beiden Cedagipfeln hochzieht. Man gelangt so in die oben erwähnte Scharte, dann nach links (W) über Stufen zum Gipfel. Als Normal-

weg mühsam und nicht lohnend; im Abstieg jedoch sehr schnell und unproblematisch.

● 822 Südwestverschneidung
G. Collini, T. Masè, 16. 8. 1964. **VI** (1 Stelle), sonst V, IV. Es handelt sich um die etwa 250 m hohe Verschneidung unmittelbar westl. des Hauptgipfels. Im allgemeinen schöne Freikletterei. Hauptschwierigkeiten auf 2 SL begrenzt. Ein paar H, KK und Schlingen empfehlenswert. 3½ Std. Abb. S. 378 / 379.

Zugang: Von der Agostinihütte auf dem Weg Richtung Forcolotta di Noghera, Palmieriweg, 320, ins Hochkar zwischen Casteitürmen und der Westlichen Ceda (Cima Ceda Occidentale) zum E direkt an Verschneidungsfuß 1 Std.
Route: Durch einen Kamin zunächst leicht empor, dann zuerst gerade, dann etwas links halten (III +). Wieder in die Verschneidung zurück und in ihr weiter (IV). Von einem Stand 6 m empor bis unter ein Dach, einige Meter nach links und senkrecht weiter bis auf ein Band (eine Stelle V). 25 m weiter empor, bei H 3 m nach links und schräg links halten zu Stand (40 m, 3 H, VI). Wieder in die Verschneidung zurück, in ihr empor bis zu einer Nische (V). In der Verschneidung weiter bis unter ein großes Dach (40 m, IV). Nach links querend gelangt man zum Gipfel.

● 823 Südwestwand, Direktroute
M. Comper, M. Pisetta, 9.—11. 9. 1962. **VI-, A2 / A3,** V. Interessante Kletterei, kaum wiederholt; landschaftlich sehr schön. Ausweichmöglichkeit auf die Castiglioniroute. 300 m, 8—10 Std. Abb. S. 378 / 379.

Zugang: Wie bei R 822, E 50 m rechts davon in Fallinie der riesigen Überhänge.
Route: Zunächst etwas linkshaltend in Richtung einer Felsplatte und auf sie zu Stand. 6 m nach rechts queren (IV). Weiter gerade hoch, dann links halten (H), dann wieder nach rechts queren an den Fuß einer überhängenden Verschneidung 20 m an ihr empor (3 H, VI) zu Stand. 7 m nach rechts zu einem Riß, der einen Überhang durchzieht. Man folgt diesem 10 m; danach 2 m empor und in einen Riß, dem man nach rechts folgt (VI—, A). Man gelangt zu einer gelben überhängenden Verschneidung. In ihr empor bis unter ein Dach (VI—). Nach rechts und zu einer Kante, an ihr 4 m empor zum Biwakplatz der Erstbeg. Wieder nach links in die Verschneidung bis unter ein gelbes Dach (VI—, A 1), das rechts überwunden wird. An grauem Fels einige Meter

empor (IV, V). Weiter bis unter einen schwarzen Riß (V, VI—). Nicht durch diesen, sondern rechts davon an der Verschneidungskante empor, bis man zu einer Terrasse gelangt (VI, zweites Biwak der Erstbeg.). Vom rechten Ende der Terrasse 70—80 m in einer Kaminverschneidung empor (IV bis VI—) bis unter gelbe Überhänge. Weiter an einem gelben Riß empor zu Stand auf einem Köpfl (V und VI—). Von hier etwas rechtshaltend in die Kaminverschneidung. In ihr nach 2 SL (V+) zum Gipfel.

● 824 Südsüdwestwand, Castiglioniroute

G. Boccalatte, V. Bramani, E. Castiglioni, 1937. **IV.** Ausgesprochen schöne Kletterei an gutem Fels, leider wenig begangen. 300 m, 3½ Std. Abb. S. 378/379.

Zugang: Wie bei R 822 unter die Wand. Zum E bei einer Reihe von Rissen, gleich rechts von den Überhängen im unteren Wandteil.
Route: Durch die Risse 4 SL empor, bis man auf geneigten Fels kommt, der eine lange Linksquerung ermöglicht. Immer leicht ansteigend quert man über kurze Risse und Kaminstücke hinweg an ausgezeichnetem, plattigem Fels, bis man zu einem großen Kamin im linken oberen Wandteil gelangt. Der Kamin wird in interessanter Kletterei durchstiegen. Eine Engstelle wird entweder direkt überwunden, oder man quert darunter sehr ausgesetzt nach links; dann auf einer Kante empor. Von einem Grateinschnitt an leichten Felsen zum Gipfel.

● 825 Westkante

U. Scheidt, D. Siegers, 18.9.1967. **V**, IV. Ausgesetzte Kletterei an fast immer gutem Fels. 300 m, 4 Std. Abb. S. 378/379.

Übersicht: Am Kantenfuß befindet sich ein großer Felsblock. 20 m davon, in einer Nische, ist der E. Im unteren Teil verläuft die Route durch ein Riß- und Kaminsystem. Unter dem großen Kantenüberhang wechselt die Route in die N-Wand, über die der Gipfel erreicht wird.
Zugang: Von der Agostinihütte zunächst dem Weg 320 folgen, dann weiter wie bei R 822, 1 Std.
Route: Von der Einstiegsnische 20 m rechts des Kantenblocks schräg links empor bis zu einem Kamin, der erklettert wird. Ein Klemmblock wird an seiner linken Seite überwunden; anschließend wechselt man über leichten Fels in die N-Wand, bis an das Ende des Vorbaus über. Nun 10 m gerade hinauf und kurzer Quergang nach links um eine Kante. Durch die gutgestufte N-Wand 4 SL hinauf, über einen Klemmblock und ein glattes Wandstück 5 m hoch, 15 m Quergang über eine Leiste nach rechts zur Kante und anschließend über den Grat zum Gipfel.

● 826 **Südgipfel, Südwestwandkamin**

M. Armani, G. Giuliano, M. Lubich, 24.7.1933. **V**, IV, selten leichter. Ernsthafte, anhaltend schwierige Riß- und Kaminkletterei, wird kaum wiederholt. Einige H, KK und Schlingen nützlich. 300 m. 5 Std. Abb. S. 378/379.

Übersicht: Die SW-Wand wird von einem auffallenden Riß durchzogen, der in seiner ganzen Länge durchstiegen wird.
Zugang: Wie bei R 825 zum Geröll am Wandfuß, E in Fallinie des Kamins.
Route: Im Rißkamin gerade empor und linkshaltend nach etwa 2 SL in eine Art Schlucht. Man folgt dem Kamin, bis er sich im gelben Fels verliert. Man quert 10 bis 12 m nach rechts (V+) und gelangt wieder in den teilweise sehr tiefen Kamin, in dem sich drei Klemmblöcke befinden. In Spreizkletterei außen an den Kaminwänden hoch (guter Fels) und sehr ausgesetzt weiter. Vom letzten Klemmblock aus gelangt man zu einem kleinen Sattel. Über eine schwierige Wand gelangt man auf den Pfeiler rechts. Weiter, immer auf dem Grat, ohne nennenswerte Schwierigkeiten zum Gipfel.

● 827 **Südturm, Südwestwand**

C. Bolner, P. Fox, M. Friederichsen, 10.8.1942. **VI—**, V, IV. Eine der schönsten Freiklettereien an der Ceda. Erstbeg. 2 H; 300 m, 4 Std. Abb. S. 378/379.

Zugang: Von der Agostinihütte wie bei allen anderen Routen an der SW-Seite der Ceda in das Kar zum E 80 m rechts von R 826; 1 Std.
Route: Im Kamin empor und nach rechts zum Fuß eines anderen Kamins. Durch ihn bis zu einer Terrasse und der großen Verschneidung. Im Kamin weiter empor bis zu einer Gabelung; der Kamin beginnt mit

Folgende Doppelseite:
Cima Ceda Occidentale und Orientale von Südwesten
Cima Ceda Occidentale, Westliche Ceda

R 822 Südwestverschneidung
R 823 Südwestwand, Direktroute
R 824 Südsüdwestwand, Castiglioniroute
R 825 Westkante
R 826 Südgipfel, Südwestwandkamin
R 827 Südturm, Südwestwand
R 829 Direkte Südwand
R 832 Südwand

Torrione Pedrotti

R 834 Südwestverschneidung
R 835 SOSAT-Turm, Südwestwand

Cima Ceda Orientale, Östliche Ceda

R 842 Südwestwand

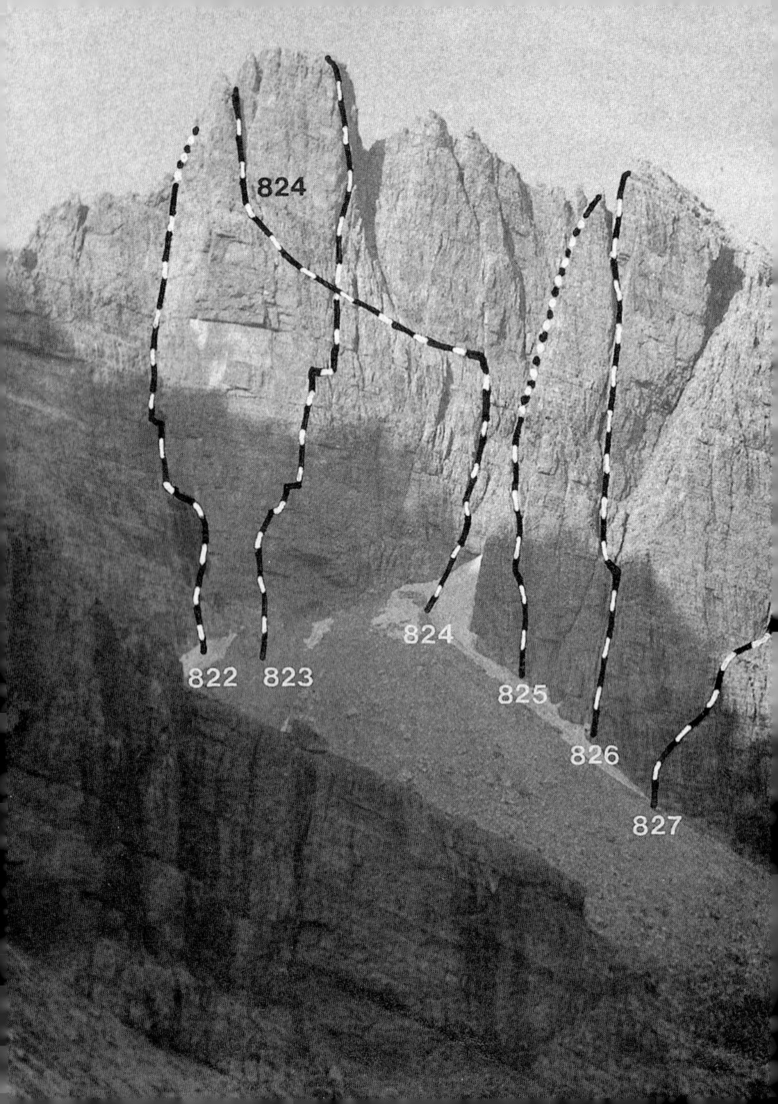
824
824
822
823
825
826
827

829
834
832
835
842
Weg 320

einem großen Überhang, der erklettert wird (IV). In der Folge weiter im Kamin; ein weiterer Überhang wird erklettert (VI). Man gelangt so zu den leichten Gipfelfelsen.

• 828 Südwand, „Via dei Raponzoli“

Elio Orlandi, allein, 9. 8. 1985. **VI+**, VI, V und IV. Sehr ausgesetzte Route an bestem Gestein durch die senkrechte, 200 m hohe Wand, die ein feiner Riß durchzieht, der richtungsweisend ist. Den Überhängen wird im allgemeinen ausgewichen, wodurch Freikletterei vorherrscht. Nur kurze Passagen in künstlicher Kletterei. Einige H sowie KK-Sortiment und Friends nötig. 200 m 3—5 Std.; eventuell weitere 200 m leicht zum Gipfel.

Zugang: Wie bei R 829 über den Palmieriweg an den Fuß der S-Wand zu einer großen an den Pfeiler angelehnten Kanzel zum E.
Route: 1. SL: Auf die Kanzel hinauf (I) und weiter bis unter einen kleinen Pfeiler (8 m, IV), durch einen Riß nach zwei kleinen Überhängen und durch eine schwarze Verschneidung zu einem Band (40 m, V, VI, IV+). **2. SL:** Weiter gerade empor über einen schwierigen Überhang (A1, 2 H, VI+). Weiter durch einen feinen Riß und eine Verschneidung auf ein schmales Band (V/IV+) und 10 m nach rechts zum Fuß einer großen Verschneidung (40 m, VI+, V, IV+). **3. SL:** In eleganter Kletterei durch die Verschneidung bis unter den Überhang rechts eines großen Daches, das links an überhängender, glatter Platte überwunden wird. (VI—, 1 H). In schöner Kletterei bis auf ein bequemes Band (45 m, V, IV+, VI, IV). **4. SL:** Auf dem Band 10 m nach links bis zu einem kleinen Überhang (1 H). Weiter auf einen Absatz (IV+) und zu einem feinen Riß empor (V+, 1 H); man gelangt auf die SW-Kante (40 m, IV+, V, V+). **5. SL:** An kleinen Platten an der Kante empor bis auf den Pfeilerkopf (40 m, IV, III). Jetzt entweder dem Grat folgend zum Gipfel (leichte Kletterei), oder gleich rechts auf ein breites Band, das zum Schluchtweg führt (Weg zum Passo dei Cacciatori).

• 829 Direkte Südwand

E. Orlandi, L. Rigotti, R. Sottovia, 5. 10. 1980. **V+**, V, IV+. Erstbegeher 3 H. Schöne Kletterei an steilem, festem Fels. Wiederholer: einige H, KK und Schlingen empfehlenswert. Routenverlauf durch den linken steilen und kompakten Wandteil. 280 m, 4 Std. Abb. S. 378/379.

Zugang: Von der Agostinihüttte auf dem Palmieriweg, 320, unter die S-Wand; über Geröll zum Fuß einer Verschneidung. Einige Meter links davon befindet sich der E; 40 Min.

Route: **1. SL:** Über Risse und Verschneidungen schräg rechtshaltend zu einem Band (50 m, IV). **2. SL:** Durch einen Riß schräg rechts am Dach vorbei, dann durch einen kurzen Kamin und über den nachfolgenden Überhang in eine Verschneidung bis zu einer Terrasse (50 m, IV + .). **3. SL:** Jetzt nicht nach rechts auf den Turm, sondern bei zunehmender Schwierigkeit gerade an einem schönen Felsschild empor, (V + , 1 H) zu einem anderen Riß (V), dann nach links zu gutem Stand (40 m). **4. SL:** Etwas nach links, dann schräg rechts über einen Überhang. An griffigem steilen Fels zu Überhängen und über sie hinweg zu Stand an einer Verschneidung (35 m, V, V+, Wandbuch). **5. SL:** In der Verschneidung 8 m hoch und nach rechts um die Kante herum; weiter über Platten und durch Risse zu einem kleinen Band (35 m, IV+). **6. SL:** Weiter an Platten hoch in eine kleine Verschneidung bis zum ersten großen Band (30 m, IV). **7. SL:** Auf dem Band 5 m nach links, durch einen Kamin (III) und auf die Gratschulter; weiter über den Grat zum Gipfel (I, II).

● **832** **Südwand**

M. Armani, E. Gasperini, 8.9.1934. **IV.** Teilweise schöne Kletterei an der gestuften Wand. 350 m, 3½ Std. Abb. S. 378/379.

Zugang: Von der Agostinihütte auf dem Palmieriweg unter den Wandfuß, ½ Std. über Geröll empor zu einem Kamin, der rechts hochzieht. E.

Route: Im Kamin hoch. In der Wandmitte geht er in einen Riß über; man gelangt so zu einem großen Block auf einem Band (schon von unten sichtbar). Rechts davon an leichten Felsen empor zu den Gipfelfelsen. Jetzt entweder zum Gipfel, oder an der O-Seite, Richtung Passo dei Cacciatori, in die S-Abstiegsrinne, vgl. R 821.

● 833 Torrione Pedrotti

An den S-Turm angelehnter, etwa 150 m hoher Turm, auf den eine interessante, wenn auch relativ kurze Route führt.

● **834** **Südwestverschneidung**

S. Bonvecchio, R. Fait, F. Pedrotti, 15.8.1956. **V+** (eine SL), IV. 7 H, entfernt. 150 m, 2 Std. Abb. S. 378/379.

Zugang: Von der Agostinihütte auf Weg 320 und über Geröll an den Fuß der Verschneidung, ¾ Std.

Route: 5 m rechts der Verschneidung an einem feinen Riß empor auf ein Band (Steinmann). Im Riß etwas rechtshaltend empor, dann rechts

über ein Dach. An einem überhängenden Riß (✓, V+, 30 m) empor zu einem Absatz. Weiter durch den Riß und leichter zum Gipfel.
Abstieg: Durch fünfmaliges Abseilen längs des Aufstieges an AH.

● 835 SOSAT-Turm, Südwestwand
R. Fait, F. Zamboni, 23.9.1956. **V+**, IV—. Der Torrione SOSAT (SOSAT-Turm), benannt nach einem Bergsteiger-Verein in Trient, ist der letzte Turm der Westlichen Ceda. Rechts der S-Wand-Route von Armani und Gasperini, R 838. Erstbeg. 15 H. 200 m, 3½ Std. Abb. S. 378/379.

Zugang: Von der Agostinihütte auf den Palmieriweg unter den Turm, ¾ Std. Von den drei Verschneidungen, die vom Gipfel herabziehen, steigt man bei der rechten ein.
Route: 15 m gerade in der Verschneidung empor bis zu einem Dach (V+). Unter dem gelben Dach quert man 10 m nach links (V, 1 H) zu gutem Stand (2 H). Weiter durch eine schwarze senkrechte Verschneidung (20 m, V) bis zu einem Band (Steinmann). Durch die Verschneidung weiter 50 m zu einer Terrasse. Leichter bis unter die gelben Dächer links, unter denen man 4 m nach rechts quert. An gestuftem Fels rechts der Dächer zur Kante zwischen der rechten und mittleren Verschneidung. An der Kante empor und in die rechte Verschneidung; durch sie in einen Riß rechts bis auf den Gipfel.
Abstieg: An der O-Seite an Felsstufen (I) bis in die Rinne zwischen Westlicher und Östlicher Ceda.

● 840 Cima Ceda Orientale, Östliche Ceda, 2757 m

Die Östliche Ceda erhebt sich unmittelbar östl., nur durch eine tiefe Rinne von dieser getrennt, der Westlichen Ceda und erstreckt sich bis zur Forcolotta di Noghera. Von der Pedrottihütte aus wirkt sie besonders eindrucksvoll. Vor allem an ihrer N-Wand — von der Pedrottihütte gut einzusehen — gibt es eine Reihe von interessanten Routen. An der S-Wand ist lediglich die Castiglioniroute von Interesse.

● 841 Normalweg (Überschreitungsweg)
Bischoff, Greenitz, Reinl (im Abstieg), 21.8.1904. **II,** I. Als Normalweg gilt die Überschreitung vom Passo dei Cacciatori (zwischen den beiden Cedagipfeln) über den NW-Grat zur Forcolotta di Noghera. 1—2 Std. Abb. S. 384/385.

Zugang: Von der Agostinihütte gelangt man zunächst über den Palmieriweg, Weg 320, der unterhalb der Rinne, die die beiden Ceda voneinander trennt, verlassen wird, zum Passo dei Cacciatori. Die Rinne empor bis in die Einschartung. 1½ Std.

Route: An der rechten Rinnenwand, wo es am besten geht, einige Meter steil, aber gestuft hoch. Dann hält man sich zunächst etwas rechts und wieder über Stufen nach links bis in unmittelbare Gratnähe. Man folgt jetzt immer einem System von Bändern und Stufen unterhalb des Grates (S-Seite), bis man schließlich in eine Rinne gelangt, die direkt auf den Gipfelgrat führt. ¾ Std.
Abstieg: Vom Gipfel dem Grat in östl. Richtung folgen, bis man ins Schrofengelände gelangt; weiter in südöstl. Richtung zur Forcolotta di Noghera, (I), ½ Std. und auf dem Palmieriweg zur Agostinihütte. ¾ Std.

● 842 Südwestwand

E. Castiglioni, allein im Abstieg, 6. 8. 1942. **III** (kurze Stellen), I. Nur im Winter als interessante Kletterei zu bezeichnen, da der Anstieg meistens auf steilen Schuttrampen verläuft. Hier die Beschreibung für eine winterliche Besteigung; 300 m, 3 Std. Abb. S. 378/379.

Zugang: Von der Agostinihütte zum Normalweg, R 841, an den Beginn der Rinne, die vom Passo dei Cacciatori herabzieht. Etwa 150 m rechts der großen Rinne sieht man eine Kaminreihe, die bei idealen Verhältnissen recht interessant sein kann.
Route: Von links nach rechts in die Rinne hinein, über eine steile Engstelle, 5 m mit 70°, dann 2 SL am Fels weiter gerade hoch mit guten Standplätzen; weiter über Bänder schräg linkshaltend und über kurze Wandstufen, bis man in eine Rinne gelangt, die nach rechts hochzieht. Darin empor und weiter nach rechts queren bis in eine weitere steile Rinne, die zum Gipfel leitet.

● 843 Nordnordostwand

U. Frischauf, L. Gerold, 14. 9. 1924. **V** (Einstiegs-SL), IV. Sehr schöne Freikletterei an gutem Fels, lohnend. 250 m, 3—4 Std. Abb. S. 384/385.

Zugang: Von der Pedrottihütte folgt man zuerst dem Palmieriweg bis fast zum Talgrund unterhalb der Wand. Über Felsplatten und einen Geröllhang gelangt man zum Wandfuß. E unterhalb eines schwarzen, charakteristischen Kamins. Rechts die Geröllrinne zur Westlichen Ceda.
Route: Über eine kleingriffige graue Platte, die eine Verschneidung bildet (V). In der Nähe der Verschneidung, dann 30 m direkt in der Verschneidung empor und nach rechts auf die Kante der Platte (V). Etwas höher quert man in den schwarzen Kamin. Anfänglich ist er eng; dann weiter empor in schöner Kletterei bis zu einer Höhle. Von der Höhle

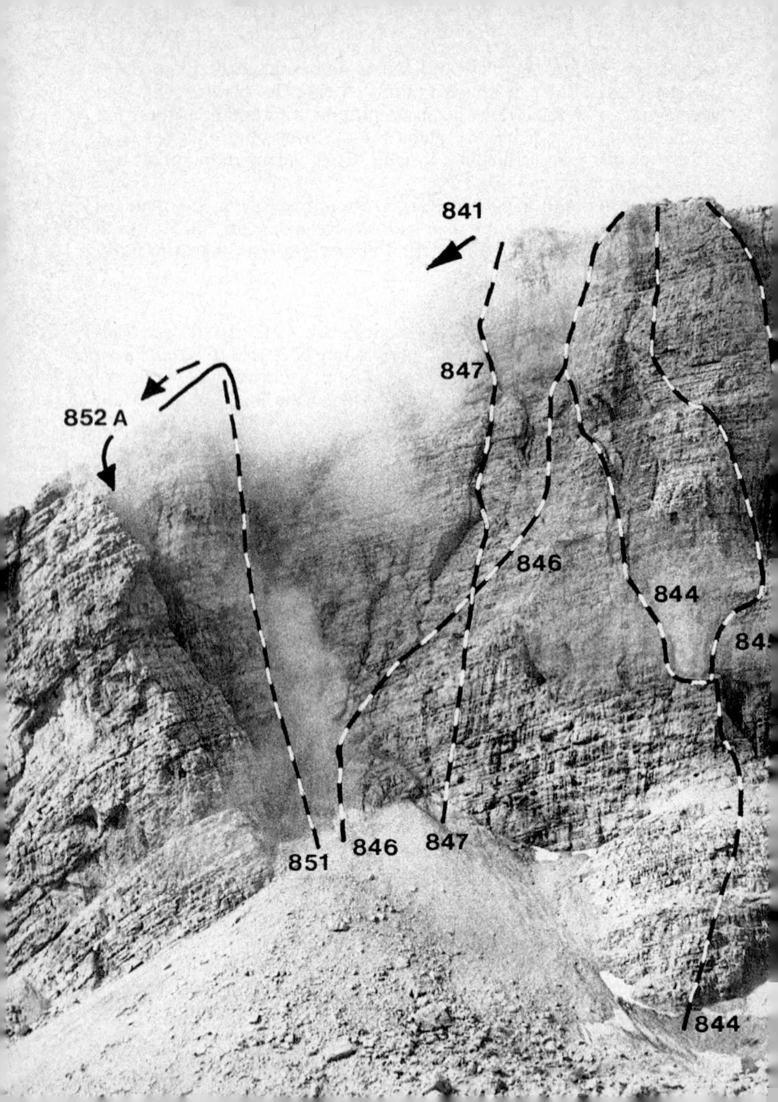

841
847
852 A
846
844
84
851
846
847
844

Cima Ceda Orientale von Norden

R 841 *Normalweg (Überschreitungsweg)*
R 843 *Nordnordostwand*
R 844 *Nordostwand, Agostini / Graffer-Route*
R 845 *Nordostwand, Richter / Steck-Route*
R 846 *Nordostwand, Bischoffroute*
R 847 *Nordostwand, Via Elena*
R 851 *Nordkante*
R 852 A *Abstieg*

nach links auf das breite Band, das die Wand durchzieht. In einer leichten tiefen Rinne empor zum Gipfel.

● 844 Nordostwand, Agostini / Graffer-Route

S. Agostini, G. Graffer, 1929. **V** (1 Stelle), IV. Interessante Route durch den mittleren Teil der Wand, 250 m, 4 Std. Abb. S. 384 / 385.

Zugang: Wie bei R 843 zum Wandfuß. Über den Vorbau entweder direkt, oder von rechts auf einem Einstiegsband, 50 m rechts unterhalb eines markanten gelben Wandausbruches. E.
Route: Gerade über Stufen, dann schräg linkshaltend in eine Riß-Kaminreihe, die nach links verläuft. Man gelangt nach schwieriger Kletterei auf einen Felskopf unter große, gelbe Überhänge. Auf einem Band nach links, dann kommt man 20 m absteigend zu einem Kamin und weiter in die Mulde an der ONO-Wand. In ihr rechts hinauf zum höchsten Punkt der Mulde bis unter die überhängende Wand mit einer großen Verschneidung und einem engen, senkrechten Kamin. Durch den Kamin am besten an seiner rechten Seite (V). Weiter durch eine breite Rinne und steilen, schwierigem Fels direkt zum Gipfel.

● 845 Nordostwand, Richter / Steck-Route

Richter, Steck und Gef. 1910. **IV.** Die erste und eigentlich direkteste Route. Gleicher E wie R 844. 250 m, 3—4 Std. Abb. S. 384 / 385.

Zugang: Wie R 843.
Route: Zunächst wie R 844 auf den Felskopf rechts der gelben Ausbrüche. Man gelangt in eine große Verschneidung, die oben links verlassen wird; weiter über steilen, kompakten Fels direkt zum Gipfel.

● 846 Nordostwand, Bischoffroute

S. Bischoff, K. Greenitz, H. Reinl, 21. 8. 1904, **IV**, III, II. 230 m, 1½ Std. Abb. S. 384 / 385.

Zugang: Wie bei den anderen Routen an der NO-Wand. E dort, wo der Schnee am höchsten zwischen dem Torrione della Ceda (links) und der Östlichen Ceda heraufreicht.
Route: Schräg von links nach rechts an leichten Felsplatten empor bis zu einer Geröllmulde in Wandmitte. Im mittleren dreier Kamine 10 m (IV) empor und zu einem Absatz. Links zu einem Kamin. Zu schmalen Bändern unter der Schlußwand (Ausweichmöglichkeiten). In einem nach rechts hochziehenden Riß oberhalb von Überhängen weiter und in einen Kamin. In ihm empor; man verläßt ihn rechts auf einer Wand.

Weiter rechtshaltend zu einem Absatz und weiter durch einen gelben Kamin zum Gipfel.

● 847 Nordostwand, „Via Elena“

M. Comper, A. Marolda, 4. 8. 1964. **V** (1 Stelle), IV, III. Gradliniger Anstieg in schöner Kletterei. Zu Unrecht kaum wiederholt, guter Fels. 240 m, 3 Std. Abb. S. 384/385.

Zugang: Wie bei den anderen NO-Wand-Routen zum E etwa 50 m rechts von R 846.

Route: Etwa 4 SL in eleganter Kletterei bis zu einer Reihe von senkrechten Rissen und Verschneidungen gerade hoch. An einem senkrechten schwarzen Riß empor (IV), weiter weniger schwierig bis zu einem überhängenden Wandgürtel mit gelben Dächern. Quergang einige Meter nach links und hinauf zu einer Verschneidung in Fallinie des Ostgipfels. In die Verschneidung durch einen Riß (V), dann in schöner eleganter Kletterei (IV) direkt zum Gipfel.

● 850 Torrione della Ceda

Kühngeformter Felsturm (eher ein Felssporn) links der NO-Wand. Erste Ersteigung über R 851.

● 851 Nordkante

V. Bianchi, P. und G. Graffer, S. Ruffo, 19. 8. 1940. **V** (1 SL), IV. Interessante Freikletterei. 200 m, 2—3 Std. Abb. S. 384/385.

Zugang: Wie R 843.

Route: Zunächst das steile Schneefeld zwischen Cima-Ceda-NO-Wand und dem Torrione empor. E bei einem engen Kamin in der N-Wand. Bis zu einem Absatz bei einer schwarzen Rißverschneidung 8 m in der Verschneidung empor und bei einem H Querung nach rechts auf die Kante. Etwas höher wieder in die Verschneidung zurück; darin empor zu einer Nische (V). Linksquergang zu einem nach links ziehenden Riß. Man gelangt so zu einem Geröllabsatz. Weiter linkshaltend zu einer roten Nische. Der Überhang wird links umgangen; man erreicht eine schöne Terrasse. Von hier gerade empor zum Gipfel.

● 852 A Abstieg

Einmal 20 m abseilen. ½—¾ Std. Abb. S. 384/385.

Zunächst den O-Grat hinab bis zu einer Scharte. Nun weiter in der tiefen Rinne, die die N-Seite diagonal durchzieht. In ihr hinab (stellenweise Schnee). In der Mitte 20 m abseilen; weiter die Rinne hinab bis zum Schneefeld unterhalb des E.

IV. Östliche Randgebiete

Zu den östl. Randgebieten zählen die im folgenden beschriebenen Berge mit ihren Anstiegen. Dazu gehören der Croz dell'Altissimo im N, die Cima Fontane Fredde und der Monte Daino (alles Gipfel, die dem Croz dell'Altissimo gegenüberliegen und nach S verlaufen), sowie der Croz del Rifugio, der sich in unmittelbarer Nähe der Pedrottihütte befindet. Besonders der Croz dell'Altissimo ist von großer Bedeutung für den Kletterer.

● 860 Croz dell'Altissimo, 2339 m

Neben dem Crozzon di Brenta weist der Croz dell'Altissimo die höchste Wand der ganzen Brentagruppe auf. Die mächtige, fast 900 m hohe S-Wand bricht mit nahezu senkrechten Plattenwänden ins Val delle Seghe ab. Der leichteste Anstieg in dieser Wand weist jedoch den V. Grad auf, so daß die Wände, Risse, Verschneidungen nur den extremen Bergsteiger ansprechen werden. Das Gestein ist meist sehr kompakt, plattig, besonders in Verschneidungen und Kaminen, die bei fast allen Routen richtungsweisend sind. Durch die geringe Meereshöhe der Gipfel sind alle Routen als Herbsttouren, bei beständigem Wetter auch schon ab Mitte Mai möglich. Man hüte sich jedoch in dieser Wand vor einem Wettersturz — die wenigen Nischen bieten kaum Schutz vor Wasserfällen. Der Latschenwuchs in der Wand macht sich im allgemeinen kaum störend bemerkbar, sondern bietet oft willkommene Zwischen- und Standsicherungen.

● 861 Normalweg von Osten
I (stellenweise), bez. 3 Std. von der Pradélhütte.

Von der Pradélhütte (R 76) durch Sessellift von Molveno oder Fahrweg von Andalo zu erreichen. (Man informiere sich in Andalo bzw. Molveno, ob der Lift geht.) Auf bequemem Weg in ½ Std. zu einer Privathütte, La Montanara, 1525 m. Richtung N dem Weg durch eine Wiese folgen und weiter durch Wald bis auf den Rücken, 1882 m. Bei der Abzweigung (rechts geht es zum Piz Gallino) gerade weiter auf dem Grat durch Latschen und Felsen (I). Bei etwa 2000 m hält man sich rechts am Berg. In der Folge steigt man einige Meter ab, bei einer Felsnase. Weiter nördl. halten zu Latschen mit großen Felsblöcken. Ein leichter Felsriegel wird erklettert; so gelangt man in eine große Mulde (Conca dei Mandrini). Linkshaltend die Mulde empor zum SO-Gipfel, oder weiter zu einem Sattel (Passo dei Lasteri) und nach links über Grasgrat zum Gipfel.

● 861 A Abstieg nach Pradél auf dem Normalweg von Osten
2 Std.

Vom Gipfel über Steigspuren durch Latschen hindurch nach N in eine Mulde (Conca dei Mandrini), zwischen Croz dell'Altissimo und Cima dei Lasteri. In östl. Richtung absteigen bis auf etwa 2000 m Höhe, dann nach S zwischen Blöcken und Latschen in Richtung auf einen Rücken. Man stößt auf den Weg und gelangt auf ihm zur Pradélhütte (Sessellift).

● 862 A Abstieg zur Croz-dell'Altissimo-Hütte
2½ Std.

Vom Gipfel auf dem N-Grat nordwestw. auf den Sattel des Passo dei Lasteri, 2281 m. Weiter auf den Grat zur Cima Lastieri. Wo der Grat steiler wird, quert man 150 m nach links (westw.) eine Felsrinne. Weiter über leichte Felsen hinab und auf den Weg zum Passo Clamer, 2163 m. Vom Passo Clamer durch eine Schlucht nach S ins Val delle Seghe und auf dem Weg zur Croz-dell'Altissimo-Hütte.

● 863 Nordwestgipfel, Südwestwand
M. Mazzoleni, O. Pianta, 12. 7. 1959.
V, IV. Die Route verläuft durch die Wand links der Detassis/Giordani-Route, R 865. Kaum wiederholt. 900 m, 6—7 Std. Abb. S. 392/393.

Zugang: Als bester Stützpunkt dient die Croz-dell'Altissimo-Hütte, R 73, aber auch von der Bergstation des Sesselliftes zur Pradélhütte, 1367 m, sind alle Routen gut möglich. Von Pradél (Sessellift von Molveno) auf einem interessanten, aussichtsreichen Weg zur Croz-dell'Altissimo-Hütte, 1 Std. Von der Hütte durch den Wald und über Geröll an den Wandfuß, 10 Min.
Route: Durch die Rinne 30 m empor, dann 2 SL an senkrechter Wand weiter (V). Von einem abschüssigen Band rechterhand an der Wand in schöner Kletterei empor bis unter ein großes Dach. Rechts am Dach empor und Quergang von 20 m auf einem Band. 75 m an steiler Wand empor und 40 m durch einen Riß nach rechts. An einer Unterbrechungsstelle auf der Wand weiter (H), dann wieder in den Riß zu einer Höhle. Durch einen glatten Kamin (20 m, V) gelangt man auf ein Band mit Latschen. 2 SL an einer Wand mit dunklem Fels empor. Man gelangt in einen glattwandigen Kamin, der nach links emporzieht. 100 m im Kamin empor bis unter ein großes Dach. Links am Dach durch einen Riß zum Ausstieg in Nähe des NW-Grats, über den man den Gipfel erreicht.

● 864 Südwestwand, Dibonaroute

A. Dibona, G. und M. Mayer, L. Rizzi, 1910. V+ (2 Stellen), V, IV. Vielseitige Kletterei, manchmal schon ab Mai möglich, sonst als Herbsttour empfehlenswert. Einige H, KK und Schlingen nützlich. 900 m, 5—7 Std. Abb. S. 392/393.

Zugang: Von der Croz-dell'Altissimo-Hütte auf dem Weg Pradél — Croz-dell'Altissimo-Hütte bis zur Geröllrinne in der Fallinie der linken, von Kaminen durchzogenen Verschneidung. Durch die rechte zieht die Armaniroute, R 870. 20 Min. zum E.

Route: Links über schuttbedeckten Fels und Platten auf ein 10 m höher liegendes Band, das nach rechts in einen Kessel verfolgt wird. Rechtshaltend über Schrofen auf ein schmales Band. Nun dieses Band so weit nach rechts verfolgen, bis der Latschenbestand aufhört. Rechtshaltend in eine Art steile Rinne, die auf einen Absatz leitet. 2 SL über plattigen, kleingriffigen Fels nach links (III+). Mehrere SL ohne bedeutende Schwierigkeiten über das Band nach links in den Geröllkessel am Beginn der riesigen Verschneidung. Durch den linken der beiden Risse nach 40 m unter einen Überhang zu Stand (IV, 1 H). Über den Überhang, weiter über eine griffige Platte in eine Rinne zu Stand unter einen Wulst (IV und V). Rechts über eine Plattenwand in eine Rinne nach 40 m zu Stand unter einem riesigen Dach, das die Verschneidung sperrt (V und IV+). 15 m unterhalb ist Zwischenstand möglich. In den Spalt zu H mit Schlinge und Quergang im Spalt. Kurz nach dessen Überwindung (6 H, V+) dürftiger, aber sicherer Stand (Rucksack aufseilen). Über den Überhang in einen kleinen Kessel. Durch einen Kamin unter einem Klemmblock in eine Rinne und links auf einen Absatz. Durch einen griffarmen Riß (1 H) in den oberen großen Verschneidungskessel. Rechtshaltend über Schrofen zuerst waagrecht, dann diagonal ansteigen in Richtung auf ein Bäumchen. Weiter zur Kante und gerade hinauf auf ein die ganze Wand durchziehendes Band. Dieses Band bis zu seinem äußersten rechten Ende verfolgen. Durch den folgenden Kamin (immer links im Riß bleiben) und über brüchigen Fels in eine Scharte (2 SL IV und III). Über geneigte Platte zu Stand unter einer steilen Platte. Über die Platte (links ein Kamin) zu Stand (V—). Linkshaltend zuerst ansteigen, dann zum Fuß eines wulstartigen Aufschwunges queren. Über den Wulst (H) und Rißspuren folgend über Stufen zum Beginn einer weiteren Platte (V+). Über diese Platte zu Stand an Latschen (V—). 15 m höher gelangt man zu einem Wandl, das links überwunden wird (2 H), weiter auf ein großes Band. Die folgende Kante wird am besten direkt erklettert. 1 SL leicht rechtshaltend (III), dann einige Meter nach links, über ein kleingriffiges Wandl und Quergang nach rechts zur Kante. Über die Kante bis unter Überhänge, dann

Quergang nach rechts in einen Kamin, der weiter verfolgt wird. Weiter, links der Kante, über den Grat zum Gipfel.

● 864 a Detassisvariante

G. Corrà, B. Detassis, 1932. **V+**, IV. Logische Fortsetzung in der großen Verschneidung. 450 m, 4 Std. für die Variante. Abb. S. 392/393.

Route: Dort, wo die Dibonaroute die Verschneidung rechts verläßt, gerade empor. Nicht zu empfehlen, da teils brüchig und steinschlaggefährdet.

● 865 Südsüdwestwand

Bruno Detassis, E. Giordani, 30. 7. 1936. **VI—** (Stellen), V+, V. Sehr schöne Freikletterei in Verschneidungen und Rissen an meist gutem Fels. Erstbeg. 14 H. Wiederh.: einige H, KK und Schlingen erforderlich. 850 m, 7 Std. Abb. S. 392/393.

Übersicht: Die Route verläuft im mittleren Teil der SSW-Wand des Hauptgipfels. Von der Einstiegsrinne zur Dibonaroute, R 864, hält man sich über ein Bänder- und Wandstufensystem nach links in eine Reihe von Verschneidungen und engen Rissen, die bei markanten großen Dächern im oberen Wanddrittel enden.
Zugang: Von der Croz-dell'Altissimo-Hütte zunächst wie bei R 864 auf dem Weg Pradél — Croz-dell'Altissimo-Hütte auf das oberste Band vor der großen Rechtsquerung, 1/2 Std.
Route: Auf Bändern und Wandstufen hält man sich so weit ansteigend nach links (Stellen IV), bis man auf einem überdachten Band 20 m ausgesetzt nach links an den Fuß einer senkrechten Verschneidung gelangt. In der meist nassen Verschneidung 15 m empor (VI—), anschließend nach rechts über kleine überhängende Wandstufen in eine Parallelverschneidung (60 m, IV, V). Im Verschneidungsriß empor; wo der Riß breiter wird, verläßt man ihn nach rechts (nicht zu hoch bis unter das Dach klettern!). Jetzt rechts über ein Grasband in eine Rinne bis unter ein großes Dach, das an der rechten, glatten Wand erklettert wird (VI—, A 1). In einer markanten Riß- und Verschneidungsreihe mit jeweils guten Standplätzen gut 5 SL empor bis zwischen die beiden großen Dächer (V und VI—, mit leichteren Stellen). Zwischen den Dächern auf leichter Rampe nach rechts über Grasstufen bis zu einem Sporn (100 m, I, II). Am Sporn gerade hoch (150 m, IV—). Am Ende des Sporns nach links in eine Verschneidungsrinne. Dann in einem Riß 2 SL empor (V—, etwas brüchig). Auf den Schrofengrat und über ihn leicht nach 60 m zum Gipfel.

864
864 a
86
864
867
868
865
866
867
864
864
863

Croz dell'Altissimo von Südwesten

R 863 *Nordwestgipfel, Südwestwand*
R 864 *Südwestwand, Dibonaroute*
R 864 a *Detassisvariante*
R 865 *Südsüdwestwand*
R 866 *Südsüdwestwand, Via del Rifugio*
R 867 *Stegerroute*
R 868 *Fedrizziroute*
R 869 *Südwand, Oppioroute*
R 870 *Südwestverschneidung, Armaniverschneidung*
R 871 *Südwestpfeiler, Stenicoroute*

● 866 Südsüdwestwand, „Via del Rifugio“

D. Bonetti, V. Chini, M. Pilati, F. Spellini, 6.—7. 7.1974. **V+, A 2,** V, IV, selten leichter. Sehr ausgesetzte Route, schöne Rißkletterei. Fast alle H stecken; große KK und Schlingen erforderlich. 900 m, davon 400 m auf Dibona- und Detassisroute, R 864/865. 7—8 Std. Abb. S. 392/393.

Zugang und E: wie bei R 864.

Route: Zunächst auf der Dibonaroute, R 864, bis zu einem Überhang am Beginn der Querung bei einer Verschneidung. Durch die Verschneidung (A 2, IV+), dann 4 m nach links und weiter 1 SL empor (40 m, IV, II). Nach rechts unter einen Felskopf; weiter rechtshaltend zu einem Band empor. Auf diesem nach rechts bis 20 m vor dem Beginn der großen Verschneidung der Dibonaroute. Leicht linkshaltend durch einen Riß, Kaminstücke und Wandstufen in Richtung eines großen Daches (IV). Bis unter das Dach, dann 8 m Quergang nach rechts (V). Weiter nach rechts queren bis zu einem am Beginn überhängenden Kamin. Im Kamin empor (A 2, V+). Weiter durch den Kamin zu leichten Felsen. 2 SL gerade hoch zum Beginn einer großen gelben Platte mit Abschlußdach. Durch einen Riß über das Dach (A 1, A 2, V+) zu Stand direkt darüber. An Platten in Wandkletterei empor bis zum Rißkamin (V). Am Riß 5 SL hoch (V, IV, A 1). über gestuften Fels zum Grasband der Detassis/Giordani-Route, R 865; auf ihr zum Gipfel.

● 867 Stegerroute

E. Holzner, H. Steger, 20. 7. 1928. **V+,** vorwiegend V und IV+. Auch manchmal als „Variante“ angesprochene, hochinteressante Route durch eine Rißreihe etwa 100 m östl. des SO-Pfeilers. Teils schwierige Plattenkletterei. Einige H, KK und Schlingen erforderlich. Variantenhöhe: 400 m, 9 Std. für die ganze Wand. Abb. S. 392/393.

Übersicht: Der SO-Pfeiler wird an seiner O-Seite im mittleren Teil von einer Rißreihe durchzogen, durch die zwei Varianten verlaufen, rechts die Fedrizziroute, R 868, links die Stegerroute. Beide haben als gemeinsamen Zugang das Einstiegsband der Dibonaroute, R 864.

Route: Zunächst auf der Dibonaroute, R 864 auf dem Einstiegsband bis auf die O-Seite des Pfeilers. An schwierigen Platten empor zu einem höher gelegenen Band, dem man nach rechts bis zu seinem Ende folgt. 25 m weiter rechts verläuft ein Riß. Einige Meter über dem Band ansteigen und nach rechts queren; schließlich zum Riß abklettern. Im Riß bis unter einen Überhang empor. Wo er sich gabelt, im rechten Ast empor und Quergang nach rechts zu leichten Felsen. Nun etwa 2 SL an Leisten ausgesetzt nach links. Man gelangt so in das 300 m hohe Riß-

und Kaminsystem in Form eines großen Y. Durch eine Rinne zu der Kaminreihe. In den Kaminen empor bis zur Gabelung. Durch den rechten Ast zur Schulter des S-Pfeilers. Hier stößt man auf die Dibonaroute. Auf ihr wie bei R 864 zum Gipfel.

● 868 Fedrizziroute

C. Fedrizzi, M. Marazzi, 1935. **V+**, meist V, IV+. Riß- und Kaminkletterei mit ähnlicher Charakteristik wie bei der Stegerroute. Einige H und vor allem KK und Schlingen erforderlich. 300 m, 9 Std. Abb. S. 392/393.

Übersicht und Zugang: s. R 867 und 864.
Route: Dort, wo die Stegerroute auf Leisten und plattigem Fels 70 m nach links zum Y-Kamin quert, hält man sich etwas rechts und gelangt zu einer 300 m hohen Rißreihe, die ganz durchstiegen wird. Oben stößt man wieder auf die Dibonaroute, R 864.

● 869 Südwand, Oppioroute

S. Colnaghi, L. Guidi, N. Oppio, 14.—17. 8. 1939. **VI—** und V+, Stellen A 1 und **A 2.** Im allgemeinen schöne Wandkletterei an kompaktem Fels, im oberen Teil manchmal brüchig und grasdurchwachsen. Die „Oppio" wird nicht oft wiederholt. H- und KK-Sortiment sind mitzuführen. 850 m, 10 Std. Abb. S. 392/393.

Übersicht: Rechts der Steger- bzw. Fedrizziroute erhebt sich eine fast senkrechte, sich oben zuspitzende Wand, die rechts von einer riesigen Verschneidung begrenzt wird (Armaniverschneidung, R 870). Die Route verläuft zunächst 50 m in der Verschneidung. In diagonaler Linienführung klettert man auf einen Kamin am Beginn der oberen Wand zu, der richtungsweisend ist.
Route: Wie bei R 870 an den Fuß der Verschneidung bis zu einem Grasband, das etwa 50 m nach links verfolgt wird. Durch einen kurzen Kamin weiter und durch Risse und Kamine linkshaltend in die Wandmitte; man gelangt zu einem Kamin von 80 m Höhe, der durchstiegen wird. Ausstieg auf dessen Kante. Oberhalb des Kamins überklettert man eine sehr kompakte, gelbliche Wand (schwierigste SL). 2 SL an etwas gestufterem Fels hoch bis links an den Fuß eines Turmes (Latschen auf dem Turmkopf). 3 SL durch Risse empor, leicht linkshaltend, dann wieder nach rechts zu abschüssigem Grasband. In Wandkletterei bis unter eine gelbe Wandzone. 20 m Quergang nach links. Über gelbem Fels einige Meter gerade hoch, dann lange Rechtsquerung zu Stand (V+, A 1). An kompaktem, etwas brüchigem Fels 60 m empor zu einem schmalen Band unter dem letzten überhängenden Wandgürtel.

Auf dem Band darunter 60 m nach rechts bis zu einem Riß, der durchstiegen wird; man gelangt so auf ein Band zu gutem Stand. Auf dem Band ein paar Meter nach rechts zu einem Kamin mit Platten. Durch den Kamin (VI—) 60 m empor über den gelben Gürtel. 2 SL weiter an einer etwas geneigten Wand empor und durch eine Kamin- und Rißreihe zum Gipfelgrat.

● **870** **Südwestverschneidung, Armaniverschneidung**
M. Armani, C. Fedrizzi, 1946. **VI—**, V+, V, kaum leichter. Eine der anspruchsvollsten Platten-, Riß- und Verschneidungsklettereien der Brentagruppe. Die Route erfreut sich größter Beliebtheit bei allen Freikletterern. Nur bei ganz sicherem Wetter anzugehen. Einige H, KK und Schlingen erforderlich. 700 m. 8—9 Std. Abb. S. 392/393 und 397.

Zugang: Von der Croz-dell'Altissimo-Hütte oder von Pradél auf dem Hüttenweg bis in Fallinie der Verschneidung. In einer Geröllrinne empor zum Verschneidungsfuß; ½ bzw. 1 Std.
Route: Zunächst durch eine Rinne an den Fuß der Verschneidung. In ihr empor zu Stand (V+). Nach einer weiteren SL (V+) zu einem Band rechts.
Nach rechts queren, dann diagonal an Platten nach links bis zu einem Riß (VI—). Durch den Verschneidungsriß mit überhängenden Stellen nach links in die Rinne (V, A 1, Gedenktafel). In der Rinne weiter bis unter einen Überhang, unter dem man einige Meter nach rechts quert (IV, V). Gerade empor, dann nach links zu einer Verschneidung. In ihr hinauf, dann weiter bis zu einem Kamin, der bis zu einem bequemen Absatz durchstiegen wird (V, V+). In der Rinne weiter bis zu einem Felskopf. Im Kamin und in einer glatten Verschneidung empor zu einer seichten Nische (VI—). In anstrengender Kletterei im Verschneidungsriß empor zu Stand (VI—). Weiter rechterhand zu einem Felskopf (IV, V). Man gelangt in der Folge zu einem Riß mit zwei Nischen; an ihnen vorbei zum Beginn eines Kamins rechterhand (V+, V). Durch den Kamin und nach rechts zu Rinne (IV). Linkshaltend durch Verschneidungen (III, VI—). Leichter gerade hoch zu Stand mit Latschen. Links

Croz dell'Altissimo, Schulter, Südwestwand

R 870 Südwestverschneidung, Armaniverschneidung
R 871 Südwestpfeiler, Stenicoroute
R 872 Schulter-Südwand, Laritti / Giongo-Route
R 873 Schulter-Südwand, Direttissima
R 874 Schulter-Südwand, Lossroute

873
872
870
873
871
874
872
874
871
874

durch eine Verschneidung, die durch ein Dach abgeschlossen wird. Das Dach wird an seiner rechten Seite überwunden (VI—). Man gelangt so in eine Rinne; zunächst in der Rinne, durch anschließende Verschneidung nach rechts Quergang (H) weiter an Platten empor (V). Leichter an plattigem, grasbewachsenem Fels in etwa 2 SL zum Ausstieg.
Abstieg: Nordw., dann ostw. auf einen Steig zur Sessellift-Bergstation Pradél. 1 Std.

● 871 Südwestpfeiler, Stenicoroute

C. Furlani, M. Stenico, 1942. **V+** (Stellen), V. Hauptsächlich Rißkletterei durch die Verschneidungswand rechts von R 870, meist in Nähe der Kante, dann zum Verschneidungsgrund als Ausstieg. Kaum wiederholte Route. 700 m, 8 Std. Abb. S. 392/393 und 397.

Zugang: Wie bei R 870 zum Beginn der SW-Verschneidung.
Route: Rechtshaltend 100 m empor bis zu einem markanten Baum. Ein Kamin ist richtungsweisend. Er wird erklettert; man gelangt so auf die Kante. Zunächst daran empor, später hält man sich links davon zu einem Kamin. Wo dieser sich gabelt, im linken Ast hoch, bis er sich schließt. Jetzt nach links in die Wand queren (V+). In einer Rißreihe linkshaltend an gestuftem Fels weiter, 1 SL nach links. Leicht rechtshaltend bis zu Stand auf einem Band. In der Folge hält man sich links und überwindet eine glatte Platte. Danach nach rechts und schwieriger Quergang nach links; so gelangt man in den Verschneidungsgrund. In ihm 20 m empor. rechts an einem brüchigen Aufschwung empor auf die Schulter. Nun auf dem Grat zum Gipfel oder zum Abstieg wie bei R 870.

● 872 Schulter-Südwand, Laritti / Giongo-Route

G. Giongo, B. Laritti, A. Rainis, 4.—5. 6. 1976. **VI,** V+ mit A 2 und **A 3,** V, selten leichter. Sehr ausgesetzte Kletterei an feinen Rissen und Verschneidungen. Wiederholer: Hakensortiment, KK und Schlingen erforderlich. 700 m, 10—12 Std. Abb. S. 397.

Übersicht: In der Schulter-S-Wand erkennt man ein großes Dach fast in Wandmitte. Der Anstieg verläuft links davon gradlinig empor.
Zugang: Von der Croz-dell'Altissimo-Hütte oder auf dem Hüttenweg von Pradél unter die Wand.
Route: Zum Wandfuß hinauf und über Stufen mit Latschen 100 m empor zu einem Grasband. Auf dem Band 50 m nach rechts zu einem Rißkamin, der durchstiegen und oben nach rechts verlassen wird (IV, V+, 3 H). Rechtshaltend 2 SL an gestuftem Fels empor, dann in eine

kurze Verschneidung (IV, V—, 6 H). Leichter zu einem kurzen Kamin (IV). Links durch Risse und Verschneidungen, dann auf eine Kante (IV, V+). An der Kante einige Meter hoch über einen Überhang und über Platten auf eine Leiste (V+). Nach rechts über eine Platte unter einem Dach; darüber zu Stand (V+, A 3). Links durch einen Riß, dann über Platten und einen Riß zu Stand (V+, A 2). 15 m gerade hoch, nach links über Platten (V, VI). Weiter an Platten empor und durch eine Verschneidung zu einer Kaminverschneidung (V+). Durch den Kamin, dann Quergang nach rechts. Über Platten schräg nach rechts (VI, A 2). An Platten wieder linkshaltend zu einer kleinen Kanzel (VI). Weiter etwas linkshaltend zu gutem Stand (VI). Gerade hoch bis unter einen überhängenden Riß. An ihm empor und links zu Stand (VI, A 3). Quergang nach rechts. An Platten und einem Riß gerade hoch, schließlich 14-m-Quergang an Platten (↗ SL) bis in die Verschneidung und zu einem Absatz (VI, A 2). 5 SL durch die Verschneidung in freier Kletterei (IV+ bis V+, 10 H) bis zum großen Latschenband. Auf dem Band nach rechts. Durch eine Rinne nach 100 m auf die Schulter und damit zum Ausstieg und Abstieg nach Pradél.

● **873** **Schulter-Südwand, Direttissima**

M. Giordani, F. Zenatti, D. Zanetti, Mai 1982 in 4 Tagen. **VI+, A 4** und A 3—A 2; Erstbeg. 55 H, einschl. SH; Hauptschwierigkeiten in freier Kletterei. Eine der schwierigsten Brentarouten. Wiederholer einige H (im allgemeinen steckt alles), Friends und vor allem kleine KK erforderlich. Wiederholer müssen mit Biwak rechnen. Abb. S. 397.

Stützpunkt: Entweder Croz-dell'Altissimo-Hütte oder Sessellift von Molveno.
Route: s. Skizze S. 400.

● **874** **Schulter-Südwand, Lossroute**

R. Destefani, B. Loss, 15. 8. 1967. **VI,** V, mit mehreren A-Passagen. Extreme Kletterei im rechten Teil der Schulter-S-Wand. Erstbeg. 80 H. Einige H, KK und Schlingen erforderlich. 700 m, 9 Std. Abb. S. 397.

Zugang: Wie bei R 872 auf das Grasband oberhalb des Vorbaus.
Route: Eine lange Querung führt zu einer kurzen brüchigen Verschneidung (Unterbrechungsstelle, VI). Durch die Verschneidung und 2 SL rechts eine Rampe mit Gras empor zu einer senkrechten Verschneidung. Durch diese Verschneidung und rechts davon durch die Parallelverschneidung, die auf die Schulter leitet (V, VI). Leicht rechtshaltend an Platten 5 SL empor (IV). Dann scharf nach links auf einem Band

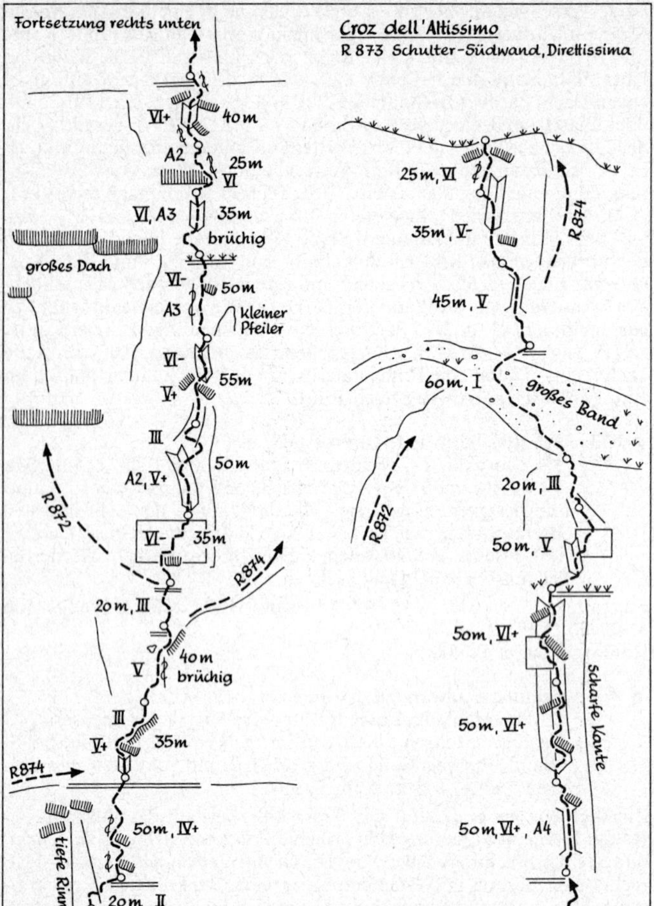
Fortsetzung rechts unten
Croz dell'Altissimo
R 873 Schulter-Südwand, Direttissima
VI+
40m
A2
25m
VI
VI, A3
35m
brüchig
großes Dach
VI-
50m
A3
kleiner Pfeiler
VI-
55m
V+
III
50m
A2, V+
R872
VI-
35m
R874
20m, III
40m
V
brüchig
III
V+
35m
R874
50m, IV+
tiefe Rinne
20m, II
25m, VI
35m, V-
R874
45m, V
60m, I
großes Band
R872
20m, III
50m, V
50m, VI+
scharfe Kante
50m, VI+
50m, VI+, A4
Fortsetzung von links oben

bis über die Einstiegsverschneidung (Wandbuch). Durch einen Kamin (Verschneidung) gerade empor (V, VI) bis auf die Schulter.
Abstieg wie bei R 870.

● 880 Cima delle Fontane Fredde, 2202 m

Unmittelbar südl. der Selvatahütte erhebt sich eine von Rinnen und Rampen durchzogene etwa 350 m hohe Wand, die N-Wand der Cima delle Fontane Fredde (oder auch Pala della Selvata genannt). Durch diese Wand verlaufen ein paar interessante, wenn auch nicht oft wiederholte Routen. Von S her (auch der Normalweg kommt von dort) ist der Gipfel über Grashänge ohne Schwierigkeit vom Hüttenweg Selvatahütte — Pedrottihütte zu erreichen. Von der Croz-dell-Altissimo-Hütte aus sind alle N-Wand-Routen gut einzusehen. Die beiden lohnendsten Anstiege dürften die Friederichsen / Sgorbati-Route, R 881, und die Castiglioni / Giordani-Route, R 882, sein.

● 882 Nordnordostwand auf den Ostgipfel
M. Friederichsen, W. Sgorbati, 1938. **III.** Stellenweise etwas brüchig. Einige H erforderlich. 350 m, 3 Std. Abb. S. 403.

Zugang: Von der Selvatahütte, R 62, in 20 Min. zum E; zunächst auf dem Hüttenweg Richtung Pedrottihütte, dann den Weg links verlassen zum Beginn einer Schluchtrinne, die den O-Gipfel vom Hauptgipfel trennt.
Route: Ungefähr 50 m in der Kaminreihe empor und sie nach links verlassen. Weiter immer schräg links halten und nach einigen SL gerade weiter auf die Scharte zwischen östl. Turm (Bimbo) zu, dann rechtshaltend zum Gipfel.

● 883 Direktroute auf den Hauptgipfel
C. Castiglioni, E. Giordani, 17. 7. 1933. **VI—** (eine Stelle), V. Im allgemeinen schöne Freikletterei an Rissen und steilen Wandpartien. Wiederholer: einige H, KK und Schlingen nützlich. 360 m, 5 Std. Abb. S. 403.

Übersicht: Die Route folgt einem Rißsystem, das sich weiter oben verzweigt.
Zugang: Von der Selvatahütte, wie bei R 881 zum Wandfuß, etwas rechts zum tiefsten Punkt, 1/2 Std.
Route: Man folgt dem linken Riß und gelangt über ein Band in eine große Wandmulde. Über Stufen in Fallinie auf die glatte Gipfelwand zu an den Fuß eines markanten, im unteren Teil seichten Risses. An ihm empor (4 H, VI—, schwierigste Stelle). Weiter durch den Kamin bis unter ein Dach, unter dem man rechts ausgesetzt herausquert. Wie-

der im Riß sehr anstrengend empor (auch links davon möglich). Man kommt zu einem großen Überhang, der durch ein Felsloch überwunden wird. Weiter am Überhang empor in eine tiefe Rinne. Darin hoch und links an einem Überhang vorbei. Unter einem großen Felsblock quert man nach rechts und an leichten Felsen gelangt man in eine leichte Rinne und zum Gipfel.

● 890 **Cima Polsa,** 2859 m

Schöner Aussichtsgipfel, einer der schönsten in der Brentagruppe, der sich als eine Art Schulter in der Verlängerung des SO-Grates der Cima Tosa zur Cima Ceda Occidentale erstreckt. Für den Kletterer ist lediglich die gelbe O-Kante von Bedeutung, die 180 m auf die Vedretta della Tosa abbricht. Als Abstieg dient der Übergang des Weges 304 zwischen der Agostinihütte und der Pedrottihütte.

● 891 Vom Sattel südl. der Vedretta della Tosa (Sella della Tosa) etwa 100 m leicht in östl. Richtung.

● 891 A Vom Gipfel in westl. Richtung ohne nennenswerte Schwierigkeiten 100 m zum Sella della Tosa (Sattel). Von hier entweder südw. auf dem Sentiero Brentari, R 91, oder nordostw. auf der Vedretta della Tosa und dem Weg zur Pedrottihütte (nach beiden Richtungen etwa 1 Std.).

● 892 **Ostkante**
G. und P. Graffer, 5. 8. 1937.
VI, V. Erstbeg. 8 H. Ausgesetzte Freikletterei, wenig wiederholt, trotzdem lohnend. 180 m. 3 Std.

Zugang: Von der Pedrottihütte dem Weg 304 folgend, bis man ihn in der Vedretta della Tosa nach links (O) verläßt. Über Schneefelder und Geröll zu einem Kamin am Kantenfuß. 1½ Std.
Route: Durch den Kamin bis auf ein Geröllband. Auf ihm nach rechts bis zu gelben Felsen. 3 m auf schmalem, gelben Band nach rechts und gerade senkrecht hoch auf einen kleinen Absatz. 1 m abklettern, rechts an einem Felskopf vorbei und durch die gelbrote Verschneidung empor. Rechts an steiler Wand schräg hoch und 30 m gerade weiter.

Cima Fontane Fredde und Monte Daino

Cima delle Fontane Fredde

R 882 Nordnordostwand auf den Ostgipfel
R 883 Direktroute auf den Hauptgipfel

Monte Daino

R 902 Nordgipfel, Nordostwand

902
882
883

Dann etwas rechtshaltend über einen kleinen Überhang, dann wieder nach links zu den leichten Gipfelfelsen.

● 900 **Monte Daino,** 2695 m

Der Monte Daino erhebt sich als wuchtiger Berg östl. des Vallon dei Massodi und des Croz del Rifugio. Für Kletterer ist er zwar weniger interessant als die Routen in der zentralen Brenta, dagegen stellt er einen ausgesprochen schönen Aussichtsberg dar: nach O auf den Molvenosee und auf die gesamte zentrale Brentagruppe. Die wichtigen, in der Folge beschriebenen Kletteranstiege befinden sich an der N-Wand des N-Gipfels und der S-Wand des S-Gipfels. Beide sind durch einen schönen, gut 1 km langen Schrofengrat miteinander verbunden.

● 901 **Normalwege auf beide Gipfel**

Erste Besteigung um das Jahr 1880, höchstwahrscheinlich durch Jäger. Hier wird der Weg von Falkner, Compton, Dallagiacoma und Nicolussi vom 19. 7. 1883 beschrieben. **I,** meist Schrofengelände. 1½ Std. von der Pedrottihütte.

Zugang und Route: Von der Pedrottihütte zunächst auf dem Weg südl. des Croz del Rifugio etwas absteigen, dann durch Blockwerk hindurch, den zahlreichen Steinmännern folgen und in östl. Richtung auf dem Steig queren, bis eine Rinne gequert wird. Man umgeht auf der O-Seite den Croz del Rifugio und quert am oberen Rand einer großen Doline. Weiter auf gutem Steig und hinauf in eine Geröllmulde Busa del Daino. Hier teilen sich die Anstiege:

a) Südgipfel: Aus der Busa del Daino gerade weiter Steinmännern folgen, über Steigspuren und Schrofengelände hinauf bis in eine Scharte bei Felszacken. Kurz vor der Scharte nach rechts (auf der W-Seite) auf den Grat, dann auf die O-Seite. In Schrofengelände sehr ausgesetzt weiter, teils an der O-Seite, teils direkt über den Grat zum S-Gipfel.

b) Nordgipfel: Aus der Busa nach links (N) auf eine Art Gratrücken empor, der zu einem Grat leitet (W-Grat), den man von N erreicht. Immer an der Gratschneide (I) weiter zum N-Gipfel. Vom N-Gipfel ist ebenso der Übergang möglich zur Scharte mit dem bei a) erwähnten Gratzacken (I).

● 902 **Nordgipfel-Nordostwand**

B. Detassis, G. Corrà, 16. 8. 1932. **V,** IV. 400 m, 6 Std. Teilweise brüchiger Fels. Wiederholer: einige H, KK sowie Schlingen nützlich. Abb. S. 403.

Übersicht: Die NO-Wand wird von einem riesigen Kamin durchzogen.

Die Route wickelt sich darin oder in seiner unmittelbaren Nähe ab.
Zugang: Von der Pedrottihütte zunächst auf dem Hüttenweg ins Vallone dei Massodi absteigen. Hinter dem ehemaligen Seelein (bei Materiallift, Zwischenstation) hält man sich auf Grashängen und Geröll rechterhand und gelangt zu dem großen NO-Wand-Kamin. 1 Std.
Route: Zunächst über leichte Felsstufen bis an den Kamin; in ihm empor bis zu einem Überhang, der rechts durch einen Riß umgangen wird. Wieder nach links zu einem Geröllplatz. Nach links in eine glatte Rinne. Man folgt einem Kamin und leichten Aufschwüngen und erreicht linkerhand wieder den Hauptkamin, dem man bis zu einer länglichen Nische folgt. Ein Überhang wird weit spreizend erklettert (schwierigste Stelle); bei einem zweiten Überhang gelangt man zu einem H. Nach dem zweiten Überhang einige Meter weiter, dann nach links zu einem dreieckigen Standplatz. Weiter im Kamin über kleine Überhänge bis dahin empor, wo der letzte senkrechte Wandaufschwung sichtbar wird. Schräg rechts empor an brüchigem Fels zu einem Absatz, dann Querung einige Meter nach links zu einem 8-m-Riß; durch ihn gelangt man auf ein großes Band. Auf ihm einige Meter nach rechts, dann gerade hoch zu zwei kleinen Nischen. Wieder in den Kamin zurück bis zu einem Klemmblock. Auf der Kante weiter zum Gipfel.
Abstieg: s. R 901 b.

● 903 Südgipfel-Südwand

C. Gadler, P. Fox, G. Rizzi, 1939. **V+**, V. Außerordentlich interessanter, allerdings nur einmal wiederholter Anstieg durch die plattige, von Rissen und Verschneidungen durchzogene Steilwand, die zum Passo di Ceda abbricht. Erstbeg. 20 H (2 belassen). Wiederholer: einige H, KK sowie Schlingen erforderlich. 400 m, 8 Std. Abb. S. 406.

Zugang: Von der Pedrottihütte über den Steig südl. am Sockel des Croz del Rifugio entlang, dann über Spuren und Geröll in die Pozza Tramontana hinab und hinauf zum Passo di Ceda, 2223 m, ³/₄ Std.
Route: E rechts einer großen Höhle. Leicht in Richtung Wandmitte auf eine Verschneidungsrinne zu halten. In ihr hinauf bis zu Überhängen, die überwunden werden. Man gelangt so zu einer von unten sichtbaren Terrasse. Von hier hält man sich links bis unter die überhängende Wand mit einer Felsrippe, die einen schwach ausgeprägten Kamin bildet. In ihm 80 m empor. Zuerst wird ein Überhang erklettert. Man gelangt so zu einem Absatz. Rechts weiter durch einen glatten Riß 40 m empor zu Stand (VI). Weiter an senkrechter Wand an guten Griffen empor bis zu einem Band und an einem anschließenden Riß zu einem Absatz. Über gestuften Fels in eine Rinne und leicht zum Gipfel.

903

● 904 Südsüdwestwand

V. Bramani, M. Stenico, 23. 8. 1946. **IV** und III. Selten wiederholter Anstieg, der durch die teilweise grasdurchzogene, etwas brüchige Plattenwand führt. Landschaftlich sehr schön. 400 m, 4 Std.

Zugang: Wie bei R 903 zum Passo di Ceda. Von dort nach links an den Wandfuß bis dorthin, wo das Geröll am höchsten unter eine Verschneidung hinaufreicht. E.
Route: Zunächst durch eine breite Verschneidung. Danach schräg rechtshaltend an einer Wand mit brüchigem Gestein empor. Man gelangt so unter einen großen Aufschwung. Nun hält man sich links und gelangt zu einem großen Riß, der erklettert wird (manchmal naß, IV+). Weiter oberhalb durch einen feinen Riß, der die Wand links eines Pfeilers durchzieht. So erreicht man eine Art Rinne. Weiter folgt man dem Diagonalriß und überwindet kleine Überhänge; schließlich an leichten Felsen zum Gipfel.

● 910 Croz del Rifugio, 2615 m

Der Croz del Rifugio — in unmittelbarer Nähe der Pedrottihütte — ist ein idealer Kletterberg, teilweise mit Klettergartencharakter. An ihm befinden sich Routen in jedem Schwierigkeitsgrad. Wegen der Kürze der meisten Routen dienen diese auch als willkommene Ausweichziele. Die 1. Ersteigung erfolgte am 5. 9. 1887 durch Minigerode, Tenti, Nicolussi auf den NW-Gipfel. Den Hauptgipfel erstiegen am 10. 9. 1888 Birch-Reynardson, Kersteren und Nicolussi von SW. Dieser Anstieg wird heute auch als Normalweg angesehen.

● 911 Normalweg, Westnordwestgrat

III (1 Stelle) und II, 1 Std. Stellenweise sehr ausgesetzt. Abb. S. 409 und 413.

Zugang und Route: Von der Pedrottihütte an den Beginn des Grates. Steigspuren folgend überwindet man kurze unschwierige Felsstufen 10—15 m rechts der Kante; auf einem Band quert man direkt auf die ausgesetzte Kante unter einem gelben Überhang. Jetzt nicht durch den Riß rechts der Kante, sondern links sehr ausgesetzt um die Kante herum und nach einigen Metern wieder auf die Kante. Westl. der Kante weiter, dort wo es am leichtesten geht bis zur Schulter. Ein Aufschwung wird links umgangen. So gelangt man in die Scharte vor dem Hauptgipfel.

Monte Daino, Südsüdwestwand
R 903 Südgipfel, Südwand

Auf einem bequemen Grasband quert man an der NO-Seite unterhalb des Vorgipfels und Hauptgipfels in die Scharte, zwischen westl. Vorgipfel und Hauptgipfel. Hier befindet sich der Ausstieg der Piazroute, R 914, und der Via della Forra, R 917. Jetzt an einer steilen schwierigen Wand empor (Stelle III) in eine tiefe Rinne. Rechts an steiler gutgriffiger Rinne weiter gelangt man in den Gipfeleinschnitt und zum Gipfel.

• 912 A Abstieg über die Via della Forra
II, I, ¾ Std. zur Hütte. Abb. S. 413.

Zunächst in die Scharte zwischen Vorgipfel und Hauptgipfel. Nach S etwa 1 SL die leichte Rinne hinab zu einem Abbruch. Hier wird die Rinne rechterhand verlassen. Man klettert zu einem kleinen Felstürmchen bei einer Felsrippe. An der Rippe 15 m hinab zu Absatz. Nun quert man nach rechts und gelangt in einen Riß zwischen der Wand und einer gelben Platte oberhalb der Einstiegswand. Die Einstiegswand ist leichter, als sie von oben aussieht. An ihr klettert man hinab bis zum Wandfuß und gelangt über den Steig nach W zur Hütte.

• 913 Nordostwand
G. Detassis, M. Franceschini, 15. 6. 1945. **IV.** Elegante Freikletterei, lohnend. Einige H sowie KK nützlich. 200 m, 4 Std. Abb. S. 409.

Zugang: Von der Pedrottihütte ein Stück den Weg 319 hinab, dann Geröll und Schneereste queren bis zur Rinne links des tiefsten Punktes in Fallinie des Hauptgipfels zum E. ¼ Std.
Route: Zunächst einige Meter links an der Wand empor. An leichten Felsen in der Rinne weiter bis zu einer gelben Wand unter zwei Rissen. Zwischen ihnen empor auf ein Band. Darauf 5 m nach links an den Fuß einer überhängenden Wand. Man sieht einen Felskopf; von links nach rechts schräg ansteigend an schwarzen, rißdurchzogenem Fels gelangt man oberhalb dieses Felskopfes zu einem Horizontalriß. Kriechquergang nach rechts zu einem Absatz. An einem Riß empor. Wo er sich schließt, nach links in Richtung auf einen Kamin; oberhalb des Kamins im linken zweier Risse und an gelber Platte empor direkt zum Gipfel.

Croz del Rifugio, Nordwestwand

R 911 Normalweg, Westnordwestgrat
R 913 Nordostwand
R 914 Hauptgipfel-Nordostwand, Piazkamin
R 914 a Direktvariante
R 914 b Variante
R 915 Vorgipfel-Nordwand

911
914 a
914
914 b
915
914
913

● 914 Hauptgipfel-Nordostwand, Piazkamin

G. B. Piaz, (oder F. Wenter) am 28. 7. 1911. **IV**, selten leichter. Unter Piazkamin versteht man den Kamin, der an der NO-Seite des Berges die NO-Wand des Hauptgipfels von der des westl. Vorgipfels trennt. Sehr schöne Kletterei mit vielen abwechslungsreichen Passagen. 200 m, 3 Std. Abb. S. 409.

Zugang: Von der Pedrottihütte zum Fuß der NO-Wand. Die Wand entlang zu einem Band, das zum Einstiegskamin leitet.

Route: Im engen, jedoch gut gestuften Kamin empor; an drei Klemmblöcken vorbei; wieder in den sich erweiternden Kamin hinein zuerst in Spreizkletterei, dann links auf die Wand und durch ein Felsloch auf einen großen Klemmblock. Zunächst etwa 10 m an der linken Kaminwand empor, dann quert man nach links zu einer Verschneidung (schon von unten zu erkennen). Man erreicht diese leicht ansteigend an etwas brüchigem Fels. Die Verschneidung empor bis zu zwei parallel verlaufenden Kaminen. Zuerst im rechten empor, dann in den linken bis zu einem Absatz. Links um eine Kante zum Gipfeleinschnitt und zum Gipfel.

● 914 a Direktvariante

E. Pontalti, G. Zanolli, 6. 8. 1923. **V.** Variante in die Scharte zwischen Haupt- und westl. Vorgipfel. Interessant, aber nicht direkter als die Piazroute. Abb. S. 409.

Route: Oberhalb des „großen Klemmblocks" (R 914) weiter gerade hoch im Riß; an einer gelben Platte empor durch einen engen Riß. Man gelangt so in eine Art Grotte unter einem großen Überhang. Der Überhang ist die Schlüsselstelle. Er wird mittels eines Risses (guter Griff) zwischen dem Block und der Wand überwunden. Im Riß, der zunächst eng ist und sich zum Kamin erweitert, weiter. Man gelangt so in die Scharte zwischen Haupt- und W-Gipfel und weiter zum Gipfel. Der Überhang an der Schlüsselstelle kann auch links (ebenfalls schwierig) überwunden werden.

● 914 b Variante

V und IV. Abb. S. 409.

Route: Wie bei R 914 auf den Klemmblock. Noch einige Meter weiter bis zur gelben Platte. Jetzt nicht gerade hoch, sondern nach rechts in die Wand durch einen engen Riß bis zu einem Felskopf. Jenseits des Felskopfes einige Meter hinab auf ein schmales Band, das die Wand quert. Auf diesem etwa 1 SL nach rechts zu glatten Platten. Mittels Steigbaum und Hakenhilfe zu griffigem Fels sehr ausgesetzt auf die Kante rechts und weiter zum Gipfel.

● 915 Vorgipfel-Nordwand

E. Carofoli, C. Maestri, 12. 9. 1953. **A 2, VI,** V. Erstbeg.: 24 H; Wiederholer: einige H, KK und Schlingen erforderlich. Geeignet vor allem für Schlechtwettertage. Athletischer Anstieg durch den rechten, überhängenden, gelben Wandabbruch. 100 m, 5 Std. Abb. S. 409.

Zugang: s. R 914.
Route: Einige Meter rechts der überhängenden Kante durch eine Verschneidung zu einem kleinen Absatz. 4 m nach links zu gutem Stand. Gerade empor über ein kleines graues Dach, über dem man 3 m nach rechts quert; weiter gerade hoch zu Stand mit Felskopf. 1 m gerade hoch, 3 m nach links zu einem engen und rötlichen Riß. An einem 8-m-Wandl empor zu kleiner Nische. Von der Nische Hangelquergang 8 m nach links und zu einem Riß, der zu gutem Stand führt (VI). Rechts an einem leicht überhängenden Riß empor, weiter in einer Verschneidung und weniger schwierigem Fels auf die Schulter zum Ausstieg.

● 916 Normalweg durch die Südwestwand des Westgipfels

120 m. 1 Std. Abb. S. 413.

Übersicht: Die SW-Wand weist mehrere Aufschwünge auf, die teilweise durch kurze Kamine bzw. Risse überwunden werden.
Route: Von den Einstiegsfelsen zum Normalanstieg, R 911, hält man sich rechts und quert nach einer kurzen steilen Wand 20 m nach rechts. Weiter schräg rechts aufsteigend gelangt man zum senkrechten bis überhängenden Gürtel in Wandmitte. Durch einen Riß schräg links empor und nach insgesamt 1 SL auf ein Band unter Überhängen. Darauf 20 m nach rechts und gerade empor auf den Grat; nach wenigen Metern zum W-Gipfel.

● 917 Südwestwandriß, „Via della Forra“

J. Böhm, T. Dietz, 23. 8. 1903 (im Abstieg. **II,** I. Kürzester Normalweg auf den Croz del Rifugio. Wird auch oft als Abstiegsweg, R 912 A, benutzt. 1 Std. Abb. S. 413.

Zugang: Von der Hütte auf dem Steig in Fallinie der Schlucht zwischen Hauptgipfel und dem W-Gipfel.
Route: Der E befindet sich unterhalb einer schwarzen Wand mit guten Griffen. An ihr empor und rechtshaltend auf einem von der Wand losgelösten Felsblock. Rechtshaltend gelangt man auf eine Felsrippe. An ihr empor bis zu einem gelben Felstürmchen. Quergang leicht nach rechts bis in die Schluchtrinne. In ihr empor bis zur Scharte zwischen Hauptgipfel und westl. Vorgipfel. Nach rechts wie bei R 911 auf den Hauptgipfel.

● 918 Westwandkamin des Hauptgipfels
S. Agostini, G. Graffer, 1929. **V**, III, eine Stelle **A 2.** 1—2 Std. Abb. S. 413.

Übersicht: Die Route verläuft durch die der Hütte zugewandten W-Wand. Ein Kamin ist richtungsweisend.
Zugang: Wie bei R 917.
Route: Gemeinsam mit R 917 die ersten SL in der Schlucht empor bis unterhalb eines markanten Daches. Das Dach wird überwunden (3 m, A 2). Weiter in einem engen, ziemlich schwierigen Kamin empor, dessen Schwierigkeiten bald abnehmen; Ausstieg direkt am Gipfel.

● 919 Südwestkante, Gasperiroute
G. L. Casentini, O. Gasperi, 2. 9. 1927. **IV—** (3 Stellen), III. Schöne ausgesetzte Kletterei an meist gutem Fels. 130 m, 1½ Std. Abb. S. 413.

Zugang: Von der Hütte auf dem Steig direkt bis 15 m unter den Pfeilerfuß. E links der Rinne, die den Hauptgipfel vom Campanile Teresa trennt.
Route: An einer glatten Platte mit Riß empor (IV—). Weiter an kleingriffigem, festen Fels zunächst gerade, dann leicht linkshaltend und wieder gerade hoch bis auf ein Band, ¾ Std. Weiter einige Meter bis zu einem guten Standplatz unter einem Kamin mit Blöcken. Durch den Kamin mit Klemmblock, dann an feinem Riß, (III+, H) weiter an senkrechter Wand gerade empor (IV—) und leicht linkshaltend zu Stand. Durch eine Art Kamin zu einer Verschneidung. Kleine Überhänge werden direkt überklettert. Nun rechtshaltend (IV—) auf die Kante; weiter gerade hoch an gestuftem Fels zum Gipfel.

Croz del Rifugio von Südwesten

Croz del Rifugio
R 911 Normalweg, Westnordwestgrat
R 912 A Abstieg durch die Via della Forra
R 916 Normalweg durch die Südwestwand des Westgipfels
R 917 Südwestwandriß, Via della Forra
R 918 Westwandkamin des Hauptgipfels
R 919 Südwestkante, Gasperiroute
R 926 Campanile Teresa, Westwand
R 927 Campanile Teresa, Südwestkante
R 928 Campanile Teresa, Südwand

911
912 A
918
926
916
919
917
927
928
911

● 925 Campanile Teresa

Der Campanile Teresa ist ein schlanker eleganter Turm östl. des Hauptgipfels des Croz del Rifugio. Auf ihn führen lohnende Routen.

● 926 Westwand

IV (1 Stelle) III. 120 m, 1 Std. Abb. S. 413.

Route: Rechts der Rinne, die den Hauptgipfel vom Campanile Teresa trennt, durch Risse bis auf ein Band bei einem würfelförmigen Turm an der Kante des Campanile. Hier erkennt man eine nach links hochziehende Rißreihe. Zunächst im überhängenden Riß hoch (IV), dann leichter dem Kamin folgend in schöner Kletterei auf den Gipfel.
Abstieg: Über den schmalen Verbindungsgrat zur Scharte zwischen Campanile und Hauptgipfel des Croz del Rifugio; durch einen kurzen Kamin auf diesen. Weiter wie R 912 A.

● 927 Südwestkante

B. Detassis, P. Fox, 13. 9. 1935. **IV.** Interessante und ausgesetzte Kletterei an gutem, steilen Fels. 140 m, 1½ Std. Abb. S. 413.

Zugang: Von der Hütte auf dem Steig, dann um die Kante des Campanile herum zu zwei Verschneidungen; E bei der rechten.
Route: 25 m in ihr empor zu einem Absatz. Direkt an der Kante weiter; durch eine in der Kante eingebettete Verschneidung 10 m empor, 2 m nach links in eine weitere Verschneidung und zu den leichten Gipfelfelsen.

● 928 Südwand

J. Böhm, T. Dietz, 23. 8.1903. **II.** Der leichteste Anstieg auf den Campanile Teresa, wenig begangen. Möglicherweise weil die Wand von der Hütte nicht sichtbar ist. Die S-Wand bietet jedoch den idealen Anstieg für die Überschreitung aller drei Gipfel. 120 m. 1 Std. Abb. S. 413.

Zugang: Von der Hütte auf dem Steiglein unter dem Croz del Rifugio entlang und um die SW-Kante des Campanile Teresa herum bis zum Fuß eines Kamins inmitten von geneigten Platten.
Route: Entweder durch den Kamin oder rechts davon an gestufterem Fels empor. Rechtshaltend gelangt man auf eine breite Schutterrasse; auf ihr nach links, dann zu einer Rinne, die von der Scharte zwischen Campanile Teresa und Hauptgipfel herabzieht. In die Scharte und auf den Campanile Teresa oder auf den Hauptgipfel.

V. Südöstliche Randgebiete

● 930 **Piccolo Dos di Dalun,** 2583 m
Torrione Dallago, 2568 m
Dos di Dalun, 2680 m

Das dreigipflige Dalunmassiv erhebt sich südöstl. des Croz del Rifugio. Dazwischen liegt ein tiefer Talkessel, die Pozza di Tramontana, und das Geröllkar unmittelbar unterhalb der N-Wände des Dalunmassivs. Für den Kletterer sind lediglich die bis zu 500 m hohen N-Abstürze von Bedeutung; für den Normalbergsteiger ist die Überschreitung von NW nach S in den Kessel unterhalb der Cima di Ghez ein lohnendes Unternehmen.

● 931 **Piccolo Dos di Dalun, Normalweg, Nordwestgrat**
I, meist Schrofengelände auf einem breiten Grat. 3/4 Std. Abb. S. 420/421.

Zugang: Auf Weg 320 von der Pedrottihütte oder von der Agostinihütte (Palmieriweg) zur Forcolotta di Noghera, 2423 m. 1 1/2 bzw. 1 Std.
Route: Zunächst auf den begrasten Grat Richtung SSO, indem man sich unterhalb der Felsen zum Val Noghera hält (östl. des Grates). Wo es am besten geht, wieder auf den breiten Grat und über Schrofen und Trittspuren zum Gipfel des Dos di Dalun. Weiter über den Verbindungsgrat über Torre Dallago zum Gipfel (siehe R 934 A).

● 932 A **Abstieg über den Südsüdostgrat**
Vom Gipfel sind zwei Abstiege zu empfehlen: entweder über den Normalweg R 931 zurück auf die Forcolotta di Noghera, oder zur Forcella di Dalun, 2500 m, zwischen Cima di Ghez und Dos di Dalun.

Route: Vom Gipfel des Piccolo Dos di Dalun zunächst auf den Dos di Dalun. Man folgt mehr oder weniger dem Grat, der teilweise sehr ausgesetzt ist, hält sich an die deutlichen Trittspuren und gelangt nach 3/4 Std. in die Forcella di Dalun. Von hier ohne Schwierigkeit durch den Kessel, Val di Dalun, zwischen Dos di Dalun und Cima di Ghez hinab ins Val d'Ambiez und zur Cacciatorihütte oder hinauf zur Agostinihütte. (Von der Pedrottihütte bis zur Cacciatorihütte 5 Std.)

● 933 **Piccolo Dos di Dalun, Ostgrat**
E. Castiglioni, G. Leonardi, G. Pisoni, 27. 6. 1942. **V,** IV+, III. Selten wiederholte Route, vielleicht wegen der relativ weiten Hüttenentfernung oder des Grasbewuchses an einigen Stellen; trotzdem lohnend. 650 m, 6 Std. Abb. S. 420/421.

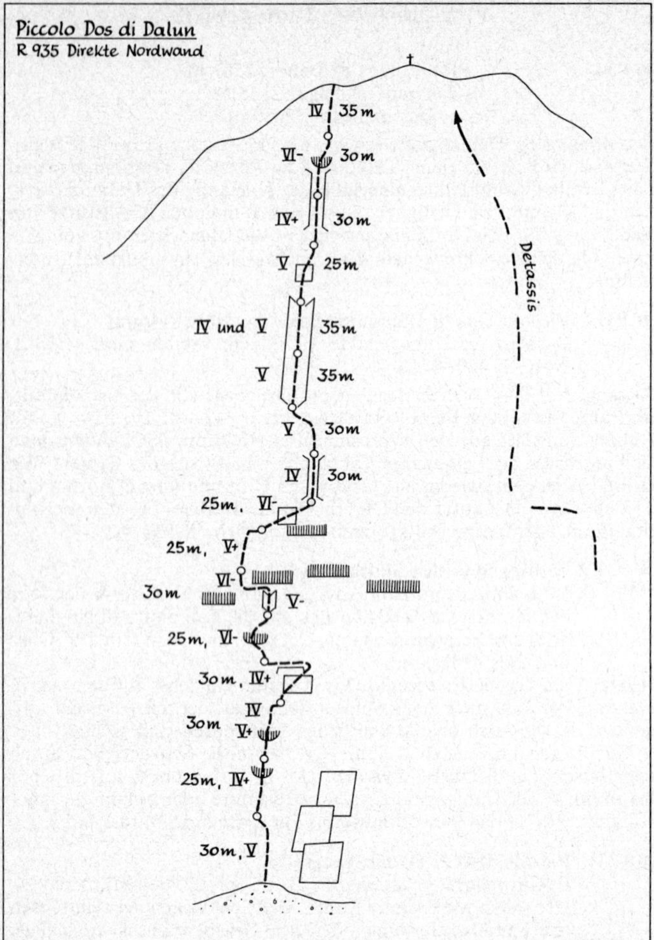
Piccolo Dos di Dalun
R 935 Direkte Nordwand
IV 35m
VI- 30m
IV+ 30m
V 25m
IV und V 35m
V 35m
V 30m
IV 30m
25m, VI-
25m, V+
VI-
30m
V-
25m, VI-
30m, IV+
IV
30m
V+
25m, IV+
30m, V
Detassis

Zugang: Von der Pedrottihütte auf Weg 326 zum Passo di Ceda. Von hier quert man etwas linkshaltend ostw. zum Kantenfuß über Gras und Geröll. Falls man unter dem Kessel der N-Wände zelten möchte, empfiehlt es sich, auf dem Palmieriweg (Weg 320) zunächst zur Forcolotta di Noghera zu gehen, um dann ostw. durch das Kar unterhalb der Wände (Val di Noghera) zum Kantenfuß zu gelangen. 1¼ oder 2 Std.
Route: Direkt an der Kante empor bis zu einem Felskopf. In eine kleine Scharte hinab. Nach Überkletterung einer Platte quert man nach links auf schmalem Band. In einen Kamin abseilen (H). Im Kamin empor (V) zu einem Absatz. Von hier 1 m nach rechts und über einen brüchigen Überhang (IV+). Man gelangt zu einer kleinen Rinne. Einige Meter darin empor, dann nach rechts zu einem Band und an glatter Platte mit Hakenhilfe nach rechts auf die Kante (V). In ausgesetzter Kletterei mehrere SL am Grat empor. Der Grat wird jetzt leichter und ist grasbewachsen; so gelangt man auf die erste Gratschulter. Unter einer gelben Wand nach links. Unterhalb des Grates gelangt man auf einen Sattel. An steilem Fels ohne Schwierigkeit zu einer Scharte, weiter an der senkrechten Kante empor, dann links der Kante durch einen Riß und wieder schwierig an die Kante zurück. Die Schwierigkeiten nehmen jetzt ab. Über den Grat zum Gipfel.

● 934 A Abstieg
I. 1 Std.

Auf Graspolstern, dann über steile Schrofen in westl. Richtung in die Scharte zwischen Piccolo Dos di Dalun und Torrione Dallago. Über eine Naturbrücke auf die andere Seite der Schlucht und an leichten Felsen auf den Torre Dallago. Über den Grat absteigen, dann leicht über den Grat zum Gipfel des Dos di Dalun. Weiter wie beim Normalweg, R 931, über den W-Grat in die Forcolotta di Noghera.

● 935 Direkte Nordwand
P. Kozjek, D. Zvone, 1. 8. 1981. **VI—**, V. Erstbeg. 20 H, 3 H und 1 HK belassen. Wiederholer: einige H, KK und Schlingen erforderlich. Sehr schöne genußreiche Freikletterei in einem Verschneidungssystem etwas links in Fallinie des Gipfels. Die Route ist wie fast alle anderen Routen an den N-Wänden erst ab Anfang August trocken. 500 m, 8 Std. Abb. S. 420/421.

Zugang: Von der Forcolotta di Noghera (von Pedrottihütte oder Agostinihütte) durch das Val di Noghera an den Wandfuß zum E links von großen Platten etwa 180 m unterhalb auffallender Dächer.
Route: s. Skizze S. 416.

● 936 Nordwand

B. Detassis, E. Giordani, 29. 7. 1935. **V**, IV, kaum leichter. Route mit etwas kompliziertem Verlauf, der sich aus dem Versuch erklärt, den Überhängen in Wandmitte auszuweichen. Im oberen Teil benutzt die Route einen schrägen Rißkamin. Einige H, KK Schlingen erforderlich. 400 m, 6 Std. Abb. S. 420/421.

Zugang: Wie bei R 935 an den Wandfuß. E bei einem Kamin, der den Torrione Dallago vom Piccolo Dos di Dalun trennt.
Route: Im Kamin 40 m empor. Ein Überhang wird links überwunden. Weiter im Kamin bis zu seiner Gabelung. Durch den linken Ast gut 50 m weiter zu zwei großen Mulden. Von der linken Mulde nach links durch eine Art Rinne hinter einer abgesprengten Platte; weiter auf schmalem Band nach links zu einer Rinne, die von einem Felsblock geschlossen ist. Sehr ausgesetzter Quergang auf schmalen Bändern 25 m nach links. Am Ende der Querung an H abseilen; man gelangt auf Grasterrassen oberhalb der großen Überhänge. Leicht links ansteigend zu der großen, oben erwähnten Rißverschneidung. Durch diese Verschneidung mit Überhängen empor. 20 m unter dem Ausstieg wird ein Überhang rechts umgangen.

● 938 Torrione Dallago, 2568 m

Der Torrione Dallago, eigentlich kein „echter" Turm, ist eine Graterhebung zwischen dem Piccolo Dos di Dalun und dem Dos di Dalun. Durch die pfeilerartige N-Wand führt ein Anstieg, dessen Zugang und erste SL gemeinsam mit der Detassisroute, R 936, sind.

● 939 Nordwand

T. Battistata, R. Costazza, B. Detassis, 12. 8. 1938. **V—**, IV. Etwas brüchiger Fels. Wiederholer: einige H erforderlich. 400 m, 6 Std. Abb. S. 420/421.

Zugang: Wie R 936.
Route: Zunächst wie bei R 936 bis zur Kamingabelung. Jetzt durch den rechten Ast. Wo dieser von einem Dach geschlossen wird, rechts über dieses; weiter durch eine glatte Kaminrinne bis zu einer Geröllterrasse links einer großen Platte. Weiter an einer Kante empor und etwas linkshaltend zu einer Grasterrasse. Durch einen brüchigen Kamin gelangt man in einen schrägen Riß, der ganz durchstiegen wird. Am Ende kurzer Quergang an schwierigem, brüchigen Fels (H) und zum Gipfel.

● 940 Dos di Dalun, 2680 m

Kompakte Wand, die im mittleren Teil von einem markanten Riß durchzogen wird; im linken, östl. Teil manchmal brüchiger Fels, im zentralen und rechten Wandteil sehr guter, oft plattiger Fels.

● 941 Nordwandpfeiler

P. Kozjek, D. Zvone, 2. 8. 1981. **V**, IV+, Erstbeg. 8 H (2 belassen). Geringe Bedeutung, kaum zu empfehlen. 500 m, 4½ Std. Abb. S. 420/421.

Übersicht: Die Route verläuft auf dem mächtigen, zweimal durch Grasabsätze bzw. eine Schrofenrampe unterbrochenen Pfeiler.

● 942 Nordwand

E. Castiglioni, B. Detassis, 24. 7. 1933. **V**, selten leichter. Wohl die schönste Kletterei am Dalunmassiv. Interessante Rißkletterei durch anhaltende Schwierigkeiten an gutem Fels. Schwieriges Hakenanbringen, deshalb ein Sortiment von KK und Schlingen empfehlenswert. Nur bei trockenem Fels angenehme Kletterei. 450 m, 6 Std. Abb. S. 420/421.

Zugang: Entweder von der Pedrottihütte oder von der Agostinihütte, jeweils über die Forcolotta di Noghera, dann ins Val di Noghera unter die Wand hinab (hier auch gute Zeltmöglichkeiten) zum E in Fallinie der großen Verschneidung. 1¾ oder 1½ Std.

Route: An leichtem, gestuftem Fels bis in die Verschneidung (III+, 80 m). Durch den Verschneidungsriß an kompaktem Fels 2—3 SL empor (anhaltend V). Weiter an der linken Verschneidungswand 35 m hoch und unterhalb großer Überhänge wieder in den Riß zurück. Weiter gut 100 m im Riß empor; dabei wird ein Dach direkt überwunden. Man gelangt zu einem überdachten Band. Über den Überhang links an der Kante empor; so erreicht man ein weiteres Band. Weiter über den nächsten Überhang zu einem weiteren Band (hier Ausweichmöglichkeit

Folgende Doppelseite:
Piccolo Dos di Dalun, Torrione Dallago und Dos di Dalun von Norden

Piccolo Dos di Dalun

R 931 Dos di Dalun, Normalweg, Nordwestgrat
R 933 Ostgrat
R 935 Direkte Nordwand
R 936 Nordwand

Torrione Dallago

R 939 Nordwand

Dos di Dalun

R 941 Nordwandpfeiler
R 942 Nordwand
R 943 Westliche Nordwandroute

933
936
941
939
935
936
941

931
942
943

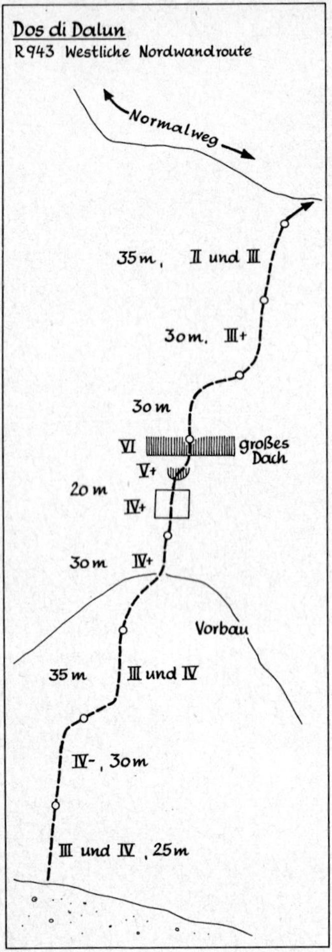

nach rechts zum Normalweg). Einige Meter auf dem Band nach rechts, dann auf eine Kante; an ihr immer gerade hoch und an etwas brüchigem Fels direkt zum Gipfel.

● 943 Westliche Nordwandroute
P. Kozjek, D. Zvone, 2. 8. 1981. **VI** (eine Stelle), sonst IV. Interessante Route an gutem Fels durch den rechten Wandteil mit einer äußerst schwierigen Dachkletterei (frei, 3½ m) Erstbeg.: 5 H (1 belassen) und 1 HK. Wiederholer: KK und Friends sehr ratsam. 250 m, 3—4 Std. Abb. S. 420/421.

Zugang: Wie R 942.
Route: s. Skizze S. 422.

● 950 **Cima di Ghez,** 2713 m

Die Cima di Ghez ist ein hochinteressanter Kletter- und gleichzeitig auch ein schöner Wanderberg. Er ist der südlichste Ausläufer des Massivs Dos di Dalun — Cima di Ghez. Nach NW bricht der Berg mit einer fast 700 m hohen, steilen, mehrmals von Rissen und Kaminen durchfurchten Felswand ins Val di Dalun ab, während die Grate nach S, W und O schöne, wenn auch anstrengende Normalwege darstellen. Die schrofige 800 m hohe S-Wand ist nur im Winter als interessante Schneewand von Bedeutung (H. Steinkötter, Februar 1982 im Alleingang). Der längste Normalweg von S ist der Anstieg über den S-Grat von San Lorenzo in Banale, der bei einer Überschreitung Dos di Dalun — Cima di Ghez — San Lorenzo in Banale hier beschrieben wird.

● 951 Überschreitung und Normalweg

Aus der Scharte der Busa di Dalun bis San Lorenzo 6 Std. Von der Pedrottihütte über Forcolotta di Noghera, Dos di Dalun und Cima di Ghez 9—10 Std. Abb. S. 426 / 427.

Aus der Scharte zwischen Dos di Dalun und Cima di Ghez (bis hierhin s. R 931). Steigspuren folgend zunächst etwas absteigend, dann auf den O-Grat der Cima di Ghez und auf den Gipfel 1½ Std. Nun immer dem S-Grat folgen, teilweise ausgesetzt, bis es möglich wird (nicht zu früh!), über große, übersichtliche Grashänge östl. auf eine riesige Wiesenterrasse (M. Prada, 1688 m) zu gelangen. Weiter, immer einer Forststraße folgen und über die Asphaltstraße schließlich nach San Lorenzo in Banale. 758 m.

● 952 Nordostgrat

II, I teilw. bez. Weg. 4 Std. von der Cacciatorihütte. Abb. S. 426 / 427.

Zugang und Route: Von der Cacciatorihütte, 1820 m, R 78, zunächst auf der Fahrstraße an der Malga Prato di Sopra, 1880 m, vorbei, bei einer Abzweigung nach rechts (0) durch Latschen, immer einem gutausgetretenen Weg folgen, um auf die Grasterrasse unterhalb des Auslaufes des Val di Dalun zu gelangen. Durch das wilde, kaum begangene Tal Steigspuren folgend, rechterhand die mächtige NW-Wand der Cima di Ghez. Man gelangt unterhalb der Busa di Dalun auf ein großes Diagonalband, das rechts erstiegen wird. Steigspuren und Markierungen folgend gelangt man auf den NO-Grat zum Passo di Giais, 2623 m. Man folgt dem unschwierigen Grasgrat bis zum Gipfel.

● 953 A Abstieg über den Westgrat

Ohne Schwierigkeiten, meist Gras. Nur bei trockenen Verhältnissen zu empfehlen. 2½ Std. Abb. S. 426 / 427.

Man folgt vom Gipfel in westl. Richtung dem schrofigen Grasgrat bis zu einer deutlich erkennbaren Scharte (nicht die erste). Unterhalb der W-Flanke Steigspuren folgend auf die Grasterrasse am Beginn des Val di Dalun, weiter auf dem Weg zur Hütte.

● 954 Nordwand, „Via Marcella"
R. Bortolamedi, H. Steinkötter, 20. 9. 1975. **VI—, A 2** (eine SL), sonst IV. Einige H, KK und Schlingen empfehlenswert. 450 m, 5 Std. Abb. S. 426/427.

Übersicht: Die Route verläuft im rechten Teil der Wand über einen im mittleren Teil markanten Pfeiler.
Zugang: Wie bei R 952 ins obere Val di Dalun und solange hinauf, bis es möglich ist, rechterhand über Geröll zu leichten Felsen zu gelangen. 2 Std.
Route: Etwa 80 m leicht rechtshaltend empor. Man quert einen Kamin; etwas absteigend gelangt man rechtshaltend an den Fuß eines Rißkamins links des Pfeilers (Graspolster). Durch den Kamin (IV), der oben nach rechts verlassen wird. 10 m gerade empor am Pfeiler zu einer kleinen Nische (IV+). Rechts aus ihr heraus und durch einen etwas überhängenden Riß (IV+, 1 H) bis zu einem guten Standplatz. Weiter über Felsstufen links des Pfeilers, dann gerade hoch (1 H) direkt unter den steilsten, markanten Teil des Pfeilers. Nun zunächst mit Hakenhilfe, dann frei (VI—) über einen Überhang zu gutem Stand. An leichtem, brüchigen Fels gerade hoch zu Grasgrat (Steinmann). Der nächste Aufschwung wird rechts umgangen; man erreicht so eine markante Schulter. Nach 6—7 SL (I—III) zuerst etwas linkshaltend, dann gerade hoch auf den Gratsporn zum Gipfel.

● 955 Nordwestwand, „Via Gruppo Roccia Varese"
G. Ambrosetti, A. Cremonese, M. Marinello, C. Vedani, 24. 7. 1983. **VI, A 3,** V. Erstbeg.: 45 H. Wiederholer: einige H, KK sowie Schlingen erforderlich. 600 m, 10—12 Std. Abb. S. 426/427.

Übersicht: Diese im allgemeinen vorwiegend freie Route verläuft rechts des Pfeilers der „Via Marcella" teils durch einen Kamin, teils am Pfeiler rechts des Kamins.
Zugang: Wie bei R 952 und an den Fuß des erwähnten Kamins. 1¾ Std.
Route: **1. SL:** Links durch eine Verschneidung (40 m, 4 H). **2. SL:** Rechts halten zu überhängendem, gelbem Riß (40 m, 18 H). **3. SL:** Gerade weiter zu auffallendem Kamin (20 m, 8 H). **4. SL:** Im Kamin 40 m empor (3 H) und gerade weiter. **5./6. SL:** Auf die Kante rechts

hinauf und an ihr empor bis zu einem Aufschwung (60 m). **7. SL:** 20 m an der Kante weiter, 15 m Quergang nach rechts und gerade hoch zu Stand (45 m, 5 H). **8. SL:** Wieder nach rechts queren, 10 m durch den Riß und in einem Kamin bis zu Stand (40 m, 2 H). **9. SL:** 10 m im Kamin weiter, rechts aus ihm heraus und wieder linkshaltend zu Stand (35 m, 1 H). **10. SL:** Durch eine kurze Verschneidung und weiter rechtshaltend bis unter ein markantes Dach, das links überwunden wird; dann wieder auf den Grat (45 m, 2 H). **11./12. SL:** Am Grat empor bis zum höchsten Punkt des Pfeilers (80 m). **13.—17. SL:** Ohne weitere Schwierigkeiten 4—5 SL bis zum Gipfel.

● 956 Nordwestwandverschneidung

M. Armani, E. Gasperini, 6. —7. 9. 1934. **VI,** V+, **A 2** (zwei Stellen), selten leichter. Die NW-Wand-Verschneidung gilt als eine der ganz großen Brentarouten — ähnlich wie die Armaniverschneidung am Croz dell'Altissimo. Allerdings wickelt sie sich nicht am rauhen, griffigen Fels ab, sondern an teils glattem, plattigen Fels. Da es nicht immer einfach ist, sichere Standplätze einzurichten, ist die Route nicht ungefährlich. Meistens erst im September oder nach anhaltend schönem Wetter im August trocken. Hakensortiment, KK, und Schlingen sind mitzuführen. 600 m, 7—10 Std. Abb. S. 426/427.

Zugang: Wie bei R 952 ins Val di Dalun; über Geröll zum Fuß der markanten Rißverschneidung; hier E.

Route: An gestuftem Fels von rechts nach links auf ein Band (III, II) und nach links in den Kamin queren. Gerade empor bis unter einen moosigen Überhang, der an seiner rechten Seite überwunden wird (V—, IV, 2 H). Rechts weiter empor bis unter den nächsten Überhang und unter ihm nach links zu einem Absatz (IV, V, 3 H). An glattem, feuchten Fels an der linken Kaminwand an einem großen Felsschild hoch und nach einigen Metern zu gutem Stand (V—, IV, 2 H). An einem kleinen Überhang empor, dann an besserem Fels in eine Rinne unter Überhänge. Durch ein Felsloch zu schönem Band (V+, IV, 3 H). Auf dem Band 10 m nach links und nach einer Unterbrechungsstelle zu gutem, trockenem Fels; weiter zu einer Rinne schräg nach rechts zu gutem Stand (IV, IV+, III). Weiter schräg nach rechts, bis es möglich wird, nach links bis zu einer Depression mit Überhang zu queren, nach dem man zu einem schmalen Band an den Fuß einer Verschneidung gelangt (IV+, V, V+, 1 H). Durch die Verschneidung bis zu einer überhängenden Leiste; rechts die Verschneidung verlassen und durch einen feinen Riß, dann an gegliedertem Fels zu einer schönen Nische (V+, VI, A 1, 2 H, 1 HK). Aus der Nische rechts überhängend heraus, links

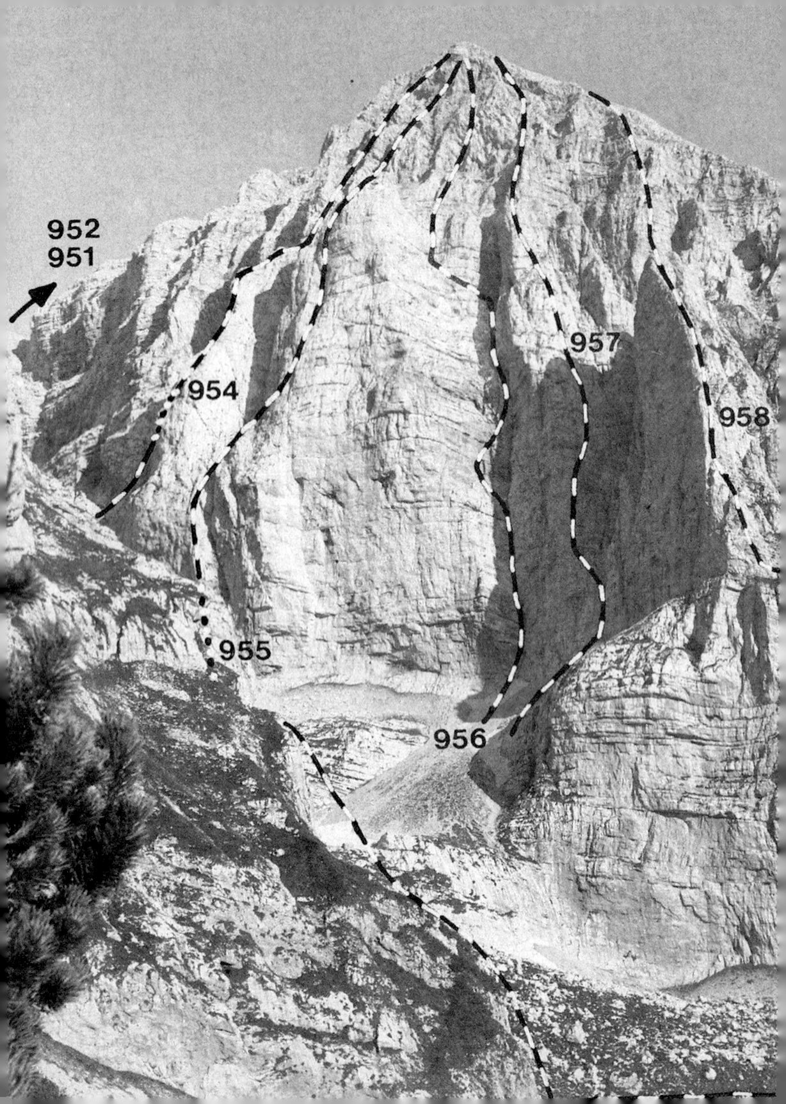
952
951
954
955
956
957
958

Cima di Ghez, Nordwestwand

R 951 *Überschreitung und Normalweg*
R 952 *Nordostgrat*
R 953 A *Abstieg über den Westgrat*
R 954 *Nordwand, Via Marcella*
R 955 *Nordwestwand, Via Gruppo Roccia Varese*
R 956 *Nordwestwandverschneidung*
R 957 *Westpfeiler*
R 958 *Westgrat (Kante)*

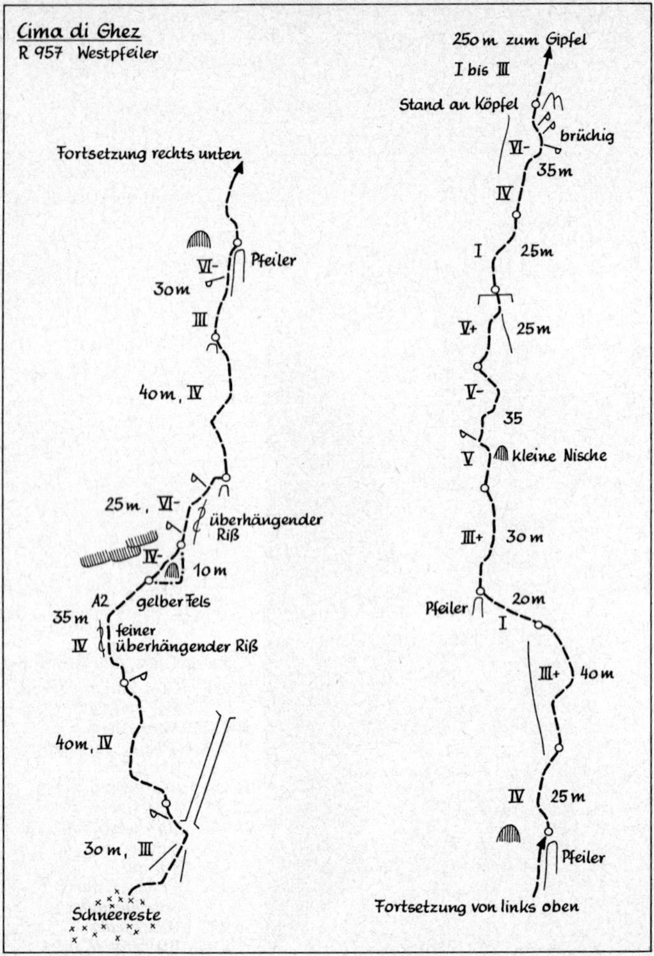
Cima di Ghez
R 957 Westpfeiler
Fortsetzung rechts unten
Pfeiler
VI-
30m
III
40m, IV
25m, VI-
überhängender Riß
IV-
10m
A2
gelber Fels
35m
feiner überhängender Riß
IV
40m, IV
30m, III
Schneereste
250m zum Gipfel
I bis III
Stand an Köpfel
brüchig
VI-
35m
IV
I
25m
V+
25m
V-
35
V
kleine Nische
III+
30m
Pfeiler
20m
I
III+
40m
IV
25m
Pfeiler
Fortsetzung von links oben

an einer schwach ausgeprägten Kante weiter, dann an besserem Fels zu einer kleinen Nische unter einem Überhang, der erklettert wird. Man gelangt so rechtshaltend in eine Rinne mit gutem Stand am unteren Ende (V+, V, VI, A 2, 5 H). Durch die Rinne zu einer Art Nische mit brüchigem Überhang (IV+). Links der Nische etwas abseilen und, wo es möglich ist, linkshaltend zu den großen Terrassen (IV+). Der brüchige Überhang kann auch direkt überwunden werden. Durch die Hauptrinne mit Schutt 1 SL empor; wo sie steiler und naß wird, klettert man an der rechten Begrenzungswand empor zu Stand unter einem großen schwarzen Überhang (zuerst leicht, dann IV+). Quergang nach links an sehr gutem Fels bis zu einer Art Felskopf (IV). An kurzer überhängender Wand empor. Weiter links queren in eine Art Verschneidung (V+, IV+, 3 H). Gerade weiter zum großen Amphitheater (V, III, 2 H). Nach 5 SL an leichtem Fels direkt zum Gipfel.

● 957 Westpfeiler

K. H. Matthies, H. Steinkötter, 19. 7. 1975. **VI—** (1 SL), V, IV, 20 m **A 2.** Interessanter Anstieg, auch schon im Frühsommer trocken. 1 SL brüchig. Erstbeg.: 28 H, 2 HK; belassen 15 H und die HK. Wiederholer: einige H, KK sowie Schlingen erforderlich. 600 m, 6—7 Std. Abb. S. 426/427.

Zugang: Wie bei R 952 ins Val di Dalun zum Fuß des Kamins unmittelbar rechts des Pfeilers zum E.
Route: s. Skizze S. 428.

● 958 Westgrat (Kante)

M. Bazzanella, E. und R. Orlandi, L. Sottovia, 14. 9. 1979. **IV+**, IV, III (hauptsächlich). Der längste Anstieg von W, dessen Hauptschwierigkeiten im mittleren Teil liegen. 750 m (mit Vorbau), 5—6 Std. Abb. S. 426/427.

Zugang: Von der Cacciatorihütte zunächst wie bei R 952 ins Val di Dalun, dann den Weg über Wiesen südl. verlassen, um zum Beginn des Vorbaus zu gelangen.
Route: Etwa 150 m am grasigen Vorbau hinauf bis zum ersten Aufschwung am Fuß des Torre Teresa. 1 SL (II) gerade hoch zu Stand auf dem ersten Felsturm. Weiter in die Scharte (bis hierher III). In Wandkletterei (H) 40 m gerade empor (III, IV). 20 m über Platten und 20-m-Quergang nach links (IV—, III). Durch eine Rißverschneidung, dann auf den Sporn bis zu Stand am Beginn eines Pfeilers (III, IV). Weiter auf dem Rücken und der Kante nach 2 SL (III) auf den Gipfel des Torre Teresa. Über den Grat, dann absteigend weiter am Grat entlang und links um einen Gendarm zu einer Terrasse an den Fuß einer Riß-

verschneidung, 100 m. Durch den Riß und die Verschneidung, dann über den Grat bis zu einer weiteren Verschneidung (III, IV). Weiter durch die Verschneidung an Rissen empor (35 m, IV). Gerade hoch über einen kleinen Überhang und den Grat an den Fuß einer kleinen Wand (III+, II). Durch Risse in der Wand an einer Platte empor; man gelangt zu einem charakteristischen Felstürmchen (IV+). Dann leichter zu einem gelben Überhang (IV+, III). Über den Aufschwung zu den leichteren Gipfelfelsen (III und II). Am Grat 200 m leicht empor zum Gipfel.

VI. Westliche Randgebiete

● 960 Fracingligruppe

Die Fracingligruppe — eigentlich eine Kette — besteht aus einer Reihe von Gipfeln westl. der zentralen Brentagruppe. Sie wird im O durch die Bocca dei Camosci, im NO durch die Vedretta dei Camosci und im SW durch das Val d'Agola bzw. Val di Nardis begrenzt. Für den Kletterer sind im allgemeinen die Berge von untergeordneter Bedeutung im Vergleich zu den nahen berühmten Zielen wie Crozzon di Brenta und Cima Tosa. Einige Routen sind teilweise sehr brüchig, deshalb werden hier nur die Anstiege beschrieben, an denen die Felsqualität einigermaßen gut ist, und die außerdem in einer wilden Landschaft liegen.

● 961 Terza Cima di Fracingli, 2886 m

Die dritte Fracingli ist die höchste der ganzen Kette und erhebt sich unmittelbar westl. der Bocca dei Camosci, 2784 m. Zur Vedretta dei Camosci bricht der Gipfel mit einer senkrechten Wand ab, während die S-Seite leicht zu ersteigen ist.

● 962 Normalweg

G. Merzbacher, G. Bernhard, 25. 8. 1884. **II** und I, 40 Min.

Route: Aus der Bocca dei Camosci (3/4 Std. von der 12-Apostel-Hütte) auf dem Weg von der 12-Apostel-Hütte etwa 80 m in die S-Flanke; man steigt schräg links an gestuftem Fels hoch und weiter über Geröll zum südl. Vorgipfel. Aus der Scharte nach 40 m (Stellen II) zum Gipfel.

● 963 Südsüdostgrat

Vermutlich erste Begehung durch G. Buscaini, S. Metzeltin-Buscaini, 19. 8. 1975.

III—, II. Kürzester Anstieg auf den Gipfel, teilweise brüchiger Fels. Landschaftlich sehr schön. 100 m, 1/2 Std.

Route: Aus der Bocca dei Camosci über den schmalen Grat (II) rechts an einer überhängenden Wand vorbei durch einen Kamin (III—). Weiter über den Grat zum Vorgipfel und zum Gipfel.

● 965 Cima di Valstretta, 2880 m

Wie die Terza Cima Fracingli gilt die Cima di Valstretta als ein ausgesprochen schöner Aussichtsberg. Der Blick ist sowohl zur Adamello- und Presanellagruppe im W, zur Cima Nardis, aber besonders zu den W-Abstürzen des Crozzon di Brenta und der Cima Tosa offen.

● 966 Normalweg
Als bester Normalweg gilt der vom Passo di Valstretta, 2618 m. 40 Min.

Zugang: Von der 12-Apostel-Hütte, 2489 m, folgt man dem Weg zur Bocca dei Camosci bis zur Seitenmoräne der Vedretta d'Agola. Von der Seitenmoräne aus verläßt man links den Weg über einen Geröllhang zum Passo di Valstretta, 40 Min.
Route: Von hier, 2618 m, quert man auf Geröllbändern nach NO oberhalb des Talschlusses den Valstretta. Weiter gelangt man rechtshaltend über Geröll auf den Rücken eines Vorgipfels. Über den Grat an leichten Felsen zum Gipfel.

● 967 Westkante, „Via Serafino Serafini"
E. Salvaterra, F. Vidi, 14. 7. 1981. **V—** (1 Stelle), IV, Erstbeg.: 2 H. Landschaftlich sehr schön. 600 m, 4 Std.

Übersicht: Die Route verläuft längs des scharfen Grates, der ins Val d'Agola abbricht und gut von der Straße zwischen Pinzolo und Madonna di Campiglio zu erkennen ist.
Zugang: Von der 12-Apostel-Hütte steigt man zum Passo di Valstretta. Im Valstretta links absteigen. Der E befindet sich am Fuß der S-Wand in Korrespondenz einer klar erkennbaren Rinne, die nach 250 m bei einer Scharte auf der Kante endet.
Route: Durch die Rinne hinauf, wodurch der untere, überhängende Teil der Kante umgangen wird (III, IV, brüchig). Nach 3 SL an der Kante bis zu einem Einschnitt, ab dem die Kante nicht mehr begehbar ist (III). Rechts (südw.) 4 m absteigen, dann ansteigend zwei Kamine queren bis zu gutem Stand (III, IV). 3 m nach rechts und durch eine auffallende Rißverschneidung empor, um danach wieder auf die Kante zu gelangen (V—, IV+, 40 m). Nach 4 SL in leichtem Fels auf dem Grat gelangt man auf das Gipfelplateau. Darauf nach etwa ½ Std. zum Gipfel.

● 970 Cima della Vedretta, 2670 m

Die Cima della Vedretta erhebt sich nördl. der Cima di Valstretta und südl. der Cima della Farfalla. Für den Kletterer ist die auf die Schneezunge der Vedretta dei Camosci abbrechende O-Wand von Interesse. An den schwierigen Stellen immer guter Fels.

● 971 Normalweg
1½ Std., kaum lohnend.

Von der 12-Apostel-Hütte aus folgt man zunächst dem Weg R 90 Richtung Bocca dei Camosci. Man erreicht einen weiten Sattel oberhalb der

Seitenmoränen des Gletschers (Vedretta d'Agola). Hier verläßt man den Weg, sich rechts haltend, Steigspuren folgend. Nun weiter Richtung N in eine Art Kessel (meist mit Schnee). Dann gelangt man rechtshaltend zu einem Geröllplatz, von dem man durch eine 30 m hohe Rinne den Gipfel erreicht.

● 971 A Abstieg

1½ Std. zum Hüttenweg.

Nach SW in einer Rinne 30 m hinab zu Schutt. Weiter in einer großen Schleife nach N auf einen Schuttrücken. Wo dieser an die Cima Valstretta stößt, rechts auf Steigspuren zu einem Sattel und hinab zum Weg 12-Apostel-Hütte — Bocca dei Camosci.

● 972 Ostwand

R. Goedeke, J. Linde, 16. 8. 1964. **V—** (1 Stelle), sonst IV. Erstbeg.: 1 H. Die Wand und somit der Routenverlauf ist von der Brenteihütte gut einzusehen. Der Anstieg verläuft durch die graue Plattenwand links einer riesigen, nach links hochziehenden Rampe. 350 m, 4 Std. Abb. S. 435.

Zugang: Von der Brenteihütte auf Weg 327 (Martinazziweg) um den Kantenfuß des Crozzon di Brenta herum. Weiter dem Weg folgen, bis man rechts über eine Moräne und Geröll zum Wandfuß und E gelangt; 5 m links eines Felsloches in Fallinie des Gipfels. 1 Std.
Route: Gerade hoch zu einer rötlichen Nische. Rechts davon 1 SL zu einem seichten Kamin, den man von links über Blöcke erreicht. Durch den Kamin und nach rechts unter eine gelbe Wand. 60 m linkshaltend zu einer steilen Rinne, die unter einer Plattenwand nach links leitet. Nach 2 SL erklettert man einen Riß (IV+); an dessen Ende nach links zu einem Felskopf und einer Geröllterrasse. An ihrem rechten Ende 20 m schräg rechts hoch und unterhalb der nächsten Geröllterrasse 10 m nach rechts in eine Mulde hinein queren (V). Durch sie und durch einen Riß zu Stand. Rechts schräg hoch bis an das Ende breiter Schuttbänder zum Beginn einer nach rechts hochziehenden Rampe. Auf der Rampe bis zu einem großen Felskopf. Weiter rechts in eine gelbe, brüchige Verschneidung. Weiter rechts um eine Kante in einen Kamin, der 10 m links des Gipfels endet.

● 975 Cima della Farfalla, 2660 m

Dieser Gipfel erhebt sich zwischen der Cima della Vedretta und den Campanili di Fracingli (charakteristische Felstürme). Nach N bricht eine schwarze, kompakte Wand ins Val Brenta ab, die einem riesigen Schmetterling ähnelt (farfalla = Schmetterling).

● 976 **Nordostwand**
C. Claus, C. Maestri, 16.—20. 7. 1967. **A 2** und Ae (vorwiegend), **VI—** (Stellen). Erstbeg.: 120 H., 70 BH. Fast alle H stecken. 380 m, Wiederholer: 1 Tag; Abb. S. 435.

Übersicht: Die kompakte „Schmetterlingswand" fußt auf einer von rechts nach links hochziehenden Rampe. E in der Fallinie der Wandmitte unter einer Reihe von feinen Rissen bei einem kleinen Pfeiler.
Zugang: Wie bei R 967 unter die Fracingliwände. Die Rampe (II) 120 m hinauf zu dem kleinen Pfeilerchen, E. 1½ Std.
Route: In Fallinie der feinen Risse gerade 60 m empor bis unter einen gelben Überhang (VI—, H). 27 m an H weiter (Ae). Weiter zunächst noch an BH, dann frei (IV) zu einer Schuppe. Zunächst schräg nach links, dann gerade hoch durch Riß zu Stand in kleiner Kaverne (35 m, V, 6 H). Leicht linkshaltend 35 m (Ae) empor. Einige Meter in einem Riß hoch, nach links in einen anderen Riß queren und an ihm empor bis zu einer Art Schuppe. Linkshaltend, dann gerade empor auf eine Art Band (VI—). Weiter links auf ein gutes Band, dann auf kleiner Rampe zu einem runden Felskopf (A 1); rechtshaltend zu gutem Stand, 35 m. Links queren (V) zu einem Riß und durch ihn (Ae, A 1) zu gutem Stand unter dem Schlußüberhang (32 m, V). Darüber (Ae), dann nach links zu unbequemem Stand in einem Riß (40 m, Stelle A 2). Durch den Riß zu einem Band, 9 m rechtshaltend zu einem breiten Rißkamin (VI—, 25 m). Danach einige Meter zu einem Band, davor heikler Quergang nach links zu leichteren Felsen. Weiter nach links queren (100 m) und hinauf zu einer kleinen Nische am Ende eines schrägen Risses. Rechts ansteigend zu einem Band und auf diesem etwa 100 m wieder nach rechts. Nach einem Riß (VI—) und einem Stand, 12 m an kleingriffigem brüchigem Fels zum Gipfel.
Abstieg: Den Grat nach S auf die Cima della Vedretta verfolgen, dann wie bei R 971 A.

● 977 **Nordostwand, „Via Roulette Russa"**
F. Lorenzin, A. Parodi, 1. 8. 1982. **V**, IV, zwei Stellen **A 2**. Erstbeg.: 8 H, KK und Bongs. 350 m, 8 Std. Abb. S. 435.

Cima della Vedretta, Cima della Farfalla, Campanili di Fracingli, ganz rechts Crozzon di Val d'Agola

Cima della Vedretta
R 972 Ostwand

Cima della Farfalla
R 976 Nordostwand

R 977 Nordostwand, Via Roulette Russa
R 980 Campanili di Fracingli

972
980
977
976

Zugang: Wie bei R 971 an den Wandfuß.
Route: Durch eine Verschneidungs- bzw. Rißreihe rechts der Maestriroute, R 976, gelangt man oben in die Scharte zwischen Cima della Farfalla und den Campanili di Fracingli. Teilweise brüchiger Fels bei manchmal extremen Schwierigkeiten in den Verschneidungsrissen.

● **980** **Campanili di Fracingli,** 2589 m

Die Campanili di Fracingli sind von der Brenteihütte aus betrachtet drei formschöne Türme nördl. der Cima della Farfalla. Von einer Besteigung wird wegen äußerster Brüchigkeit abgeraten. Die Erstbesteigung der beiden südl. Türme erfolgte am 8. 8. 1933 durch E. Castiglioni und A. Kahn. (IV+, III). Erstbesteigung des rechten, schlanken Turms (Campanile Agostini) von O durch B. Detassis, P. Fox M. Friedrichsen und E. Giordani am 9. 8. 1936 (IV). Abb. S. 435.

● **985** **Crozzon di Val d'Agola,** 2673 m

Nördl. der Campanili Fracingli — getrennt durch die Bocchetta di Vallarga — erstreckt sich nach N ein wuchtiger Grat, der im Crozzon di Val d'Agola, 2673 m, gipfelt. Der Berg ist stark grasbewachsen und weist schrofiges, oft brüchiges Gestein auf; allerdings dürften die beiden folgenden Anstiege als interessant gelten.

● **986** **Normalweg**
4 Std. vom P. 1575, s. R 987.

Wie beim Zugang zum SW-Pfeiler R 987 (Buscainiroute) ins Vallarga. Nun in NO-Richtung den Grashängen folgen, um in die Bocchetta di Vallarga, 2500 m, zu gelangen, die den Crozzon di Val d'Agola von den Fracinglitürmen trennt. Linkshaltend am S-Hang an Fels und Grasstufen, ohne besondere Anhaltspunkte auf den Grat und zum Gipfel bei 2624 m. Der W-Gipfel kann ebenfalls immer den Grat entlang erreicht werden (I), 1 Std.

● **986 A Abstieg**
Stellen **I,** 1/2 Std.

Vom Gipfel des Pfeilers 30 m nach NO hinab und durch eine Geröllrinne in eine kleine Scharte. Nach SO auf einem breiten Band queren. Weiter zu zwei Grasschultern und zu einer breiten Rinne, durch die man zum Wandfuß gelangt. 1/2 Std.

● **987** **Südwestpfeiler**
G. Buscaini, S. Metzeltin-Buscaini, 16. 8. 1975.
VI— / A 2 (eine Stelle), V, IV. Erstbeg.: 8 H, 3 HK (2 H be-

lassen und 2 HK). Schöne, wenn auch kurze Route an gutem Fels. 220 m, 3—4 Std.

Zugang: Dem Fahrweg in das Val d'Agola folgen bis etwa 80 m vor dessen Ende bei P. 1575. Links in den Wald auf schmalem Pfad, der später markiert ist. Man folgt diesem Weg unter Felsen entlang in ein schönes, begrastes Hochtal bis dorthin, wo sich der Weg verliert. Am Ende dieses Tälchens rechts auf Spuren empor; man gelangt dort, wo das Tal *Vallarga* auf das Tal *Valstretta* stößt, zu Steinblöcken bei 2020 m. Im Vallarga auf einem Grasrücken empor. Von hier kann man den Pfeiler sehr deutlich in der breiten SW-Wand des Crozzon erkennen. Auf einem System von Grasbändern nach links zu einer Schulter am Beginn des Pfeilers, 2380 m. 2½ Std. von der Straße.
Route: E etwas links des Pfeilerfußes bei einer kleinen Rinne. 40 m hinauf in eine kleine Geröllmulde. Rechts einen Aufschwung empor (2 H, V); so gelangt man auf den Pfeiler. An ihm 60 m bis zu einem schwarzen, überhängenden Riß links der Pfeilerkante (IV, V—). Im Riß empor (10 m, 1 H, 3 HK, VI— / A 2) und in der folgenden Verschneidung weiter (10 m, IV) bis zu einem Absatz auf der Kante. Einige Meter rechts absteigen und an der gegenüberliegenden Wand 40 m, (2 Stellen IV+, 2 H) empor. 20 m an gestuftem Fels weiter (10 m II) über eine Wandstelle empor und über einen Überhang (IV, 2 H) hinauf. An leichtem Fels weiter zum Gipfel, 2560 m.

● 988 Nordnordwestgrat

C. Bettoni, C. Maestri, 14. 8. 1970. **III,** vorwiegend II. Dieser gut 1000 m lange Grat beherrscht im SW das Val Brenta. Vor allem landschaftlich schöner Anstieg. 650 m, 4 Std.

Zugang: Auf der Straße ins Val d'Agola 2 km von der Abzweigung ins Val Brenta bis zu P. 1350 zwischen der ersten und zweiten Brücke. Durch den Wald in Richtung auf die helle Geröllrinne „Lavina Bianca". Die Rinne empor. So gelangt man zum Gratfuß bei einem auffallenden Sattel linkerhand.
Route: Immer den Grat entlang über mehrere Aufschwünge empor zum Gipfel.
Abstieg: Entweder auf dem gleichen Weg zum Kantenfuß, oder nach S in die Bocchetta di Vallarga, 2500 m (II und I). Nach SW (Richtung Vallarga) zunächst eine Rinne hinab, dann über leichte Felsstufen zu einem großen Steinblock (Biwakblock). Im Vallarga hinab ins Val d'Agola, in umgekehrter Richtung wie beim Zugang zum SW-Pfeiler, R 987, zur Fahrstraße.

Register

Die Zahlen bedeuten ausschließlich die mit ● bezeichneten Randzahlen, nicht die Seiten. Begriffe wie Cima, Torre usw. sind nachgestellt.

Nachtrag

● **446 a** **Südkante, „Via del Barbacan"**
B. und Catullo Detassis, 4. 7. 1954. **V** und IV. Ausgesetzte Kletterei an sehr gutem Fels. 250 m, 4 Std. Abb. S. 234/235.

Übersicht: Die Route verläuft etwas links der Kante rechts von R 446.
Zugang: Wie bei R 446 auf das Band bis zu einem vom Massiv gelösten Block. E.
Route: Gerade empor bis Band (IV, IV+). Nach rechts bis etwa an die Kante. Durch kurzen Kamin, über kleinen Absatz und weiter nach rechts auf luftigen Stand (IV+, V). Weiter in Richtung auf eine seichte Verschneidung, die bis unter eine gelbe Wand durchstiegen wird; dann waagrecht nach links bis in einen Kamin, der bis zum Grat verfolgt wird. Darauf an einigen Türmchen vorbei zum Ausstieg von R 446 und zum Gipfel.

Kleines alpines Wörterbuch italienisch/deutsch

A
abisso = Abgrund
accesso = Zugang
accidente = Unfall, Zufall
accorciatura = Abkürzung
acqua = Wasser
acuminare = zuspitzen
acuminato = spitzig
acuto = scharf, spitzig
acutàngolo = spitzwinklig
agèvole = leicht, angenehm
aggirare = umgehen
ago = Nadel
aguzzo = spitzig
aiuto! = Hilfe!
alpe = Alm, Alpe
alpi = Alpen
alpinismo = Alpinismus
alpinista = Alpinist
alquanto difficile = mäßig schwierig
altezza = Höhe
alto, alta = hoch
altocirco = Hochkar
altopiano = Hochfläche
amico = Freund
anello = Ring
anello di corda = Seilring
anello di ferro = Eisenring
anfiteatro = Kessel, Kar
angolo = Ecke, Winkel
anticima = Vorgipfel
antro = Höhle
appiglio = Griff
appoggio = Tritt, Stütze
arco = Bogen
àrduo = schwierig
arrampicarsi = klettern
arrampicata = Kletterei, Klettertour
artificiale = künstlich
ascensione = Er-, Besteigung
aspro = rauh, schroff
assai difficile = ziemlich schwierig
assicurazione = Sicherung
attaccare = einsteigen, beginnen
attacco = Einstieg
attrito = Reibung
austriaci = Österreicher

B
bacino = Becken, Kessel, Kar
bagnato = naß
baíta = Unterstand, Hütte
balcòn = Loch, Fenster
balcone = Balkon
balza = Steilabhang
banca, bancòn = (Gras-)Band
barance = Krüppelholz, Latschen
base = Grund, Anfang
basso = niedrig
bianco = weiß
biforcarsi = sich gabeln
biforcazione = Gabelung, Abzweigung
bivacco fisso = Biwakschachtel
bivio = Abzweigung, Weggabelung
bloccato = abgesperrt, blockiert
blocco = Block
blocco incastrato = Klemmblock
boa = Mure
boràl = Geröllhalde
bosco = Wald
buca, buco = Loch
burrone = Schlucht, Klamm
bus = Loch, Hochkar

C
C.A.A.I. = Italien. Akademischer Alpenclub
C.A.I. = Italien. Alpenclub
caduta = Sturz
caduta di sassi = Steinschlag
calarsi con la corda = sich abseilen
calata a corda doppia = das Abseilen
camino = Kamin
camminamento = Laufgraben
camminare = gehen
cammino = Weg
camoscio = Gemse, auch Camòrz
campana = Glocke

campanile = Glockenturm, Turm
campo = Feld
campo di neve = Schneefeld
canale = Rinne
canalone = große Rinne, Schlucht
canalone ghiacciato = Eisrinne, Eisschlucht
capanna = Sennhütte, Hütte
capo = Haupt
capocordata = Seilerster
carrareccia = Karrenweg
carreggiabile = befahrbar
carta topografica militare = Landkarte, Militärkarte
casco = Helm
cascata = Wasserfall
casèl = Jagdhütte
casera = Almhütte, Kaserhütte
castello = Burg
catena = Kette
caverna = Kaverne, Höhle
cengia = Band
cengia interrotta = unterbrochenes Band
cengetta = Bändchen, Leiste
chiodo = Haken
chiodo fisso = fester, einzementierter Haken
chiodo anello = Ringhaken
chiodo a pressione = Bohrhaken
cima = Spitze, Gipfel
cimon = große Spitze, Gipfel
circo = Kar, Mulde, Kessel
cocùzzolo = Felsköpfl
col, colle = Hügel, Sattel, Paß
colatoio = Couloir, Rinne, Trichter
collare = Ringband
colonna = Säule
comune = gewöhnlich, normal
conca = Kar, Mulde
condizioni = Verhältnisse
confine = Grenze
cònico = kegelförmig
cono = Kegel
continuo = anhaltend
contrafforte = Ausläufer, Strebepfeiler
corda = Seil
corda doppia = Doppelseil
corda di ferro = Drahtseil
corde fisse = Fixseile
cordata = Seilschaft, Seillänge
cornice = Gesims, Leiste
corno = Horn
corto = kurz
costa, costone, costola = Rippe, Rücken
covòl = (Schutz-)Höhle
crep, crepa = Felsberg
crepàccio = Gletscherspalte
cresta = Grat, Schneide, Kamm
crestina = kleiner Grat
crinale = Kamm, Grat
croda = steiler Fels, Felswand
cùlmine = Gipfel
cùneo = Keil, Kegel
cùspide = Spitze

D

da = von
declive = abschüssig
declivio = Abhang
dente = Zahn
depressione = Einsattelung, Senke
destra = rechts
detriti = Geröll, Schutt
deviazione = Abzweigung, Umgehung
diedro = Verschneidung
difficile = schwierig
difficilissimo = sehr schwierig
diretto = gerade, direkt
direzione = Richtung
discesa = Abstieg
discesa a corda doppia = abseilen
dislivello = Höhenunterschied
dito = Finger
doccia = Brause, Dachrinne
dado = Klemmkeil
Dolomiti = Dolomiten
domani = morgen
dorsale = rücken-
dorso = Rücken
dosso = Rücken, Buckel
dove = wo

E

eccezionale = außergewöhnlich
elevazione = Erhebung
elicottero = Hubschrauber

erboso = grasig
èsile = dünn, schmächtig
esposto = ausgesetzt
espostissimo = äußerst ausgesetzt
est = Osten
estremo = äußerst
estremità = äußerstes Ende
evitare = vermeiden

F
facile = leicht
fascia rocciosa = Felsgürtel
ferito = Verletzter
ferrato, a = Eisen-, versichert
fessura = Riß, Spalt
fessurina = kleiner Riß
fianco = Seite
filo di cresta = Gratschneide
filo di spigolo = Kantenschneide
fine = Ende
fino = bis
finestra = Fenster
fissuro = Spalt
fondo = Boden, Grund
fonte, fontana = Quelle, Brunnen
fopa = Einsenkung
forca, forcia, forcella = Scharte
forcelletta = Schärtchen
foro = Loch
forra = Schlucht
frana = Bergsturz, Steinlawine
frastagliato = ausgezackt, zerrissen
friàbile = morsch, brüchig
funivia = Seilbahn

G
galleria = Tunnel
gendarme = Gratturm, Gratzacken
ghiacciare = gefrieren
ghiaccio = Eis
ghiacciato = eisig
ghiaia = Kies, Geröll
ghiaioso = kiesig
ghiaccaio = Gletscher
giardino = Garten
giaron = großes Schuttfeld
giallo = gelb
giallastro = gelblich
girare = umgehen
giungere = erreichen
gola = Schlucht
gradinare = Stufen schlagen
gradino, gradone = Stufe, Absatz
grado di difficoltà = Schwierigkeitsgrad
grande = groß
grava = Schuttreise
gravon = Geröllkessel
grigio = grau
gruppo = Gruppe, Stock
guglia = Turmspitze, Felsnadel
guida = Führer
gusèla = Nadel, Zacken

I
imbocco, imboccature = Mündung, Einmündung
impervio = ungangbar
impraticàbile = ungangbar, unausführbar
inclinato = geneigt
incastrato = eingeklemmt
insellatura = Einsattelung
inizio = Anfang, Beginn
insenatura = Einbuchtung, Senke
insolcatura = Einriß
intaglio di cresta = Grateinschnitt
interrotto = unterbrochen
inverno (invernale) = Winter (winterlich)
isola = Insel
itinerario = Führe, Route, Weg

L
laghetto = Teich
lago = See
landro = Höhle
largo = breit, weit
lasciato = belassen
lasta, lastra = Platte
lastrone = große Platte
laterale = Seiten-
lavina = Lawine
legarsi in cordata = anseilen
legno = Holz
letto (di torrente) = (Bach)bett
lieve = leicht
libro = Buch
limitare = begrenzen

lingua = Zunge
liscio = glatt
lista = Leiste
livinal = Schuttreiße, Wildbachbett
lontano = weit, fern
lùbrico = schlüpfrig, glitschig
lungo = lang
lunghezza = Länge

M
malga = Alm
malsicuro = unsicher
marcio = brüchig, morsch
martello = Hammer
masso = Block
masso incastrato = Klemmblock
medico = Arzt
meridionale = südlich
mezzo = halb, Mitte
mirare = zielen
mòdico = mäßig
molla = locker (Seilkommando)
molto difficile = sehr schwierig
montagna = Berg, Gebirge
monte = Berg
morena = Moräne
morsicatura (della vipera) = Biß (der Viper)
moschettone = Karabiner
mulattiero = Saumpfad
mugo = Latsche auch: mugho!
muro = Mauer
muschioso = algenbesetzt

N
naso = Nase
nel = in
nero, nera = schwarz
nevaio = Firn, Schneefeld
neve = Schnee
nicchia = Nische
notevolmente = bedeutend

O
obliquo = schief, schräg
obliquare = schräg ansteigen
oggi = heute
ometto = Steinmann
ora (pl. ore) = Stunde(n)
orlo = Rand, Saum
opposto = entgegengesetzt
orizzontale = waagrecht
ostruito = verschlossen
ottimo = optimal, sehr gut
ovest = Westen

P
paesaggio = Landschaft
pala = Felswand; auch: steiler Grasplatz zwischen Fels
palu, palui = Sumpf
pancia = Wulst, Bauch
parete = Wand
parete rientrante = Wandeinbuchtung
paretina = Wandl
passaggio = Übergang, Stelle
passo = Paß
pendice = Abhang
pendio = Hang
pènsile = hängend
pericolo = Gefahr
pericoloso = gefährlich
perpendicolare = senkrecht, in der Fallinie
pianeròttolo = Absatz
piano = Ebene
piattaforma = Plattform, Terrasse
piazza = Platz
picco = Spitze
piccolo = klein
piccozza = Eispickel
piede = Fuß
piega = Falte
pietra = Stein
pilastro = Pfeiler
pilastro d'angolo = Eckpfeiler
pino = Pinie, Kiefer
piràmide umana = menschlicher Steigbaum
pizzo, piz = Spitze
placca = Platte
poco difficile = wenig schwierig
ponte = Brücke
ponte di neve = Schneebrücke
porta = Tor
portatore = Träger
posto = Stelle, Ort

posto di assicurazione = Sicherungsplatz
posto di riposo = Rastplatz, Standplatz
pozza = Pfütze, Tümpel
pra, prato = Wiese
praticabile = durchführbar, gangbar
prealpe = Voralpen
prima ascensione = Erstbesteigung
primo salitore = Erstbesteiger
principio = Beginn
profilo di roccia = Felsprofil
prominente = vorspringend, hervortretend
promontorio = Vorgebirge
pùlpito = Kanzel
punta = Gipfel, Spitze
punto di sosta = Rast-, Standplatz
punto di calata = Abseilstelle

Q
qui = hier
quota = (vermessene) Höhe

R
raccorciare = verkürzen
raccordo = Verbinden, Anschluß
raggiungere = erreichen
rallentare la corda = das Seil nachlassen
ramificazione = Verzweigung
ramo = Ast, Abzweigung
raggiungere = erreichen
rampa = Rampe
regione = Gebiet
ricòvero = Unterstand
rientramento = Einbuchtung
rifugio = Hütte, Schutzhütte
rio, rivo = Bach
ripiano = Absatz
rimasto = übriggelassen, belassen
ripido = steil
riva = Ufer
roccia = Felsen
rossastro = rötlich
rosso = rot
rocce rotte = Geschröf
rocchetta = felsig(er Berg)
roccia compatta = kompakter Fels
roccia fessurata = zerklüfteter Fels
roccioso = felsig, steinig
rotàbile = fahrbar, Fahrweg
rovinare = zerstören, verderben
rupe = Fels, Felsen
rupestre = felsig
ruscello = Bach, Bächlein

S
sabbioso = sandig
sacco da montagna = Rucksack
salire = aufsteigen
salita = Aufstieg, Besteigung
salto = Aufschwung, gr. Stufe
sass, sasso = Stein (auch Berg)
scala dei gradi di difficoltà = Schwierigkeitsgrade
scalata = Klettertour
scala = Treppe, Leiter
scalino = Stufe
scarpe = Schuhe
scarpe di montagna = Bergschuhe
scarpe di roccia = Kletterschuhe
scendere = absteigen
scendere a corda doppia = abseilen
scosceso = abschüssig
scuola di roccia = Kletterschule, Klettergarten
seggiovia = Sessellift
segnale di soccorso = Notsignal
seguire = folgen
sella = Sattel
selletta = Schärtchen
sentiero = Weg, Pfad
senza = ohne
serra = Talenge
serie di camini = Kaminreihe
settentrionale = nördlich
sezione = Sektion
sfasciumi = Schrofen, Geröll
sfondo = Hintergrund
sicuro = sicher
siero antiofidico anti-Vipera = Vipernserum
sinistra = links
sino = bis
soffitto = Dach
solcare = furchen
soccorso alpino = Bergrettung
sommità = Gipfel
sorgente = Quelle

sosta = Rast
sotto = unter
sottogruppo = Untergruppe
sovrastante = darüberliegend
spaccata = Spreizschritt
spaccatura = Riß, Spalt
spalla = Schulter
spiazzo = Fleck
sperone = Sporn, Vorsprung
spigol = Eckpfeiler
spigolo = Kante
spiz = Spitze
sporgente = vorspringend
spuntone = Gratturm Felszacken
staffa = Trittleiter
stella alpina = Edelweiß
strada = Straße
strampiombante = überhängend
strampiombo = Überhang
stretto = eng
strisciare = kriechen
striscio = Streifen
strozzatura = Verengung
su = hinauf
superare = überwinden
superficiale = oberflächlich, seicht
superiore = obere(r)

T

tagliare = schneiden
T.C.I. = Touring Club Italiano
telecabine = Kabinenbahn
teleferica = Seilschwebebahn
terminale = Schluß
terrazza = Terrasse, Plattform
terrazzino = Absatz
testa = Kopf
testone = großer Felskopf
tetto = Dach(überhang)
tetto spiovente = steile Gipfelabdachung
tira! = Zug! (Seilkommando)
tirare = ziehen
tiro di corda = Seillänge
tolto = weggenommen
torre = Turm
torrente = Bach, Strom
torrione = großer Turm
traccia = Spur
tratto = Abschnitt
traversata = Quergang
sentiero = Steig, Pfad

U

ùltimo = letzte, letzter
uscita = Ausgang, Ausstieg

V

val, valle = Tal
vallone = großes Tal, Schlucht
valanga = Lawine
vàlico = Übergang, Joch
variante = Variante
versante = Seite, Flanke
vetrato = mit Eis überzogen
vetta = Gipfel
via = Weg, Route
via ferrata = Klettersteig
visibile = sichtbar

Z

zaino = Rucksack
zig-zag = Zickzack
zòccolo = Sockel, Vorbau

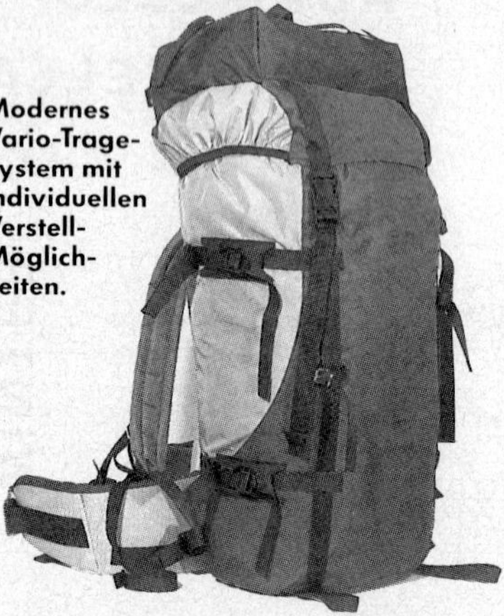

Rückseite beachten

....

Berichtigung

(bitte im Umschlag einsenden an Bergverlag Rudolf Rother GmbH, 8000 München 19, Postfach 190162)

Autor und Verlag sind an einer Korrektur interessiert, wenn das Erscheinungsjahr dieses Führers nicht länger als vier Jahre zurückliegt.

Die Randzahl .... des Alpenvereinsführers Brentagruppe, Auflage 1988, bedarf folgender Verbesserung bzw. Neufassung:

....

....

....

....

bitte wenden!

....

....

Absender: ....

Postleitzahl, Ort: ....

Straße: ....

Die Bergverlag Rudolf Rother GmbH ist berechtigt, diese Berichtigung dem Autor zur Bearbeitung der neuen Auflage zuzustellen. Mit dem ausgefüllten Berichtigungszettel erwirbt sich der Einsender den Vorzug, ein Exemplar der neuen Auflage zum halben Preis zu erwerben.

Rückseite beachten

....

Berichtigung

(bitte im Umschlag einsenden an Bergverlag
Rudolf Rother GmbH, 8000 München 19, Postfach 190162)

Autor und Verlag sind an einer Korrektur interessiert, wenn das Erscheinungsjahr dieses Führers nicht länger als vier Jahre zurückliegt.

Die Randzahl .... des Alpenvereinsführers Brentagruppe, Auflage 1988, bedarf folgender Verbesserung bzw. Neufassung:

....

....

....

....

bitte wenden!

....

....

Absender:..

Postleitzahl, Ort:..

Straße:...

Die Bergverlag Rudolf Rother GmbH ist berechtigt, diese Berichtigung dem Autor zur Bearbeitung der neuen Auflage zuzustellen. Mit dem ausgefüllten Berichtigungszettel erwirbt sich der Einsender den Vorzug, ein Exemplar der neuen Auflage zum halben Preis zu erwerben.

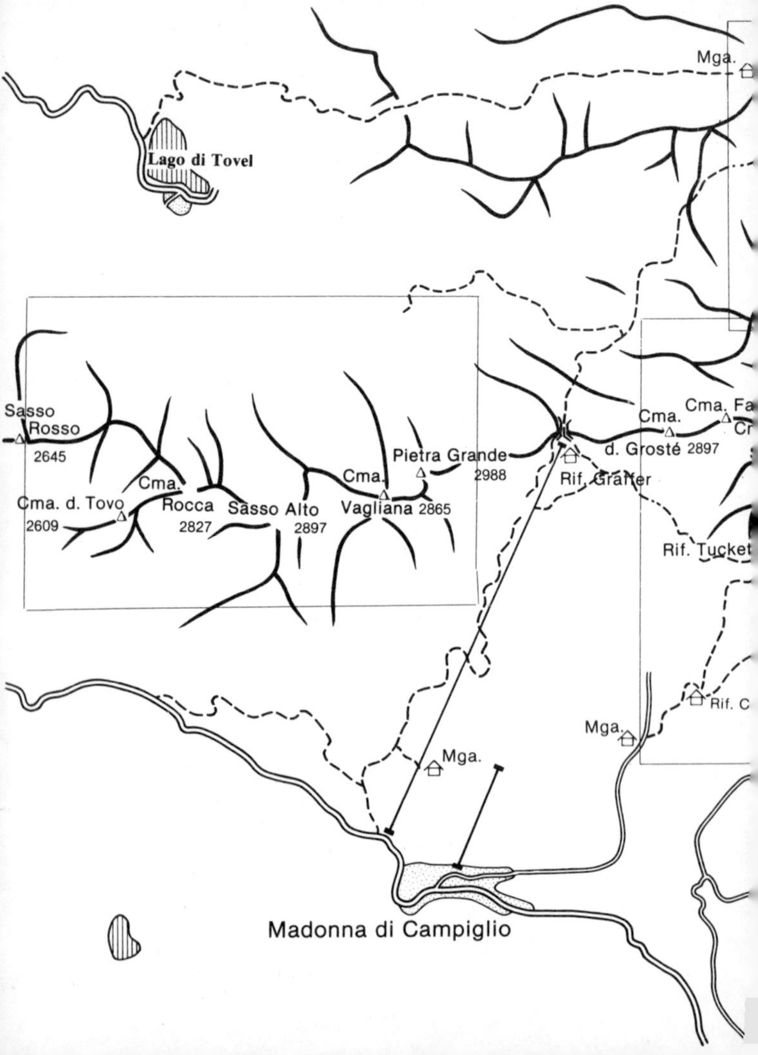

Mga.
Lago di Tovel
Sasso Rosso
2645
Cma.
Cma. d. Tovo
2609
Rocca
2827
Sasso Alto
2897
Cma.
Vagliana 2865
Pietra Grande
2988
Rif. Graffer
Cma.
d. Grosté 2897
Cma. Fa
Cr
Rif. Tucket
Rif. C
Mga.
Mga.
Madonna di Campiglio